致谢：北京市维诗律师事务所

中文社会科学引文索引（CSSCI）来源集刊

私法

Private Law Review

第20辑 · 第2卷
（总第40卷）

易继明 / 主编

知识产权出版社
全国百佳图书出版单位
—北京—

图书在版编目(CIP)数据

私法．第20辑．第2卷：总第40卷/易继明主编．—北京：知识产权出版社，2022.10
ISBN 978-7-5130-8303-4

Ⅰ.①私…　Ⅱ.①易…　Ⅲ.①私法—研究—丛刊　Ⅳ.①D90-55

中国版本图书馆CIP数据核字(2022)第152074号

责任编辑：齐梓伊　　　　责任校对：王　岩
执行编辑：杨　帆　　　　责任印制：刘译文
封面设计：宗沅书装·李宗燕

私　法
第20辑·第2卷（总第40卷）
易继明　主编

出版发行：知识产权出版社有限责任公司	网　　址：http：//www.ipph.cn
社　　址：北京市海淀区气象路50号院	邮　　编：100081
责编电话：010-82000860转8176	责编邮箱：471451342@qq.com
发行电话：010-82000860转8101/8102	发行传真：010-82000893/82005070/82000270
印　　刷：天津嘉恒印务有限公司	经　　销：新华书店、各大网上书店及相关专业书店
开　　本：787mm×1092mm　1/16	印　　张：15.25
版　　次：2022年10月第1版	印　　次：2022年10月第1次印刷
字　　数：331千字	定　　价：78.00元

ISBN 978-7-5130-8303-4

《私法》
编辑委员会

迎接黄金十年（代序）

2022年开启，两年前暴发的新冠肺炎疫情并未结束，新冠及其变异病毒仍在全球肆虐，导致国内疫情防控形势持续紧张。雪上加霜的是，近年来美国利用“知识产权大棒”打压中国，继而要跟我们“脱钩”，并进一步采取“同盟制华”政策，导致我国发展的外部环境并不乐观。中国老百姓虽然已经做好了“过紧日子”的打算，但收入下降、消费抑制、出行不便、持续的不确定性因素等，似乎都在暗示：2022年并非一个好的启航。

不过，我认为，2022年开启的是未来黄金十年。

如果说我们大多数人对2021年感到失望的话，那么2022年是我们面对现实之后重新认识生活，重新启航的一年。支持这一论点，我个人有十大理由。

一、我们将学会与病毒相处。2022年新冠肺炎病毒不会被消灭，但新冠大流行不再会让人们惊慌，疫苗、新药帮助我们抗击新冠肺炎疫情，中国基层社会治理卓有成效，我们也将学会与病毒共存、共处。因此，疫情虽然对未来市场有一定的影响，但投资者不再将疫情作为主要的担忧因素，而且积极的财政政策也能够在一定程度上给市场带来信心。

二、新的自强运动已经开启。新型科技创新举国体制已经开启，2021年全国九大国家实验室布局完成，整合资源开展基础科学研究和重大技术攻关。未来，一批批“卡脖子”关键技术将逐渐获得突破，基础研究和原创技术取得突破性进展，并适应中国场景进一步外溢，参与国际大循环。事实上，围绕人工智能、芯片、6G技术和量子技术的科技竞赛是一场多线战争，在科技公司之间，在政府之间，在科技公司与政府之间，这场看不见硝烟的战争都在展开。中国近代以来的奋斗史和国民意识，强化了政府和民间的自强精神，这是中国未来可期的原动力。

三、知识产权融合经济社会全面发展。中国高质量发展进入新阶段，知识产权要素进入经济社会发展各行业、各领域、各方面，成为助力中国发展转型升级的重要因素。与此同时，经济增长质量提高，产业发展的国际话语权增强。2021年9月22日发布的《知识产权强国建设纲要（2021—2035年）》的实施，2022年承上启下。数字化是未来十年的动力，数字经济进一步推动华为、腾讯、阿里巴巴、字节跳动等科技巨头成长，5G标准必要专利中中国专利占比已三分天下有其一。

四、绿色开启未来。减碳、脱碳政策推动市场进行绿色重组，电池行业、过滤二氧化碳的科技行业、文娱产业、生态休闲等，一方面开启绿色科技创业潮，另一方面开启绿色生活的黄金年代。绿色经济与“大政府”时代相结合，中国政府将更有作为。

五、金融与货币政策在监管中常态化。绿色金融、科创金融、知识产权金融嵌入传统金融体系，货币政策在监管中保持一定的通胀率，稳中求进，总体上趋于常态化。

六、产业附加值增加和经济韧性增强。技术赋能，促进供给侧结构性改革进一步深化，产业附加值增加。同时，供应链逐步恢复，制造业体系进一步完备，中国经济发展韧性也进一步增加。

七、中美“脱钩”格局下的商谈论。短期内，中美“脱钩”压力依然存在，美国“同盟制华”政策进入2.0版，中国面临美国制裁的结构性压力。但是，中国经济规模和国际竞争力持续增强，美国“无晶圆企业”（典型的如苹果公司，自己没有制造能力，只负责产品企划和市场营销）模式推进，对中国企业存在较大的依赖，而供应链重建又非一日之功。因此，在全球化背景下，中美出现沟通与合作的迹象，如落实《中美第一阶段经贸协议》等，“商谈”会成为后续的主要交往模式，也为重建互信奠定了基础。

八、中国自主外交契合欧洲“战略自主”。中国2001年加入世界贸易组织后获得了十年发展的黄金期，那是中国适应全球规则的过程。2022年是在适应规则之后，“自主意识”觉醒，进一步确立“自主外交”的新开始。这可能给世界造成一些不安，但却是大国必然的选择。或许，这一过程也契合了“美国第一”所导致的世界各国主权意识的觉醒，甚至给中国发展同欧洲各国、韩国、日本、印度等国平等外交、自主外交提供了契机。北约秘书长延斯·斯托尔滕贝格2021年12月6日在美国《防务新闻》周刊网站撰文指出，世界正变得更具竞争性、更不稳定和更不可预测，未来一年要开启“北约2030”战略（2021年6月北约峰会提出），在更加不确定的世界中确保安全和自由。这对美国而言，能够起到加强同盟合作的作用，但对中国来说，也不失为一个新的机会。

九、助力发展中国家发展与共赢。“一带一路”建设、中非合作等为中国与发展中国家共同发展提供了平台，中国通过助力发展中国家，也获得了自己的发展和国际地位，扩大了中国的国际影响力。

十、中国社会治理模式给未来发展的“不确定性”带来了确定性。未来发展中，社会风险进一步加大，全球不确定性因素进一步增多，但中国社会治理模式网格化、精细化，基本面比较稳定，为未来发展带来确定性，也构成未来发展的基石。

值此之际，《私法》与知识产权出版社也开启了合作之旅。我相信，我们是黄金搭档，我们的合作也会助力中国法治事业的发展！

易继明

2022年1月9日

CONTENTS 目录

《民法典》民族性表达与制度供给研究

冉克平*
舒　广**

摘　要　在《民法典》实施背景之下，对于民法典的民族性表达与制度供给研究具有极强的理论价值与现实意义。本文从《民法典》民族性表达出发，通过《民法典》"人—家庭—社会"三个方面的具体制度研究，通过《民法典》的内在价值维度与外在的规范维度观察，围绕三个关键性问题：一是民族精神的民法典民族性的内涵及历史观察；二是民族精神的制度生成机制研究，《民法典》民族精神即社会主义核心价值观，以此为基础从《民法典》适用的实证分析出发，对相关案例进行梳理，探讨民族精神的制度生成机制；三是民族精神与具体制度之间的体系融贯。从方法论的角度阐释《民法典》民族精神对于具体制度解释、漏洞填补等功能，探索价值与规范之间如何进行融会贯通，以及如何进一步促进民族性功能的发挥。进而，针对《民法典》民族性表达与制度供给中存在的问题，挖掘民族精神，贡献中国智慧。

关键词　《民法典》民族性；民族性形成机制；人的主体制度；家庭制度；社会制度；中国智慧

目　次

---

* 冉克平(1978—)，武汉大学法学院教授，博士研究生导师，主要研究方向：民法总论、物权法、合同法、婚姻家庭法。

** 舒广(1978—)，武汉大学法学院2020级博士研究生，主要研究方向：民商法。

民法是社会经济生活在法律上的反映，虽在相当程度上具有普适性，但其本质上仍根植于不同国家的社会、经济条件和文化传统，是一国生活方式的总结和体现。近两个世纪以来的中国法学发展进程始终没有摆脱西方与东方、现代与传统、移植与本土的深层纠结和困局。[1] 伴随法治文明的演进，我国《民法典》的实施和发展应当立足于中国土壤，秉持解决中国现实问题原则，促进国家治理体系与治理能力现代化，铸牢中华民族共同体意识，为人类法治文明的发展进步贡献中国智慧和中国方案，推动《民法典》体系在我国法治建设中的演进。

一、法典的民族性溯源

"民族性"的提法最初是日本在明治维新时期对于"national character"的翻译，由梁启超等知识分子从日本引入，并用于发展现代国家理论。[2] 其后历经近百年不断演进，从最初的中性词逐渐发展成学者在中国语境下研究自身学科发展的引入词汇，通常情况下民族性被认为是中华民族在长期的历史发展过程，所形成的比较稳定持久的精神状态、行为模式、文化状态、传统延续。[3]

(一)《民法典》民族性的内涵及历史

在"民族性"概念的使用过程中，不同领域的学者根据需要又合成了一些与之相关的新词，如"哲学的民族性""宗教的民族性""文化的民族性""教育的民族性""法的民族性"等。其中，"法的民族性"[4]是在改革开放以后"新中国法治的恢复和发展时期"诞生，并随着中国综合国力不断提升而逐渐被广泛使用的概念。目前学界对于《民法典》的民族性存在一个相对宽泛且能为大部分人接受的概念，认为《民法典》的民族性可理解为本民族的《民法典》区别于其他民族的属性、特性，与该民族共存共生，决定着民族的存在与形态、发展与方向。[5] "民族精神"在内涵和外延上无限接近于"民族性"，民法(典)在内的法律和民族精神的关系，最终可以表述为法律(民法典)是民族精神的产物，且集中体现了民族精神，即"民法典民族性"实指《民法典》体现或反映民族精神。[6]

---

[1] 马长山:《智能互联网时代的中国法学自主性》,《中国社会科学评价》2018 年第 4 期。

[2] 费小平:《"语际书写"/"跨语际实践":不可忽略的文化翻译研究视角》,《中国比较文学》2010 年第 1 期。

[3] 栗建新:《"国民性"研究综述》,《十堰职业技术学院学报》2007 年第 4 期。

[4] 学界对于"法的民族性"概念的认识可以分为 4 种:其一,属性说,即认为法的民族性是法的一种属性。其二,个性说,即认为法的民族性是法的个性。其三,精神反映说,即认为法的民族性是某种精神、观念、价值在法中的反映。其四,双层说(或称纵横说),即认为法的民族性既指法对民族利益的维护或民族文化的巩固,又指法对民族精神的体现或民族个性的表现。

[5] 吴治繁:《论民法典的民族性》,《法制与社会发展》2013 年第 5 期。

[6] 韦伯:《经济与社会》(上卷),林荣远译,商务印书馆 1997 年版,第 452 页。韦伯曾说,"民族的"——如果说有什么统一的东西的话——就是一种特殊的激情,它存在于由共同的语言、宗教、习俗和命运而结合的人的群体里。民族性一般具象为民族精神、民族品格、民族气质,可通过语言、文化艺术、法律、伦理道德、风俗习惯等方式体现和表达。进而,"法(民法典)的民族性"可以初步理解为民族精神、民族品格、民族气质等在(民法)法律中的反映。

观察大陆法系国家的民法典，民法典民族性的讨论与民法典亦是如影相随。《法国民法典》在法典基本原则与历史渊源的确立、选择上，充分体现法兰西人的民族精神和价值追求的实际努力，吸收了大革命时期《人权宣言》等重要革命性纲领中确立的公民民事权利平等、私有财产神圣不可侵犯、契约自由等原则，也充分继承了诚实信用、意思自治、公序良俗等传统法律观念和法律制度中的原则。[1]《德国民法典》的学理基础是德意志民族结合本民族习惯和规则对欧洲共同法（主要是罗马法）加以民族化改造的产物，是德意志民族继受罗马法并对其进行民族化、本土化的高度概括，其本身就饱含德意志民族精神。[2]《日本民法典》实质上是资本主义财产法和封建主义身份法相混合的产物，立足日本的国情民情保留传统身份制度是立法者保持法典民族性的重要表现。[3]

（二）民族精神在法律上的表达方式

目前民族精神在法律上层面最直接的表达就是民法典体系下对于“习惯”的适用，当代中国的法律渊源主要为以宪法为核心的各种制定法，习惯法等也为当代中国的法律渊源。在《民法典》正式公布之前，《宪法》《民法通则》[4]《物权法》《合同法》等多处提及习惯。另外，在司法实践中，习惯或习惯法作为法律渊源得到广泛适用。以北大法律信息网为检索平台，2012 年至 2021 年 8 月为检索期间，以“习惯”“交易习惯”为关键词，分别检索到 189.01 万份、161.75 万份民事裁判文书。可见，习惯的运用已经属于比较成熟的做法。

然而，在民法典体系下将习惯作为法律渊源并非毫无限制，我国《民法典》中对于习惯的运用需要受到一定约束。第一，《民法典》第 1 条开宗明义地提出“弘扬社会主义核心价值观”是立法的目的之一。在不违反法律规定和立法精神的前提下，司法机关应当正确处理好民事习惯的司法适用问题，增强案件结果的合法性、合理性和可接受性。[5] 第二，《民法典》第 10 条规定“适用习惯不得违背公序良俗”。法官在民事纠纷解决中获得“可以适用习惯”的自由裁量权，法律在对法院和法官授权的同时，也做了义务性限制。[6] 第三，实践中民事习惯运用的复杂性是客观存在的。由于立法技术等方面的局限，法律制度和社会实践生活之间无法完全一一对应。[7] 第四，适用民事习惯时需注重事实基础。哪些习惯能够进入实践取决于法官的自由裁量，需要在总结已有经验的基础上不断探索。

---

〔1〕 吴治繁：《论民法典的民族性》，《法制与社会发展》2013 年第 5 期。

〔2〕 谢怀栻：《大陆法国家民法典研究》，中国法制出版社 2004 年版。

〔3〕 吴治繁：《论民法典的民族性》，《法制与社会发展》2013 年第 5 期。

〔4〕 自《民法典》颁布实施后，本法已废止。关于此类问题，本书不再另行标注，已废止的法亦不用原××法提示。《合同法》《物权法》《侵权责任法》也做同样处理。

〔5〕 黄文艺：《民法典与社会治理现代化》，《法制与社会发展》2020 年第 5 期。

〔6〕 谢晖：《论“可以适用习惯”“不得违背公序良俗”》，《浙江社会科学》2019 年第 7 期。

〔7〕《民法典》第 10 条的规定为弥合制度和社会生活实践的裂缝提供了可能，在处理民事习惯案件时，法官在一定程度上充当了造法者的角色。

(三)民族精神的现实价值与功能

承载民族精神而自发生成的规范制度是一种有效实现社会控制所不可或缺的社会规范形式,而社会自发生成的规范是民族成员为了适应社会生活及其变化而自我调适形成的凝聚了民族精神和民族基本价值观念的行为标准、准则。

一方面,目前民族精神在我国《民法典》中最直接表达方式就是社会主义核心价值观,社会主义核心价值观作为《民法典》的民族性表达,是民族精神和时代精神的高度凝练,其萃取了中华传统文化中的思想精华,并体现在《民法典》的基本原则和具体民事法律制度之中,我国《民法典》第1条将“弘扬社会主义核心价值观”作为立法宗旨,[1]作为《民法典》编纂鲜明价值导向,不仅反映我国《民法典》的时代性、民族性、体系性,而且彰显我国民法典独特的民族气质和精神内涵。

另一方面,核心价值观作为实质性的、原则性的柔性规范,并不排斥刚性的法律程序,因而能够在各个法律程序和阶段、各种司法行为中得以运用。经过前期统计,[2]在所有类型案件的判决文书中对12个具体核心价值观的使用频次中,“诚信”使用的频率最高多达3008次,此外,“公正”(1346次)、“和谐”(1294次)、“自由”(1122次)、“平等”(1095次)、“友善”(1023次)、“文明”(1085次)、“法治”(865次)的引用频次也很高。

(四)民法精神的世界维度与时代维度

随着商品经济的飞速发展,《民法典》作为调整商品经济的基本法也需要回应现实的挑战。中国法治的发展不能再仿效西方法治,而应该走独立自主创新之路,体现中华民族的传统和新时代的精神。我国《民法典》的实施和发展应当立足于中国土壤,通过内在体系与外在体系体现《民法典》民族性和时代性。

内在体系的世界性与时代性的主要表现是指,《民法典》体现了社会主义核心价值观,承接了中华优秀传统文化和人类文明优秀成果的民族精神。借助此次立法,中国完成了一次民族精神的立法表达,也就是对社会主义核心价值观的立法表达。社会主义核心价值观既具有民族性,也具有体现人类文明优秀成果的世界性一面,故而以其作为内在体系的《民法典》也当然体现出世界性。

外在体系世界性与实践性的主要表现是指,《民法典》对于民族精神的融入,促进了我国民法外在体系的变革。具体而言:①从人的层面来看,中国民法并不单纯将其作为一个抽象的理性人而存在,而是预想其首先应为伦理人,具备爱国、敬业、诚信、友善等诸多品质。[3] ②从家庭层面来看,由于中国儒家传统自古

---

〔1〕 在理解社会主义核心价值与民族精神的关系方面,社会主义核心价值观被认为是中华民族共同认可的价值观“最大公约数”,更是与世界文明进程同向同行的先进价值理念,而将社会主义核心价值观写入《民法典》。

〔2〕 以2012年11月8日(2012年11月8日,中国共产党第18次全国代表大会召开,首次将社会主义核心价值观概括表述成书面文件)至2021年8月29日为裁判期间通过北大法宝进行案件检索,共检索到案件11 414件。

〔3〕 朱岩:《社会基础变迁与民法双重体系建构》,《中国社会科学》2010年第6期。

以来更关注家庭的伦理价值，使得家庭法中的伦理人也具有浓厚的家庭伦理和社会伦理的价值取向。[1] ③从社会层面来看，外在体系与自由、平等、公正、法治价值取向融贯，自由体现在作为民法核心的意思自治之中，其价值取向渗透到外在体系的各个概念与规范中。[2]

二、《民法典》民族性表达具象体现

法典体系化的根本目的在于获得一部蕴含民族性并且具有高度逻辑性和体系性的法典，透过价值体系引导、制度支撑和规则体系，使之具有科学性和融贯性。我国《民法典》体现了中华民族凝聚共识能力，表达了我国国家和人民在民法领域对于人类所面临的一系列基本问题的认识，核心内容主要包括 4 个方面：如何看待人的主体地位；如何看待婚姻家庭的意义和价值；如何看待社会的发展和变迁；如何看待国家的角色和功能。[3]《民法典》正是在对这一系列基本问题表达看法的过程中回答“中国之问”和“时代之问”，展现和贯彻其立法思想。

（一）关于民法（典）中人的研究

民本思想和人文主义是中华优秀传统文化的内核之一。“重民本”是一种国家精神。[4] 在中华传统文化中，儒家于民本观念发挥尤多。《孟子·尽心下》第 14 节中的“民为贵，社稷次之，君为轻”已说明了儒家思想的“民本”价值取向。真正将人的权益进行保护和落实最基本的保障还是在于民法相关类型，通过对于民事主体的权利义务进行确定，并保障人身权益和财产权益，人文主义、民本思想历经流变的研究在不断进行强化，目前《民法典》中关于人的权益维护主要体现在以下方面：第一，弱者主体资格保护在不断演进中。保护弱者，尤其是尊老恤幼，自古以来就是中国的民族传统，体现在自然人主体资格方面即为对未成年人及老年人的特殊照顾。第二，人格尊严和自由的法律保障。《民法典》中对人格尊严和自由的保障给予高度重视，并在第四编中系统规定因人格权的享有和保护产生的民事关系。第三，关注法人的特色分类及其对自然人承担的社会责任。在新的时代背景下，《民法典》既维护交易安全，同时有效引导第三次分配，鼓励和推动企业承担社会责任、积极参与社会慈善事业，实现共同富裕。

（二）婚姻家庭的民族性表达

传统社会下，中国人的生活伦理秩序是以家为中心建立的。无论是个人还是国家，均与家庭（家族）形成包容交织关系。在国家伦理之下，即是家族伦理，

[1] 朱岩：《社会基础变迁与民法双重体系建构》，《中国社会科学》2010 年第 6 期。

[2] 朱岩：《社会基础变迁与民法双重体系建构》，《中国社会科学》2010 年第 6 期。

[3] 因为国家的角色和功能更多是属于宪法、行政法层面的问题，《民法典》中涉及国家的问题本文不再进一步讨论。

[4] “民为邦本、本固邦宁”作为古代民本观念的典型表达和最早源头。夏勇：《民本与民权——中国权利话语的历史基础》，《中国社会科学》2004 年第 5 期。

而个人伦理最终体现为“忠与孝”，最终仍然指向“国”与“家”。因此，家作为中国人的归宿，家观念已深入到每个中国人灵魂深处。家庭成员之间形成了生养扶持、共同进退、相互给予的基本特点，这种关系出自于人类自然本性的爱。然而市场经济与近代民族国家背景下的基本结构，乃是个人—社会（市场经济主体）—国家的基本结构，人与人之间的相互关系是基于契约及法律规定，系在理性计算基础上形成的。两种社会背景下产生了截然不同的家庭伦理观念逻辑起点，即以爱与付出作为逻辑起点——基于理性计算的契约主义。自近代以来，中国社会的急剧变革，体现在家庭领域，是根深蒂固的自然本性家庭观受到外来的理性契约思想不断冲击，不断反抗，不断妥协，不断冲击的基本过程，这一过程远未结束。这种冲突表现在个人身上是城市生活方式与家乡情结之间的徘徊，表现在代际关系上是父母子女之间的纠结，在物质、生养层面表现为赡养、抚养义务的缺失。

因此，民法典的民族性表达迫切需要重新弥合和修复新兴市场经济生活方式带来的系统性撕裂，保护脆弱的家庭关系。因此，“婚姻家庭受保护”这一命题不仅仅是面对冲击的一种回应，而且是在中国特有的社会背景下具有独特的现实需求。落实到婚姻法具体制度上，家庭财产、家庭债务与市场经济交易规则之需要进行调和，并非当然按照市场经济规则运行，而需要体现出对弱者的保护、对生存发展的保障，包括对老年人及未成年人生活的保障。具体在婚姻关系方面，尽量维护婚姻关系的稳定，减少因离婚给婚姻主体及其他家庭成员的消极影响作为出发点，而设立了离婚冷静期制度。在继承制度方面，强调对生活有特殊困难又缺乏劳动能力的继承人应当给予特殊照顾；对于尽了主要扶养义务或者与被继承人共同生活的继承人可以多分；有扶养能力和有扶养条件的继承人不尽扶养义务的，应当不分或少分。继承人应当本着互谅互让、和睦团结的精神协商处理继承问题。上述规定，不仅体现强调家庭和睦、互谅互让的民族精神，也体现出对弱者特殊保护的宗旨。

（三）社会的民族性表达寻踪

尽管普遍认为中国传统社会缺乏私有财产制和意思自治基础上的市场经济，但不能否认生产资料所有制和交易行为在任何社会中的普遍存在，区别仅仅在于生产资料归属于谁，交易行为主要以何种方式表现出来，用何种规则进行调整。市场经济制度作为高效、交易成本低的交易方式，天然具有对外扩张的能力。因此，对外来冲击下的中国社会而言，西方的市场经济产权及交易制度具有极大的吸引力。然而，中国社会急剧变化的自身特点，对产权制度和市场交易规则带来了新挑战。

民法社会化的背景下，从形式正义转向实质正义过程中，我国《民法典》的各项制度的协调是探讨民法典民族性表达需要解决的主要问题，主要还是体现仁爱思想的传承与发扬、实质化社会正义的探索、产权制度的完善以及信息安全的保障。具体而言：第一，儒家仁爱思想与民法典民族精神的传承与发扬是一脉相承的，这种理念需要通过民法的基本原则，通过法律解释的体系融贯技术，将民法的基本原则与具体制度之间结合起来，实现社会治理的现代化。第二，构建民法实质化的具体实施方案，体现在融入社会正义价值理念的司法实践中。第三，民族性表达还体现在秉持恒产理念、以物尽其用为价值导向，建立健全产权平等保护制度。第四，探索保障信息安全与促进信息流通之间的矛盾调和机制，主要还是在于明确数据归属是后续数据保护、流通和利用的前提，[1]基于数据控制者对数据的必要贡献和合法权益，在不断强化数据利用价值的同时强化对数据财产保护。

三、《民法典》民族性表达制度供给存在的问题

针对民法典民族性表达制度供给存在的问题，围绕理论基础、人的主体定位、家庭制度 3 个方面，会发现问题主要集中在 4 个方面：第一，民族性形成机制及其理论基础在逐渐形成的过程中；第二，有关人的主体定位制度零散分布，缺乏系统性的民族性角度观察；第三，家庭制度对于民族性的继承与传承力度极其有限；第四，关于社会制度的阐释需要不断融入新的现代化元素。

（一）《民法典》的民族性理论基础及其形成机制在逐渐形成的过程中

1.《民法典》民族性理论研究逐渐丰富

域外德、日、法等国家民族性特征显著，梳理域内我国关于民法典民族性表达与制度供给的立法与学者著述，当前的研究呈现成果明显著述渐多、视角多元反馈广泛、理论的研究开始立足现实，并且有望推动指导司法实践的趋势。①弘扬社会主义核心价值观作为立法目的之前，我国学术界并已经开始研究社会主义核心价值观体系价值、生成机制及其现实功能；②学术界从社会学、文化学、伦理性、政治学等社会学科的角度多方位对于《民法典》民族性及其相关制度的研究；③2018 年《社会主义核心价值观融入法治建设立法修法规划》印发以来，最高人民法院积极将社会主义核心价值观融入指导性案例。

2.《民法典》的民族性在不断否定之否定中演进

在《民法典》已经颁布的背景下，我国亟须创建具有中国特色的民法学理论与实践体系。关于民族性，仍有较多问题等待解决：第一，《民法典》形成机制及其理论基础研究属于起步阶段。民族精神直接来源于中华传统文化，尽管中华传统文化博大精深、内涵丰富，但它毕竟未能孕育出近现代民法文化，并且《民法典》民族性表达的理论根基并不牢固。第二，《民法典》民族精神的价值与功能尚欠缺深入挖掘。第三，《民法典》应当追求恰当实现民族性与时代性、世界性三者之间的平衡与契合，然而此种平衡与契合并非易事。

---

[1] 彭诚信：《“〈民法典〉出台背景下个人信息的保护和利用”专题研究》，《河南社会科学》2020 年第 11 期。

(二)《民法典》中有关人的主体定位制度零散分布,缺乏系统性的民族性角度观察

我国《民法典》深刻体现了人文主义与民本思想的内在价值体系,从民族性表达的角度出发,弱者、人格、法人责任等规定呈现单点规范、缺乏整体考虑等问题,对于主体制度的解决依然存在较大的拓展、完善、补充空间。

1. 人文主义、民本思想在《民法典》中的制度生成机制有待完善

梳理目前《民法典》的规范内容,人文主义、民本思想在《民法典》中的制度生成机制仍待完善,具体体现在以下几个方面:①弱势群体的被监护人应当受到尊重与保护,这不仅是法律的本质要求,也是我党在思想引领层面的重要体现,《民法典》监护制度对弱者保护的具体体现,有待进一步探析;②人文主义注重对人的个性的关怀,注重维护人类的人性尊严,主张自由、平等和自我价值,发扬人性、尊重人格、保护权利,[1]人文主义、民本思想在《民法典》人格权编中如何体现,有待进一步揭示;③中国特色的功能主义法人分类模式和治理机制深刻体现了我国《民法典》的民族性特征与时代面向,也深刻体现了我国"以人为本"的优秀传统文化,挖掘《民法典》法人人格权的本土性保护制度,探寻法人权利与法人责任的系统互补的路径,需深入研究人本主义和民本思想在《民法典》中如何促进法人治理机制进一步完善。

2. 弱者主体资格在监护规范中的法律保护偏向事后弥补损失、忽视提前预防

目前对于老年人权益保障、未成年人监护这两个重要的领域,目前的《民法典》偏向事后弥补损失、忽视提前预防,与中华民族一直以来的尊老爱幼的传统道德要求还是有根本性的区别的,制度层面较少进行事前防范和矫正。

在老年人权益保护方面:①老龄化背景下成年监护制度需要优化适用。依据《民法典》第 28 条,只有欠缺行为能力,才能启动监护制度的保护,虽具有健全的认知能力,受制于身体原因需要关照的人群仍不属于法定监管范围。[2] ②促进成年监护的保护措施单一。老年人的意思能力丧失并非瞬间完成,而是一个渐进乃至反复的过程。[3] 现有的成年监护制度措施范围较窄,未明确体现不同保护需求,欠缺对残留意思能力的差异性、渐进性和时段性规制。

在未成年人监护的国家干预及监督机制的本土化方面:①人口流动加剧,未成年人的家庭监护有所不足,国家成了兜底的保护者,国家监护何时介入、以何种方式介入等本土适用问题也渐渐浮出水面。②国家监护与家庭监护的界分问题也需要引起重视。父母及监护人的利益与儿童的利益并不总是一致,难免产生分歧,况且生死无常、世事无常,父母缺位或滥用权力等情况时常有之。③国

---

〔1〕 杨立新:《我国民法典立法思想的选择和坚守——从〈民法总则〉制定中的立法思想冲突谈起》,《法制与社会发展》2018 年第 4 期。

〔2〕 彭诚信、李贝:《现代监护理念下监护与行为能力关系的重构》,《法学研究》2019 年第 4 期。

〔3〕 彭诚信、李贝:《现代监护理念下监护与行为能力关系的重构》,《法学研究》2019 年第 4 期。

家救济与帮助如何上升到法律层面，厘清个体权益保护与国家公权力干预两者的边界。[1] ④如何构建有效的监护监督体系，成为当前未成年监护制度面临的一大难题。事中监督缺失导致监护失职和监护侵害不能被及时发现和纠正。[2]

3. 人格权编保障人格权益的规范解释与适用

现实中存在的问题在于：①人格权编规范的体系化衔接适用问题。②人格权保护规范的事前预防与事后救济问题，人格权禁令程序面临具体适用问题。③确认死者人格利益的保护对象和保护方式，如何在《民法典》框架内合理适用死者人格利益保护制度与英烈人格利益保护制度，有待学理予以合理的阐释。④在生物技术冲击下维护人的主体地位。关于体外胚胎的法律属性及相关权利人利益保障问题，与民族精神中“以人为本”价值内核是相通的。

4.《民法典》法人特色分类及其社会责任需要优化完善

具体而言：①营利性法人社会责任的《民法典》实施机制研究。这需要明晰营利性法人社会责任的性质与边界，以及研究营利性法人社会责任的诱导机制及其实现路径。②捐助法人的治理优化与功能完善。这需要厘清捐助法人的对外活动范围与行为性质，优化捐助法人的捐助人权利保护和义务规制平衡机制，关注捐助法人内外治理机制构建。③法人人格权系统性保障问题研究。这需要关注法人人格权的权益属性与保护边界以及本土化法人人格权的保护路径构建。

（三）《民法典》家庭制度对于民族性的继承与传承力度极其有限

在市场经济向社会生活各个层面全面渗透、家庭观念所主导的传统生活世界不断退守的背景之下，现代民法中的“人”与中国社会中的家庭本位之间、延续至今的“家”的价值与现代的个体自由价值之间形成的对立和冲突，成为我国婚姻家庭制度中的重大难题之一。

第一，家庭本位、个人思潮的兴起与变迁中伴随的问题。“婚姻家庭受国家保护”原则的体系化阐释有三个方面的问题亟待解决：①如何借鉴比较宪法上的相关理论和经验阐释“婚姻家庭受国家保护”条款分别在我国《宪法》与《民法典》上所表达的意涵及其关联性。②“婚姻家庭受国家保护”原则应当如何发挥兼顾家庭本位与个人主义、维护家庭优良家风的价值导向与指引功能。③保护妇女、儿童以及老年人等弱势群体的合法权益，思考如何构建该原则与婚姻自由、家庭自治及其具体制度之间意义关联，尽可能实现婚姻家庭领域的实质正义。

第二，婚姻家庭编财产权体系中的突出问题，需要关注民族性特点如何与现代婚姻家庭财产权的融合：①婚姻家庭编财产权的经济属性与伦理属性之间的冲突。②夫妻共同财产处分的对外效力。③“有关身份关系协议”的法律适用问题。④婚约彩礼习惯与制定法的冲突与协调。⑤夫妻因共同生活所负债务范围与性质辨析。⑥民事执行的形式化与家庭共同财产的冲突。

---

〔1〕 林建军：《论国家介入儿童监护的生成机理与生成条件》，《中国法律评论》2019 年第 3 期。
〔2〕 谢芳：《完善我国未成年人监护监督制度的原则及路径》，《中国青年社会科学》2021 年第 1 期。

第三，离婚救济制度体系化阐释中的突出问题。从体系化的角度看，离婚救济制度的法律适用要解决以下问题：①离婚家务贡献补偿制度适用范围和补偿方式的明晰；②离婚经济帮助制度判断标准的完善；③离婚损害赔偿的、夫妻共同财产分割照顾无过错方原则的关系；④离婚冷静期制度适用边界的确定。

第四，遗产分配及遗赠扶养协议制度中的主要问题，具体体现在：①能动克服法定继承人范围狭窄与遗产分配制度僵化的问题；②补充构建兼具本土性与时代性的遗产管理人制度；③从债权人适度保护的角度优化限定继承制下的遗产债务清偿规则；④科学平衡遗赠扶养协议制度中扶养人和遗赠人的利益。

(四)《民法典》关于社会制度的阐释需要不断融入新的现代化元素

1. 需探索儒家仁爱思想融入《民法典》民族精神的现实路径，促进国家治理体系现代化建设

《民法典》要如何应对纷繁复杂的社会生活成为今后必然要面对的问题，其实践路径就在于从传统文化中寻求理论来源以丰富法体系。《民法典》民族性的阐发为推动法治社会的建设提供了大量理论素材。目前已有一些学者对此进行研究，认为社会主义核心价值观是我国民族精神和时代精神的高度凝练表达。[1] 另外，也有学者依据实质重于形式的原则，不拘泥于法律文本本身的文字，认为《民法典》通篇都体现了社会主义核心价值观的要求。[2]

2. 需构建民法实质化的具体实施方案，推进社会正义价值理念的司法实践

民法社会化背景下，我国《民法典》的各项制度的协调是研究其民族化需解决的问题，具体来说：一是契约正义与契约自由平衡的中国方案。[3] 二是风险社会的损害分担机制的中国路径。[4] 风险社会背景下，如何缓解与分配风险损害成为风险社会的核心问题。三是垄断经济背景下弱势群体的权利保护。[5]

3. 需秉持恒产理念、以物尽其用为价值导向，建立健全产权平等保护制度

我国《民法典》作为一部固根本、稳预期、利长远的基础性法律，具有中国特色、实践特色和时代特色，需要秉持恒产理念、以物尽其用为价值导向，建立健全产权平等保护制度，具体而言包括：第一，宅基地使用权制度的改革与完善。如

---

[1] 黄文艺：《民法典与社会治理现代化》，《法制与社会发展》2020 年第 5 期。其认为民法典蕴含了国家治理的中国理念、中国精神、中国价值，提供了国家治理的新思路、新规则、新技术。

[2] 贺荣：《司法实践中深刻认识和把握民法典的中国特色实践特色时代特色》，《人民司法》2020 年第 22 期。

[3] 随着资本主义进入垄断时期，由于信息不对称、垄断市场、不完全竞争、外部性等因素的客观存在，可能导致市场失灵，因此契约自由受到规制，契约正义也从形式正义走向实质正义。平衡契约正义、契约自由以及契约效率在具体制度适用中的三者关系则需深入研究。

[4] 周华：《侵权损害赔偿的社会化发展与侵权法危机论探究》，《重庆理工大学学报(社会科学)》2019 年第 12 期。风险社会的来临导致风险几乎无处不在。社会进步、科技更新带来的不仅是人类物质资源的丰富和改善，亦带来了层出不穷的损害，使得人类生活更多地卷入风险环境。

[5] 科技进步与发展下如何对于科技、金融等寡头垄断巨头进行约束，保护作为弱势群体的消费者、劳动者的人身权益和财产权益。

何平衡2个功能，既保护农民的权益，同时又充分发挥宅基地的经济资源禀赋，促进现代化农村建设，值得深入研究。[1] 第二，住宅建设用地使用权续期相关问题研究。《民法典》第359条规定住宅建设用地使用权延期，[2]学界对于续期费用、次数和期限争论不休，未有定论。在续期费用规则上，是否应该采用双重区分规则，目前尚属于空白地带。[3] 第三，如何加强投融资权利的平等保护。对于解决中小企业融资难问题，为中小企业的融资提供良好的法律保障，是当前要着重解决的问题，而《民法典》分则之担保物权部分的重要课题之一同时也关乎市场经济投融资和产权保护。[4] 第四，保障信息安全与促进信息流通之间的矛盾有待调和。首先，如何明确数据归属是后续数据保护、流通和利用的前提。其次，个人数据具有可流通性或可为人使用的特征，亟待通过建立个人数据流通利用规则，确保个人信息流通利用行为不侵犯数据实际主体权利。[5] 最后，基于数据控制者对数据必要贡献和合法权益，需强化对数据财产的法律保护。[6]

四、《民法典》民族性表达与制度供给建议

为进一步挖掘《民法典》民族性表达与制度对于理论研究与实务操作的意义，建议关注社会主义核心价值观作为《民法典》民族性解读的可延展性，强化民族性与有关人的主体制度之间生成机制关系，发挥民族精神对有关家庭制度不完善之处的补充作用并正视民族精神，有利于弥补社会制度立法的滞后，促进社会发展。

（一）关注社会主义核心价值观作为《民法典》民族性解读的可延展性

弘扬社会主义核心价值观已被作为《民法典》的立法目标，然而民族精神的法典化不必然等同于民法典的司法化，需要关注将社会主义核心价值观融入民法典具体制度方法论意义、当下司法运用中的限制性、解决新兴问题的可能性。

1. 理论建构目的是解决司法实践中真正存在的问题

由于立法者的有限理性和社会经济生活不可能完全同步，《民法典》在运用的过程中，司法人员无法回避需要通过原则、价值层面的解释解答当前问题的情形。[7] 社会主义核心价值观作为民族精神的现代表达，构成我国《民法典》的内

---

〔1〕 李明秋、李雯：《农村宅基地"三权分置"：内在逻辑、权利性质及权能范围》，《西部经济管理论坛》2020年第6期。

〔2〕 该条规定住宅建设用地使用权期间届满的，自动续期。续期费用的缴纳或者减免，依照法律、行政法规的规定。

〔3〕 张力、庞伟伟：《住宅建设用地使用权续期规则相关问题探析》，《法学》2016年第7期。

〔4〕 席志国：《民法典编纂视野下的动产担保物权效力优先体系再构建——兼评〈民法典各分编（草案）二审稿〉第205—207条》，《东方法学》2019年第5期。

〔5〕 高富平：《数据流通理论——数据资源权利配置的基础》，《中外法学》2019年第6期。

〔6〕 彭诚信：《"〈民法典〉出台背景下个人信息的保护和利用"专题研究》，《河南社会科学》2020年第11期。

〔7〕 方新军：《社会主义核心价值观融入民法典解释的意义和限度》，http://theory.people.com.cn/n1/2020/0211/c40531-31580631.html，访问日期：2021年11月15日。

在价值体系,内在体系的主要作用是弥补外在体系制度建设中存在的不足之处,为疑难案件的合法合理解决提供价值层面判断的依据。因此,社会主义核心价值观的主要功能是为法律条文的解释和法律漏洞的填补提供价值指引,法官在法律适用上需要遵循法律规范—习惯—基本原则—社会主义核心价值观的顺序。

2. 正视司法领域适用社会主义核心价值观的局限性

现有数据表明,法院在裁判中引用社会主义核心价值观主要是为了在简易案件中进行道德宣示,至多是增强裁判说理的说服力,而在疑难案件中引用社会主义核心价值观填补法律漏洞的情况较少。自 2016 年开始,最高人民法院先后发布的 3 批 30 例"弘扬社会主义核心价值观"典型案例大多属于简易案件,在上述判决中引用社会主义核心价值观呈现简单化的趋势,在法源补充的意义上引用核心价值观的判决较为罕见。社会主义核心价值观暂时在目前的司法实践中未能发挥其(在疑难案件中)填补法律漏洞功能,短期难以在外部证立中为法官的法律解释和法律空白填补提供价值判断支撑。

3.《民法典》中民族性表达的兴衰取决于解决新时代问题的可能性

随着新型时代的发展以及金融科技的进步,《民法典》的运用范围变得更广。尽管《民法典》需要与国际接轨,域外的制度经验在面对中国本土的社会问题时常常出现失灵状况,民族性问题的研究能够为解决社会重大现实问题提供依据。例如,我们将探索在中国特色社会主义新时代环境下,城市化不断发展和市场化改革不断深化的背景下,如何使村民依法使用和退出宅基地、充分运用闲置住宅;如何完善农村担保规则以降低交易成本,预防商事交易中的纠纷。

(二)《民法典》民族性与有关人的主体制度之间生成机制关系可以进一步强化

在"尊老爱幼""以人为本""慎终追远""乐善好施"等民族精神的指引下,研究《民法典》中由此衍生出的具有鲜明民族特色的制度,以实现民族精神与制度之间的融贯,遗憾的是目前对于人的主体阐释的制度是比较零散的,并且弱者的保护、人格权维护、特色法人和社会责任等等方面的制度相对而言还是比较简单的,如何将优良的民族性融入人的主体制度有待深入研究。

1. 建议在弱者主体资格的法律保护层面,贯彻"尊老爱幼"传统文化,围绕监护制度,重点研究成年监护与行为能力的关系以及未成年监护制度的本土化适用问题

例如:①协调成年监护与行为能力之间的关系,强调二者的适度分离,重新回归意思能力的判断标准,并通过解释《民法典》第 22 条、第 35 条以实现监护保护措施的多样化。②本土化阐释和适用未成年监护制度,在当前公权力介入未成年监护的背景下,进一步讨论和规范国家监护与家庭监护的关系,避免公权力过度膨胀,同时完善监护监督制度,以保障未成年人利益的最大化。

2. 建议在人格权编规范的法律适用层面,坚持"以人为本"价值理念,关注人格权编规范适用过程中具有本土性和时代性的重要问题

①阐释人格权独立成编的体系化效应,研究一般人格权与具体人格权规范

的体系化适用，强化人格权编与民法典其他编的协调适用问题，以增强民法典内部的体系化效应。②对人格权请求权与人格权禁令程序相关规范进行解释，厘清人格权请求权与侵权损害赔偿请求权如何协调适用问题。③英烈和死者人格利益保护问题，蕴含"慎终追远"的价值诉求。死者人格利益保护条款与一般人格权条款、英烈保护条款之间的适用关系也需要进一步解释。④生物技术冲击下人格尊严的维护，平衡生物科学技术发展与人格尊严维护是亟待解决的问题。需结合司法实践，解决体外胚胎的法律属性认定、权利救济以及人体基因编辑的法律规制问题。

3. 建议在法人的特色分类及其功能优化上，秉持"乐善好施"价值理念，重点研究捐助法人、营利法人社会责任制度供给问题，推动落实"第三次分配"制度，为实现社会主义共同富裕提供现实方略

①捐助法人的制度机制革新。目前捐助法人的业务活动范围、捐助人权利与义务规制、捐助法人内外部治理机制等问题尚不明晰，在问题分析的基础上提出完善规范设计方略与制度实施进路。②营利性法人社会责任的鼓励与促进机制。营利性法人社会责任性质、责任履行路径尚不明晰，探寻社会责任在《民法典》中内生性诱导与外援式助推相结合，深化对于权利属性、边界、保护进一步探索，凸显法人人格权在法典中的生命力。

（三）发挥《民法典》民族精神对有关家庭制度不完善之处的补充作用

家庭法被视为固有法制，对于婚姻家庭的重视是我国民族文化最鲜明的底色。家庭关系建立在人伦秩序之上，具有突出的伦理性和本土性，家庭作为是社会构成的最基础单元，是最能体现民族精神的法域。[1] 我国自古以来形成的"长幼有序，尊卑有别"家庭观念以及家国同构的儒家思想，使我国家庭法具有鲜明的民族特征，因而《民法典》中的家庭是其民族性的重要表达。学者对于家族的制度的研究颇丰，对于中国传统文化在家庭制度设置中的重要性也有诸多研究，但实践中，民族性语境之下的《民法典》制度研究依然存在未覆盖领域。

第一，建议强化对于家庭本位与个人主义、家庭自治与国家管制之间的兼容与平衡。现代私法上以工具理性与个人主义为基础的"人"与我国社会中的家庭本位之间的矛盾，本质上是处于主导地位的财产编与婚姻家庭编之间在价值理念上的差异。

第二，建议关注婚姻家庭财产权内部共同体秩序与外部交易安全之间的协调。现代社会财产权的价值取向从自由转向安全，合理信赖保护已被提升为私法的核心原理。婚姻家庭编财产权体系的构建既要考虑团体意思及被监护人的财产，还要衡量交易安全与效率的保护。另外，民事执行的形式化与家庭共同财产的冲突在于，如何解消被执行人与其配偶（案外人）之间的共有关系以及划定共有份额或执行标的的范围。

---

〔1〕 谢鸿飞：《〈民法典〉中的"国家"》，《社会科学文摘》2021年第1期。

第三，重视民族性与家庭具体制度之间的体系融贯。①从体系化的角度完善离婚救济制度。《民法典》未对离婚救济制度之适用规则做出缜密规范，在适用时点、救济方式、救济金额标准确定方面，司法裁判具中法官具有较大自有裁量空间。[1] ②遗产分配及遗赠扶养协议制度的民族化阐释。如何在继承制度的现代化改革中，不至于为“个人本位”与理性思潮所牵制，成为从法律解释的角度完善《民法典》遗产分配及遗赠扶养协议制度的重要挑战。

(四)发挥《民法典》民族精神的研究与运用以弥补社会制度立法的滞后

“自由、平等、公正、法治”属于社会主义核心价值观对于社会群体生活的基本要求，是立足社会集体层面对社会主义核心价值体系的高度凝练。《民法典》民族性表达关于社会制度阐释本质上是要把社会主义核心价值观融入现代社会治理体系，实现社会良法善治，结合现代生活、生产、发展需要引入新鲜元素。

第一，社会正义价值理念的司法实践路径选择需要进一步明确。民法社会化背景下，从形式正义转向实质正义过程中，为贯彻落实儒家仁爱思想，彰显民法的人文关怀，需要重点研究如何构建《民法典》实现社会正义的制度运行机制。①情势变更与司法解除权的规范适用。《民法典》第533条对情势变更做出重大修改，在裁判适用与理论构建上产生巨大解释空间，亟待深入研究。《民法典》第580条第2款规定的违约方合同解除权系适用范围稍显狭窄，法律后果不甚清晰，有待司法解释进一步明确。②高空抛物致害责任与好意同乘的解释论建构。[2] 对于如何发挥《民法典》第1217条“好意同乘”制度的社会效用，实现风险社会损害合理分担，尚缺少有效的制度激励机制。③弱势群体倾斜保护的特色规则完善。通过格式条款的规制实现消费者与劳动者等弱势群体权益保护，实现《民法典》与特别私法之间的制度衔接，实现内在体系与外在形式之间的融贯，维护实质正义。

第二，探索实现物尽其用的合理制度激励机制。在当前经济社会发展背景下，要合理构建《民法典》中的财产利用秩序，促进资源的优化配置，使民事主体可以自由支配其所享有的财产权益，彰显权利行使上的平等性。①宅基地的流转问题一直是农村土地使用权争议比较大的方面，随着农村交易活动的频繁和加剧宅基地流转的呼声越来越高。[3] ②住宅建设用地使用权续期规则的制度完善。当前住宅建设用地使用权的流转、处分和续期等制度规定比较简单，应当进一步研究“自动续期”规则的续期次数与续期期限、续期收费等关键性问题，发挥保障公民安居乐业的政治功能。③动产与权利担保的配套制度供给机制研究。

---

〔1〕 袁昊:《民法典离婚救济制度适用规则研究》,《湖北经济学院学报(人文社会科学版)》2021年第7期。

〔2〕 《民法典》侵权责任编第1254条对高空抛物致害责任细化了适用条件，但对其适用范围、可能加害人的免责事由、补偿责任人的补偿范围等问题仍有必要进一步澄清。

〔3〕 陈小君:《宅基地使用权的制度困局与破解之维》,《法学研究》2019年第3期。陈小君教授认为，农村宅基地使用权制度之变革与完善。宅基地使用权的制度困局，源于宅基地承载的社会保障功能和经济价值功能间的冲突加剧，有必要构建宅基地使用权流转的法律运行机制，充分发挥宅基地的经济资源禀赋。

《民法典》统一动产和权利担保规则，实现了担保制度体系的变革。但是对于正常交易中的善意第三人、特殊优先抵押权、特殊动产担保等还有进一步深入研究的必要性与可能性。[1]

第三，建议考虑数字社会的权益归属及利用机制构建，需要重点研究数据权益的归属及利用机制，回应数字时代的法学变革，推动社会结构适应社会生产力的进步。①数据权益的权属界定。目前类型化的做法充分考虑了实践中数据活动所承载的不同主体的利益需求，但缺乏理论基础，也忽视了司法裁判立场。需要从理论依据、法律标准、裁判立场三个维度进行界定，全面考察数据财产归属的理论基础与实践线索。②数据流通与个人信息保护之间的平衡，如何能够既促进数据的安全使用又能够维护个体的权益保护，需要进一步研究如何在维护主体权利和保障数据安全的前提下实现个人数据的流通利用。③数据权益的民法救济。通过对《民法典》个人信息的概念辨析、适度处理原则的司法运用，以及保护措施具体实现路径进行进一步研究，在妥善处理信息安全与信息流通之间获得平衡，既能激励数据财产利用，亦强化对数据财产的保护。

---

〔1〕 龙俊：《民法典中的动产和权利担保体系》，《法学研究》2020 年第 6 期。

《民法典》应收账款质押规范的内外部效力[1]

梁　莹*

摘　要　《民法典》对应收账款质押的内外部效力规范不明确，实践中出现应收账款质押和债权让与制度两者内部效力规则类推适用、外部登记系统相互借道的混乱情况。应收账款质押和债权让与之间的构成要件与法效果存在差异，不宜统一规定。在内部规范上，确立应收账款质权人有直接收取应收账款的权利；为求平衡，应明确出质人有权利自由处分其债权。关于外部效力规则，《民法典》规定应收账款登记效力与实践中登记模式存在矛盾，将其理解为登记对抗主义更为适宜，而"通知"应收账款债务人的行为并无设权性与绝对公示性功能，无须强行规定为之。登记对抗模式之下，经登记的应收账款质权具有优先于受让人、抵销权人（抵销权成立在后）的效力。

关键词　应收账款质权；债权让与；登记对抗模式；通知；抵销权

目　次

* 梁莹，武汉大学民商法博士研究生，武汉大学司法案例研究中心研究员。

〔1〕 本文系国家社科基金重点项目"《民法典》适用中的国家利益保护问题研究"（20AFX016）成果。

一、问题的提出

市场经济进化过程中，不动产体系逐渐被市场危机所瓦解。在传统的不动产和动产担保物权体系之外，新型权利担保也越来越重要。[1] 究其缘由，市场交易中最具活力的中小企业离不开对资产的灵活运用。尤其近年来，应收账款这一新型资产异军突起，被中小企业广泛用作融资担保的工具。

为满足市场中以应收账款融资的需求，各国所形成的法律体系有所不同。有国家以《魁北克民法典》为参照，沿用大陆法系担保物权制度的立法体例，直接移植英美法中的应收账款担保规则[2]；也有国家严格坚守以《德国民法典》为蓝本的担保物权体系结构和法律术语，在民法典中建立以普通债权质权替代应收账款质权的制度。[3]

我国《民法典》物权编对担保物权部分的规定，目的是进一步优化营商环境，增强我国市场自由贸易的优势。[4] 应收账款质押制度的优势在于其能自由地流转以及债权人的财产权益能够有效实现。为契合营商环境的目标，应收账款质押制度的完善离不开出质人对应收账款的自由处分权以及应收账款标的利益的有效实现，实则关涉应收账款质押的内部效力与外部权利实现问题。《民法典》第 440 条和第 445 条，基本上只是在《物权法》对应收账款质押规定的基础上小修小补。第 440 条主要解决了实践中未来的应收账款是否能作为权利质押客体的难题；第 445 条涉及具体的制度安排，第 1 款规定应收账款质权的生效要件；第 2 款规范出质应收账款的转让问题。《民法典》对应收账款质权的规定，始终停留在宏观层面的静态权利确认和动态交易保护。《最高人民法院关于适用〈中华人民共和国民法典〉有关担保制度的解释》（下文简称《〈民法典〉担保解释》）第 61 条、第 66 条分别就现有及将有的应收账款质权人的优先受偿权、举证责任、注意义务进行规定，但未明确应收账款质押的内部效力规则与解决外部效力冲突顺位问题，且倾向于就事论事地解决司法实践中的纠纷，反与应收账款质押制度的理论基础相脱节，造成司法适用与理论基础难以衔接的困境。本文拟围绕现有规定中应收账款质权存在的理论脱节和实践适用不足的问题进行论述，并结合《民法典》以及《〈民法典〉担保解释》制定过程中的相关争议点进行展开，以期能对《民法典》应收账款质权制度的司法解释与适用提供些许建议。

---

[1] Ulrich Drobnig, Security Rights in Movables, *in* Arthur Hartkamp, Martijn Hesselink, Ewoud Hondius, Chantal Mak and Edgar du Perron(ed.), *Towards a European Civil Code*. Hague: Kluwer Law International BV, 2011, p. 1025.

[2] 加拿大《魁北克民法典》动产担保制度的介绍，参见 John B. Claxton, *Security on Property and the Rightsof Secured Creditors under the Civil Code of Quebec*, Quebec: Les Editions Yvon Blais Inc., 1994, pp. 9-10；高圣平：《动产担保交易制度比较研究》，中国人民大学出版社 2008 年版，第 105 页。

[3] 陈本寒：《我国〈物权法〉上权利质权公示方法之检讨》，《法学》2014 年第 8 期，第 130 页。

[4] 黄薇：《〈民法典物权编草案〉（二审稿）对若干重点问题的回应》，《中州学刊》2019 年第 7 期，第 62 页。

二、应收账款质押和债权让与制度之异质性

我国债权转让制度归入合同的转让部分，历来为传统民事法律制度所重视，《合同法》即以第 79 条至第 81 条为规范，《民法典》合同编第 545 条至第 550 条予以沿袭，并新增保理合同这一典型的债权转让交易，以第 761 条至第 769 条详为规范。实践中多出现应收账款质押和让与混用的情形，尤其是应收账款质押借用债权让与制度的具体规则。应收账款质押和债权转让，原本应分属于传统物债二元结构的两种行为，强行混同则与逻辑相悖。但是单从行为性质去判断两行为的关系未免浅薄，应当对两者的构造和法律效果进行细化分析，才能得出合理的结论。

(一)应收账款质押和债权让与制度研究现状

大陆法系的立法现状中，债权处分行为分为债权让与和债权质押，分别由“合同编”和“物权编”调整，两者构成要件和法律效果均存在差异。但有学者认为，应收账款质押与债权让与、担保性让与虽然存在差异，但实质上三者界限并不明晰。[1] 该学者以不同国家和地区的适用规范[2]力证应收账款质押和让与两者之间可以适用统一规范的典式，也提及市场发展的需求这一外在原因，但应收账款质押与让与之间存在本质区别，界限模糊的原因是实践中人为地将两者捆绑和交织以便于市场活动交易。[3]

诸如此类的研究，将本处于平行法律关系的应收账款质押行为(物权编)和债权让与行为(合同编)生硬地、主观地构造成交织关系或包含关系。

(二)应收账款质押和债权让与制度的构成要件剖析

真实性让与，抑或是担保性让与，两者所形成的法律关系均侧重于债权人与债务人的关系；应收账款质押，涵盖质押人、债权人和债务人的关系。

为便于理解，特作图说明，见图 1～图 3。

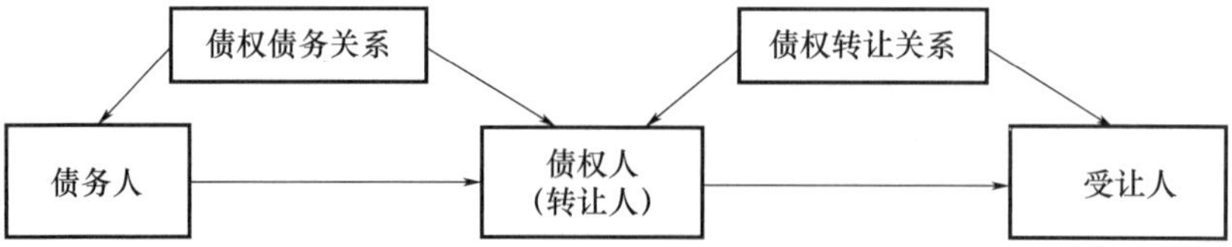

图 1 债权让与关系图示

---

〔1〕 王乐兵：《法典化背景下的应收账款质押：现实困境与未来改革》，《法学杂志》2016 年第 4 期，第 50—51 页。

〔2〕《德国民法典》第 1279 条，债权上的质权，准用第 1280 条至第 1290 条的特别规定，即对债权质押一般采取与债权让与相同的制度构造模式。我国台湾地区“民法”第 902 条亦规定：“权利质权之设定，应依关于其权利让与之规定为之。”修订后的《法国民法典》对“无体债权挪押”的处理方式也与此一致，其 2381 条规定：“当事人之间只须以书面形式订立合同即可成立，自设质文书生效之日起在各方当事人之间产生效力，并对第三人产生对抗效力。”

〔3〕 李宇：《民法典中债权让与和债权质押规范的统合》，《法学研究》2019 年第 1 期，第 59 页。

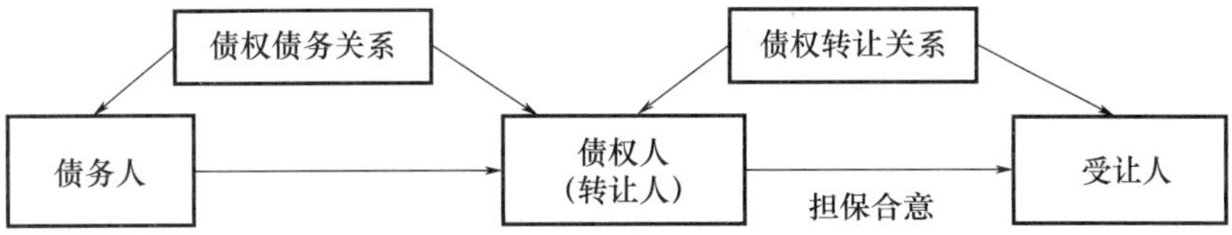

图 2　债权担保性让与关系图示

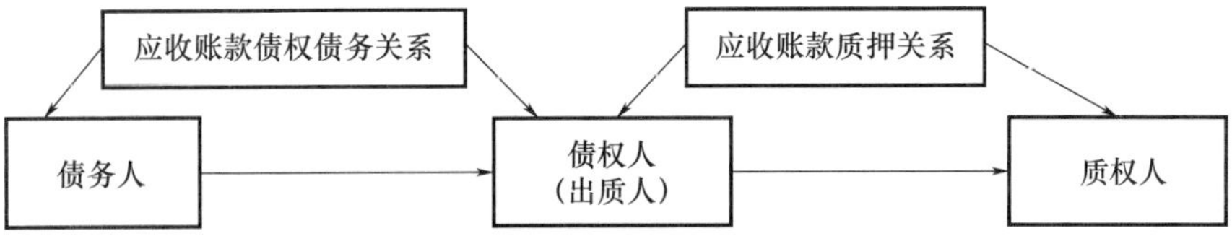

图 3　应收账款质押关系图示

1. 厘清主体关系

（真实性）债权转让的基础是转让人将自身享有的债权转让给受让人。[1] 担保性让与关系中渗入融资的需求，正因此，多将其与质押混为一谈。德国让与担保的理论中：受托人对外是所有权人，但在与信托人的内部关系中，他只能按照约定行使受托人的权利。在理论界被称为"经济上的所有权"与"法律上的所有权"的分离。[2] 担保性让与关系中，受让人对外是应收账款债权人，实质上其须按照担保合同的内容行使权利义务。债权让与制度与质押制度自始即生成不同的权利义务模式，无须为兼顾所有主体的利益而强行将其混同，否则会丧失制度特有的意义。

2. 区分行为关系

债权让与、担保性让与，是债权人将债权从自身转移到另一主体的行为。无论是真实性让与抑或是担保性让与，皆（外观上）实现了动态交易中权利义务主体的不断更替行为。以资产证券化为例，发起人须将其债权转让给特殊目的载体，方可满足"真实出售"及"破产隔离"的要求，[3]即发起人原有之权利义务完全转移至特殊目的载体。应收账款的质押，难以称为主体更迭，毋宁称为主体的加入。前两者是主体转移后，由新主体取代了原主体，承继原主体的权利义务。后者只是"暂时性"加入一个交换价值的支配主体，一旦质权人与质押人之间的关系"解除"（债务清偿），关系链条自动恢复为原生状态。

应收账款转让，行为的效力和内容依赖于交易主体的真实意思。而应收账款质权从属于其所担保的主债权，为保障债权的实现而存在。质权具有从属性，成为依附于主债权的从权利，与所担保的主债权同命运、共享效力。担保的范围

---

〔1〕 关于债权让与的内部关系，参见郑玉波：《民法债编总论》，陈荣隆修订，中国政法大学出版社 2004 年版，第 438 页。

〔2〕 刘志超：《浅析保理融资合同中的部分法律问题——以德国法上的担保性债权让与制度为视角》，《金融与经济》2015 年第 12 期，第 62—63 页。

〔3〕 此为资产证券化交易的关键。Steven L. Schwarcz, *Structured Finance: A Guide to the Principles of Asset Securitization*, 3 rd ed., New York: Practising Law Institute, 2002, § 1, p. 1.

和强度不得大于或重于主债权，其发生以主债权成立为前提，主合同之无效、转让、消灭对其均具有牵连性。[1]

3. 明晰客体关系

《民法典》颁布前，学术界一直存在以“债权”替代“应收账款”，[2]或以“收益权”补充“应收账款”内涵和外延的争议。[3] 应收账款是指“权利人因提供一定的货物、服务或者设施而获得的要求义务人付款的权利，不包括因票据或者其他有价证券而产生的付款请求权”。[4] 债权根据债的发生原因，可分为合同债权、无因管理债权、不当得利债权、侵权债权。[5] 从内涵来看，“债权”不适宜替代“应收账款”作为权利质押标的。此外，金融创新型债权的质押担保，随着金融创新活动的开展，逐渐为政策所应允，但终究未被法律、行政法规所肯认，在法律、行政法规当中没有与其相匹配的公示方式，或者适用传统质押担保公示方式与其特性不符，或者公示方式过于随意。无论是何种情形，都表明上述债权若成为权利质押标的，将会游离于市场交易法治秩序之外。为了维护交易安全，防止一般债权被滥用于权利质押标的，债权尚不能替代应收账款作为权利质押标的。债权的流转性更多体现在转让关系形成过程，其作为权利质押标的仍须限定为应收账款，权利质押客体的口径过大，容易滋生债务风险与金融风险。

总而述之，债权转让和应收账款质押所涉关系侧重点大相径庭，主体、行为关系和客体的构造实有差异，难以统合规制。

（三）应收账款质押和债权转让制度的法效果分析

从法律效果来看，债权让与制度是处分“债权”的行为，实现静态权利的动态交易效果。我国司法实践不断推进，担保性让与的制度研究随之有所突破，对其效力宜归类为五种：一是担保约定有效，债权人有优先受偿权；[6]二是担保约定有效，肯定担保作用，但债权人的优先受偿权未明确；[7]三是约定有效，未涉及物权效力；[8]四是约定有效，否定物权效力；[9]五是约定无效，同时否定物权效

[1] 高圣平：《民法典担保从属性规则的适用及其限度》，《法学》2020 年第 7 期，第 3 页。

[2] 梁慧星：《中国物权法草案建议稿》，社会科学文献出版社 2000 年版，第 741—743 页。

[3] 《民法典物权编》（草案一次审议稿）将权利质客体的“应收账款”扩张为“取得应收账款、不动产收益的权利”。

[4] 胡康生主编：《中华人民共和国物权法释义》，法律出版社 2007 年版，第 481 页。

[5] 史尚宽：《物权法论》，中国政法大学出版社 2000 年版，第 394—395 页。

[6] 河北省石家庄市中级人民法院民事判决书（2014）石民三初字第 00221 号；福建省高级人民法院民事判决书（2014）闽民终字第 360 号。

[7] 黑龙江省高级人民法院民事判决书（2014）黑高商终字第 30 号；江苏省淮安市中级人民法院民事判决书（2015）淮中商终字第 00104 号。

[8] 江苏省高级人民法院民事判决书（2014）苏商终字第 0205 号；江苏省盐城市中级人民法院民事判决书（2013）盐商初字第 0202 号。

[9] 杭州市西湖区人民法院民事判决书（2009）杭西商初字第 2416 号；浙江省金华市中级人民法院民事判决书（2014）浙金商终字第 1016 号。

力。[1] 虽判决结果相异,但从中可推知:大部分情况是承认约定有效,而物权效力、担保效果却难以实现。担保性让与存在外观上的"真实性让与",双方合意转让标的物以担保债务实现,转让行为是有效的。因为若无标的物的转让,债权债务主体的合意将无法形成一致。应收账款质押的法律效果和担保性让与(与前者相比,还包含了转让行为的法效果)的法律效果并非完全一致,不可将其混为一谈:前者通过以标的物交换价值为基础,设定"质权";而后者直接以标的物"所有权"这一权利外观覆盖之。[2] 由此可知,二者在权利构造上完全不同,运行机理也不相同。[3]

应收账款质押和担保性让与常被视为相似或具有同质化趋势的行为,该观点忽视了两者法律效果的不同之处,只注意到"实践中因为应收账款质押与担保性让与之应收账款的真实让与和担保性让与的界限模糊,且发挥同等担保融资功能"等两者混用的情形[4],最后得出结论称"在此基础上,应当对应收账款的转让和质押适用统一的成立要件和公示方式"[5],实践的适用基础固然重要,但不能为便利使用而强行将两种制度趋同化,做出只有形式美感而缺乏法律逻辑的安排。

三、应收账款质权内部效力规范的阙漏与弥补

应收账款质押的内部效力规范在《民法典》中尚无一席之地,但并不适宜类推适用《民法典》第 545 条至第 550 条有关债权让与的相关规定。债权让与内部效力的规定主要是围绕当事人双方权利义务之规定。《民法典》第 763 条至第 767 条保理合同的内部效力规定,针对债权让与制度内部效力型构出具体的规则。《〈民法典〉担保解释》第 61 条,实质上是对保理合同内部效力规则的借用,似乎通过明确质权人对于应收账款真实性的举证责任和质权人"通知"债务人行为之规定,隐晦地厘清应收账款质押行为的内部效力——谨守注意义务的质权人可就出质应收账款享有优先受偿权。上文从构成要件与法律效果两方面,将应收账款质押与债权让与制度进行区分。既然在立法上将应收账款质权单独规制,表明其所适用的规则与一般担保、债权规则相分离,具有独立性。司法解释须符合所解释条文的原意、规制和目的,但《〈民法典〉担保解释》第 61 条不似对《民法典》应收账款质押规定,倒像是针对债权让与制度的解释。

就目前的立法规定而言,应收账款质押内部效力规范仍处缺失状态,不利于实现出质人和质权人双方利益的平衡。作图 4,型构双方权益平衡局面。

---

〔1〕 河北省张家口市宣化区人民法院民事判决书(2015)宣区民初字第 532 号;江苏省高级人民法院民事裁定书(2014)苏审三民申字第 0411 号。

〔2〕 邱天利:《非典型担保共性解析》,《政法论坛》2011 年第 1 期,第 157 页。

〔3〕 曾大鹏:《商事担保立法理念的重塑》,《法学》2013 年第 3 期,第 16 页。

〔4〕 王乐兵:《法典化背景下的应收账款质押:现实困境与未来改革》,《法学杂志》2016 年第 4 期,第 49 页。

〔5〕 王乐兵:《"物权编"与"合同编"体系化视角下的应收账款质押制度重构》,《法学家》2019 年第 3 期,第 102 页。

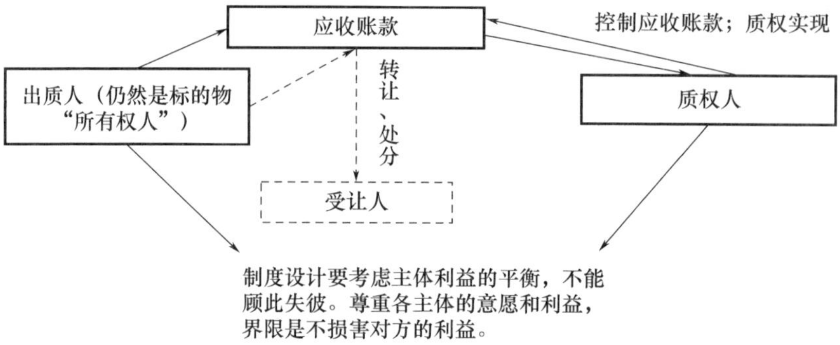

图4 应收账款质押主体双方权益型构图

应收账款质押的法律关系主要涉及出质人和质权人，与质权人相比，出质人在应收账款的控制和支配力度方面占有优势(从图4中可看出)。出质人和质权人都希望通过控制和支配应收账款的交换价值进而实现自身的特定利益。作为应收账款的债权人，出质人具有天然优势。《民法典》第445条对出质人处分权进行限制，目的在于矫正双方地位不平衡的状态。但是过分限制会矫枉过正，反而削弱了应收账款灵活流通性的优势。应收账款质押内部效力问题的焦点在于出质人和质权人双方对标的物权利范围和限度的厘清。下文首先围绕应收账款内部效力缺失的制度困境展开，而后针对问题提出相应的解决方案。

(一)质权人对出质应收账款应具备必要的控制权

有学者认为，质权人对出质应收账款的控制权，其中就包括质权人的优先受偿权，体现在《民法典》第386条。[1] 但该规定针对的是各种类型的担保物权，宣示意义强于实践意义。质权人的控制权一般集中在两个阶段：一是主债务履行期未届至或者未发生当事人约定实现担保物权的情形，应收账款的无形性特征加大了质权人控制的难度，出质人也无法实质性地转移应收账款的占有。出质人有可能会与债务人恶意串通，损害质权人的利益，质权人对于出质人和债务人损害质权行为的防御，是控制权的重要组成部分。二是主债务履行期届至或者发生当事人约定的实现担保物权情形。此际，控制权体现为应收账款担保性功能的实现，即权利质权的实现。我国《民法典》未就上述问题做出明确规定。虽有抵押物权的实现规则可以适用，但动产质权与权利质权存在本质区别，以动产质权的实现方式来规范权利质权的实现路径并不具有合理性和可行性。《〈民法典〉担保解释》第61条第2款、第3款提及质权人若能证明应收账款真实性以及通知应收账款债务人的情形下，可以享有优先受偿权，但并未规定优先受偿权如何行使。

(二)出质人对出质应收账款宜具有合理的处分权

《物权法》第228条第2款前段规定："应收账款出质后，未经质权人同意不

[1] 裴亚洲：《民法典应收账款质押规范的解释论》，《法学论坛》2020年第4期，第36页。

得转让……”,《民法典》延续此前的规定,于第445条第2款前段限制了出质人对出质应收账款的转让权。《民法典》第406条后段明确了抵押权的追及效力:“……抵押财产转让的,抵押权不受影响。”《民法典》第446条规定权利质权除适用本节规定外,适用质权章第1节的有关规定。由此表明,上述第406条的抵押权追及效力可以根据体系解释,适用于应收账款质押情形中。《〈民法典〉担保解释》第43条规定无论当事人是否将约定禁止或者限制转让抵押财产这一内容进行登记,也无论抵押权人是否同意转让抵押财产,合同效力不受影响。未登记约定内容,抵押财产已经交付或者登记,除非抵押权人有证据证明受让人知道,否则不影响物权效力;登记约定内容,抵押财产已经交付或者登记,除因受让人代替债务人清偿债务导致抵押权消灭,否则不发生物权效力。出质人是应收账款这一标的物的所有者,其处分标的物本为物权实现的应有之义。但若出质人与第三人恶意串通损害质权人的利益,当属例外。正如上文所述,司法解释应符合所解释之条文的原意和目的,并据此发生效力。应收账款质押虽属于抵押担保行为,但能否完全适用,还应当对此进行解释与检验。

(三)补救措施

1. 司法解释应明确质权人有权直接向债务人收取债权

(1)直接收取权的功能

质权人对债务人直接收取债权,即应收账款的担保功能完成,质权人实现了权利质权。这一行为,既体现了质权人防御出质人与债务人恶意串通、到期不归还债务的愿景,又体现了质权人积极实现担保物交换价值的过程。向债务人直接收取债权,对债务人的权利没有任何影响,并未使其因质权人的直接收取而处于不利的地位,相反会督促其积极履行债务。《美国统一商法典》规定:主债权到期时,质权人可以通知应收账款债务人进行支付;主债权未到期时,在出质人同意的情形下,质权人同样可以向应收款债务人收款。[1]《德国民法典》规定,主债权到期时,质权人对债务人主张债权,债务人仅能向质权人而非出质人做出给付;主债权如未到期,债务人可向质权人和出质人为共同给付。[2]《日本民法典》确定,质权人有针对应收账款的直接收取权;但用于担保的债权早于主债权届期,质权人可以要求提存债务人的给付。[3] 上述做法各异,但均是围绕质权人对应收账款债务人的直接收取权展开。直接收取权的优点在于避免质权实现时通常需要的评估、折价、拍卖、变卖质物等烦琐程序,也能避免应收账款债权债务人相互串通、不履行债权的情况。最高人民法院发布的第53号指导案例和最高人民法院(2018)民终50号判决中,明确支持“出质人不履行债务清偿义务,质权人有权直接向第三债务人收取应收账款以实现质权”的做法。

---

〔1〕 UCC, § 9-607, & UCC. § 9-607, cmt. 4(2010).

〔2〕《德国民法典》第1281条、第1282条。

〔3〕《日本民法典》第366条第1款、第3款。

(2)直接收取权的行使

质权人以私力救济方式,取得应收账款的收益权即等同于取得了应收账款的财产性权利。[1] 质权人直接向应收账款债务人收取债权,能够保障质权人担保利益的实现。当出质人与债务人串通,在债务履行期届至时拒绝将款项偿还于质权人,而直接归还于出质人,由于货币易于混同,一旦归集于出质人财产中则难以区分,质权人的担保利益将落空。[2] 质权人直接收取债权,一是可以防范担保权益受损害;二是敦促质权人积极实现自身利益。无论是理论上抑或实践中,应收账款质押的实现问题一直难以解决,症结在于质押内部效力规则并未明晰。因此,明确质权人的直接收取权,能充分发挥应收账款的担保功能,保障应收账款质权的顺利实现。

2. 司法解释应明确出质人对应收账款的自由处分权

《〈民法典〉担保解释》第43条是针对抵押财产的一般性规定,司法实践将会参照适用于出质应收账款转让的情形。该规定意在指引当事人对"禁止或者限制转让的约定进行登记",即抵押登记中记载双方约定的内容。我国的《国务院关于实施动产和权利担保统一登记的决定》(国发〔2020〕18号)第3条规定,权利担保情形中,当事人自主办理登记,并对登记内容的真实性、完整性和合法性负责。登记机构不对登记内容进行实质审查。《应收账款质押登记办法》第8条、第10条规定,登记机构对应收账款质押仅承担形式审查义务,不对应收账款本身及质押的真实性负实质审查责任。据此规定适用于应收账款质押情形,会衍生出一系列问题:应收账款质押当事人约定内容是否可以作为公示信息登记在其中?受让人是否有义务去审查内容的真实性?若有,审查义务是形式审核还是实质性审核?上述问题之产生将限制应收账款出质人的处分权:一般的财产登记机关是进行实质性审核,若应收账款登记机关仅负担形式审查义务,意味着受让人要花费更高的搜索成本确定出质人与受让人的约定内容。上述规定并未明晰受让人的审查义务标准,但可能在个别案件中会出现要求受让人承担实质审查义务的现象,显然受让人为降低交易成本会选择放弃受让应收账款。《民法典》实质上限制出质人的处分权;《〈民法典〉担保解释》是以明确的责任后果警示当事人(抵押财产的转让双方)须对禁止或者限制财产转让的约定进行登记,以避免担保权人利益被肆意损害,在实践中可能会异化为反向倒逼机制。无论何种方式,都将对出质人处分权利产生限制的效果。质权人的权利固应保护,出质人的合同权利或法律行为自由亦不容忽视。[3]

(1)基于物尽其用的经济效能

罗马法上的无体物易受损害的保护逻辑已经从事前事中的排除妨碍、恢复

---

〔1〕 周林彬:《商事流质的制度困境与"入典"选择》,《法学》2019年第4期,第137页。

〔2〕 裴亚洲:《民法典应收账款质押规范的解释论》,《法学论坛》2020年第4期,第36页。

〔3〕 李宇:《民法典中债权让与和债权质押规范的统合》,《法学研究》2019年第1期,第74页。

原状和返还原物改变为事后的损害赔偿，[1]事前的令行禁止失去了理论和实践基础，重视事后的价值评价才是符合实质正义的理解思路。[2]《民法典》第406条实际上明确了抵押权的追及效力，无论抵押财产辗转于何主体，抵押权的效力依然及于该抵押财产。[3]抵押权的追及效力与限制财产转让的规则相比，本文认为，前者更能促进物尽其用的经济效能实现。抵押权追及效力规则应用于应收账款的流转时，可以理解为应收账款质权附负担流转，在出质人无力偿还债务且受让人愿意接受附负担的应收账款时，有利于充分释放资产的经济效能。实践中出现房屋转按揭和股东以附有抵押权的财产出资的行为也非鲜见。[4]由此表明，法律的限制并不能消除有负担的抵押权流转之市场需求。相反，限制出质人的处分权利会压缩其债权转让对价，反而会增加正常市场交易的成本，[5]削弱出质人盘活应收账款等债权的积极性。[6]我国《物权法》第191条限制了抵押人的处分权，目的是避免抵押财产的交换价值受到影响。基于上述目的，《民法典》第445条限制了应收账款出质人的处分权。无论采用何种规定，抵押财产的交换价值都可能会波动，但并非因为其流转频率过高，而取决于抵押财产的特性以及财产所有人对财产的利用合理性。应收账款与一般的抵押财产流转相比，多次流转反而会促进资产交换价值的提高。

(2)基于利益平衡的考量

应收账款质权未实现之前，即使质权人控制标的效力不及于转让出质债权的对价，但出质人可以提前向质权人清偿，或者将债务人的清偿结果进行提存，上述路径足以使质权人利益受到保护，故无须对质权人的利益过度保护。实践中，房屋所有人未经抵押权人同意转让抵押的不动产，但与受让人约定，由受让人继续负担房屋按揭贷款的义务。有法院认为，此约定保障了抵押权人的利益，同时符合意思自治原则。[7]出质人处分权利是实现应收账款权利的路径之一，虽然出质权利的处分不能完全等同于无任何瑕疵的权利处分，但在保障质权利益不受损害的情况下，允许出质人处分应收账款，应是合乎情理的。应收账款的出质和转让是权利的动态化流转，目的在于促进标的物交易价值的实现和社会资产的灵活流动。出质人未经质权人的同意处分应收账款，有可能会损害质权

〔1〕吴汉东：《罗马法的“无体物”理论与知识产权制度的学理基础》，《江西社会科学》2005年第7期，第36页。

〔2〕周林彬：《商事流质的制度困境与“入典”选择》，《法学》2019年第4期，第138页。

〔3〕高圣平、罗帅：《〈民法典〉不动产抵押权追及效力规则的解释论》，《社会科学研究》2020年第5期，第29页。

〔4〕石冠彬：《论抵押物出资》，《法学评论》2015年第2期，第99页；李晓聪、任人鹏：《设定抵押的土地经营权入股合作社研究》，《中国土地科学》2016年第12期，第29页。

〔5〕石冠彬：《论抵押物出资》，《法学评论》2015年第2期，第99页；李晓聪、任大鹏：《设定抵押的土地经营权入股合作社研究》，《中国土地科学》2016年第12期，第29页。

〔6〕崔建远：《关于债权质的思考》，《法学杂志》2019年第7期，第7页。

〔7〕新疆维吾尔自治区高级人民法院民事判决书(2013)新民一提字第00095号。类似处理的裁判有四川省高级人民法院民事判决书(2016)川民再47号。

人的利益，但出质人处分应收账款损害质权人利益的行为肯定会受到法律的限制[1]：《民法典》第445条针对质权人同意出质人转让情形下，应收账款所得的价款，应当向质权人提前清偿债务或者提存。而《〈民法典〉担保解释》第43条规定，当事人约定禁止或者限制转让抵押财产且已经将约定登记，即使抵押人违反约定转让抵押财产，在抵押权人提前清偿或者提存权利的情况下，转让抵押财产仍发生物权效力。上述规定，其实可以适用于未经质权人同意处分应收账款的情形中，出质人处分后所获利益，优先偿还质权人或者提存，实现应收账款交换价值的权利或者以提存的方式继续发挥担保功能，保障质权人的担保权利不被落空。无论质权人是否同意，出质人的处分并不影响质权人担保利益的实现，使质权人的处境不会较当前更弱。出质人的处分限制适宜松绑，促进社会资产的有效流动，甚至可能使质权人的债权利益提早实现。

因此，司法解释适用过程中，应承认出质人有自由处分应收账款的权利。不以应收账款质押中"禁止或者限制转让"的内容未登记而否认转让行为所产生的物权效力。但应当明确，转让的前提是不能损害质权人的担保利益，否则要承担相应的义务和责任，即处分后的价款应该对质权人进行偿还或者提存。涉及优先顺位的问题，下文将在外部冲突之处解决。

四、应收账款质押外部效力规则明晰

应收账款质押的内部效力规则保障双方当事人的利益平衡，即在不损害质权人利益的基础上，允许出质人自由处分应收账款。出质人的自由处分权意味着应收账款能够有序流转。应收账款担保是以金钱的付款请求权担保债权的形式，其在估值计算和变现上都具有灵活性优势，能够促进融资活动的有效开展，但不可避免在流转过程中会引发权利竞存。确定权利主体之间的竞存顺位冲突，首先要明晰应收账款质权的公示模式（外部效力模式），并从外部效力模式中确定相关权利人的顺位。

（一）应收账款质押外部效力模式探讨

1. 其他国家和地区应收账款质权的公示模式列举

一是当然（自动）公示主义，法国即采当然公示主义，债权质押合意一致、合同生效，质押便生效力，可对抗第三人。二是通知公示主义，代表国家是德国。三是登记公示主义，美国、加拿大和我国建立了电子登记公示制度。

《民法典》制定过程中，"通知"是否能成为我国应收账款质押成立（或对抗）要件的争议较大。"通知"在应收账款质押中，系成立要件还是对抗要件，大陆法系各国（地区）民法典规定并不一致。《德国民法典》将"通知"规定为债权质押之成立要件；[2]《瑞士民法典》和我国台湾地区所谓的"民法"将其视为对抗第三人

---

〔1〕 董学立：《我国意定动产担保物权法的一元化》，《法学研究》2014年第6期，第108页。
〔2〕《德国民法典》第1280条。

之要件；[1]《日本民法典》将其视为对抗债务人和其他第三人之要件。[2]

2.“通知”模式对我国应收账款质权的影响分析

从我国《民法典》第445条规定来看，只要进行质押登记，质权人即可取得对应收账款的优先受偿权，其实“通知”早已被效力更强、适用范围更广的“登记”行为所包含。“通知”存在与否，对于应收账款质押的设立和生效没有任何影响。但应收账款质押毕竟是以一债权担保另一债权的实现，该质权能否实现，与债务人的履行行为息息相关。《〈民法典〉担保解释》第61条第2款规定，以现有的应收账款出质后当事人未通知应收账款债务人，应收账款债务人直接向债权人履行债务，质权人不得请求就债权人所得价款优先受偿。

检验《〈民法典〉担保解释》上述规定是否具有合理性，需要分析当应收账款债务人在不知情的情况下，直接向债权人履行债务，可否以未曾收到通知而对质权人免责？或者当质权人向债务人主张实现质权时，债务人可否以未曾收到通知而对抗质权人？[3] 若应收账款债务人没有义务查询应收账款是否设质，债务人可通过向债权人清偿债务而使其归于消灭，质权人对于出质应收账款的权利即成“无矢之的”。[4] 由此可见，债务人的履行行为与应收账款质权的实现密切相关，债务人可以在质押期间直接向出质人履行债务而使其归于消灭。目前应收账款质押登记的单方启动主义[5]和形式审查原则无法确保应收账款的真实性和权利的实现，其真实性依赖于债务人的认同，质权的实现有赖于债务人配合履行且不对基础债权债务关系提出合理性的质疑和抗辩。因此，司法部门相关人员提出质权人在出质前有向应收账款债务人通知的义务。[6] 但是，这一呼吁并不符合当前应收账款质押融资便利、高效的实践需求。

我国《民法典》第546条规定的债权让与规则中采取了通知对抗主义。债权让与制度侧重于主体权利义务的转移，受让人继受应收账款，取代让与人成为债权人，债务人明确偿还主体以及受让人债权实现的意愿，使“通知主义”成为必要的公示手段。而“通知”对于应收账款质押，其价值和意义会减弱：一是“通知”行为所带来的积极影响被登记公示所替代——债务人在履行之前自然有义务是要确认自己债权清偿对象的准确性，当质权人向应收账款债务人主张实现质权时，债务人不能以未曾收到通知而对抗质权人，也不能以自己已经向债权人清偿而主

---

〔1〕《瑞士民法典》第900条，我国台湾地区所谓的“民法”第907条。

〔2〕《日本民法典》第364条。

〔3〕王乐兵：《“物权编”与“合同编”体系化视角下的应收账款质押制度重构》，《法学家》2019年第3期，第103页。

〔4〕高圣平：《应收账款质权登记的法理——以〈应收账款质押登记办法〉的修改为中心》，《当代法学》2015年第6期，第89页。

〔5〕高圣平：《应收账款质权登记的法理——以〈应收账款质押登记办法〉的修改为中心》，《当代法学》2015年第6期，第93页。

〔6〕张晓磊：《应收账款质押制度的司法认知》，《人民司法》2016年第34期，第28页。

张债务已经消灭。因为不排除债权人与债务人之间存在恶意串通的可能性,[1]对于债务人的利益保护不能偏颇,否则对质权人利益的维护存在很大的困难。债务人作为履行债务的一方,其义务是向债权人履行债务,确认债权人并非其附加义务,不会增加其负担,亦不会改变其目前的合同地位和经济状况。再者,从实践来看,对于未来应收账款债务人的"通知"更显艰难。债权债务尚未发生,通知要么无效,要么无法确定被通知人。[2] 这一不利后果,不应该完全由质权人承担。从我国应收账款质押融资的实践来看,"通知"并没有这些学者和法官所主张的作用那么大。

(二)应收账款质押外部效力规则确定

1. 应收账款质押制度未采"通知"主义之考量

"通知"在应收账款融资交易中不具有"公之于众"的作用,不能使应收账款质权取得对抗一切不特定第三人的效力。"通知"应收账款债务人,既不是应收账款质押的成立要件,也不是对抗第三人的要件。有学者认为"通知"应理解为质权人保全质权的一种方法和出质人在质押合同中应负之附随义务。[3] "通知"有时也可成为质权人对债务人主张债权的手段,[4]但是仅仅依靠"通知"这一行为无法使应收账款质权具备公示意义。此外,若依据"通知"到达时间之先后确定应收账款优先实现顺序,具有极大的不确定性,易诱发债务人与后序受让人恶意串通、篡改通知到达时间顺序损害先行让与者利益之道德风险,交易安全难获保障。因此,以"登记"行为公示应收账款质押情况,可有效保障交易安全。[5] 而在登记公示之下,再额外附加"通知"之硬性要求,未免增加了当事人交易的成本。如若质权人为保障自身的利益选择"通知"应收账款债务人,自可为之,因为质权人是市场中的理性交易人,可以明确自身的行为后果;若不为之,自行承担风险后果,无须法律强行以家父主义过多干涉。再言之,应收账款的质押只有出质人到期无法清偿其与质权人的债务,质权人才会行使其优先受偿权,甚至有可能在应收账款期限未届至,出质人与质权人之间的债务清偿完毕,应收账款质押关系归于消灭。由此,"通知"应收账款债务人并非必要。

需要明确,虽然《〈民法典〉担保解释》第 61 条第 3 款规定,应收账款债务人接到质权人要求向其履行的通知后,即使应收账款债务人已经向应收账款债权人履行了债务,质权人仍可就债权人的价款行使优先受偿权。但此规定并不在

---

〔1〕 最高人民法院民事判决书(2017)最高法民二终字 482 号。在该案中,出质人为骗取银行贷款,与债务人合谋串通确认了应收账款的真实性。

〔2〕 王乐兵:《"物权编"与"合同编"体系化视角下的应收账款质押制度重构》,《法学家》2019 年第 3 期,第 104 页。

〔3〕 有学者认为,德国新债法将合同义务分为给付义务和保护义务,我国也应摒弃附随义务概念。迟颖:《我国合同法上附随义务之正本清源——以德国法上的保护义务为参照》,《政治与法律》2011 年第 7 期,第 133 页。

〔4〕 谢在全:《民法物权论》(下册),中国政法大学出版社 1999 年版,第 812 页。

〔5〕 杜明强:《论我国物权法中的私权自治空间》,《河北法学》2019 年第 5 期,第 55 页。

肯定"通知"行为是应收账款质押的成立或者生效要件,反而说明应收账款以及质权的主债权均已届期的情况下,应收账款的质权人可以请求应收账款债务人向其履行债务。但是应收账款的质权人要承担的风险,就是应收账款届期早于质权的主债权届期,此时质权人可以请求提存。"通知"可以理解为债权届期、质权人请求给付的前置性程序,也可以理解为应收账款质权人积极行使优先受偿权的表现。债权的积极行使可以理解如下步骤:普通债权积极行使进阶为具有优先受偿权;优先受偿权的积极行使可以表现为请求提存+提前"通知",目的是为区分出质人的财产与应收账款。

2. 实践中应收账款质押制度采登记对抗模式之缘由

应收账款属于债权,对债权进行质押,本质上是对债权进行处分。因为债权本身就具有非实体的本质,不能以简单的交付方式进行权利的公示;[1]其抽象性和无形性的特征决定了当事人之间的质押合意必须通过书面质押协议行为加以固化,一方面可以明确权利的具体内容,另一方面也表明物权行为的要式性。

我国应收账款登记机关对应收账款质押仅承担形式审查义务,不对应收账款本身及质押的真实性负实质审查责任。我国的应收账款质押登记实际上"在声明登记制[2]下展开,反与登记对抗主义相契合"[3],造成《民法典》规定与登记实践发生冲突的现状。已废止的《物权法》[4]和现行有效的《民法典》对应收账款质押均采用登记生效主义,实际上是混淆了应收账款质押的成立和生效要件。[5]应收账款质押因当事人达成合意而成立并生效,登记目的是提醒公众,出质应收账款之上可能存在其他权利人,并根据登记时间的先后确定优先受偿顺序,但登记系统对登记内容不做审查,亦不对登记信息的真实性负责。此规定与我国鼓励市场融资活动的初衷有关,融资活动侧重于效率,若进行实质性审查,自然会降低融资的效率而增加交易方的时间成本。[6] 书面质押协议的提交和审核已在一定程度上保障交易的安全,虽然没有职权机关的公权力保证,但足以提醒相关权利人注意交易安全。权利人作为理性的市场交易主体,应基于自身交易经验对相关的权利是否存在瑕疵的情况进行查询,法律不保护在自身权利上休眠之人,若权利人自身并不积极维护利益,其自行承担后果。

(三)应收账款质权与债务人法定抵销权之间的优先顺位冲突及解决

应收账款质押后被多次处分,涉及多种权利竞存情形,限于篇幅,本文着重分

---

〔1〕 王乐兵:《"物权编"与"合同编"体系化视角下的应收账款质押制度重构》,《法学家》2019 年第 3 期,第 104 页。

〔2〕 声明登记制,指当事人仅需提交记载有当事人身份及担保财产等少量内容的担保声明书,无须提交基础交易文件,登记机关并不详细核查担保权的具体内容。

〔3〕 高圣平:《统一动产融资登记公示制度的建构》,《环球法律评论》2017 年第 6 期,第 79 页。

〔4〕 自《民法典》颁布实施后,本法已废止。关于此类问题,本书不再另行标注,已废止的法亦不用原××法提示。《民法通则》《合同法》《侵权责任法》《担保法》等也做同样处理。

〔5〕 裴亚洲:《民法典应收账款质押规范的解释论》,《法学论坛》2020 年第 4 期,第 40 页。

〔6〕 陈本寒:《我国〈物权法〉上权利质权公示方法之检讨》,《法学》2014 年第 8 期,第 127 页。

析应收账款质权人与法定抵销权人、受让人之间存在的权利冲突及其解决方案。当出质人处分应收账款时，可能出质人与债务人之间是互负债务的，应收账款质权人与债务人的抵销权之间的顺位冲突如何解决？此外，应收账款可能被出质人进行多次处分，会存在先后质押和让与的情况。出质人多次质押的情况下按照登记顺序确定优先顺位，此处不再赘述。应收账款的质押与动产的浮动抵押或者固定抵押冲突的问题，可直接参照《民法典》第414条、第415条的规则。

应收账款质权的出质人与债务人之间可能互负债务，因此将产生法定抵销权与应收账款质权的效力冲突。在出质人资产不足以清偿全部债务的情况下，法律优先保护应收账款质权还是抵销权，将在很大程度上决定质权人的权利能否实现。[1] 应收账款质权属于担保物权，质权人可就应收账款享有优先受偿权。优先受偿权解决的问题是，当应收账款已经清偿至出质人（应收账款之债权人），哪一债权人可就该清偿金额优先受偿？而在债务人对出质人亦享有金钱债权，且尚未给付给出质人的情况下，质权人无从行使优先受偿权。应收账款质权的优先受偿性仅体现在质权实现的场合，债务人的抵销行为系债权消灭的一种方式，[2]与应收账款实现时普通债权人主张求偿的行为不能混为一谈。

1. *法定抵销权理论*

我国《民法典》第568条、第569条分别规定了法定抵销权和意定抵销权。[3] 意定抵销权对于应收账款质押而言，其所需考虑的问题更为复杂，而且存在出质人和应收账款债务人之间恶意串通的可能性。本文更倾向于从法定抵销权入手考量抵销权和质押权之间的冲突问题，其为真正意义上的法律冲突，意定抵销权则存在许多人为制造的矛盾和冲突。法定抵销权的行使，核心在于"通知对方"而非使"对方同意"，一方进行意思表示就可以使法律行为生效，无须他方意志参与其中。即抵销权成立期间，债务人可随时向债权人表达抵销之意思。但同时存在质押权和抵销权，债务人何时向债权人作出抵销之意思表示，方能保障自身的抵销权实现？

2. *法定抵销权与质权之间冲突的调和路径*

应收账款质权人和债务人抵销权的效力冲突问题，学界产生了两种不同观

---

〔1〕 王乐兵：《"物权编"与"合同编"体系化视角下的应收账款质押制度重构》，《法学家》2019年第3期，第106页。

〔2〕 申海恩：《论抵销适状》，《东南大学学报（哲学社会科学版）》2020年第4期，第84页。

〔3〕 法定抵销权包括自动抵销说、抵销溯及力理论和完全形式主义理论等3种，参见廖军：《论抵销的形式及其效力》，《法律科学（西北政法学院学报）》2004年第3期，第57—58页。自动抵销说认为，抵销的发生无须任何外在主张或宣告行为，只要符合法定抵销的条件、依据法律规定直接发生效力，其代表立法例是《法国民法典》第1290条。抵销溯及力理论认为，抵销必须以意思表示向对方主张方能生效，但抵销效力的发生并非在主张之时，而是溯及至抵销适状之时。其代表立法例是《德国民法典》第389条、《瑞士债务法》第124条、我国台湾地区所谓的"民法"第335条。抵销之溯及力，系基于法律之拟制，双方债务适于为抵销时，即为抵销权发生之时，参见史尚宽：《债法总论》，中国政法大学出版社2000年版，第866页。完全形式主义理论认为，抵销效力的发生不仅依当事人意思表示而发生，而且应当在主张之时（而非溯及至抵销适状之时）生效。这一观点主要以英美法成文法上的抵销为代表。

点。一种观点认为，无论第三债务人对出质人享有的债权是产生于应收账款质权设定之前或之后，也不管是否收到通知，该应收账款质权均无法对抗债务人行使其法定抵销权之行为。[1] 另有一种观点，质权绝对性和对世性的特征，决定了其可对抗一切债权行为，包括债之收取、清偿、免除、抵销和更改等行为。[2]

两者的冲突并非不可协调，只是要确立一个时间界限确认何者效力优先。有学者主张，应当从诚实信用原则出发，考虑债务人行使抵销权对应收账款质权的影响。根据应收账款质权设立时抵销权是否成立，以确定权利竞存顺位：法定抵销权成立先于应收账款质权，债务人先向出质人行使抵销权，质权人就余额部分行使质权，能保证企业一般经营中互有往来的交易常态，维持交易的稳定和效率。[3] 即出质人于质权设立之时其实就处于抵销适状阶段，若债务人通知抵销后，即产生溯及既往状态，对于第三债务人之关系应生效力，但出质人必须对其违反义务的行为承担损害赔偿责任。[4] 债权于债务人对于债权人的抵销权成立之前，已有第三人权利成立，其自可对抗抵销之行为。[5]

应收账款中的质权人对应收账款进行登记之后，即产生公示作用。但从质权与抵销权的冲突来看，情况必须区分理解：应收账款质押登记时点先于抵销适状阶段，质权是优先于抵销权的；但当应收账款质押登记之时处于业已处于抵销适状阶段，若债务人通知抵销后，即产生溯及既往状态，但出质人必须对其违反义务的行为承担损害赔偿责任。如是安排，在于应收账款质权人在同意以债权作为质押担保之时，应该考虑到商事交易关系纵横的背景下，很有可能存在债权债务抵销的情况，其作为理性交易人是有能力在质押之前进行调查与核实，询问债务人相关的应收账款当事人债权债务关系状况。质权人甚至可以要求出质人采取"通知"债务人这一行为，以保证质权的顺利实现，但是"通知"行为并非强制性的义务，而只是可供选择的自由。市场中的理性主体可以通过衡量成本收益，以确定最佳的交易方式，保证安全和效率。

（四）应收账款质权人与受让人权利的优先顺位冲突及解决

质押登记是否具有对抗应收账款受让人的效力，《民法典》未做出规定，《〈民法典〉担保解释》第 66 条第 1 款规定，同一应收账款同时存在保理、应收账款质押和债权转让，当事人主张参照《民法典》第 768 条的规定确定优先顺序的，人民法院应予支持。《民法典》第 768 条即遵循登记优先，通知时间优先原则。但该规定如何适用和理解，需结合《民法典》的立法目的及比较法相关理论做出解释和回答。我国现行应收账款质押融资实践将应收账款质押和让与进行了同质化处理，司法解释的规定也有此倾向，但该做法存在理论障碍，并且不能解决因应

---

〔1〕 韩世远：《合同法总论》（第三版），法律出版社 2011 年第 3 版，第 555 页。

〔2〕 史尚宽：《物权法论》，中国政法大学出版社 2000 年版，第 409 页。

〔3〕 袁小梁：《应收账款质权与法定抵销权冲突的司法处理》，《人民司法》2012 年第 14 期，第 88 页。

〔4〕 史尚宽：《物权法论》，中国政法大学出版社 2000 年版，第 409 页。

〔5〕 史尚宽：《债法总论》，中国政法大学出版社 2000 年版，第 850 页。

收账款被同时质押和让与所产生的质权人和受让人的权利冲突：应收账款质押的登记公示主义和应收账款让与的当然意思主义的冲突依然无法解决。

1. 应收账款质权成立先于应收账款转让

有学者认为《物权法》规范体系下的应收账款之让与和质押可以借鉴《美国统一商法典》的规定，使应收账款质押和让与统一进行登记，登记的权利人优先于未登记的权利人；登记在先，权利优先（《〈民法典〉担保解释》第 66 条第 1 款为类似规定）。[1] 但此做法并没有考虑到让与和质押行为的差异，直接将其视为一体适用登记，只是为了规避法律风险，此举存在不恰当之处。[2] 应收账款质押和让与存在异质性，两者分别以“登记”与否、时间先后或者“通知”与否和时间先后解决彼此同类行为的冲突当属无碍：如同一应收账款多次质押（不存在让与）或多次让与（不存在质押），以“登记”或者“通知”时间作为顺位分水岭解决权利人之间的冲突自当无碍。质押和让与本就分属“物权编”和“合同编”的分编管理，若两者统一适用登记以确定优先顺位，行为、角色和功能将会发生理论逻辑上的错位：债权行为本无须公示即生效，若强加“登记”义务，登记是生效要件还是对抗要件？生效要件则与债权本质相悖。若对抗要件，当事人并未登记，质权依然优先。在司法实务角度，只要一行为登记，而另一行为未登记，权利竞存顺位问题即可解决，但此举仅是解决了目前的纠纷，并未从法理上对两权利冲突进行类化分析解决。立足两行为异质性角度，理解上述司法解释的顺位规定，更具有合理性。

即使不将两行为统一于登记系统之中，也可以解决权利的冲突问题。应收账款质押之后，应收账款的质押人依然是应收账款的“所有权人”，其自可处分应收账款，应收账款转让的合同是有效的。[3] 但质权已然登记，应收账款的受让人明知或应知质权存在，其必须接受质权的优先性，[4]本质上就是与“买卖不破租赁”相类似。虽然应收账款质押制度应在登记对抗主义的框架下进行理解，但是质押毕竟是通过“登记”行为而公示，作为相对人也仅仅是承担形式审查责任（登记机构不对登记内容进行实质审核），质押行为已然成为公示对象，知晓的对象之广泛性远强于转让行为。应收账款受让人只要通过形式审查即可掌握情况，无论其质押情况真实与否，受让人均有相信质押行为存在之理由。从现实情形来说，受让人一般倾向于相信“登记”公示的情况，而非花费更多的成本进行实质性调查，否则与其追求商事效率的本质不相符。综合上述，应收账款质押之后进行债权的让与，受让人可以说是在明知或应知（在形式审查的基础上）债权存在

〔1〕《美国统一商法典》第 9309 条、第 9318 条(b)项。

〔2〕李宇：《民法典中债权让与和债权质押规范的统合》，《法学研究》2019 年第 1 期，第 69 页。

〔3〕刘保玉：《完善我国质权制度的建议》，《现代法学》2017 年第 6 期，第 56 页。

〔4〕有学者认为，当买受人知晓其买卖行为违反抵押权人与抵押人之间约定禁止转让动产时，即属恶意。买受人要为其不善行为付出代价。纪海龙、张玉涛：《〈民法典物权编（草案）〉中的“正常经营买受人规则”》，《云南社会科学》2019 年第 5 期，第 113 页；龙俊：《动产抵押对抗规则研究》，《法学家》2016 年第 3 期，第 48 页；董学立：《论“正常经营活动”中的买受人规则》，《法学论坛》2010 年第 4 期，第 92 页。

瑕疵情形下，仍接受转让，其必须接受该债权存在瑕疵。下文情形，同理。

2. 应收账款转让先于应收账款质押

应收账款转让合同成立在前："通知"行为产生，转让行为是有效的。债权行为遵循意思主义和行为的相对性，作为受让人，如果不要求进行登记的话，须承担不予登记和公示的风险。质押登记之前就已然形成债权让与合意并通知债务人，表明债权让与行为生效。但我国对于债权让与是"转让合同＋通知"的模式，债权让与行为如果没有进行登记公示，其效力无法对抗经过登记之质押行为。债权受让人作为一个市场经济下的理性交易人，应当有意识和能力做出登记要求，但是其或许基于交易的便捷性和效率性考量，并未对债权让与进行登记公示，自然要承担债权让与人对债权再次处分的风险；又或许受让人和让与人已经通过价款折算或者其他方式达成合意，让与人在受让过程享受了特有的利益，也愿意在享有利益的前提下承担债权可能无法行使的风险，这都是市场交易背景下的风险自担情形。结合上述，即使让与行为成立在前，也无法对抗后者已然登记的质权。

五、结语

应收账款债权是在当前市场融资兴盛的背景下带有强烈商事属性的产物。我国《民法典》适用过程中，宜合理解释和处理应收账款质押和让与制度的关系，进而构建不同于传统财产担保的法律框架，方能适应我国当前的商事融资需求。尽管学界有观点认为宜对应收账款质押和让与进行同质化规定，但该方式仅考虑到形式统一能减少交易过程的权利冲突，并未考虑到应收账款质押与(担保性)债权让与存在异质性的现实情况，当然不能为求冲突减少而强行对两者进行统一规则管理。应收账款质押所具有的交易性质以及所处的融资交易秩序，决定了其只能奉行登记对抗主义，而"通知"对于应收账款质权的成立和生效并不具有决定意义。关于《民法典》第 445 条出质人处分权限制之规定，应当结合司法解释相关内容重新进行考量，应收账款质权可以不经质权人同意进行多次处分，只要在不损害质权人利益的前提下进行，该行为应该被允许；此外可以规定质权人的直接收取权和请求提存的权利以保障质权人利益不会因应收账款的再次处分和流转而受到损害。只是应收账款设立质押之后进行让与和抵销(在质押后成立的方处于抵销适状阶段)，不能对抗在先登记的质权人权利。因此，在确定合理界限的前提下，宜肯定应收账款多重处分的有效性，以公示方式和合理注意义务确定对抗效力取得的时间和权利之优先顺序，从而保障交易安全。

共享单车押金之属性辨
——以民事合同类型为切入〔1〕

唐 勇*

摘 要 共享单车继承了传统租车的押金模式，并借网络平台支付迅速沉淀资金，形成巨额押金池，进而衍生出孳息归属等法律适用争议。传统租车模式下，基于货币占有即所有之规则，押金合同应为非典型担保合同；而基于押金缴付方式的网络平台化，共享单车押金的属性应为债权质押，并辅之以相应的法律效果。基于担保性的淡化和融资性的增强，共享单车押金的合同属性，存在另一种解释路径，即将其解释为混合合同，即租赁合同与借款合同之混合。押金并非担保，而系出押人的对待给付义务之一，法律适用上则采类推适用主义。同时，对共享单车押金，一个民商事合同交叉的视角，亦不可或缺；据此，得以进一步厘定民事一般法基础，也能使即便在商事特别法缺位的情况下，相关特别法价值仍能有所附丽。

关键词 共享单车；押金；债权质押；混合合同

目 次

---

* 唐勇（1981—），中央民族大学法学院副教授，主要研究方向：民法、商法、法学方法论。

〔1〕 本文曾作为会议论文，提交2017年中国商业法年会暨“共享经济与法律”研讨会；其后，ofo小黄车卷入退还押金诉讼；2019年5月9日，交通运输部、人民银行、国家发展和改革委员会、公安部、市场监管总局、银行保险监督管理委员会印发《交通运输新业态用户资金管理办法（试行）》（交运规〔2019〕5号）；2019年6月20日，北京商报报道，法院曝光ofo涉及2.5亿元诉讼无可执行财产，ofo相关负责人回应：“尊重判决，全力退还押金”；2021年4月，媒体报道哈罗单车拟上市，或将成为“共享单车第一股”；2021年7月，媒体又报道，哈罗单车取消赴美上市；除了上述监管变量和市场变量之外，本文所处理的微观主题也恰逢《民法典》的颁布和生效，但问题意识和分析路径及结论不变；本次成稿，除了上述政策、事实部分的跟进外，主要是对涉及《民法典》部分，予以更新。

一、导论:问题及其理论价值

共享单车作为"新四大发明"之一,[1]通过移动客户端实现了自行车的骑行共享,较为有效地解决了出行"最后一公里"难题。而这一新型互联网共享经济形态,几乎毫无保留地继承了传统租车的押金模式:ofo 单车押金 99 元、[2]摩拜单车押金 299 元,其余共享单车的押金也是 99 元、199 元、298 元不等。

> "比达咨询(BDR)发布的《2017 年 Q1 中国共享单车市场研究报告》显示,2017 年 3 月,ofo 的月活跃用户数大幅增至 1636.2 万人,摩拜月活跃用户数为 1274.4 万人;移动互联网大数据监测平台 Trustdata 发布的《2017 年 Q1 中国共享单车行业用户监测报告》显示,2017 年 3 月,共享单车行业新增用户首次突破千万达到 1093.5 万。据北京晨报测算,整个共享单车行业的押金池大约有 60 亿元"。[3]

仅就共享单车的单笔押金而言,其金额算不上显著,但目前已近百亿元的押金池,[4]则"涉及一个庞大的社会群体,有可能会导致广泛的社会公共利益,甚至社会稳定问题"。[5]一方面,"收取押金的行为到底是正常的质押还是变相集资,必须先有所判断。如果属于后者,没有特定授权和程序则可能涉嫌违法。这些都需要金融监管部门来判断。"[6]另一方面,巨额押金"由于没有第三方监管,平台公司用于投资或理财等风险收益,或是公司临时资金周转。但出现资金断链、卷钱跑路等情况,[7]必然导致押金退还兑付危机,[8]从而侵犯到消费者利

[1] 中国邮政总局于 2017 年 9 月 29 日正式发行"新四大发明"定制版邮票,ofo 小黄车、天猫、中国中车和支付宝 4 家品牌成为邮票主角。

[2] 据悉,ofo 单车 2015 年 9 月上线伊始并未设置押金,99 元押金是 2016 年进入城市市场之后开始设置,目前针对学生也未收取押金。佚名:《60 亿共享单车押金急需监管》,http://auto.people.com.cn/n1/2017/0328/c1005-29174365.html,访问日期:2022 年 8 月 18 日。

[3] 野马财经:《60 亿押金纳入监管 暴雨中的共享单车如何前行?》,http://finance.jrj.com.cn/2017/05/22205322514359.shtml,访问日期:2017 年 9 月 29 日。

[4] "截至 2017 年 8 月的中国互联网统计报告显示,目前共享单车的押金总量已经接近 100 亿元"。赵姿昂:《对共享单车押金的法律思考》,《人民司法·应用》2018 年第 13 期,第 68 页。

[5] 盘和林:《管好 60 亿押金,莫让共享单车"骑"成"金融单车"》,《智库时代》2017 年第 3 期,第 27 页。

[6] 佚名:《60 亿共享单车押金急需监管》,http://auto.people.com.cn/n1/2017/0328/c1005-29174365.html,访问日期:2022 年 8 月 18 日。

[7] 近期比如,2017 年"2 月 10 日,卡拉单车创始团队向投资人回报经营数据,在得知单车丢失率、失踪率和损坏率远超当初预估后,投资人于当晚告知创始人不再投入后续资金,并全额收回之前的投资款;随后,投资人将公司账目上部分用户押金划走,撤走财务和客服"。盘和林:《管好 60 亿押金,莫让共享单车"骑"成"金融单车"》,《智库时代》2017 年第 3 期,第 27 页。再如,"经历了今年上半年跑马圈地的火热,共享单车的诸多问题逐渐浮出水面。日前,江苏省南京市的共享单车企业——町町单车'跑路',引发热议"。葛绍刚、薛庆元:《町町单车"跑路"引曝押金安全隐患》,《中国消费者报》2017 年 8 月 28 日第 2 版。

[8] 退押金难,比如:"今年 6 月份以来,因单车被偷光,使得悟空单车、3Vbike 相继停运。而此前町町单车还在,公司却处于失联状态,用户押金退款迟迟不到账。就连行业大佬摩拜,也于今年 4 月,被北京市工商局海淀分局点名批评'退款难'"。阚丽丽:《"免押金"新政开闸 共享单车带动互联网信用升级》,《新产经》2017 年第 9 期,第 62 页。再如,佚名:《酷骑单车:押金难退 用户不安》,《中国消费者报》2017 年 9 月 22 日第 3 版;复如,佚名:《市民遭遇共享单车押金退还难》,《金华日报》2017 年 9 月 14 日第 A04 版。

益”。[1]

共享单车的小额押金，经由客户端的移动支付，形成了巨额押金池。作为新型经济形态，法律层面上的监管尚未能及时跟进。一方面，共享单车用户面临押金的退还兑付风险；另一方面，从共享单车企业角度，它们对该笔资金如何“合法”处置，亦无所适从。[2] 与此同时，“一禁了之”的免押金模式，[3]不仅有广泛的市场号召力，[4]更有官方的积极鼓励。[5]

押金，可谓共享单车运营模式的“七寸”，也是法律规制的“盲点”。即便是传统的租车模式，也不能禁止收取押金。传统租车模式，在法律规制上，争议较少，几乎完全能被《中华人民共和国民法典》第 3 编合同编（以下简称《民法典》合同编）第 14 章之“租赁合同”所覆盖，并未超出民事法律规范的范畴，也未延伸至金融法等领域。共享单车押金模式，自有其特殊之处，然而，“日光之下并无新事”，本文拟首先从纯粹民法角度，厘定共享单车押金的事实属性，进而讨论其规范涵摄，兼及民商事合同的类型交叉，避免因共享单车存在“多重面相”[6]而失焦，更欲以此测度民法教义学对新生事物的解释张力。

二、共享单车押金的事实定型

与传统租车模式相似，共享单车模式下，除了出租人提供租赁物、承租人支付租金作为对价之外，承租人还需提供押金，作为“第三元素”，嵌入交易结构。以 ofo 单车为例：

> “ofo 公司通过以计算机或者手机等移动设备为依托的 ofo 共享平台这一客户端与用户相连接，要求用户在注册时实名认证且缴纳 99 元押金，用户骑车每小时收费 1 元（学校师生每小时收费 0.5 元），收取的费用需用户

〔1〕 盘和林：《管好 60 亿押金，莫让共享单车“骑”成“金融单车”》，《智库时代》2017 年第 3 期，第 27 页。

〔2〕 “ofo 创始人戴威表示，ofo 公司目前已经收取的押金分文未动，‘我们也在等待有关部门决定，希望能够尽快出台一个明确的规定，我们就会把这个钱放进去’。摩拜单车首席执行官王晓峰也表示，摩拜与招商银行合作设立押金专户，保证所收押金专款专用”。野马财经：《60 亿押金纳入监管 暴雨中的共享单车如何前行？》，http://finance.jrj.com.cn/2017/05/22205322514359.shtml，访问日期：2017 年 9 月 29 日。

〔3〕 目前的免押金模式，仍是以特定的信用（金融）为基础，其未来能否完全替代押金模式，尚未可知。

〔4〕 2017 年 5 月支付宝宣布，ofo、永安行、小蓝、哈罗单车、凡骑绿畅、优拜等共享单车品牌与蚂蚁金服达成合作：从 4 月 29 日起，用户直接通过支付宝首页的扫一扫，就可以解锁这些品牌的共享单车。

〔5〕 2017 年 5 月 22 日，交通运输部会同中国共产党中央委员会宣传部、中国共产党中央网络安全和信息化委员会办公室、国家发展和改革委员会、工业和信息化部、公安部、住房和城乡建设部、人民银行、质量监督检验检疫总局、国家旅游局等部门起草了《关于鼓励和规范互联网租赁自行车发展的指导意见（征求意见稿）》，鼓励互联网租赁自行车运营企业采用免押金方式提供租赁服务。

〔6〕 同一事实，存在多重面相，在未达成共识之前，区隔分析，以保持问题本身的开放性，此一点，已为诸多司法解释所采纳，如关于非法集资等涉及的民刑交叉问题，《最高人民法院关于审理民间借贷案件适用法律若干问题的规定》（法释〔2020〕17 号）第 12 条第 1 款即规定：借款人或者出借人的借贷行为涉嫌犯罪，或者已经生效的判决认定构成犯罪，当事人提起民事诉讼的，民间借贷合同并不当然无效。人民法院应当依据民法典第 144 条、第 146 条、第 153 条、第 154 条以及本规定第 13 条之规定，认定民间借贷合同的效力。

另行充值,充值下限20元,用车结束,用户可申请退还余额和押金。根据比达数据中心调查显示,仅2016年,ofo共享单车在全国共享单车行业市场中的占有率高达51.2%。且ofo公司表示,截至2017年3月初,其注册用户达2500万人。如果每个用户都交押金,那么ofo掌握的押金量大约为25亿元。"[1]

从事实构成角度,比照传统租车模式,共享单车押金呈现出如下特征:

其一,与传统租车押金模式最为显著的不同之处在于,共享单车押金模式经由移动支付的便捷,能迅速沉淀,形成巨额资金池。"起初,摩拜单车或ofo单车的押金收取方式,既可以通过银行转账,也可以通过微信支付或支付宝支付。在北京地区,目前的摩拜单车押金支付方式仅支持微信支付或支付宝支付,已不支持银行转账方式。"[2]包括支付宝在内的第三方平台支付,[3]使得押金缴付异常便捷,上文已述及,"ofo公司表示,截至2017年3月初,其注册用户达2500万人。如果每个用户都交押金,那么ofo掌握的押金量大约为25亿元。ofo公司便有机会把所掌握的押金汇集到一起,形成蓄水池一样的储存资金的空间。"[4]这在传统租车模式下,根本无法实现。这衍生出的问题便是,该巨额资金孳息的归属问题,以及其在共享单车合同中的定位。

其二,共享单车押金并非点对点地针对租赁物(特定单车),而是针对不特定的、共享平台上在册的所有共享单车。就此一点,与传统租车模式迥异,即"形成了一个全新的押金形态,打破了传统'一个租赁物对应一份押金'的模式,形成了'一个人对应一份押金'的模式"。[5] 这也意味着,"一车多押"[6](一车之上重叠着多份押金)系属常态;从用户角度,该押金形式上更接近于取得一个抽象的用车资格。此外,正是由于押金的多寡,并不直接对应特定单车(及其价值),单车企业自主定价空间较大。[7]

其三,共享单车押金也非直接对应特定共享单车的维护,也就并非直接对应损害赔偿责任。共享单车模式下,特定用户并不一般性地承担共享单车的维护(包括防盗、维修等),甚至至今也未有共享单车企业向特定用户主张过因车辆使

---

[1] 廖子瑜:《我国共享单车押金资金池监管的法律问题研究——以ofo共享单车为例》,《法制与社会》2017年第24期,第70页。

[2] 郭丁源:《共享单车:押金,还是押信誉?》,《中国经济导报》2017年9月13日第B02版。

[3] 关于第三方平台支付的民法属性,笔者初步认为,其属于一种特殊的债权让与,限于主题相关性,仍使用"押金"概念,着眼在于共享单车企业从终端角度可以很便捷地变为现实的货币;下文涉及押金合同属性时,会有适当地延展讨论。

[4] 廖子瑜:《我国共享单车押金资金池监管的法律问题研究——以ofo共享单车为例》,《法制与社会》2017年第24期,第70页。

[5] 郭丁源:《共享单车:押金,还是押信誉?》,《中国经济导报》2017年9月13日第B02版。

[6] "由于共享单车的用户数高于车辆数量,导致'一车多压',共享单车公司手中的押金总额也高于其自行车资产总值"。野马财经:《60亿押金纳入监管 暴雨中的共享单车如何前行?》,http://finance.jrj.com.cn/2017/05/22205322514359.shtml,访问日期:2017年9月29日。

[7] 当然这不妨碍共享单车企业以其所提供车辆的品质作为说辞,收取较高的押金,如摩拜单车的押金即是ofo单车的3倍。

用不当导致的损害赔偿责任，更未出现过押金划扣的案例。简言之，押金并不直接对应车辆遗失、使用不当等的损害赔偿。[1]

其四，共享单车押金并非在单次使用单车后自动退还，而是需要用户申请后再退还。基于使用上的便利，用户往往也不会选择单次使用后便申请退还押金；而即便申请退还押金，共享单车企业也不会即时退还，存在空档期。关于该空档期，以摩拜单车为例，已有论者指出：

> "问题就出在押金退还规则，按照摩拜单车的押金退还规则，用户申请退还押金时，需要二至七个工作日才能到账……拖延用户押金退还时间，可以'合理'地获取押金收益。也就是说，当用户缴纳押金后，在用户拿到返还的押金之前，摩拜单车占用押金期间，押金所产生的利息收入或其他孳息收入（比如购买理财产品或炒股等）都归属于摩拜单车平台。"[2]

三、共享单车押金的规范定型

共享单车推出之初，因乱停乱放、押金挪用等，确曾持续引起广泛关注，并多有呼吁专门立法予以规制。当然，即便是出台政策，对于这样一个新生经济样态，也需假时日以观察之，况乎立法，后者需要更长的反应周期。然则，对于共享单车及其押金，在部门规章、地方性法规等层面上，却已多有尝试。具体而言：

其一，部门规章层面：2017 年 5 月 22 日，交通运输部会同中国共产党中央委员会宣传部、中国共产党中央网络安全和信息化委员会办公室、国家发展和改革委员会、工业和信息化部、公安部、住房和城乡建设部、人民银行、质量监督检验检疫总局、国家旅游局等部门起草了《关于鼓励和规范互联网租赁自行车发展的指导意见（征求意见稿）》。其中，关于加强用户资金安全监管，提出：

> "鼓励互联网租赁自行车运营企业采用免押金方式提供租赁服务。企业对用户收取押金、预付资金的，应严格区分企业自有资金和用户押金、预付资金，在企业注册地开立用户押金、预付资金专用账户，实施专款专用，接受监管，防控用户资金风险。企业应建立完善用户押金退还制度，积极推行'即租即押、即还即退'等模式。互联网租赁自行车业务中涉及的支付结算

---

[1] 从协议文本角度，如成都《黑拜单车租赁服务协议》第 11 条后段载明："……若车辆由于车锁故障导致未锁定、还车未成功且用户因单方面原因未及时与本公司取得联络而造成自行车失窃、损坏的，本公司将向您索取不少于 1500 元人民币的车辆赔偿费用。"这里并不完全排除在格式合同文本中，以维修保管等善良管理人义务作为修辞，甚至将来具体适用该条款。

[2] "李俊慧进一步分析，在摩拜单车或 ofo 单车等'共享'实为'租赁'的单车平台服务中，如果用户不提交申请'押金'退还，押金就一直处于平台的控制之下……按照摩拜单车或 ofo 单车的规则，扫码解锁开始用车，相当租赁服务开始，用完上锁付费，相当于租赁服务结束。在主合同已经履行完毕后，用户与单车平台之间已经没有需要担保的租赁合同，此时，单车平台或系统应该和传统租车场景类似，自动退还押金。但是，这些单车平台却需要用户手动提交申请，其目的显然是通过增加押金退还繁琐程度，引导用户放弃退还或唤醒用户再次使用"。郭丁源：《共享单车：押金，还是押信誉？》，《中国经济导报》2017 年 9 月 13 日第 B02 版。

> 服务，应通过银行、非银行支付机构提供，并与其签订协议。互联网租赁自行车运营企业实施收购、兼并、重组或者退出市场经营的，必须制定合理方案，确保用户合法权益和资金安全。"[1]

其二，地方性法规层面：2017 年 7 月 28 日新修订的《河北省消费者权益保护条例》(2017 年 11 月 1 日施行)，明确"互联网租赁自行车经营者应当明示计费方式和费用，经营者已收取押金，消费者不再接受服务要求退还押金的，经营者应当及时退还押金。鼓励互联网租赁自行车经营者采用免押金方式提供租赁服务"。[2]

其三，规范性法律文件层面：2017 年 9 月 15 日，北京市交通委员会、发展和改革委员会、公安局、财政局等 11 部门联合出台《北京市鼓励规范发展共享自行车的指导意见(试行)》。关于保障承租人资金安全，该指导意见第 14 项明确"鼓励企业采用免押金方式提供租赁服务。收取押金的，企业须在本市开立资金专用账户，接受监管，实施专款专用；企业要公示押金退还时限，及时退还承租人资金；中国人民银行营业管理部及企业开户的商业银行要按照职责加强专用账户资金监管"；同时，第 15 项明确"企业退出运营前要向社会公示，退还承租人押金，完成所有投放车辆回收等工作"。

其四，学理层面：对于共享单车押金池，论者多提出应当专款专用，加强监管，尤其应避免其"金融化"，所谓"管好 60 亿押金，莫让共享单车'骑'成'金融单车'"；[3]也已有论者，从借鉴欧美对第三方支付沉淀资金监管的成熟经验角度，提出：

> "'互联网+'仍在继续发展，共享单车在暴露更多问题的同时其监管也会继续得到完善，而随着发展的不断深入，对于共享单车押金资金池的监管方式还将继续翻新，故掌握好共享单车发展态势、及时抓住相关问题重点、在汲取外国监管优点和总结我国监管经验的基础上适时进行相应监管是适宜之计策，而共享单车押金资金池上模糊的法律问题，也会守得云开见月明"。[4]

综上，关于共享单车押金的法律规制，总体上，上位法缺位，而相关下位法律

---

〔1〕 2019 年 5 月 9 日，交通运输部、人民银行、国家发展和改革委员会、公安部、市场监督管理总局、银行保险监督管理委员会印发《交通运输新业态用户资金管理办法(试行)》(交运规〔2019〕5 号)，重点规范押金问题。该管理办法第 4 条明确规定："运营企业原则上不收取用户押金，确有必要收取的，应当提供运营企业专用存款账户和用户个人银行结算账户两种资金存管方式，供用户选择。用户押金归用户所有，运营企业不得挪用。"其后，第 5 条、第 6 条、第 7 条、第 10 条、第 12 条、第 15 条、第 16 条、第 19 条、第 25 条，详尽地规范了押金的收取、归属、管理和退还等相关事宜。

〔2〕 佚名：《新修订的〈河北省消费者权益保护条例〉明确鼓励共享单车免押金》，《河北日报》2017 年 8 月 22 日第 5 版。

〔3〕 盘和林：《管好 60 亿押金，莫让共享单车"骑"成"金融单车"》，《智库时代》2017 年第 3 期，第 27 页。

〔4〕 廖子瑜：《我国共享单车押金资金池监管的法律问题研究——以 ofo 共享单车为例》，《法制与社会》2017 年第 24 期，第 72 页。

规范(大部分为指导意见或处于征求意见稿阶段)宣示大于规制,尤其未能与部门法(如合同法、金融法等)紧密结合;[1]可操作性低、针对性差。正如有学者总结的:

> “共享单车出现至今,还没有一部法律法规或规章对其本身或者其部分板块予以相应的规制,也没有如银监会等金融监管机构发出过相关参考意见。目前只有上海、北京、广州等地在着手研究制定共享单车的相关指导意见。但是,仅仅通过地方政策来监管共享单车,力量显然是薄弱的,其涉及共享单车押金资金池监管的内容定是少之又少。关于共享单车押金资金池的法律问题,不断呼吁着相关法律法规及规章的出台。立法者应注重立法质量兼顾时间效益,尤其是押金资金池这一监管短板问题,亟须在监督检查和法律责任方面予以细化。”[2]

四、以民事合同类型作为切入

作为一种经济形态,共享单车是自发的市场行为。因使用单车而缴纳押金,也是基于自愿,不存在强迫交易。即便是在传统租车模式下,亦无禁止缴纳押金之理由。自发交易的规制模式,历来是禁止不如疏导。当然,对共享单车及其押金池,提倡予以及时、必要之监管的声音,不绝于耳。[3] 然则,共享单车的法律载体仍旧是合同机制,即便是多了所谓的“互联网+”。换言之,不宜脱离或全然不顾其合同属性,[4]直接讨论其监管或规制。从民事合同类型角度,一个最为基本的问题是:形成押金池之共享单车合同,究属租赁合同,还是借款合同。进而,从传统民事法律规范角度,共享单车押金系属质押担保,还是用户相对于共享单车企业之对待给付义务(之一)。

(一)作为典型合同的租赁合同

合同自由原则,[5]相对于物权法定原则。[6] 合同自由包括订约自由(abschlussfreiheit)、选择当事人自由(freiheit der partnerwahl)、类型自由(typen-

---

[1] 共享单车的部门法视角(民法、商法、经济法、刑法、行政法等)的概览性总结,参见汪雪:《部门法视角下共享单车 ofo 现存法律问题分析》,《法制博览》2017 年第 24 期,第 32—33 页。笔者注意到,本文完稿后生效的《电子商务法》(2019 年 1 月 1 日生效)第 21 条和第 78 条,对电子商务经营者押金退还义务及违反责任作了相应规定,就该第 78 条的规制模式而言,主要属于行政处罚。

[2] 廖子瑜:《我国共享单车押金资金池监管的法律问题研究——以 ofo 共享单车为例》,《法制与社会》2017 年第 24 期,第 71 页。

[3] 监管措施包括设立押金专用账户、接受第三人监督、保证专款专用等,参见宋姝凝:《共享单车的法律监管问题研究》,《河南社会科学》2017 年第 7 期,第 69 页。

[4] 本文未直接以特定共享单车合同条款作为分析对象,只撷取其共通性要素;而细致比对,实属必要。

[5] 《中华人民共和国合同法》第 4 条:当事人依法享有自愿订立合同的权利,任何单位和个人不得非法干预。

[6] 《中华人民共和国物权法》第 5 条:物权的种类和内容,由法律规定。

freiheit),得变更法律规定的自由与方式自由(formfreiheit);[1]就类型自由而言,“当事人在不违反强制性规范及公序良俗的前提下,可订立任何内容的合同”。[2] 而依据法律是否设有特别规定,民事合同分为有名合同(benannte verträge)和无名合同(nichtbenannte verträge)。前者亦称为典型合同(typische verträge),[3]后者亦称非典型合同(nichttypische verträge)。[4] 众所周知,我国《合同法》规定了买卖合同、供用电、水、气、热力合同、赠与合同、借款合同、租赁合同、融资租赁合同、承揽合同、建设工程合同、运输合同、技术合同、保管合同、仓储合同、委托合同、行纪合同、居间合同等15种典型合同;《中华人民共和国担保法》(以下简称《担保法》),结合《物权法》,规定有保证合同、质押合同、抵押合同、定金合同等4种典型合同;[5]《民法典》合同编则在《合同法》基础上,新增了4种典型合同,即保证合同(第13章)、保理合同(第16章)、物业服务合同(第24章)、合伙合同(第27章)。

认定某一合同究竟属于何种法定合同类型,“其主要目的乃在于确定任意规定或强行规定的适用”,从而在处理合同的问题时,“首须考虑的是”,此项合同是否为典型合同?何种典型合同?[6] 买卖、赠与抑或承揽?厘定共享单车合同的属性,就其借用网络平台,采取电子缔约形式,当属无关紧要。究其原因,不论是《合同法》第10条,还是《民法典》第135条或第469条,均对合同形式采开放态度。[7] 共享单车合同,如《ofo用户服务协议》(《ofo小黄车使用协议》《ofo小黄车隐私规则》)、《摩拜单车租赁服务协议》抑或《黑拜单车租赁服务协议》,虽然名称上都带有“服务协议”的字样,但服务协议本身并非有名合同,[8]故而,从合同解释角度,尤其所谓的真实意思表示角度,均不难认定其为租赁合同。

合同法上存在诸多“名实之辩”,比如“名为联营、实为借贷”[9]、“名为联营、

[1] 迪特尔·梅迪库斯:《德国债法总论》,杜景林、卢谌译,法律出版社2004年版,第61—62页。

[2] 韩世远:《合同法总论》(第3版),法律出版社2011年第3版,第48页。

[3] 民法在合同类型自由主义之下创设典型合同,其主要机能有二:“(1)以任意规定补充当事人约定之不备……(2)以强行规定保护当事人的利益”。王泽鉴:《债法原理》(第一册),中国政法大学出版社2001年版,第108—109页。略作扩展性的讨论,参见韩世远:《合同法总论》(第3版),法律出版社2011年第3版,第48—49页。

[4] 史尚宽:《债法总论》,中国政法大学出版社2000年版,第10页。

[5] 《中华人民共和国保险法》规定的保险合同,亦属有名合同,但属商事合同。

[6] 王泽鉴:《债法原理》(第一册),中国政法大学出版社2001年版,第109页。

[7] 就电子缔约,《民法典》第137条第2款特别规定:以非对话方式作出的采用数据电文形式的意思表示,相对人指定特定系统接收数据电文的,该数据电文进入该特定系统时生效;未指定特定系统的,相对人知道或者应当知道该数据电文进入其系统时生效。当事人对采用数据电文形式的意思表示的生效时间另有约定的,按照其约定。

[8] 特定的服务协议,可能属于有名合同,如旅游合同(旅游服务合同),见《中华人民共和国旅游法》及《最高人民法院关于审理旅游纠纷案件适用法律若干问题的规定》(法释〔2020〕17号)。

[9] 见1990年11月12日《最高人民法院关于审理联营合同纠纷案件若干问题的解答》(现已失效)。

实为租赁”[1]、“名为买卖,实为担保”[2]、“名为融资租赁,实为其他”[3],等等;这说明,合同属于何种类型,并非简单根据其名称,而应当结合其内容予以解释。[4] 关于合同类型的认定,“应当注意的是,法律并不是凭空创设……而是就已存的生活事实,斟酌当事人的利益状况及各种冲突的可能性,加以规范。民法系以给付义务为出发点”,而设各种合同类型,例如,“称买卖者,谓当事人约定一方转移财产权于他方,他方支付价金”之合同;“称租赁者,谓当事人约定,一方以物租与他方使用收益,他方支付租金”之合同。[5] 合同之给付义务,分为主给付义务、从给付义务、先合同义务、后合同义务、附随义务、不真正义务等,并构成“义务群”;其中,主给付义务(hauptleistungspflicht),指合同固有、必备,并用以决定合同类型的基本义务。[6] 反过来,判断合同类型,首要判断该合同的主给付义务。

根据《民法典》第 703 条,“租赁合同是出租人将租赁物交付承租人使用、收益,承租人支付租金的合同”。租赁合同中,出租人的主给付义务为交付适格的租赁物给承租人为用益,共享单车合同完全符合这一点;承租人的主给付义务为支付租金,共享单车合同也符合这一点。[7] 值得注意的是,比照典型合同,不易定性的恰不是共享单车合同本身,而是押金。其一,从目前笔者所考察的数个单车租赁合同文本来看,未见押金条款,包括《ofo 用户服务协议》(《ofo 小黄车使用协议》《ofo 小黄车隐私规则》)、《摩拜单车租赁服务协议》《黑拜单车租赁服务协议》等,均未载明押金的缴纳及其退还规则。[8] 其二,以现金作为担保,典型合同为定金合同,而押金并非定金。后者根据《民法典》第 587 条规定适用“双倍返还”规则,根据第 586 条规定定金数额“不得超过主合同标的额的百分之二十”。职是之故,虽定金分为立约定金、[9]成约定金、[10]解约定金[11]和违约定金,押金

〔1〕 无讼阅读:《浅析“名为联营,实为租赁”的效力认定以及法院管辖》,http://victory.itslaw.cn/victory/api/v1/articles/article/6c6e6be2-13ac-461a-a37f-5bbe5e5bc07c,访问日期:2017 年 2 月 24 日。

〔2〕《最高人民法院关于审理民间借贷案件适用法律若干问题的规定》(法释〔2020〕17 号)第 23 条。

〔3〕《最高人民法院关于审理融资租赁合同纠纷案件适用法律问题的解释》(法释〔2020〕17 号)第 1 条。

〔4〕 关于合同类型的解释,并未为《民法典》第 142 条所直接覆盖。

〔5〕 王泽鉴:《债法原理》(第一册),中国政法大学出版社 2001 年版,第 109 页。

〔6〕 王泽鉴:《债法原理》(第一册),中国政法大学出版社 2001 年版,第 34 页、第 36 页;韩世远:《合同法总论》(第 3 版),法律出版社 2011 年第 3 版,第 242—243 页;王洪亮:《债法总论》,北京大学出版社 2016 年版,第 21—22 页。

〔7〕《摩拜单车租赁服务协议》第 3.1 条载明了如何通过“摩拜单车软件”提供租车服务及其服务范围,第 3.4 条则载明了详细的租金收取标准。

〔8〕《中华人民共和国电子商务法》(下文简称《电子商务法》)于 2019 年 1 月 1 日生效后,根据该法第 21 条,应会有所改观。

〔9〕《最高人民法院关于适用〈中华人民共和国担保法〉若干问题的解释》(法释〔2000〕44 号)(现已废止)第 115 条。

〔10〕 法释〔2000〕44 号第 116 条。

〔11〕 法释〔2000〕44 号第 117 条。

却不在其列。其三，押金，原非法定概念，实务中也称为保证金、抵押金、担保金等；[1]在排除押金合同并非定金合同之后，较容易将其定性为金钱“质押”，[2]但由于货币遵循“占有即所有”的规则，应当不属于质押合同范畴，故而，产生不了典型质权，也不构成典型的担保合同（定金合同或质押合同），属于无名合同（非典型担保）。《民法典》第388条对于担保合同采取了相对开放的姿态，文义上，“担保合同包括抵押合同、质押合同和其他具有担保功能的合同”。而《最高人民法院关于适用〈中华人民共和国民法典〉有关担保制度的解释》（法释〔2020〕28号）则将非典型担保纳入规范范畴，比如其第70条规定的保证金账户规则。

（二）非典型性：押金缴付方式的平台化

传统租车模式下，如独立评价押金合同，则其合同属性公式为“租赁合同（有名合同）＋押金合同（无名合同）”。根据上文分析，共享单车模式下，其合同构成从形式上几乎完全继承了传统租车模式，其合同属性公式可采完全相同的表述。正所谓，“日光之下并无新事”，就此而言，押金（及押金合同）为非典型担保（从合同），从属于租赁合同（主合同）。[3]

不宁唯是，押金系属传统租车模式乃至典型租赁合同的常态元素，虽其原非法定概念，但却曾进入过行政法规的评价视野（最新为《电子商务法》所采），只不过当时采取的态度是明令禁止；具体而言：已失效的《城市私有房屋管理条例》（国发〔1983〕194号），其第16条第2款曾规定“出租人除收取租金外，不得收取押租或其他额外费用”。关于押金数额的限制及押金利息归属，也早有关注，如有观点认为：

> “押金交与债权人，其所有权就从债务人或第三人处移转于债权人。因此，债权人对于自己所有物所生之孳息，当然也就取得所有权，故押金对于出押人而言是无所谓收取利息的。但对受押人即债权人来说，其收取的押金的数额越大，所获得的利息也就越多。为利益所驱动，受押人有本能地扩大收取押金数额的倾向。对出押人的保护，除对押金数额予以限制外，在涉及国计民生的重大合同，可用特别法的方式规定，押金所生利息，为出押人所有，但法律另有规定的除外。”[4]

那么，共享单车押金相较于传统租车押金，其有无特别之处？其特殊性，在于押金缴付方式的网络平台化。与传统租车押金不同，共享单车押金没有以现金方式缴付，不论是纸币还是硬币。而单纯从操作上，100元至300元不等的金

---

〔1〕汪传才：《押金初探》，《政治与法律》1999年第2期，第24页；李巍、朱四臣：《论押金担保》，《当代法学》2000年第4期，第33页。

〔2〕佚名：《60亿共享单车押金急需监管》，http://auto.people.com.cn/n1/2017/0328/c1005-29174365.html，访问日期：2022年8月18日。

〔3〕作为非典型担保（即便从让与担保角度解释，让与担保本身也是非典型担保），其既不产生物权效力，也非为保证或定金，于诉讼时能否与租赁合同同案处理，还是应当分案另诉，颇值探究。

〔4〕汪传才：《押金初探》，《政治与法律》1999年第2期，第27页。

额，用现金缴付并无障碍。上文述及，起初摩拜或 ofo 等共享单车的押金收取方式，既可通过银行转账，也可通过微信或支付宝支付。目前，较为普遍是以微信或支付宝支付，甚至在北京地区，如摩拜单车押金支付方式仅支持微信或支付宝，已不支持银行转账方式。[1] 微信、支付宝等第三方平台支付，使得押金缴付异常便捷，而伴随用户几何指数的增加，很容易形成巨额押金池，这是传统租车模式下不可想象的。而从民事法律关系定性的角度，也悄然发生变化：此押金已非彼押金。

申而言之，传统租车模式下，以现金方式缴纳押金，出押人转移了货币的占有，故而，才有金钱质押、流质条款、让与担保等非典型合同之辨；[2]而在共享单车模式下，以微信、支付宝等第三方平台支付方式出押，从民事物权理论角度，并未转移任何动产之占有，更无货币所有权变动之说，其性质应为债权质押。[3] 具体而言，从民事法律关系定性角度：

其一，所谓微信、支付宝等第三方平台支付，其流通性基础在于用户对微信、支付宝平台企业享有一个定型化的债权。该债权所对应的主给付义务在于，平台企业应用户需要，得随时将双方协议确定之金额兑现为货币。

其二，与以现金出押方式不同，后者根据货币“占有即所有”之规则，几乎无法形成典型质押合同和质权以第三方平台支付方式出押则不然：由于其所出押的“标的”为债权，故其不依赖于传统的动产质押，进而不受“占有即所有”规则所限，根据《民法典》第 440 条，其上可以设立典型担保。

其三，从探寻交易双方真意的角度，[4]共享单车用户缴纳押金之目的并不在于转移权属，而是提供担保。如不需要转移权属即能提供担保，则除非专门约定，无须首先解释为债权让与或让与担保。[5] 在未有明确约定的情况下，识别当事人真意的主要依据便是名为“押金”。而微信或支付宝等第三方平台支付系统，目前则并无专门的识别，即未区分根据用户指令而为的“支付”交易，系属转让还是质押。[6] 实际上，债权是转让还是质押，从意思表示角度，本也不依赖于标的债权之债务人。

---

〔1〕 郭丁源：《共享单车：押金，还是押信誉？》，《中国经济导报》2017 年 9 月 13 日第 B02 版。

〔2〕 坚持共享单车押金之“担保物权”属性的最新观点，见赵姿昂：《对共享单车押金的法律思考》，《人民司法·应用》2018 年第 13 期，第 68 页以下；建议以“金钱质押制度重塑押金法律关系”的最新观点，见彭雨晨：《共享单车押金及预付资金监管规则的反思与重构》，《金融法苑》2018 年第 1 期，第 147 页以下；坚持共享单车押金之“让与担保”属性的最新观点，见李洪健、王晴：《论共享单车押金之性质及其法律规制》，《经济法论丛》2018 年第 1 期，第 387 页。

〔3〕 关于债权质押的理论分析，详见唐勇：《债权质权：物债二分体系下的“骑墙者”》，《中外法学》2013 年第 6 期，第 1156 页以下。

〔4〕 本文第四部分文初即述及，从目前笔者所考察的数个单车租赁合同文本来看，未见押金条款，未见载明押金的缴纳及其退还规则。

〔5〕 债权让与制度规定在《合同法》第 79—83 条；实践中，商业保理或银行保理，也是以应收账款让与（债权让与）作为构成要件的，其本质也是一种担保。

〔6〕 是否予以区别，这与市场的需求有关，成本也是考量因素。此外，第三方支付平台系统，毕竟属于新生事物，还有发展过程；相较而言，较为成熟的汇票等票据制度，即可区分背书转让，还是票据质押。

其四,从构成要件角度,由于第三方平台支付之债权,并非银行存款单或可以转让的基金份额、股权,其性质应当属于《民法典》第440条第6项规定之应收账款。而根据《民法典》第445条第1款,设立该种债权质权,应当订立书面合同,质权自信贷征信机构办理出质登记时设立。关于订立书面合同,或可考虑将押金条款纳入共享单车租赁合同文本中。而关于办理信贷征信机构出质登记,[1]与债权的处分原则有关,《民法典》第545条以下并未要求债权让与以登记作为要件,一定程度上或可举重以明轻。[2]

综上,正所谓"失之毫厘,谬以千里",一个要素不同,则整个合同性质也会发生变化:共享单车押金合同,因缴付方式的网络平台化,区别于传统租车模式下的押金合同。从民事法律关系定性角度,宜认定其为债权质押合同,系属典型合同,且根据《民法典》第445条第1款,办理出质登记后,形成债权质权。[3] 如此,共享单车合同属性公式,宜为"租赁合同(有名合同)+债权质押(有名合同)",共享单车押金所押者:名为金钱,实为债权。

(三)作为债权质押的法律效果

合同类型厘定和押金属性分析,其最终的落脚点,均在于法律效果。根据《民法典》第445条第2款,债权出质后,原则上不得再行转让,在共享单车情形下,这是对出押人(用户一方)的限制。对于权利质权人(受押人)享有何种权益、受到何种限制,因与被普遍关注的押金(押金池)利息归属问题直接相关,故而,也是本文关注的重点之一,据此亦可测度民事法律规范的解释张力。

具体而言:

其一,从法律适用角度,作为受押人之共享单车企业,能否将押金变现,进而形成资金池。《民法典》第440条以下并未直接规定债权质权人的权利义务,就此,《民法典》第446条规定"权利质权除适用本节规定外,适用本章第一节的有关规定",因此,将共享单车押金解释为债权质押并形成债权质权时,应适用动产质权的一般性规定。质押财产为质权人管领时,根据《民法典》第436条第2款,原则上只有"债务人不履行到期债务或者发生当事人约定的实现质权的情形,质权人可以与出质人协议以质押财产折价,也可以就拍卖、变卖质押财产所得的价款优先受偿"。换言之,共享单车企业对于受押之微信、支付宝等第三方平台支付债权,根据《民法典》之动产质押规则,原则上并不能提前变现,即不能向第三方支付平台发出指令提取现金或转入银行账户,[4]进而形成独立的资金池。这

---

[1] 目前应收账款质押登记也已网络化,通过中登网 https://www.zhongdengwang.org.cn(中国人民银行征信中心动产融资统一登记公示系统);至于从操作上,每一单笔押金是否均予登记,以及登记成本是否过高,或如何与第三方平台系统便捷衔接等,可进一步讨论。

[2] 关于债权质押与债权让与的比较,参见唐勇:《债权质权:物债二分体系下的"骑墙者"》,《中外法学》2013年第6期,第1166页以下。

[3] 如未办理登记,虽不一定产生质权,但合同属性不变,且在诉讼中,得与主合同同案处理。

[4] 从第三方支付平台之账户设置角度,是否区分支付账户与押金账户,是为后话。

正是相关监管措施，比如“设立押金专用账户、接受第三人监督、保证专款专用”[1]等，从民事法律规范角度的表述。

其二，存不存在所谓押金及押金池利息的归属问题。上已述及，从押金之债权质押属性角度，共享单车企业原则上不能提前变现或形成资金池，那么，质押之债权有无孳息可以收取，该孳息是日常语言中讨论的押金或押金池利息吗？根据《民法典》第430条，“质权人有权收取质押财产的孳息，但合同另有约定的除外。前款规定的孳息应当先充抵收取孳息的费用”。倘若不能提前变现，共享单车押金并不能产生利息，也就无所谓孳息收取。[2] 但除了将押金变现（存入银行账户）以收取孳息（利息）的可能性之外，微信、支付宝等第三方支付平台自行推出了不同种类的理财产品，也会产生孳息。根据民事法律规范，后者能否被允许。根据《民法典》第431条，“质权人在质权存续期间，未经出质人同意，擅自使用、处分质押财产，给出质人造成损害的，应当承担赔偿责任”，即原则上质权人不得擅自使用、处分质押财产，于债权质押情形，应当为不得擅自变更债权的内容。将在第三方支付平台的“存款”账户金额转入理财（存在收益风险），属于对受押债权的变更，当属擅自使用、处分。据此，除非有明确的约定，从民事法律规范使用角度，押金及押金池利息直接归属于共享单车企业，空间也较小。

其三，关于单次使用共享单车后，押金需经申请再返还而非自动返还，是否合理的问题。[3] 从动产质权理论角度，并无明显的不合理，盖因作为特定债权的担保，本就存在质物返还前的确认问题，不能仅依据某一方的意愿。根据《民法典》第436条第1款，“债务人履行债务或者出质人提前清偿所担保的债权的，质权人应当返还质押财产”，即质权人返还质物存在前置条件，需要予以审核，以避免无条件返还后滋生争议。当然，符合条件请求返还而不返还，则当另论，此情形下受押人更无任何理由占取任何孳息或其他收益，且可能需要承担相应的损害赔偿责任。

其四，共享单车押金所担保的债权有较强的连续性，故而，其具体的质押类型也存在相应的特殊性。结合共享单车模式的实际情况，本文认为，该类押金并非针对某辆单车，也并非针对某次使用的担保，故而，更接近于是对未来连续发生之债权的担保，这也就有了《民法典》第439条规定之“最高额质押”适用的空间。根据《民法典》第420条以下的规定，最高额质押涉及“决算期”债权确定等事宜，一旦该种认定成立，则会进一步放缓押金的返还。

（四）另一种解释路径：押金作为对待给付义务

上文从法教义学角度对共享单车押金作了经典意义上的解释，多少有些削足适履，略显生硬地将共享单车合同及其押金塞进典型合同的范畴，或者至少说在倾向上是趋于保守的。剪裁事实甚或断章取义，“找法”终非难事，但却无异于

---

[1] 宋姝凝：《共享单车的法律监管问题研究》，《河南社会科学》2017年第7期，第69页。

[2] 不排除未来微信或支付宝等第三方支付平台，也推出类似银行的“活期存款利息”产品。

[3] 郭丁源：《共享单车：押金，还是押信誉？》，《中国经济导报》2017年9月13日第B02版。

掩耳盗铃。从法律解释的方法论角度，应提倡事实构成和规范要件的最大范围说，以避免特殊事实被忽视，进而一般法价值被错置或特别法价值被遗漏。从事实构成角度，除却缴付方式网络平台化之外，共享单车押金还呈现出一个不能忽视的特点，即该类押金担保性的淡化与融资性的增强。此一点，对于合同类型定性的直接影响是，存在另外一种解释可能性，即并非存在主从合同关系的两个典型合同，而只存在一个非典型合同，押金是出押人一方的对待给付义务之一。

具体而言：

其一，担保性的淡化。所谓押金担保性的淡化，[1]主要指共享单车押金并非针对合理使用特定单车的担保，更似缴纳一定资金后取得一个抽象的用车资格。并且，由于是由出租人一般性地承担车辆的维护维修责任甚至灭失、被盗风险，截至目前的实务操作中，几乎没有出现过基于合同要求用户承担相应责任，进而扣划押金的案例。[2] 据此，我们不妨追问：那么，所谓的押金，担保的是什么呢？倘若押金并不担保什么，[3]而租金又是另外支付的（并非从押金中扣划），则押金的真实功能确实值得进一步分析。

其二，融资性的增强。众所周知，近年来兴起的共享经济，比如滴滴出行等，从起步之初（甚至至今），不惜亏本经营，均存在通过大量的资金补贴占领市场的行为。共享单车亦不例外，不仅是各种优惠措施，而且是经常性的免费促销，以争取更多用户。此类运营方式，确实有助于短时间内占领市场，但却需要大量的、源源不断的资金供给。而就资金来源而言，共享单车企业除了自有资金，从用户处获得的只有租金和押金，租金经常减免，则押金便成了"水下冰山"。申而言之，共享单车企业不计成本地投入，却又经常性地将单车供用户无偿使用或低价使用，不惜亏本经营，令人深思。除可能的"不正当竞争"（"烧钱占领市场"）之外，不能排除的原因或动力是：维持押金池金额的动态稳定性。如此一来，则可能本末倒置了：将通过网络平台共享单车租给用户以收取租金，不是目的而是手段，目的是为了收取押金。通过不断增加的用户，收取押金，形成巨额资金池，以提供源源不断的资金后备，此之谓押金融资性的增强。

其三，合同联立抑或混合合同。从事实构成角度，押金呈现出担保性的淡化和融资性的增加，颇有对租金"喧宾夺主"之势，进而，有必要重新审视其合同类型（规范要件）。决定合同类型的，是主给付义务。押金如其主要功能，不再是担

---

[1] 本文第二部分有较为详细的总结。

[2] 虽然有部分合同文本中，确实也有载明特定情形下用户的检查义务、停用义务和赔偿义务，如《OFO用户服务协议》第9.2条、第9.3条和第9.4条。

[3] 此类押金是诚意金吗？众所周知，我国房地产行业发展过程中，开发商预售商品房会收取所谓的诚意金，该诚意金既不是定金，也是预付款，如买方最终决定不购买，诚意金无条件退还；诚意金也并不担保什么，只是表达买方的"诚意"。实务中，诚意金引起的争议也不小，参见佚名：《还没开盘就收 收了迟迟不开盘 开发商动辄收取数千万诚意金》，《北京日报》2009年12月18日第10版；佚名：《退购房诚意金引出利息争议 沈阳市一法院一审判令开发商给付购房者利息66.35元》，《中国消费者报》2008年1月4日第A02版；佚名：《开发商挪用资金 诚意金隐患首度爆发》，《第一财经日报》2007年8月24日第C05版；张学勇：《购房诚意金不受法律保护》，《中国消费者报》2006年12月29日第A03版。

保,即不从属于主合同,而是提供给受押人融资之用,则最接近的典型合同应为借款合同,即受押人为借款人,出押人为贷款人。相对应地,受押人的主给付义务为提供适格之单车供出押人使用(为用益)。受押人理论上也需要还本付息,但为受押人出租义务之履行而"抵消"。出押人理论也需要支付租金,但一部分为其借款孳息所"抵消",一部分以减免之租金方式补足。由此,押金不再是担保金,而是对待给付义务(之一)。

由此,共享单车合同,既非典型的借款合同(《民法典》合同编第 12 章),也非典型的租赁合同(《民法典》合同编第 14 章),而更似一种"互易合同",融合了该两类合同的对待给付义务。此种合同,也并非罕见,理论上被区分为合同联立和混合合同。合同联立(vertragsverbingdungen),指数个合同不失去其个性,而相结合,如"缝纫机公司出卖缝纫机,约于 1 个月内传授其使用方法,或约定买马而且租借马鞍 1 星期之契约(一方依存之结合),出租酒店而且出卖必要之啤酒之契约(相互依存的结合),约定 1 个月内如为军人则买马,否则租马 3 个月(择一的联合)"。混合合同,指以一有名合同之事项与其他有名合同之事项为内容的合同,"混合方式,有同向结合,如以一个对待给付而供给住宿及勤务。对向的结合,如租屋以勤务代替租金。包括的结合,如以买卖之形式而为赠与"。[1] 由此,不难判断,在此意义上,共享单车合同当属混合合同。

其四,作为对待给付义务的法律效果。混合合同,仍属于广义的无名合同,其法律适用,有"吸收主义""结合主义"和"类推适用主义"之学说;[2]我国《民法典》合同编第 467 条第 1 款[3]基本采纳的是类推适用主义。此外,《民法典》第 646 条规定了买卖合同应作为有偿合同的参照规则,即"法律对其他有偿合同有规定的,依照其规定;没有规定的,参照适用买卖合同的有关规定"。据此,押金如转化为对待给付义务,即作为混合合同中出押人的资金出借义务,则从民事法律规范适用角度:一则,共享单车企业可以使用该笔资金,即便其是以网络平台支付方式缴付的,亦可提现变现;但根据《民法典》第 672 条、第 673 条,出押人可限定并监督资金用途,如仅用于维护、购买单车或提升单车服务质量等。二则,所谓无偿使用单车,从开始就不存在,均为有偿,并不存在用户"搭便车"的行为。三则,至于共享单车企业各种"不保证条款",比如《ofo 用户服务协议》第 8.3 条"不保证您经由 ofo 小黄车平台所租赁的自行车符合您的期望",在有偿合同意义上,是通过格式合同减轻或免除其责任,故而不排除《民法典》第 497 条的适用。

---

[1] 史尚宽:《债法总论》,中国政法大学出版社 2000 年版,第 10—11 页。

[2] 史尚宽先生较为推崇类推适用主义,"例如供给伙食之住宿契约,关于食物可类推适用关于买卖之规定,住居之供给可类推适用关于租赁之规定。给付有主从之关系者,例如附有仆役之房间租赁,应以关于租赁之规定为主,惟补充的适用关于雇佣之规定"。史尚宽:《债法总论》,中国政法大学出版社 2000 年版,第 11 页。

[3] 《民法典》第 467 条第 1 款规定:"本法或者其他法律没有明文规定的合同,适用本编通则的规定,并可以参照适用本编或者其他法律最相类似合同的规定。"

五、延展:民商事合同的交叉

在特别法缺位的情况下,诉诸一般法,以防止交易的过度恣意及利益的过度失衡。倘若经由解释,一般法已然覆盖应有价值判断,自无新增立法之必要。上文从纯粹民法角度,厘定了共享单车押金及其合同的属性,并借此测度了民事法律规范(一般法)对新生事物的解释张力。作为适度的延展,仍有必要检视其商行为(特别法)特征及可能的商事特别法赋值。

(一)共享单车押金的金融化

从单笔小额押金,凭借网络平台支付,能迅速沉淀为巨额资金池,无怪乎共享单车"涉嫌"非法集资、变相众筹、变相私募等各种疑虑接踵而来。出于对押金池资金安全的顾虑,上文已述及,不仅媒体呼吁应当予以监管,各地也在纷纷出台各种引导性规则,提倡免押金、专款专用等措施。然则,商法或经济法等法律层面上的规制,仍然是缺位的。理论上,每个共享单车平台,尽管不是银行,但其通过网络平台收取押金,却甚至比银行更便捷地聚敛大额"存款",并且还不受《中华人民共和国商业银行法》等金融法规制。

自发布《最高人民法院关于审理民间借贷案件适用法律若干问题的规定》(法释〔2015〕18号)(以下简称《民间借贷规定》)之日起,我国整体放松了对民间借贷的管制,虽则如上文之"混合合同论",可以将押金解释为借款给付义务,但由于交易双方对价给付的隐蔽性,《民间借贷规定》第26条之利率限制区间的适用亦较为困难。

共享单车押金从事实构成角度,存在多重面相,既有租赁、质押甚至借款之合同面相,又有从单笔押金"跃迁"至巨额资金池的金融面相。从纯粹民法角度,分析一个个独立的合同及押金,可臻完备,亦能提供特别法缺位时的一般法保障。然则,缺憾在于无法突破"合同相对性",去评价共享单车完整的交易链条,以发现特别法价值。共享单车,属于商业模式创新,其目的并不在于满足民事主体的基本生活需求,故而,其既在纯粹民法的评价范围内,又在之外,即一个民商合同交叉的视野不可或缺。

(二)民商事合同分立的诉求

我国《民法典》合同编采民商合一,即民商事合同不分。[1]《民法典》合同编规定之19种合同,典型民事合同其实占少数,凡买卖合同、借款合同、租赁合同等均混合了民事和商事,融资租赁合同、保理合同、建设工程合同、仓储合同、行纪合同、居间合同等主要是商事合同。传统私法理论认为民法是商法的一般法,商法是民法的特别法,二者在价值理念上,也有差别。有学者精到地总结过,[2]

---

〔1〕 对《物权法》商事适用性的审视,参见楼建波:《我国〈物权法〉的商事适用性》,《法学杂志》2010年第1期,第68页以下。

〔2〕 王小能、郭瑜:《商法独立性初探——从票据法和海商法的角度》,《中外法学》2002年第5期,第571页。

民法的理念为“自由、平等、博爱”，商法的理念为“自由、平等、营利”。博爱意味着民法具有较强的伦理性，营利意味着商法更强调效率和便捷，而《民法典》合同编将二者无差别地熔于一炉，确能体现私法的同一性，唯于细微处尚值得商榷。

仍旧以租赁合同为例，《民法典》第 725 条规定“租赁物在承租人按照租赁合同占有期限内发生所有权变动的，不影响租赁合同的效力”，是谓“买卖不破租赁”。〔1〕 该条并未区分民事租赁合同和商事租赁合同，也未区分动产租赁与不动产租赁，而是一体适用。循诸“买卖不破租赁”规则的社会政策根源，其应仅在于“保护不动产，尤其是住房承租人阶层之生存利益(bestandschutz der mieter und pächter von grundstücken und räumen)”。〔2〕 将其适用范围扩展至动产乃至商事租赁合同(商法的效率价值)，多与该民事特殊法政策考量(民法的伦理价值)不符。共享单车合同，属商事合同，其自然有民事合同(租赁合同、借款合同、质押合同等)一面，更应当允许有商事特别法的价值考量，而商事特别法价值，有时与民事一般法恰恰不同向，〔3〕尤其不排除突破合同相对性为考量的可能。

(三)押金金融归于有名合同

相较于民法，商法领域的创新更为层出不穷，并且往往与各种担保方式结合在一起，如资产证券化、融资租赁、商业保理等。我国民商合一，至今未立商法典或商事通则，故而，对于商行为(包括商事合同)仍然是以特别法分散规制。一些较为成熟的商事合同，则为《民法典》所吸收，典型者如《民法典》规定之融资租赁合同、保理合同。与共享单车合同相似，融资租赁合同也融合了租赁合同和借款合同，同样也还辅之以买卖合同、担保合同：融资租赁合同，既融资(购买租赁物之价款)又融物(租赁物)，只融资未融物，即便名为融资租赁合同，最终也可能认定为借款合同。共享单车合同从混合合同角度，确实也是既融资(押金)也融物(单车租赁)，也涉及(单车)买卖合同、担保合同(非典型担保或质押)。二者的差别主要在于前者融资一方为承租人，后者融资一方为出租人。此外，后者单笔标的额微小。

《民法典》合同编专辟一章(第 15 章)规定融资租赁合同，其中设置了诸多不同于第 14 章租赁合同的规则，如第 747 条前段“租赁物不符合约定或不符合使用目的的，出租人不承担责任”等；此外，最高人民法院 1996 年出台有《关于审理融资租赁合同纠纷案件若干问题的规定》(法发〔1996〕19 号)，2014 年又颁布《关于审理融资租赁合同纠纷案件适用法律问题的解释》(法释〔2014〕3 号)，后者凡 26 条，进一步阐释了融资租赁合同规则。同样是商事领域中的普遍交易模式，银行保理或商业保理，此前则并未进入《合同法》，更无司法解释，仅银行业监督管

〔1〕《物权法》第 190 条规定了“抵押不破租赁”，即“订立抵押合同前抵押财产已出租的，原租赁关系不受该抵押权的影响。抵押权设立后抵押财产出租的，该租赁关系不得对抗已登记的抵押权”。

〔2〕张双根：《谈“买卖不破租赁”规则的客体适用范围问题》，王洪亮、张双根、田士永主编《中德私法研究》(2006 年·第一卷)，北京大学出版社 2006 年版，第 15 页。

〔3〕同向的价值判断，如网络无理由退货与传统商场购买无理由退货规则。

理委员会和商务部分别出台了部门规章，也仅仅是从监管角度，基本不涉及实体法，本次《民法典》颁布才纳入典型合同范畴(《民法典》合同编第 16 章)。以此作为参照，关于共享单车押金乃至商行为模式的定性，从目前民商合一的现状来看，程序上最终还是要视其能否成为《民法典》合同编规定的有名合同。在此之前，一般法的适用，与特别法价值的不断澄清、尝试，均在所难免。

（四）价值判断的民商法分离

共享单车这一新型商业模式，虽非民众生活所必需，但确也提升了“最大多数人的最大幸福”，尤其成本并不昂贵。[1] 但凡突破合同相对性予以监管，需得满足充足理由律。目力所及，对共享单车押金池，可能基于何种商事特别法价值，而需要在民事法律规范趣旨之外，予以特殊之监管？管见以为：

其一，从共享单车企业角度。首先，部分民法禁止之行为，可为商法所认可。典型者如赌博，民法并不允许赌博，基于公序良俗赌债会被认定无效。然而，《中华人民共和国证券法》第 123 条第 2 款却允许融资融券；而根据最新的司法实践，“对赌协议”也逐渐被认为有效。[2] 当然，这并不意味着对赌协议等颠覆了民法关于赌博的全部价值取向，而恰恰是仅仅增加了特别法赋值，即从理性商人角度盈亏自负，在特定范围内认可赌博的效力，并且往往在准入上加以限制——置以“水阀”，如就对赌协议而言，原则上与原股东的对赌有效，而与标的公司的对赌则无效。共享单车，以共享之名，实现了“全民参股”，其运行模式，既体现出了商行为性，又体现出了商事组织性。而共享单车押金所呈现的金融性，只要将其限定在骑行服务用途范围内，应当说风险是可控的。也因此，适当限定押金池资金的使用也就有了特别法政策上的依据。进而，可以更为明确的用途管制(亦可援引《民法典》第 672 条)，作为押金池监管的特别法价值基础。从而，除了传统《合同法》规制之外，设立专门账户、第三人监管、专款专用等监管措施，以及欧美对第三方支付沉淀资金监管的成熟经验，均有所附丽。

其二，从共享单车用户角度。用户缴纳押金，自有被不当挪用、退还难甚至被抽逃的风险，那么，该种程度的资金风险，对单个用户而言，是否属于显著呢？上已述及，共享单车并非生活之必须，而民法和商法对于主体准入的标准是有差别的，后者要求更为苛刻，如美国《1940 年投资公司法》第 3(c)(7)条，对私募股权基金的投资者做出了限制，规定投资者必须是“合格的买方”(qualified purchaser)，标准有“拥有不少于 500 万美元投资的自然人或家族企业”等。1982 年美国证券交易委员会制定的《D 条例》，延续了对投资者资格进行限制的监管方向。[3] 提高准入门槛，本身就是预先排查了商事主体的抗风险能力。客观而言，共享单车押金形成的资金池是惊人的，但单笔押金对于正常用户而言，并非大额

〔1〕 共享单车所弥补者，恰是公共交通不及之处；当然，共享单车乱停路放带来的城市病，也不可小视。

〔2〕 最高人民法院(2012)民提字第 11 号民事判决书。

〔3〕 该条例第 506 条规则界定了“可资信赖的投资者”范围，包括机构投资者(银行、保险公司等超过 500 万美元的公司或信托)和富有的个人(年收入超过 20 万美元)。

资金占用,理论上,绝大部分人能够承受该种资金无法追回的风险,故而,从共享单车用户角度,准入门槛等措施设置[1]属于叠床架屋,并无必要。当然,至于共享单车用户,利用共享单车平台洗钱,则另当别论。[2]

六、结论:在混合合同裂缝中

"因为全面测量各种商品的成本很高,所以每一桩交易中都存在攫取财富的潜在机会。攫取财富的机会等价于在公共领域中寻找财产;在每桩交易中,有一些财富溢出,进入公共领域,个人就花费资源去攫取它"。[3] 换言之,权利属性界定不清晰,即容易滋生争议。共享单车押金,因混合了新旧多种权利要素而呈现出模糊属性。本文以民事合同类型为切入,测度了民事法律规范对新生事物的解释张力,并据此为押金池监管提供民事一般法基础。

相关结论,撮要如下:

其一,共享单车押金形式上继承了传统租车收取押金的惯例,后者就属性而言,既不能产生担保物权,也不构成担保类的典型合同,属于非典型担保,且让与担保制度有一定解释空间。

其二,因缴付方式的网络平台化,区别于传统租车模式,共享单车押金所押者,名为金钱,实为债权。从合同类型角度,应认定为债权质押合同,系属典型合同;从法律效果角度,因属债权质押,故共享单车企业不能将押金变现,进而形成资金池,原则上也不存在所谓押金及押金池利息的归属问题,且最高额质押制度有适用空间。

其三,共享单车押金呈现出担保性的淡化和融资性的增强的特征。从主给付义务决定合同类型的角度,存在另一种解释路径,即共享单车合同并非由存在主从关系的租赁合同和质押合同等两个合同构成,而仅只一个混合合同,即混合了租赁合同和借款合同。押金并非担保,而是出押人一方的对待给付义务(之一)。就该混合合同的法律适用,宜采类推适用主义。

其四,共享单车押金不仅呈现出民事租赁合同、借款合同、买卖合同及担保合同的混合,更表现为明显的商事合同行为和组织行为特征,故而对押金及押金池的规制,不能脱离民商事合同交叉的视角。而对押金设立专门账户、第三人监管、专款专用等监管措施,也应当具备民事一般法的基础,且不能忽视我国民商事合同合一的现状及民商理念分立的诉求,方能使得即便特别法缺位时,相应的特别法价值仍能有所附丽。

---

[1] 这与共享单车普遍标识"禁止 12 岁以下儿童使用",并非同一问题。

[2] 此外,随着交易模式日渐的清晰化,用户作为消费者更为充分的知情权,应当与日俱增。

[3] Y. 巴泽尔:《产权的经济分析》,费方域、段毅才译,上海人民出版社 1997 年版,第 4 页。

网络游戏及其直播画面的独创性界定

于　韵*

摘　要　互联网技术的不断发展相应地给网络游戏产业的生长环境带来了更多的机遇与创新空间。相比于蓬勃的行业发展，其相应权益的保护却相对滞后。然而现阶段，网络游戏、网络游戏直播及网络游戏衍生品的权利归属、权利许可、权益分配等问题，在已有的法律条文中尚未被明确规定。同时，2020年最新修改的《著作权法》亦将网络游戏产业等新兴互联网产业纳入法律保护范围内，但对网络游戏产业中不同类型作品的相应权利归属、权利内容、权利边界、侵权救济等问题探讨较少，相对不够明晰，为司法实践带来巨大挑战，也为网络游戏产业的良好发展造成一定阻碍。本文认为，网络游戏本质上不仅可以将元素拆解单独判定其独创性，同时也可以将其作为计算机软件进行独创性判定；而网络游戏直播画面的独创性则要根据网络游戏运行画面以及玩家在此基础上所添加的内容是否具有独创性进行判定。

关键词　网络游戏；直播画面；独创性；著作权

目　次

* 于韵（1992—），北京大学法学院2016级博士研究生，主要研究方向：知识产权法、著作权法。

著作权法是科技与文化的保护伞，而网络游戏产业又是科技与文化在互联网时代的明日之子，明晰网络游戏产业中与其相关的著作权保护问题是保证产业健康持续发展的必要条件。在网络游戏市场的发展中，著作权所扮演的角色不仅仅是保护网络游戏作品，还有激励作者创作，以及制定网络游戏市场中利益分配秩序。一个创作是否落入著作权保护范围，决定了创作者是否可以享有著作权，以及通过著作权可获得的收入。在游戏领域，网络游戏或网络游戏直播画面是否具备独创性，是判断其是否具备受著作权法保护的重要标准，也是其进入游戏著作权市场的敲门砖。有鉴于此，本文结合著作权保护的一般理论和司法实践，对网络游戏及其直播画面的独创性界定问题展开分析。

一、网络游戏著作权保护理论基础

（一）独创性的内涵

通过对文字的理解，独创性需要同时满足“独”与“创”两个条件的时候才可称之为“独创性”。因此，独创性的构成要件主要包括“独立创作”与“最低程度创造性”两个方面。

关于独立创作。独立创作是指作者独立完成作品，没有抄袭他人在先作品。[1] 独立创作分为两种情况：一种情况属于作者将一部作品从无到有地创作出来，从思想层面落实到“可被复制”的载体上的表达；另一种情况则是在现有作品的基础上进行的再创作行为，而再创作的部分同样需要满足独创性要求，也就是说再创作的部分是以“从无到有”的形式创作出来。

网络游戏作为互联网时代的新型作品类型，现行《中华人民共和国著作权法》（以下简称《著作权法》）并没有把网络游戏整体作为一个新型著作权客体进行保护，但是一款新型游戏的诞生必然要经过独创性的验证。然而，传统意义上的独创性中，“独”字要求独立完成。对于大型网络游戏这类新型作品，由自然人单独完成是无法实现的，但是如果以法人为著作权人，则可以满足“独立创作”之条件。

独立创作的两种情形中，“以他人已有作品为基础进行再创作”是网络游戏产业链中普遍的创作模式，如游戏中的人物形象、场景、音效等元素大多是以已有作品为基础进行再创作，而再创作的部分与之前作品有明显的辨识度，形成了新的作品。由于《著作权法》仅仅对于抄袭进行了严格的规定，并未对新颖性有所要求，因此对于再创作的部分，并没有新颖性的要求，只要存在与原作品间存在着可以被客观识别的差异即可。最高人民法院对独创性的解释为：同一题材创作的作品，且该作品的表达是独立完成并且有创作性的，即使作者不同，也理应认定作者各自享有独立著作权。[2] 也正因如此，市场上大量游戏中存在类似

---

〔1〕 崔国斌：《著作权法原理与案例》，北京大学出版社 2014 年版，第 69 页。

〔2〕 最高人民法院《关于审理著作权民事纠纷案件具体使用法律若干问题的解释》（2002）第 15 条。

元素，导致很多网络游戏十分相似。

关于最低程度创造性。在前述独立创作的第二种情形中，如果在他人已有作品的基础上再创作，则需要满足“最低程度创造性”的要件。这里的“他人已有作品”应当以著作权法保护期限内的作品为限，而非已经进入公共领域的任意现有作品。在著作权法发展的长河中，独创性一直都是著作权法的基石，其中独创性中的“创”字在时代不断发展的过程中也存在着不同的理解。曾经英国法院在伦敦大学出版社有限公司诉大学教程出版社有限公司案中指出：“著作权法要求思想的表达形式具有独创性而非思想的独创性，同时这种表达也并非必须是唯一的或原创的，但不能是对另一作品的复制或抄袭。”[1]而后的案件中，英国对于独创性的要求是只要有“工作、技巧或者资金”的投入便属于“创”的范围。这便是早期英美法系对于独创性判断的“额头流汗”标准，即付出了劳动，便可认定为具有独创性。而“额头流汗”标准在后续的著作权发展的过程当中已经逐渐被弃用。本文认为，受著作权保护的作品须是人类的智力成果，单纯的付出了时间和劳动不能称之为智力成果，因此“创”字要求需是具有一定智力性的创作。

（二）独创性的判断标准

我国《著作权法》明确了独创性是作品受到《著作权法》保护的前提，但却没有明确独创性的判定标准。对此，域外司法实践形成的判断标准值得参考。长期以来，美国法院提出的“额头出汗”理论成为判断作品是否具有独创性的重要标准，影响广泛。这一标准形成于1922年有关汇编作品的杰勒环形出版公司诉拱顶石出版公司案。该案法官认为：“姓名、商业或住宅地址本身不受著作权保护，但若有人汇编了一本包含这些信息的手册，尽管其组成部分不是著作权法所保护的客体，但该手册作为整体可享受著作权。”[2]这一原则的哲学基础要追溯到知识产权合理性中不可忽视的重要学说——洛克的自然权利说。洛克所提出的“劳动价值论”是知识产权保护的哲学基础之一。洛克认为，人类可以共有土地与一切低等动物，但每个人对于自己人身所享有的所有权是排他的，是除本人以外其他任何人无法享有的权利。而通过自身身体所从事的劳动或由自身智慧所得来的一切是正当地属于他的，因而视为其正当财产。而这种私人财产的形式无论是有形还是无形，只要是人通过自身劳动所创造出来的就天然地具有排他性。[3]

在著作权法不断发展的过程中，“额头流汗”原则的弊端也显现出来。“额头流汗”原则的基本要求便是对作品付出了劳动，而对于新作品的创作并没有提及或是要求。而付出了劳动这一行为并不代表其作品必然具有创作性。相反另一个极端情况则是，抄袭的作品也是抄袭的人付出了劳动将其复制出来，但是其本身则是一个侵权作品。以汇编作品为例，不是所有的搜集整理出来的作品元素

---

〔1〕 *University of London Press Ltd. v. University Tutorial Press Ltd*. 2Ch. 601, 1916.

〔2〕 *Jewler's Circular Publishing Co. v. Keystone Publishing Co.*, 281 F82, (2d Cir. 1992).

〔3〕 洛克：《政府论》（下篇），叶启芳、瞿菊农译，商务印书馆2019年版。

整合后都可称之为汇编作品，只有对其元素进行选择、创作和判断的作品才可归为受著作权保护的汇编作品。这也是经典案例费斯特出版公司诉乡村电话公司案对于“额头流汗”原则的反驳。

费斯特出版公司诉乡村电话公司案是美国《著作权法》确定“独创性”标准的基石，也是美国《著作权法》发展过程中的里程碑。费斯特出版公司诉乡村电话公司案确定了独创性是作品受到著作权保护的必要条件，相较于单纯机械的复制，受到著作权保护的作品必须具有最低程度的创作性，而这种创作性又并非是对作品的新颖性有所要求。费斯特出版公司诉乡村电话公司案中确定的独创性判断标准不仅在当时的科技发展环境下适用于对于作品的著作权保护判断，同时也适用于在现代科技发展下的著作权保护行为。随着科技的不断发展，作品传播的媒介也在不断发展。例如，在网眼工厂公司诉丰田汽车销售案[1]中，针对由数字技术作为媒介的新型著作权保护路径也证实了上述规则的适用性。在网眼工厂公司案件中，虽然网眼工厂公司在建模的过程中，不仅运用了格斯韦德公司提供的数据，同时还有在技术无法完成的部分，由网眼工厂公司员工进行手工测量、调整的部分。双方的争议焦点便是通过数据呈现出的未加装饰的汽车网格模型是否属于著作权保护的作品。最后，法院认为，即便在制作网格模型的过程中需要付出大量的时间和精力，但是在网格模型的独创性的判定中，未加装饰的汽车网格模型只是还原汽车本身的样子，类比于摄影作品中所拍摄对象的本身而非是摄影作品整体。因此作为事实元素的汽车网格模型并不具备受著作权保护的必要条件。此案诠释了费特斯出版公司诉乡村电话公司案中对于独创性的理解与要求，但是对于独创性的判定标准一直属于主观判断，而非一个可以量化的标准型判断。

对于网络游戏而言，其独创性判定的复杂之处在于其属于集合型作品。网络游戏本身由计算机程序和游戏数据组成，而玩家的操作及选择可以呈现出不同的画面和结果。因此，网络游戏的保护存在双重面向：一种是代码和数据形式的集合；一种则是由玩家在游戏设计师所设定的页面上形成指令性操作后，通过游戏引擎将逻辑代码最终呈现的画面集合。无论是哪一种形态的网络游戏均是储存于一定媒介上，并且可以被复制的作品。在成都天象互动科技有限公司、北京爱奇艺科技有限公司与苏州蜗牛数字科技有限公司的著作权权属与纠纷案[2]中，一审法院认为《太极熊猫》游戏运行动态画面整体构成《著作权法》所规定的类电作品。根据《中华人民共和国著作权法实施条例》关于电影作品和以类似摄制电影的方法创作的作品的规定，法院认为在开发设计《太极熊猫》这款游戏的过程中，游戏开发公司即蜗牛公司在游戏内容设置、人物美术音效等设置、游戏规则玩法等方面付出了大量的劳动，符合《著作权法》规定的艺术和科学领域具有独创性的作品的构成要件。法院在对《太极熊猫》的著作权认定的过程中，不

---

〔1〕 *Meshwerks, Inc. v. Toyota Motor Sales U. S. A. , Inc.* ,528 F 3d 1258(10th Cir. 2008).

〔2〕 成都天象互动科技有限公司、北京爱奇艺科技有限公司诉苏州蜗牛数字科技股份有限公司著作权权属侵权纠纷案，江苏省高级人民法院知识产权与竞争纠纷判决书(2018)苏民终1054号。

仅确认了其所呈现的整体画面具有著作权性,同时对于其所设置的游戏规则也认为具有独创性。

(三)思想与表达二分原则

著作权法保护的对象是具体的表达,抽象的思想则不在法律保护范围之内,这一理念被称为“思想与表达二分原则”。所谓“思想”是指概念、思路、想法、创意等抽象的内容,而所谓“表达”是指以文字、音乐、美术等各种有形形式对思想的具体表达。[1]《与贸易有关的知识产权协定》(以下简称 TRIPs)第 9 条第 2 款规定,著作权的保护范畴仅包括表达方式,而不涵盖思想、程序、操作方法或数学概念本身。我国《著作权法》并没有直接对思想与表达二分法进行规定,但是在第 5 条关于不受《著作权法》保护的内容中指出,“历法、通用数表、通用表格和公式”被认为属于“思想”的范畴,不受保护。

然而,思想与表达的界限相对模糊。思想与表达的关系就如同金字塔结构,越往下越具体的内容就构成表达,相反,越往上越抽象的内容就是思想。思想与表达从来没有明确的界限,需要法官在个案中根据不同类型的作品区分何为思想,何为表达。思想与表达二分的目的在于给社会公众留有足够多的智力成果供自由学习与创作,避免过度增加他人的表达成本。如果认为“中国武侠”的游戏题材具有可著作权性,那他人就不得研发此主题类型的游戏,这无疑大大地限制了创作空间。

在网络游戏中,游戏主题、游戏创意、游戏设计、基础玩法、操作设置等较为抽象的内容为著作权领域“思想”的范畴,不具有可著作权性,只有具体的表达,如游戏背景、剧情任务、人物形象、音乐音效、场景装潢等才具有可著作权性。例如,在天津益趣科技有限公司诉上海羽盟网络科技有限公司著作权权属、侵权纠纷案中法官指出,关于游戏设计,按照思想与表达二分法,游戏设计属于思想,除非其将游戏设计固化为文字则可以获得保护,单纯的游戏设计行为应当通过其他法律规范来保护。[2] 在苏州仙峰网络科技股份有限公司诉浙江盛和网络科技有限公司著作权权属、侵权纠纷案中,法院指出游戏中关于“打怪升级”的游戏玩法和三大系统的基本架构属于思想范畴,是以《热血传奇》为代表的传奇类游戏常见的设计模式。[3]

游戏规则与游戏玩法属于网络游戏领域思想与表达的“中间地带”。传统意义上,著作权法只保护具有独创性的外在表达,任何实用性的因素[4],都不在著

---

[1] 王迁:《知识产权法教程》(第四版),中国人民大学出版社 2014 年第 4 版,第 45 页。

[2] 天津益趣科技有限公司诉上海羽盟网络科技有限公司著作权权属、侵权纠纷案,上海市普陀区人民法院知识产权与竞争纠纷判决书(2017)沪 0107 民初 27752 号。

[3] 苏州仙峰网络科技股份有限公司诉浙江盛和网络科技有限公司著作权权属、侵权纠纷案,浙江省杭州市中级人民法院知识产权与竞争纠纷判决书(2018)浙 01 民初 3728 号。

[4] 实用性因素包括:操作方法、技术方案和实用功能等。

作权法的保护范围之内[1],如钢琴记谱方法[2]、技术说明书等。由此,大部分情况下,游戏规则与玩法往往被认定为“思想”而非“表达”。例如,在暴雪娱乐有限公司等诉上海游某网络科技有限公司侵害著作权纠纷案中,法院指出,原告所主张的卡牌和套牌的组合,其实质是游戏的规则和玩法,考虑到著作权法保护的对象仅及于思想的表达而非思想本身,因此整套卡牌的玩法、功能不具有独创性,无法满足著作权保护的客体对象要求。[3] 但在一些案例中,法官也认定具体的游戏规则与玩法设置构成了《著作权法》保护的表达。例如,在苏州仙峰网络科技股份有限公司诉浙江盛和网络科技有限公司著作权权属、侵权纠纷案中,法院阐明,一款新游戏的开发与设计往往并非从零开始,而是基于现有的、成熟的游戏设计进行玩法系统的开发与创新,并在此基础上设计具体的游戏界面和游戏数值,但其区别于现有游戏的具有独创性的设计仍应受到《著作权法》保护。《蓝月传奇》游戏对于创作元素、属性与数值的取舍、安排及其对应关系,以及各个系统相互之间的有机组合形成的特定玩法规则和情节具有独创性,此种创作性的高度已经足够使其和其他游戏有所区别。[4]

二、网络游戏的独创性认定

(一)网络游戏构成元素的独创性认定

网络游戏是各种视听元素的有机整合,其中,画面模块是网络游戏的重要组成部分。网络游戏的画面模块可以分为多个层次:第一层次是游戏整体画面;第二层次是网络游戏中的场景、界面与外观;第三个层次是其中的地图/缩略图、框架、角色、怪兽、道具、武器;第四个层次是更系的元素构成,包括场景中的建筑物、植物、人物等,界面中的图标、布局,角色中的造型、服装、面部特征、发型、配色,怪兽中的面部形状、躯干、四肢、配色,道具中的造型、效果、配色,武器中的造型、效果、配色等;第五个层次是最基础的颜色、线条与构图。

根据相关司法实践经验,在画面模块中,第一层次的游戏整体画面,第二层次的游戏场景与游戏外观整体,第三层次的地图、缩略图、角色外观、怪兽外观、道具外观、武器外观,第四层次中场景元素建筑物、植物、人物等,角色元素中的造型、服装等,怪兽元素中的面怪兽元素中的面部形状、造型等,道具与武器元素中的造型、效果等可被认定具有独创性。而第二层次的游戏界面,第三层次的框架,第四层次界面元素中的图标与布局,第五层次中最基础的颜色、线条与构图因过于简单被认定不具有独创性。

---

[1] 王迁:《知识产权法教程》(第四版),中国人民大学出版社2014年第4版,第55页。

[2] 谭世然等诉北京千琦科贸有限公司等侵犯著作权纠纷案,北京市第一中级人民法院知识产权与竞争纠纷判决书(2009)一中知民初字第9159号。

[3] 暴雪娱乐有限公司等诉上海游某网络科技有限公司侵害著作权纠纷案,上海市第一中级人民法院知识产权与竞争纠纷判决书(2014)沪一中民五(知)初字第23号。

[4] 苏州仙峰网络科技股份有限公司诉浙江盛和网络科技有限公司著作权权属、侵权纠纷案,浙江省杭州市中级人民法院知识产权与竞争纠纷判决书(2018)浙01民初3728号。

1. 网络游戏作为整体的独创性认定

网络游戏作为一个整体，是其故事情节、玩法规则、技能体系、装备数值、画面美工、配音配乐、界面布局等诸多涉及元素的有机组合和集中呈现，体现了游戏符合个性化的选择和安排，是游戏开发设计者投入大量智力劳动的成果。[1]在《著作权法》修法之前，网络游戏常作为类电作品进行保护。《著作权法》最新修订后"视听作品"范围包括了网络游戏中的连续画面，网络游戏整体作为多元素组合的连续画面，通常都可被认定具有独创性的视听作品进行保护。[2]

在广州硕星信息科技股份有限公司诉壮游公司著作权权属、侵权纠纷案一案中，原告主张"奇迹 MU"是一款具有丰富的故事情节和创作者独特的思想个性、作品风格的网络游戏，其设计中具有特定的世界观、题材、故事、情节、场景、环境和对人物的刻画，同时具备角色、剧本、美工、音乐、服装设计、道具等多个创作手段。该游戏是由美术作品、文字作品、音乐作品、计算机软件等构成的复合型作品，其整体应作为类电作品进行保护。法院在判决中指出，"奇迹 MU"作为一款具有独特世界观和情节的游戏，玩家在其中选定某一游戏角色进行扮演，并且按照特定的规则和流程打怪升级，或者进行游戏组队聊天等互动操作。当游戏开始时，玩家屏幕上会出现由文字、图片、声音组合而成的具有独创性的画面，并且这种独创性画面能以有形形式复制，因此属于《著作权法》意义上的作品，应受保护。[3] 在深圳市腾讯计算机系统有限公司、腾讯科技（深圳）有限公司等诉广州点云科技有限公司侵害作品信息网络传播权纠纷案中，该连续动态画面是由游戏开发者独立创作，法院认为该画面是游戏开发者个人选择和创造的结果，且智力创造已经达到相当高度，具备独创性。[4] 在苏州仙峰网络科技股份有限公司诉浙江盛和网络科技有限公司著作权权属、侵权纠纷案中，法院认定，"蓝月传奇"网络游戏是玩法规则、技能体系、装备数值、画面美工、配音配乐、界面布局等诸多设计元素的有机组合，蕴含了游戏设计者的大量智力成果，通过程序预设和玩家操作，游戏的情节以有机连续动态画面的形式对外表达并被玩家所感知，游戏整体运行环境亦可实现有形复制，故"蓝月传奇"游戏属于著作权法规定的具有独创性的作品。[5]

与传统的类电作品不同，网络游戏整体画面的独创性认定并不强调连续画

---

[1] 深圳市腾讯计算机系统有限公司、腾讯科技（深圳）有限公司等诉广州点云科技有限公司侵害作品信息网络传播权纠纷案，浙江省杭州互联网法院知识产权与竞争纠纷判决书（2020）浙 0192 民初 1330 号。

[2] 王迁：《论视听作品的范围及权利归属》，《中外法学》2021 年第 3 期，第 664—683 页。

[3] 广州硕星信息科技股份有限公司诉壮游公司著作权权属、侵权纠纷案，上海知识产权法院知识产权与竞争纠纷判决书（2016）沪 73 民终 190 号。

[4] 深圳市腾讯计算机系统有限公司、腾讯科技（深圳）有限公司等诉广州点云科技有限公司侵害作品信息网络传播权纠纷案，浙江省杭州互联网法院知识产权与竞争纠纷判决书（2020）浙 0192 民初 1330 号。

[5] 苏州仙峰网络科技股份有限公司诉浙江盛和网络科技有限公司著作权权属、侵权纠纷案，浙江省高级人民法院知识产权与竞争纠纷判决书（2019）浙民终 709 号。

面之间具有内容上的联系。对于故事情节弱的多人对战游戏、赛车游戏等,只要网络游戏整体呈现出多元素组合的连续动态画面,就可被认定为具有独创性。例如,在运城市阳光文化传媒有限公司诉深圳市腾讯计算机系统有限公司、广州优视网络科技有限公司著作权侵权及不正当竞争纠纷案中,法院指出,"王者荣耀"通过游戏画面的整体运行讲述了世界纷争与英雄战斗的故事,给玩家不仅带来视觉享受和战斗体验。而精美的游戏画面,生动的角色形象均体现出网络游戏制作者对美术画面、人物角色设计、战斗主题的独特选择、编排。这些表达与现有的其他游戏的表达并不构成实质性相似,同时也不属于公有领域的表达,具有独创性。[1]

在上海网之易吾世界网络科技有限公司、广州网易计算机系统有限公司诉深圳市迷你玩科技有限公司侵害作品改编权纠纷、不正当竞争纠纷案中,法院认定"我的世界"网络游戏的整体画面具有独创性,可作为类电作品保护。法院认为,玩家在一定场景下产生的游戏画面,仍然要以使用游戏开发者提供的基础元素为前提,并非如被告所说的随机生成,而是游戏设计者预设的结果,且游戏画面生成之时具有可复制性,原告举证的原被告两款游戏动态画面中均未脱离游戏开发者提供的基础元素,其截取的游戏画面也充分说明游戏画面的可复制性,可构成类电作品保护。[2]

值得注意的是,对于缺乏游戏剧情,且游戏画面单一、镜头切换少的网络游戏整体画面,也可能无法达到网络游戏著作权中独创性的认定条件。例如,在深圳橙游科技有限公司诉厦门本捷网络股份有限公司著作权权属、侵权纠纷案中,法院指出,由于原告游戏为模拟经营类手机游戏,游戏情节较为单一,没有完整独立的剧情。并且,玩家的操作空间有限,游戏空间仅为一张固定的地图,操作过程中也不用切换游戏视角、游戏镜头,因此游戏整体画面也缺乏必要的独创性,不能被认定为类电作品。[3]

2. 网络游戏内容元素的独创性认定

网络游戏是由多种元素有机组合而形成的,其外在的表现可以分为内容元素与视听元素两大类。内容元素指的是网络游戏的故事背景、剧情任务、游戏角色介绍、游戏道具介绍、游戏机制、游戏玩法等。在司法实践中,这些内容元素单个或整体可作为文字作品进行保护。文字作品是由若干具有相互逻辑联系的单句或复句组成的,句式的组合是能够表达一定的情感或内容。[4] 判断网络游戏

---

[1] 运城市阳光文化传媒有限公司诉深圳市腾讯计算机系统有限公司、广州优视网络科技有限公司著作权侵权及不正当竞争纠纷案,广州知识产权法院知识产权与竞争纠纷判决书(2020)粤73民终574—589号。

[2] 上海网之易吾世界网络科技有限公司、广州网易计算机系统有限公司诉深圳市迷你玩科技有限公司侵害作品改编权纠纷、不正当竞争纠纷案,广东省深圳市中级人民法院知识产权与竞争纠纷判决书(2019)粤03民初2157号。

[3] 深圳橙游科技有限公司诉厦门本捷网络股份有限公司著作权权属、侵权纠纷案,广东省深圳市宝安区人民法院知识产权与竞争纠纷判决书(2018)粤0306民初8957号。

[4] 张广良:《知识产权实务及案例探析》,法律出版社1999年版,第157页。

中的内容元素是否可作为具有独创性的文字作品保护，关键在于该文字内容是否是具体的、具有一定篇幅的、体现一定情感或内容的表达。

构成文字作品保护的独创性内容元素是需要具有一定篇幅的、能够体现一定情感或内容的具体表达，而非简单的标语性文字。在上海壮游信息科技有限公司诉上海朗时信息技术有限公司等著作权侵权及不正当竞争纠纷案中，法院认定就原告主张的“奇迹 MU”的地图、角色、技能、怪物、NPC、道具等的名称而言，其表达过于简单，难以达到《著作权法》所要求的独创性。而对于具体的游戏背景介绍、游戏剧情的阐述、游戏地图的内容、游戏角色的背景与介绍及游戏技能解说与使用说明等文字性说明则具有独创性，可作为文字作品进行保护。法官指出在网络游戏中，游戏背景介绍、各游戏素材的名称、介绍及属性等作为一个整体，能够用以说明游戏展开的剧情及相应游戏素材在游戏中所具备的功能，可以作为文字作品予以保护。[1] 又如，在广州创娱网络科技有限公司诉上海菲狐网络科技有限公司、广东趣炫网络股份有限公司著作权权属、侵权纠纷、商业贿赂不正当竞争纠纷案中，法院认定，关于游戏角色、武器与装备的介绍、游戏玩法以及游戏活动等的客观描述，例如，角色形象中角色页面相关文字描述为“战斗力 2450 等级：50 门派：无级殿帮会：浮生诺梦”“基础属性攻击 2060 防御 951 生命 16 769”“幸运属性命中 52 闪避 41 暴击 4 韧性 30”“特殊属性暴击伤害 125%暴伤减免 0%伤害加成 0%伤害减免 1%绝学层数 OPK 值 0 魅力值 0”等，因内容过于简单，仅仅总结了一般游戏角色的通常属性，简单的数值归纳的背后难以看出作者是否具有主观情感表达，也不能满足独创性的要求。[2] 但是，对于游戏技能、商品描述、战场规则的描述等内容属于具体的表达，具有一定的独创性，应认定为文字作品。例如，领地战界面关于规则的相关文字描述为“参战资格：1. 领地战前 1 天，帮会争霸积分前 10 帮会可获得参战资格。开战规则：1. 资格帮会按积分排名顺序，举行两两对战；2. 全服 10 块领地，1、2 名资格帮会争夺第 1、2 城 3、4 名争夺第 3、4 城，依次类推战场规则：1. 击杀资源小怪可获资源，以兑换攻城器械超远射程可克制箭塔；2. 箭塔对敌方玩家和攻城器械造成大量伤害，前面箭塔不摧毁，后面箭塔和帮旗会快速回血”。该战场规则的文字描述并非简单的计算规则或逻辑规则，其选择性表达具有一定独创性，亦应认定为文字作品。[3]

综合来看，对于游戏背景、剧情任务而言，因为内容涉及篇幅较长，内容丰富具体，相对比较容易被认定属于具有独创性的文字作品进行保护。在游戏角色、

---

[1] 上海壮游信息科技有限公司诉上海朗时信息技术有限公司等著作权侵权及不正当竞争纠纷案，上海知识产权法院知识产权与竞争纠纷判决书(2017)沪 73 民终 241 号。

[2] 广州创娱网络科技有限公司诉上海菲狐网络科技有限公司、广东趣炫网络股份有限公司著作权权属、侵权纠纷、商业贿赂不正当竞争纠纷案，广东省广州市天河区人民法院知识产权与竞争纠纷判决书(2017)粤 0106 民初 10490 号。

[3] 广州创娱网络科技有限公司诉上海菲狐网络科技有限公司、广东趣炫网络股份有限公司著作权权属、侵权纠纷、商业贿赂不正当竞争纠纷案，广东省广州市天河区人民法院知识产权与竞争纠纷判决书(2017)粤 0106 民初 10490 号。

道具、机制与规则等内容足够具体的情况下，则不属于有限表达，也可被认定为具有独创性。

此外，当该游戏基于特定的历史事件或具有著作权内容创作时，基于场景原则，在描述该历史事件或者著作内容时不可避免出现的背景描述、剧情介绍、人物介绍等内容属于公有领域的通用内容，不受著作权法保护。例如，在“三国杀”游戏中，法院指出“三国杀”游戏的时代背景为中国古代三国时期，游戏中的人物（武将等）角色及其事迹大多来源于《三国演义》等文学作品、《三国志》等史料及关于三国的民间传说，这些人物及其事迹千百年来已广为流传，并非游戏作者独创，属于公有领域的素材，是社会共同财富，不能为个别人所垄断，任何人都可以在这些素材的基础上再创作。[1] 在广州网易计算机系统有限公司诉北京世纪鹤图软件技术有限责任公司等侵害著作权、侵害商标权、不正当竞争纠纷案中，法院指出，由于3个游戏中虽然在相关表述中存在相同或类似内容，但是在这些内容中大多属于日常用语或地名，以及公有领域中《西游记》等其他作品中的内容，网易公司对这类日常内容或地名或公有领域中内容不享有著作权，因此对其主张并不予认可。[2] 但是以特定历史事件或著作内容为基础进行独创性编排和创作的内容具有可著作权性，可作为文字作品进行保护，如“三国杀”游戏中武将角色的选取及其技能名称、战功称号的设计表达被认定具有独创性。法院阐释，作者在描述人物历史背景、根据人物特点提炼设计技能名称、战功称号等方面有非常大的创作空间。涉案游戏的标准版仅能选择25名人物作为武将牌，此后通过拓展包的形式逐步添加武将，这其中便体现了作者对进入游戏的三国人物的取舍和选择，而对武将技能名称、战功称号的概括总结更凸显了作者个性化的选择、创作、编排和设计，而这种选择和编排经过了作者对不同文学作品、历史材料的筛选和取舍，武将角色的选取和技能的设计也是作者对三国人物进行独创的艺术再加工的结果。[3]

构成文字作品保护的独创性表达不能是游戏的一般通用的设计或描述特定内容不可避免的表达。例如，法院认定“热血传奇”游戏中对隐身术、施毒术等技能的描述不具有独创性，原因在于隐身术技能效果为在自身周围释放精神之力使怪物无法察觉存在，施毒术技能效果为通过施展毒药，使目标持续中毒受伤害，魔法盾可以抵御物理攻击和伤害，而无论是隐身术、施毒术还是魔法盾，其技

---

[1] 杭州游卡网络技术有限公司诉广州常游信息科技有限公司、广州大娱信息科技有限公司等著作权权属、侵权纠纷案，上海市浦东新区人民法院知识产权与竞争纠纷判决书（2017）沪0115民初27056号。

[2] 广州网易计算机系统有限公司诉北京世纪鹤图软件技术有限责任公司等侵害著作权、侵害商标权、不正当竞争纠纷案，北京市海淀区人民法院知识产权与竞争纠纷判决书（2013）海民初字第27744号。

[3] 杭州游卡网络技术有限公司诉广州常游信息科技有限公司、广州大娱信息科技有限公司等著作权权属、侵权纠纷案，上海市浦东新区人民法院知识产权与竞争纠纷判决书（2017）沪0115民初27056号。

能名称就已经限定了表达的内容。原告的表达又均属于常规设计,不具有独创性。[1] 又如在天津益趣科技有限公司诉北京天赐之恒网络科技有限公司等侵害著作权及不正当竞争纠纷案中,法院指出游戏规则形成的文字是对游戏游玩过程的说明性文章,类似于产品说明书,该说明性文章的独创性较低,任何人在对游戏进行说明时,都无法避免对于游戏的架构、人物、功能、参数进行介绍,因此游戏规则形成的文字没有被认定为具有独创性的作品加以保护。[2]

3. 网络游戏视听元素的独创性认定

网络游戏的视听元素包括角色形象等美术作品元素,与视频特效等视听作品元素。相比于内容元素,判断视听元素是否具有独创性体现在技艺层面,[3]不对其成果进行审美意义上的实质性审查,只要求最低限度的美感。[4] 只要该创作不是简单的线条组合、与现有设计相区别、非碍于功能性实现的有限表达,在具有一定美感的同时体现了创作者一定的构思与技艺,就可以被认定为具有独创性。

首先,具有独创性的视听元素需要与现有设计相区别,不属于通用设计。基于现实元素的创作需要体现作者的独特创意与构思,与实物形态具有一定区别,否则不具有独创性。例如,在广州网易计算机系统有限公司诉海南骏比高网络科技有限公司侵害作品信息网络传播权纠纷案中,法院认定美术元素“香木镯”“翡玉镯”的图案形态与公有领域中木制手镯和翡翠玉镯的实物形态以及其他造型艺术基本一致,原告主张手镯上的纹路和色彩具有独创性,其纹路和色彩都是为了更好地表达、呈现手镯的材质所必要的,但此种纹路和色彩系该类材质的制品的常见表达,故不具有独创性。[5] 而在网易(杭州)网络有限公司诉广州浩动网络科技有限公司、霍尔果斯毅讯电子科技有限公司著作权权属、侵权纠纷案中,关于“方寸山——弯藤树”的组合画面,虽然弯藤树属于自然景观中常用的表达对象,但是作者通过对缠绕在拱形树干上的树枝、树根的绿叶以及周边环境的设计,整体构图具有一定的独创性,不属于公有领域的表达,被法院认定为受著作权法保护的美术作品。[6]

对基于历史事件或著作内容创作的视听元素,虽然许多元素涉及属于描述

---

〔1〕 娱美德有限公司、株式会社传奇 IP、亚拓士软件有限公司诉广州三七互娱科技有限公司、上海冠航网络科技有限公司著作权侵权及不正当竞争纠纷案,广州互联网法院知识产权与竞争纠纷判决书(2019)粤 0192 民初 38509 号。

〔2〕 天津益趣科技有限公司诉北京天赐之恒网络科技有限公司等侵害著作权及不正当竞争纠纷案,北京知识产权法院知识产权与竞争纠纷判决书(2019)京 73 民终 2613 号。

〔3〕 杨明:《文字作品 v. 美术作品 对几个基本理论问题的反思》,《中外法学》2009 年第 2 期,第 246—266 页。

〔4〕 广州网易计算机系统有限公司诉海南骏比高网络科技有限公司侵害作品信息网络传播权纠纷案,广州互联网法院知识产权与竞争纠纷判决书(2019)粤 0192 民初 2377。

〔5〕 广州网易计算机系统有限公司诉海南骏比高网络科技有限公司侵害作品信息网络传播权纠纷案,广州互联网法院知识产权与竞争纠纷判决书(2019)粤 0192 民初 2383 号。

〔6〕 网易(杭州)网络有限公司诉广州浩动网络科技有限公司、霍尔果斯毅讯电子科技有限公司著作权权属、侵权纠纷案,广州互联网法院知识产权与竞争纠纷判决书(2018)粤 0192 民初 1558 号。

该历史类型历史事件或著作内容不可避免使用的内容，基于场景元素与有限表达不受《著作权法》保护，但是基于这些共有领域元素进行一定创作所产生的成果可以认定具有独创性，受《著作权法》保护。例如，在广州网易计算机系统有限公司诉海南骏比高网络科技有限公司侵害作品信息网络传播权纠纷案中，美术元素“师徒四人”的原型为中国古典名著《西游记》中的四个主角，通过长期的表演时间，四个主角的人物形象、经典造型已经逐渐被固定，包括衣冠服饰、色彩搭配等，但涉案美术元素在经典造型的基础上进行了创作性的智力劳动，体现了作者的独特表达，系具有独创性的美术作品。[1]

其次，具有独创性的视听元素并非碍于功能实现的有限表达。对于游戏界面而言，往往受限于空间布局习惯、功能设计、玩家操作习惯等，被认定属于常用设计的有限表达，不受《著作权法》保护。例如，在上海欣烁网络科技有限公司诉浙江欢游网络科技有限公司等著作权权属、侵权纠纷案中，法院认为，《热血传奇》的游戏界面和游戏操作方式，在剔除上文涉及的要素及对应关系的独创性表达内容之后，基于游戏一般空间布局习惯、功能设计需要、玩家操作习惯等原因，应属于网络游戏的常用设计，属于有限表达和公有领域的表达，娱美德公司、传奇 IP 不能仅就这类设计本身享有著作权。[2] 在 NEXONHOLDINGS 株式会社等诉腾讯科技(深圳)有限公司等侵犯著作权、不正当竞争纠纷案中，法院指出，尽管两画面的登录窗口均选择采用了位于画面正下方中间的长方形窗口，但应当认为此种空间布局习惯和形状设计属于通用的表达形式，不享有著作权。[3] 在天津益趣科技有限公司诉上海羽盟网络科技有限公司著作权权属、侵权纠纷案中，法院指出，关于涉案游戏的 UI 界面，其主要为矩形框架，并在主框架内设置若干子框架，用以展现游戏各个参数，游戏 UI 能够成为作品的前提是能够形成独创性表达，但是受限制于手机界面控件，大多数手机游戏的界面均采用类似设计，原告未举证证明其 UI 界面系具有独创性的表达。[4]

最后，具有独创性的视听元素需要体现创作者一定的构思和技艺，并且需要具备要一定的美感。正如前文所述，对于审美意义而非实质性审查，只要求最低限度的美感即可。例如，在暴雪娱乐有限公司、上海网之易网络科技发展有限公司诉上海游易网络科技有限公司游戏著作权权属、侵权纠纷案中，法院指出暴雪公司在本案中主张的拟人玩偶造型“洋葱小鱿”3D 形象，上部是拟人化的洋葱形象，下部采用了鱿鱼带吸盘的触足，将上述形象创造性的融合在一起，在整体形象上做了艺术化处理，能够体现创作者的自主选择、判断和编排，具有独创性，属

---

[1] 广州网易计算机系统有限公司诉海南骏比高网络科技有限公司侵害作品信息网络传播权纠纷案，广州互联网法院知识产权与竞争纠纷判决书(2019)粤 0192 民初 2383 号。

[2] 上海欣烁网络科技有限公司诉浙江欢游网络科技有限公司等著作权权属、侵权纠纷案，上海市普陀区人民法院知识产权与竞争纠纷判决书(2017)沪 0107 民初 24009 号。

[3] NEXONHOLDINGS 株式会社等诉腾讯科技(深圳)有限公司等侵犯著作权、不正当竞争纠纷案，北京市第一中级人民法院知识产权与竞争纠纷判决书(2006)一中民初字第 8654 号。

[4] 天津益趣科技有限公司诉上海羽盟网络科技有限公司著作权权属、侵权纠纷案，上海市普陀区人民法院知识产权与竞争纠纷判决书(2017)沪 0107 民初 27752 号。

于《著作权法》规制的美术作品。[1] 在腾讯科技(深圳)有限公司、深圳市腾讯计算机系统有限公司诉义乌市幻趣贸易有限公司著作权权属、侵权纠纷案中,法院认为,原告主张保护的《穿越火线》游戏中的虚拟装备"AK-47 火麒麟"中麒麟的形象具有艺术美感,该装备虽然以现实中的枪支为原型,但将中国传统瑞兽麒麟的形象和 AK-47 枪支进行了巧妙地融合,具有独创性,属于美术作品。[2]

在暴雪娱乐有限公司、上海网之易网络科技发展有限公司诉上海游易网络科技有限公司游戏著作权权属、侵权纠纷案中,原告要求保护游戏中包括"竞技模式入场与组牌""战斗结束领取奖励""卡牌分解""卡牌合成"等 24 段时长为几秒到几分钟不等的视频片段。法院指出,原告主张享有著作权的视频和动画特效,由一系列画面组成,符合类似以摄制电影的方法创作的特征,目前没有证据证明案涉视频由他人创作,并且也没有证据表明其内容属于公有领域或者游戏中的惯常表达,因此可以将其视为以摄制电影的方法创作的作品进行保护。[3]

(二)网络游戏计算机软件独创性认定

计算机软件元素是指网络游戏中的计算机程序及其有关文档。[4] 文档是指用来描述程序的内容、组成、设计、功能规格、开发情况、测试结果及使用方法的文字资料和图表等,如程序设计说明书、流程图、用户手册等。[5] 根据我国《著作权法》,网络游戏所涉及的计算机软件为单独的一类作品进行保护。计算机软件作品的独创性体现在软件开发者在开发软件过程中个性化的设计、选择与编排。

如何区分计算机软件程序中属于著作权保护的表达与抽象的思想,在组合国际电脑股份有限公司诉阿尔泰案中,法官采用了"抽象分析法",该思路在世界范围内得到采纳。根据抽象分析法,首先需要将计算机程序按照组成结构分解,然后审查每一组成部分,分清楚程序内的思想、利用思想所必须的附带表达、取自公有领域的因素,然后法院能够将所有的不受保护的材料排除;经过这一剔除过程,剩下的是一个创造性表达的程序核心或数个核心,即独创性表达。[6] 对于实现某些程序功能的有限表达不受《著作权法》保护,正如尼莫教授所言,在很多

---

〔1〕 暴雪娱乐有限公司、上海网之易网络科技发展有限公司诉上海游易网络科技有限公司游戏著作权权属、侵权纠纷案,上海市第一中级人民法院知识产权与竞争纠纷判决书(2014)沪一中民五(知)初字第 23 号。

〔2〕 腾讯科技(深圳)有限公司、深圳市腾讯计算机系统有限公司诉义乌市幻趣贸易有限公司著作权权属、侵权纠纷案,广东省深圳市福田区人民法院知识产权与竞争纠纷判决书(2016)粤 0304 民初 11257 号。

〔3〕 暴雪娱乐有限公司、上海网之易网络科技发展有限公司诉上海游易网络科技有限公司游戏著作权权属、侵权纠纷案,上海市第一中级人民法院知识产权与竞争纠纷判决书(2014)沪一中民五(知)初字第 23 号。

〔4〕《计算机软件保护条例》(2013 年)第 3 条规定:"计算机程序是指,为了得到某种结果而可以由计算机等具有信息处理能力的装置执行的代码化指令序列,或者可以被自动转换成代码化指令序列或者符号化语句序列。"

〔5〕《计算机软件保护条例》(2013 年)第 3 条。

〔6〕 崔国斌:《著作权法原理与案例》,北京大学出版社,2014 年版,第 200 页。

情况下,不采用一些标准的技巧是无法写出在特定计算环境下实现特定功能的计算机程序的,如特定程序将运行的计算机的技术规格、与其他程序兼容性的要求、计算机制造者的设计标准、所服务行业的需求、计算机行业普遍接受的编程做法等。这些特定表达的内容不受《著作权法》的保护。[1] 在计算机软件中,通常程序的主要目的、主要功能是不受保护的思想。而源代码、目标代码作为计算机程序的文字部分,通常都可以被认定是受保护的独创性表达,除非受到混同原则或场景原则的限制。[2] 对于计算机软件运行中形成的文字、图片、视频等元素,在具备独创性的情况下可单独保护。

一方面,计算机软件元素内容的独创性主要体现在程序中的代码选择与编排,基于源代码、目标程序与相关文档的对比是判定是否构成计算机软件侵权的主要方式。计算机软件程序中可认定具有独创性的内容包括源代码、目标程序、及计算机软件相关的文档。由此在进行侵权认定时,往往需要比对两个计算机软件中的源代码、目标程序及文档等方面是否构成实质性相似。例如,在翁正文诉福州外星电脑科技有限公司侵犯计算机游戏软件著作权纠纷案中,法院便对比了双方计算机软件中有关内容,发现软件中的说明书等文档具有高度一致性。此外,目标程序也在审查范围内,法院审查了上诉人提供的软件技术参数对比结果,发现至少5个游戏软件的目标程序存在超过50%的重复率。[3]

另一方面,计算机软件元素内容的独创性还体现在程序运行的结果上,可通过计算机软件运行结果判定是否具有独创性,以及是否抄袭了他人独创性的表达。在网络游戏中,除了通过程序文件的代码比对之外,网络游戏的计算机软件元素,还可从游戏外观判断是否构成侵权。正如翁正文诉福州外星电脑科技有限公司侵犯计算机游戏软件著作权纠纷案中法院指出,从应用角度看,游戏软件的应用目标便与一般计算机软件有所不同,其主要目的用途是供使用者消遣娱乐,并且此种目的依靠游戏中场景、人物、声效、配乐等组成的外观感受来完成。更进一步说,此种不断变化的外观感受又是通过计算机程序代码具体实现。因此,即使不依靠专业的技术比对手段,仅凭借外观感受也能够直接明了地判断出游戏软件的计算机程序代码是否相同。虽然从技术上讲,不同的计算机程序也能产生功能相同的游戏软件或是类似的外观感受,但是考虑到游戏软件高度组合性的特点,要想在两个各自独立开发的游戏软件中恰巧设计出完全相同的场景、人物、声效、配乐的可能性是微乎其微的。进一步说,即便是在有意模仿的情况下,技术上也难以实现两款游戏的外观感受完全相同。[4] 在上海诚冠网络科技有限公司诉青岛盛世天鸿网络科技有限公司侵害计算机软件著作权纠纷案

---

〔1〕 崔国斌:《著作权法原理与案例》,北京大学出版社,2014年版,第201—202页。

〔2〕 *Gates Rubber Co. v. Bando Chemical Industries, Ltd.*, 9 F. 3d 823, 836(10th Cir. 1993).

〔3〕 翁正文诉福州外星电脑科技有限公司侵犯计算机游戏软件著作权纠纷案,最高人民法院知识产权与竞争纠纷判决书(2000)知终字第4号。

〔4〕 翁正文诉福州外星电脑科技有限公司侵犯计算机游戏软件著作权纠纷案,最高人民法院知识产权与竞争纠纷判决书(2000)知终字第4号。

中，法官指出，原告的“诚冠真封神 online”游戏软件所体现出的客户端下载、人物形象、背景画面、游戏设置、功能菜单及运行等游戏元素，能够体现作者的独特构思，具有独创性，原告对该软件享有的著作权依法应予以保护。经当庭比对，被控侵权软件在客户端下载、人物形象、背景画面、游戏设置、功能菜单及运行等方面均与原告“诚冠真封神 online”游戏软件体现出的游戏元素相同。因此，法院认为，被控侵权软件侵犯了原告对“真封神 online”软件所享有的著作权，为侵权软件。[1] 但是，《最高人民法院关于深圳市帝慧科技实业有限公司与连樟文等计算机软件著作权侵权纠纷案的函》曾指出：界面是程序运行的结果，非程序本身，相同的界面可以通过不同的程序得到。[2] 由此，在掌游天下（北京）信息技术股份有限公司诉嘉丰永道（北京）科技股份有限公司不正当竞争纠纷案中，法院认定，虽然两个游戏在安装完成后的游戏界面、整体框架、组成元素美术效果等方面具有相似性，甚至在使用函数方面的相同比例也较大，但是根据著作权软件侵权判断标准，一般包括源代码比对、目标程序比对以及软件文档的比对，综合本案原告提交的全部权属证据及比对的证据，尚不足以证明涉案游戏软件在源代码、目标程序及文档方面构成实质性相似。掌游天下公司主张游戏中框架、函数、LOGO、背景图案、音效等方面的近似，不足以证明被告的行为构成计算机软件著作权侵权。[3]

由此，对于网络游戏计算机软件元素而言，其最主要的独创性表达为计算机软件程序中的源代码、目标程序以及相关文档。在部分案件中，法院认定计算机软件的独创性还可体现在程序运行的结果上，可通过计算机软件运行结果判定是否具有独创性，以及是否抄袭了他人的独创性表达。

三、网络游戏直播的独创性认定

网络游戏直播作为独立于网络游戏市场本身的具有续贯创新特性的新型市场，其主要是基于现有的网络游戏运行画面基础上进行的二次创作的行为。而网络游戏直播画面是否落入《著作权法》保护的范围的关键依然是其是否符合独创性的构成要件。目前，涉及认定网络游戏直播画面是否具有独创性的案例主要有 4 起，分别涉及角色扮演类游戏、多人在线战术竞技类游戏与卡牌类游戏。部分网络游戏侵权案件中也涉及网络游戏整体画面独创性认定问题。综合上述司法实践，对于网络游戏直播的独创性主要涉及两个问题：①游戏直播连续画面的独创性认定；②游戏玩家在网络游戏直播画面的独创性贡献。

---

〔1〕 上海诚冠网络科技有限公司诉青岛盛世天鸿网络科技有限公司侵害计算机软件著作权纠纷案，山东省青岛市中级人民法院知识产权与竞争纠纷判决书(2018)鲁 02 民初 1075 号。

〔2〕《最高人民法院关于深圳市帝慧科技实业有限公司与连樟文等计算机软件著作权侵权纠纷案的函》[1999]知监字第 18 号函。

〔3〕 掌游天下(北京)信息技术股份有限公司诉嘉丰永道(北京)科技股份有限公司不正当竞争纠纷案，北京知识产权法院知识产权与竞争纠纷判决书(2017)京 73 民初 444 号。

（一）游戏直播画面的独创性认定

判定网络游戏直播画面是否具有独创性的前提是对“网络游戏整体画面”与“网络游戏直播画面”区分。网络游戏整体画面是指网络游戏运行过程中集合的网络游戏的故事情节、人物角色、地图画面、配音配乐等所有内容元素与视听元素，在终端屏幕上最终呈现出的一系列有伴音或无伴音的连续画面。而网络游戏直播画面特指在网络游戏运行过程中，根据玩家的操作或游戏软件程序的自主运行，由计算机执行代码化指令序列调用游戏库资源，从而形成的不断变化的连续画面。[1] 换句话说，网络游戏直播画面是根据玩家操作呈现出的动态连续画面，是网络游戏整体画面的一个部分。这其中既包括在网络游戏运行过程中自身呈现的游戏整体画面，也包括在游戏运行画面的基础上添加与融合的其他表达。[2]

对于网络游戏运行画面的独创性认定，与网络游戏整体画面的独创性认定无差别，主要考虑其是否体现了作者的独特选择、判断与安排。在运城市阳光文化传媒有限公司诉深圳市腾讯计算机系统有限公司、广州优视网络科技有限公司著作权侵权及不正当竞争纠纷案中，法院认定，“王者荣耀”游戏直播画面是用户登录后按照游戏的规则设定进行操作，在终端设备上呈现出“一系列有伴音或者无伴音的画面”组成的连续画面。该连续画面中包含的游戏画面，包括游戏背景、战斗主题、场景画面、角色形象等元素，前述内容的取舍、选择、安排、设计均体现了网络游戏开发商独特的思想个性，具有独创性。[3]

值得一提的是，网络游戏直播画面中的交互性不影响独创性的判断。换句话说，玩家在直播过程中的参与不影响网络游戏直播中连续画面的独创性认定。与传统的类电作品不同，游戏直播中形成的画面会因不同玩家具有不同的操作或者同一玩家以不同的方式进行游戏操作而有所不同，并且此种差异将在玩家用户增加的情况下尤为明显，但这并不影响对网络游戏直播中形成的连续动态画面的独创性认定。[4]《著作权法》对类电作品的独创性认定要件仅仅是“有伴音或无伴音的连续动态画面”，从开发过程和内容来看，无论游戏玩家如何操作，都没有脱离游戏研发者的设计，“王者荣耀”等游戏在用户开始操作前便由游戏设计者提前预设了玩家用户可能选择的不同画面，而这种游戏运行画面是网络

---

〔1〕 武汉鱼趣网络科技有限公司等诉朱某等侵害著作权及不正当竞争纠纷案，湖北省武汉市中级人民法院知识产权与竞争纠纷判决书（2017）鄂01民终4950号。

〔2〕 广州华多网络科技有限公司诉广州网易计算机系统有限公司侵害著作权及不正当竞争纠纷案，广东省高级人民法院知识产权与竞争纠纷判决书（2018）粤民终137号。

〔3〕 运城市阳光文化传媒有限公司诉深圳市腾讯计算机系统有限公司、广州优视网络科技有限公司著作权侵权及不正当竞争纠纷案，广东省广州知识产权法院知识产权与竞争纠纷判决书（2020）粤73民终574—589号。

〔4〕 广州网易计算机系统有限公司诉广州华多网络科技有限公司侵害著作权及不正当竞争纠纷案，广东省广州知识产权法院知识产权与竞争纠纷判决书（2015）粤知法著民初字第16号。

游戏开发者思想的表达。[1] 尽管在每次游戏过程中，由于不同游戏玩家的不同选择可能导致呈现的游戏画面存在差异，但这些差异并未超出游戏设计者事前已经预设好的游戏画面范围，也没有改变涉案游戏整体画面“连续动态画面”的核心特征。[2]

在网络游戏直播画面中，游戏整体画面基础之上添加与融合的其他表达在满足独创性要求的情况下可获得著作权保护。网络游戏直播画面不等于游戏画面本身，即在网络直播过程中，除了实时呈现游戏进程外，游戏主播或赛事直播者还可以能对此进行讲解，直播画面中除了游戏画面，还可能还包含主播画面讲解画面、观众画面等镜头切换与剪辑。此时，对于网络游戏直播画面的独创性判断不仅包括网络游戏画面本身，还需要判断在直播过程中融合的其他内容是否体现了创作者独特的构思、选择与安排。例如，在上海耀宇文化传媒有限公司诉广州斗鱼网络科技有限公司著作权侵权及不正当竞争纠纷案中，法院认定，不仅限于简单的截取比赛画面，原告向平台用户提供的直播内容还包括对比赛的解说、解说员所在的直播间背景画面，以及解说的字幕、音效等，因此可以认为由原告提供的包含上述多种元素的直播内容属于一种音像视频节目，并且此种节目画面具有可复制性，经判断解说内容、拍摄画面及其组合是否具有独创性后，该节目有可能可以满足《著作权法》上要求的作品内涵。[3]

（二）游戏玩家在网络游戏直播画面中的独创性贡献判定

大多数的游戏直播案件中都会涉及游戏玩家在游戏直播过程中的游戏玩法或者操作解说等综合表现是否构成独创性表达的问题，即如果游戏直播画面构成作品，游戏玩家是否是该作品的主要权利人。一般而言，玩家在网络游戏或网络游戏直播平台注册账户时会受到网络游戏开发商或网络游戏直播平台的制式合同的约束，因而无法主张其未来所发布内容的相关著作权与邻接权。

从玩家在网络游戏中的自由度出发，若玩家的所有操作方式和步骤都是在网络游戏设计者预先设定的游戏资源库范围之内，游戏玩家的操作所形成的画面都是在游戏开发者的预设之内，那么游戏玩家并没有自由创作的空间，游戏直播画面中也没有游戏玩家的独创性表达。学界的主流观点认为，玩家是在网络游戏设计框架范围下，遵循设计者预设的规则和可能的结果的前提下，根据网络游戏内部程序或游戏资源代码中的选项进行选择与操作的行为并不属于创作作

[1] 运城市阳光文化传媒有限公司诉深圳市腾讯计算机系统有限公司、广州优视网络科技有限公司著作权侵权及不正当竞争纠纷案，广东省广州知识产权法院知识产权与竞争纠纷判决书(2020)粤73民终574—589号。

[2] 广州华多网络科技有限公司诉广州网易计算机系统有限公司侵害著作权及不正当竞争纠纷案，广东省高级人民法院知识产权与竞争纠纷判决书(2018)粤民终137号。

[3] 上海耀宇文化传媒有限公司诉广州斗鱼网络科技有限公司著作权侵权及不正当竞争纠纷案，上海市浦东新区人民法院知识产权与竞争纠纷判决书(2015)浦民三(知)初字第191号。

品的行为。[1] 相反,如果在网络游戏中,游戏开发者仅给予的游戏玩家基础工具和元素进行创作,游戏直播画面也主要由玩家基于独特的构思与设计进行创作而形成,此时可认定游戏直播画面中包含了游戏玩家的独创性贡献。

在武汉鱼趣网络科技有限公司等诉朱某等侵害著作权及不正当竞争纠纷案中,法院指出,在游戏动态画面的展现中玩家的确具有一定能动性可以发挥部分贡献,但此种贡献是否能被《著作权法》认定为"创作",仍需判断玩家通过操作"创作"出的画面是否能独立成为有别于网络游戏本身的新作品。如果这种贡献仅仅只是将已经预先设好的画面予以选择展示,则不具备可著作权性。可以看出,在玩家是否具有创作者身份这一问题上,游戏的类型及游戏创作者事前预留的创作空间大小是法院认定时重要的考虑因素。[2] 如果某一游戏通过提供创作工具和素材供玩家自主创作,并且为用户预留出足够的创作空间,则玩家的创作可能可以构成独立受保护的作品。以绘画游戏为例,玩家在参与的过程中可创作出富有美感、体现玩家个性的游戏画面,则该游戏画面若符合《著作权法》规定的要件,即具备构成《著作权法》意义的作品的可能性。反之,如剧情类游戏,尽管玩家可以通过自行操作在屏幕终端上展现出不同的故事剧情、画面场景、角色形象、音乐声效、道具技能等场景,但该类游戏场景均由游戏设计者预先设计完成,玩家通过交互式操作展现出的游戏画面更加类似于视频的播放,基本不存在玩家自行创作的空间,因此一般无法形成作品。再比如,竞技类游戏,用户参与游戏的目的在于赢得比赛,而这将依靠玩家高超的策略选择及操作技巧。在赢得比赛的过程中,游戏开发商通过海量的计算机算法,事先在程序中安排好不同操作选择所对应的游戏画面,而玩家在游戏中做的仅仅只是在预设的场景中通过操作进行有限的选择,其操作也更多考虑实用和效率,因此此类游戏通常也会被认为因为用户自主创作空间不足而不属于新作品。[3]

在广州华多网络科技有限公司诉广州网易计算机系统有限公司侵害著作权及不正当竞争纠纷案中,被告提出玩家在游戏过程中,将游戏素材进行创造性地组合,形成了不同于素材本身的故事性因素,并以画面形式展现,因此,玩家应成为新作品的作者,至少是共同作者之一。法院在判决中对该被告抗辩予以否定。法院指出,被诉游戏直播画面以涉案游戏整体画面为主,以主播口头解说为辅。直播内容涉及游戏主线任务、副本对战及物品装备拍卖等,涉案游戏中的故事剧情对话、人物角色形象、场景地图设计、技能法术动画、背景音乐音效等游戏内容随着主播的操作不断展现,主播的口头解说部分也仅涉及对游戏内容的简单介绍、评论或与观众聊天互动,被诉游戏直播画面基本属于对涉案游戏连续动态画

[1] 冯晓青:《网络游戏直播画面的作品属性及其相关著作权问题研究》,《知识产权》2017 年第 1 期,第 9 页。

[2] 武汉鱼趣网络科技有限公司等诉朱某等侵害著作权及不正当竞争纠纷案,湖北省武汉市中级人民法院知识产权与竞争纠纷判决书(2017)鄂 01 民终 4950 号。

[3] 武汉鱼趣网络科技有限公司等诉朱某等侵害著作权及不正当竞争纠纷案,湖北省武汉市中级人民法院知识产权与竞争纠纷判决书(2017)鄂 01 民终 4950 号。

面的忠实记录。直播画面中出现的游戏场景均为游戏设计者预设完成，而游戏主播通过操作在游戏中展现出的画面尚未脱离游戏的预设范围，游戏主播作为玩家在游戏中的作用仅在于通过不同的操作使游戏执行事前安排的路径，从而展现出不同的画面。从此种意义上说，游戏主播在操作游戏时的功能主要在于满足了某种游戏画面的预设可能性，其玩游戏的过程对于游戏画面来说不具备《著作权法》上创作的要件，无法认为此类游戏直播画面具有足够的独创性表达从而形成新作品。〔1〕

在运城市阳光文化传媒有限公司诉深圳市腾讯计算机系统有限公司、广州优视网络科技有限公司著作权侵权及不正当竞争纠纷案中，法院认定游戏运行过程中出现的连续画面都已经被预先设置在资源库中，而玩家仅仅是通过操作将资源库的内容调动出来。尽管同一玩家或不同玩家之间存在操作选择的差异性，从而导致资源库中被调动出来的连续画面也有所不同，但这些连续画面之间总是有实质部分的画面、音乐、人物形象、游戏进程是相同的，且重复出现。重要的是这些画面及其组成部分均来源于游戏资源库，均是游戏创作者事先设计完成的内容，阳光文化公司并未充分举证证明玩家用户在游戏运行中对涉案游戏“王者荣耀”出现游戏画面产生了独创性贡献。〔2〕

不同于游戏直播画面，在游戏直播中主播的解说风格和内容，在原来游戏整体画面基础上添加、融合的新的表达，则可能引起具有新的独创性表达从而形成新的作品。在武汉鱼趣网络科技有限公司等诉朱某等侵害著作权及不正当竞争纠纷案中，二审法院指出，网络游戏中，游戏主播的解说在特定情形下也可能构成作品。游戏主播通常是一边进行游戏操作一边解说，解说内容可能涵盖游戏的介绍、技能的使用、策略的选择、正在进行中游戏的分析等。为了增加解说的趣味性和可观赏性，游戏主播往往还会和观众进行互动，互动的内容除了游戏本身之外，可能还包括其他趣味性话题。此种互动是主播基于自身经验、技术、感悟而进行的即兴口头表达。不同主播基于不同素材形成的独特解说风格也是吸引观众的方式之一，观众数量的多少往往与解说的精彩程度成正比。由此，满足一定条件后，游戏解说也可能因为达到独创性的要求被认为是应当受保护的作品。不过需要注意的是，对于部分过于简单或是在生活中经常使用的表达，如仅讲述“掉线了，我们重新来一局”等，不认为具有独创性。〔3〕

四、结语

网络游戏作为一个整体，是其故事情节、玩法规则、画面美工、配音配乐、界

〔1〕 广州华多网络科技有限公司诉广州网易计算机系统有限公司侵害著作权及不正当竞争纠纷案，广东省高级人民法院知识产权与竞争纠纷判决书(2018)粤民终 137 号。

〔2〕 运城市阳光文化传媒有限公司诉深圳市腾讯计算机系统有限公司、广州优视网络科技有限公司著作权侵权及不正当竞争纠纷案，广东省广州知识产权法院知识产权与竞争纠纷判决书(2020)粤 73 民终 574—589 号。

〔3〕 武汉鱼趣网络科技有限公司等诉朱某等侵害著作权及不正当竞争纠纷案，湖北省武汉市中级人民法院知识产权与竞争纠纷判决书(2017)鄂 01 民终 4950 号。

面布局，以及承载和这些可感知元素的计算机软件的有机组合和集中呈现。尽管网络游戏的构成较为复杂，但通过拆解网络游戏的各类构成要素，对网络游戏的本身的独创性认定，本质上可以分为两个层次：一是网络游戏构成元素的独创性问题；二是网络游戏软件的独创性判断。在判定其独创性的界限时依然还要遵循传统《著作权法》所规定的条件即独立创作与最低程度的创作性。网络游戏直播作为独立于网络游戏市场本身的具有续贯创新特性的新型市场，主要是其基于现有的网络游戏运行画面基础上，进行二次创作的行为。判断网络游戏直播是否具有《著作权法》意义上的独创性，同样可以对直播内容的构成进行拆解，将之分为直播画面本身和在原来游戏整体画面基础上添加、融合的新的表达。前者是否能够单独构成作品的关键，在于游戏预留给玩家利用游戏资源形成个性场景的自由度。玩家对所呈现的直播画面内容的自主性越高，参与度越大，个性化越强，那么直播画面满足独创性要件，进而构成区别于网络游戏本身的作品的可能性就越大。同样，主播玩家在原来游戏整体画面基础上结合自身经验、技术、感悟而添加、融合的新的表达，也应当认为满足《著作权法》对独创性的要求。

控股股东身份的法律界定

——以上市公司治理为中心

周　冰*

摘　要　控股股东作为上市公司治理的重要主体,该身份的识别是对其进行规范的前提,因此公司法对控股股东身份的界定至关重要。控股股东身份的法律意义在于,它是施加控股股东义务的前提。我国学界对控股股东身份及其义务的主流解释在"股东平等原则—防止滥用资本多数决"的理论框架下展开,但存在一定缺陷。在公司治理结构和公司决策层级的视角下,控股股东身份的本质应当是公司控制权的行使者,而控股股东义务就是规制控股股东攫取控制权私益的一种机制。对控股股东身份进行界定其实就是识别公司控制权及其行使。控股股东的控制权既包括对公司一般运作的控制,也应包括对被诉交易事项。参考法律经济学对"规则"与"标准"的二分,立法者可以通过持股数量与公司控制权的关系创设有效的规则,裁判者则可以借鉴美国特拉华州法院的报复能力标准。控股股东集团的认定还必须同时识别"共同行为"与"共同目的"两个要素。

关键词　控股股东身份;控股股东义务;控股股东团体;公司治理;投资者保护

目　次

* 周冰(1999—),上海交通大学凯原法学院2021级硕士研究生,主要研究方向:商法、经济法。

一、问题的提出

法律与金融学派在20世纪末发现，在美国、英国等为少数股东提供良好保护的经济体之外，股权分散的上市公司事实上并不多见，这表明针对现代公司的"所有权与控制权分离"的"Berle-Means命题"不能普遍成立。[1] 20余年后，亚米拿达与帕帕约安努的实证研究再次验证了控股股东在当今上市公司中存在的普遍性。[2] 全球范围内，上市公司治理的学术风向也正相应地发生转变：学者的关注焦点从敌意收购等主要流行于英美分散股权结构公司中的问题，逐渐转向了其他国家更普遍存在的控股股东体系的讨论。[3] 我国公司法学者，如赵旭东教授也指出，中国公司治理的重要方向和出路是顺应公司控股的股权结构和治理态势，建构以控股股东为核心的治理结构和机制。[4]

控股股东作为上市公司治理的重要主体，该身份的识别是对其进行规范的前提，因而公司法对控股股东身份的界定至关重要。控股股东不像董事和高管，并非依据法律规定和公司程式选举或任命产生，亦不享有法定职权，其身份的法律界定问题更为复杂。不仅如此，上市公司商业实践的发展也在使控股股东的识别日益困难。例如，越来越多的公司采取了双层股权结构，现金流量权与表决权发生了分离，由此产生的"小股份控股股东"在不持有多数股权的情况下仍能锁定公司控制权；[5]与之通常相伴随的各类"落日条款"(sunset provisions)又或终将使控制权置于不确定的状态。[6] 许多公司还经常以股东协议的方式授予某些股东特殊控制权，包括占据一定数量董事会席位的权力。[7] 此外，美国证券交易委员会(Securities Exchange Commission，SEC)新近批准设立的长期股票交易所鼓励上市公司采取任期表决制，赋予了长期股东比短期投资者更大的控

---

〔1〕 Rafael La Porta, Florencio Lopez-De-Silanes & Andrei Shleifer, "Corporate Ownership Around the World", *The Journal of Finance*, 54(1999), p. 471; Adolf A. Berle Jr. & Gardiner Means, *The Modern Corporation and Private Property*, New York: The MacMillan Company, 1932, pp. 4-7.

〔2〕 Gur Aminadav & Elias Papaioannou, "Corporate Control Aound the World", *The Journal of Finance*, 75(2020), p. 1191.

〔3〕 Ronald J. Gilson, "Controlling Shareholders and Corporate Governance: Complicating the Comparative Taxonomy", *Harvard Law Review*, 119(2006), p. 1641.

〔4〕 赵旭东：《公司治理中的控股股东及其法律规制》，《法学研究》2020年第4期。

〔5〕 Lucian A. Bebchuk, Reinier Kraakman & George G. Triantis, "Stock Pyramids, Cross-Ownership, and Dual Class Equity: The Mechanisms and Agency Costs of Separating Control from Cash-Flow Rights", *in* Randall K. Morck(ed.), *Concentrated Corporate Ownership*. Chicago and London: The University of Chicago Press, 2000, pp. 297-301; Lucian A. Bebchuk & Kobi Kastiel, "The Perils of Small-Minority Controllers", *Georgetown Law Journal*, 107(2019), p. 1459.

〔6〕 Andrew William Winden, "Sunrise, Sunset: An Empirical and Theoretical Assessment of Dual-Class Stock Structures", *Columbia Business Law Review*, 2018(2018), pp. 869-886; Jill Fisch & Steven Davidoff Solomon, "The Problem of Sunsets", *Boston University Law Review*, 99(2019), pp. 1078-1091.

〔7〕 Gabriel Rauterberg, "The Separation of Voting and Control: The Role of Contract in Corporate Governance", *Yale Journal on Regulation*, 38(2021), pp. 1144-1146.

制权。[1] 总之，当商业现实使控制权的行使更加难以确定时，控股股东身份界定的重要性更加凸显。[2]

《中华人民共和国公司法》(以下简称《公司法》)第 216 条第 2 项规定，控股股东是“占有限责任公司资本总额 50%以上或者其持有的股份占股份有限公司股本总额 50%以上的股东”，或是“出资额或者持有股份的比例虽然不足 50%，但依其出资额或者持有的股份所享有的表决权已足以对股东会、股东大会的决议产生重大影响的股东”。该条没有对不同公司类型中的控股股东身份做本质性的区分，而且与《中华人民共和国证券法》(以下简称《证券法》)共用同一“控股股东”的概念。然而，受到我国《公司法》以有限公司为原型、以股份公司为例外的特殊立法模式的影响，第 216 条第 2 项对控股股东身份的界定严重忽视了上市公司治理的需要。我国学界也长期忽视控股股东在上市公司治理中的角色，未在理论上对控股股东身份进行深入探讨。

有鉴于此，本文追本溯源，从控股股东身份的法律意义展开论述，再对关于控股股东身份理论基础的流行观点进行反思和重构。本文最后探讨控股股东身份界定的规则和标准，并对《公司法》第 216 条第 2 项提出相应的修改建议。

二、控股股东身份的法律意义

200 多年前，布莱克斯通曾将公司形容为一个“小共和国”。公司的法定模式规定了“共和国”的典型治理形式：作为“选民”的股东每年选举产生董事会(公司的“权力机关”)，以及对公司的重大变更进行批准；公司高管(公司的“官僚机构”)被委派负责公司的日常管理，并对董事会负责；尽管股东是公司名义上的“所有者”，但他们并不直接参与公司事务的管理，也不能代表公司行事。[3] 因此，经典公司法理论将股东视为需要法律保护的弱势群体，公司法则主要通过表决权、出售权、起诉权等股东权利的配置实现对股东的保护。[4] 在主流的股东至上模式之下，股东是法定权利的享有者，而非法定义务的承担者。[5] 一些普通法的判例[6]曾将股东表决权视为一种财产权。基于财产权的原则，股东可以仅为

---

[1] Paul H. Edelman, Wei Jiang & Randall S. Thomas, “Will Tenure Voting Give Corporate Managers Lifetime Tenure”, *Texas Law Review*, 97(2019), p. 993.

[2] Ann M. Lipton, “After Corwin: Down the Controlling Shareholder Rabbit Hole”, *Vanderbilt Law Review*, 72(2019), pp. 1989-1990.

[3] Alan R. Palmiter, *Corporations*, 8th ed., New York: Wolters Kluwer, 2015, p. 123.

[4] William T. Allen, Reinier Kraakman & Guhan Subramanian, *Commentaries and Cases on the Law of Business Organizations*, 6th ed, New York: Wolters Kluwer, 2021, p. 189; Jennifer G. Hill, *Images of the Shareholder-Shareholder Power and Shareholder Powerlessness*, in Jennifer G. Hill & Randall S. Thomas(ed.), “Research Handbook on Shareholder Power”. Cheltenham, UK and Northampton, MA, USA: Edward Elgar Publishing, 2015, p. 54.

[5] Henry Hansmann & Reinier Kraakman, “The End of History for Corporate Law”, *Georgetown Law Journal*, 89(2001), pp. 440-441.

[6] *Northern Counties Securities Ltd v. Jackson & Steeple Ltd*, 1974 W. L. R. 1 1133(1974); *Jedwab v. MGM Grand Hotels, Inc.*, 509 A. 2d 584(Ch. 1986).

一己私利而自由行使权利，即便如此可能影响公司或者其他股东的利益。[1]

对于股东形象和股权价值的上述表达盛行至今，但至少至19世纪末以来，英国法院在判例中已经特别要求大股东不得利用其权力不公平地损害小股东的利益。[2] 如今，英国法院主要根据“不公平的偏见”制度来处理这类案件，该制度也写入了英国《2006年公司法》第994条。[3] 美国特拉华州法院则明确指出，控股股东对公司和其他股东负有信义义务。[4]

法院之所以将控股股东与非控股股东区分对待，主要是因为控股股东可能具有除公司收益最大化外的特质目的，他们也有能力以自身利益为出发点来实现这些目的，而这往往会损害公司和非控股股东的利益。[5] 约翰逊等将控股股东的此种行为比喻为“隧道效应”，即控股股东利用自己的优势控股地位，像挖隧道一样偷偷将公司资产转移到自己名下。[6] 阿塔纳索夫等人的实证研究将全球上市公司中控股股东的各种隧道行为分为3种基本类型，包括现金流隧道、资产隧道和股权隧道。[7]

鉴于控股股东的“隧道效应”，法律对他们采取了折中立场：他们仍被允许为自己的利益而行使股权，但同时被施加了重要的法定义务，不得利用对公司机关的控制来攫取私人收益。[8] 控股股东身份意味着两种价值的冲撞。其中，支配性的价值是其作为公司控制者的义务，附属性的价值才是其作为公司股东的权利。[9] 控股股东身份于是成了上市公司治理中股东地位的一个分水岭：股东通常被视为自由行动者，可以为自身利益自由行使各项股东权利，影响公司政策，

---

〔1〕 Zipora Cohen, "Fiduciary Duties of Controlling Shareholders: A Comparative View", *University of Pennsylvania Journal of International Business Law*, 12(1991), p. 381; Paula J. Dalley, "The Misguided Doctrine of Stockholder Fiduciary Duties", Hofstra Law Review, 33(2004), p. 206.

〔2〕 *Menier v. Hooper's Telegraph Works*, 9 Ch. App. 350(1874).

〔3〕 Andreas Cahn & David C. Donald, *Comparative Company Law: Text and Cases on the Laws Governing Corporations in Germany, the UK and the USA*, 2nd ed., Cambridge: Cambridge University Press, 2018, pp. 713-714.

〔4〕 *Sinclair Oil Corp. v. Levien*, 280 A 2d 717(Del. 1971); *Kahn v. Lynch Communication Systems*, 638 A. 2d 1110(Del. 1994).

〔5〕 Note, *Controller Confusion: Realigning Controlling Stockholders and Controlled Boards*, 133 Harvard Law Review 1706(2020), p. 1709.

〔6〕 Simon Johnson et al., "Tunneling", *The American Economic Review*, 90(2000), pp. 22-27.

〔7〕 Vladimir Atanasov, Bernard Black & Conrad S. Ciccotello, "Law and Tunneling", *Journal of Corporation Law*, 37(2011), pp. 5-9.

〔8〕 Ann M. Lipton, "After Corwin: Down the Controlling Shareholder Rabbit Hole", *Vanderbilt Law Review*, 72(2019), p. 1979.

〔9〕 William T. Allen, Reinier Kraakman & Guhan Subramanian, *Commentaries and Cases on the Law of Business Organizations*, 6th ed, New York: Wolters Kluwer, 2021, p. 345.

而无须考虑公司和其他股东的利益。[1] 然而，一旦他被认定为公司的控股股东，法律就会对其权利的行使进行严格的规范，并将其笼罩一系列义务和责任构成的法网之下。

具体而言，公司法主要通过设定衡平性质的义务来制约控股股东的权力，此种义务近似于董事的忠诚义务[2]，要求控股股东不得将自身利益置于公司利益之上。[3] 但与董事不同，法律并不要求控股股东为增加公司价值而积极地采取行动，也不阻止控股股东为自身利益行事，而是确保控股股东为增进自身利益而行动的同时也能实现公司利益。[4] 根据美国特拉华州法院的判例，控股股东的信义义务是法院对控股股东的关联交易进行"完全公平审查"的依据。"完全公平"包括"公平价格"和"公平交易"两个方面，堪称公司法中最严格的审查标准。[5] 只有当控股股东的关联交易同时得到了无利害董事和少数股东的批准时，法院才会适用更宽松的商事判断规则。[6] 为使少数股东在批准控股股东交易时能够获得充分信息，特拉华州法院在其判例中还发展出了控股股东的披露义务/诚实义务，要求控股股东完整披露与交易相关的所有"重大性事实"。[7] 最后，在公司控制权转让中，控股股东的信义义务禁止其在3种情形下出售股份，包括不得向潜在的掠夺者或有可能不当管理公司的人出售[8]，不得出售公司职位[9]，以及不得篡夺公司机会[10]。[11]

英国虽然不存在控股股东信义义务制度，但是也通过两种途径实现了近似

---

〔1〕 Iman Anabtawi & Lynn Stout,"Fiduciary Duties for Activist Shareholders",*Stanford Law Review*, 60(2008),p. 1257. 当然，这并不排除少数股东也可能基于公司契约、法律规定或者法律原则负担特定义务。Hanne S. Birkmose & Florian Möslein,"Introduction: Mapping Shareholders' Duties",*in* Hanne S. Birkmos(ed.),*Shareholders' Duties*, Frederick, MD: Kluwer Law International, 2017, pp. 2-7. 但是，这些股东义务与以规范公司控制权行使为核心的控股股东义务是不宜混为一谈的，也不能据此否定控股股东身份的法律意义。

〔2〕 关于控股股东是否也应当承担勤勉义务(duty of care)的讨论，参见 Stephen A. Radin, *The Business Judgment Rule: Fiduciary Duties of Corporate Directors*, Volume Ⅰ, 6th ed. New York: Wolters Kluwer, 2009, pp. 1124-1125; Jens Dammann,"The Controlling Shareholder's General Duty of Care: A Dogma that Should Be Abandoned",*University of Illinois Law Review*, 2015(2015), pp. 497-506.

〔3〕 Andreas Cahn & David C. Donald, *Comparative Company Law: Text and Cases on the Laws Governing Corporations in Germany, the UK and the USA*, 2nd ed., Cambridge: Cambridge University Press, 2018, pp. 712-713.

〔4〕 James D. Cox, Thomas Lee Hazen, *Business Organizations Law*, 4th ed., St. Paul, MN: West Academic, 2016, pp. 271-272.

〔5〕 *Weinberger v. UOP*, 457 A. 2d 701(Del. 1983).

〔6〕 *Kahn v. M & F Worldwide Corp.*, 88 A. 3d 635(Del. 2014).

〔7〕 James D. Cox, Melvin A. Eisenberg, *Business Organizations: Cases and Materials*, 12th ed., St. Paul, MN: West Academic, 2019, pp. 958-960. 相关判例如 *Lynch v. Vickers Energy Corp.*, 383 A. 2d 278 (Del. 1977); *Rosenblatt v. Getty Oil Co.*, 493 A. 2d 929(Del. 1985); *Shell Petroleum, Inc. v. Smith*, 606 A. 2d 112(Del. 1992)。

〔8〕 *DeBaun v. First Western Bank and Trust Co.*, 120 Cal. Rptr. 354(Cal. App. 1975).

〔9〕 *Essex Universal Corp. v. Yates*, 305 F. 2d 572(2d Cir. 1962).

〔10〕 *Perlman v. Feldmann*, 219 F. 2d 173(2d Cir. 1955).

〔11〕 Stephen M. Bainbridge, *Corporation Law*, 4th ed., St. Paul, MN: West Academic, 2020, pp. 214-218.

效果：一是英国普通法对控股股东控制下的股东大会决议的限制，要求控股股东表决权的行使不得构成对少数股东的压迫[1]，并且应当"为公司整体利益着想"[2]；二是在"影子董事"制度下，当控股股东的行为导致其与公司产生了"一种信赖与信任的关系"[3]时，他就必须如董事一般对公司承担信义义务。[4]

尽管我国《公司法》针对控股股东的法律规范显著不足[5]，但是也不难从当前立法与司法实践中发现控股股东身份带来的重要法律后果。《公司法》第 20 条在原则上要求公司股东"不得滥用股东权利损害公司或者其他股东的利益"。在我国的司法实践中，该条限制一般针对控股股东，并以控股股东信义义务、控股股东不得滥用股权等形式表现出来，在一些判决中法院也会对交易的程序或者结果进行公平性审查。[6]《公司法》第 21 条明确禁止控股股东"利用其关联关系损害公司利益"，《最高人民法院关于适用〈中华人民共和国公司法〉若干问题的规定（五）》（以下简称《公司法司法解释（五）》）第 1 条第 1 款则初步回应了关联交易公平性的审查标准问题。证券监督管理委员会（以下简称证监会）制定的规范性文件也为我国上市公司中控股股东义务的法律体系提供了诸多规范，例如要求控股股东对公司和少数股东的承担信义义务，在股东大会关联事项表决时的履行回避义务等。[7]

在公司法之外，各国的证券法/资本市场法通常还会对控股股东再施加 3 类义务。第一类是对控股股东持有和交易股票状况的披露义务，如美国《证券交易法》第 16(a)节要求持股 10%以上的股东必须每月向 SEC 报告其持股变动情况，我国证监会《上市公司信息披露管理办法》中也有近似规定。第二类是对公司违法行为的次级责任，如美国《证券法》第 15 节与《证券交易法》第 20(a)节规定的控制人责任，我国《证券法》第 24 条规定的控股股东对欺诈发行的连带责任，第 85 条规定的对发行人虚假陈述的连带责任等。第三类是戒绝从事特定证券交易的义务，除各国普遍禁止的内幕交易外，又如美国《证券交易法》第 16(b)节和我国《证券法》第 44 条都规定了短线交易归入制度，还如美国《证券法》第 5 节对控制人股份转售的规定和我国证监会发布的《上市公司大股东、董监高减持股份的若干规定》都对控股股东的股份减持进行了限制。尽管这 3 类义务最初被设计的目的主要是维护资本市场的公开透明和有效运作，但是它们越来越多地服务于改善上市

---

〔1〕 *In re North-West Transportation Company*, 12 App. 589(1887); *Cook v. Deeks*, 1 A. C. 554(1916).

〔2〕 *Allen v. Gold Reefs of West Africa Ltd*, All ER Rep 746(1900).

〔3〕 *Ultraframe v Fielding*, All ER(D)397(2005).

〔4〕 David Kershaw, *Company Law in Context: Text and Materials*, 2nd ed, Oxford: Oxford University Press, 2012, pp. 651-667.

〔5〕 赵旭东：《公司治理中的控股股东及其法律规制》，《法学研究》2020 年第 4 期。

〔6〕 曹兴权：《股东表决权滥用的认定》，《证券法苑》2018 年第 2 期。

〔7〕 《上市公司章程指引》(2019 修订)第 39 条，《上市公司股东大会规则》(2016 年修订)第 31 条。

公司的公司治理。[1]

总之，在上市公司治理中，控股股东身份标志着从股东权利向控股股东义务的重要转折点，其法律意义主要是作为施加控股股东义务的前提和依据。在针对控股股东不法行为的公共和私人执法中，证明控股股东身份都是一个门槛问题，甚至对于案件可能具备结果决定性。[2] 控股股东身份的界定对于上市公司治理的重要性也由此凸显：界定的范围过窄，使得有能力侵害公司和少数股东利益的股东逃离在控股股东义务的约束之外，"掏空"上市公司的违法行为得不到有效遏制，最终有害资本市场的公平、效率以及投资者的信心；界定的范围过宽，则不仅会对股东权利的行使产生过多限制，还可能致使法院以审查交易公平性的方式过度介入公司经营，对公司民主和决策程式产生不当的干预。因此，控股股东身份的法律界定是一国资本市场法治建设中必须妥当处理的问题。

三、中国式的控股股东身份界定：理论缺陷与立法反思

（一）"防止滥用资本多数决"的理论与立法

我国学界的主流观点是，控股股东义务的理性在于实现股东之间的实质平等。控股股东可以通过资本多数决这一股东大会议事规则，"形式合法"地为自己谋取利益，所造成的结果却是对中小股东的非公平待遇，因而需要控股股东义务的矫正。据此，法律应当对有能力"滥用资本多数决"的股东施加控股股东义务，此种能力本质上就是对股东大会决议的控制力。相应地，控股股东身份的内在决定因素就是持股达到法定的控股额（通常是过半），或者虽然存在持股在法定控股额之下，但实际上掌握多数有效表决权，进而也有能力操纵股东大会决议。[3]

上述观点确有其合理性。它认识到了控股股东拥有的多数表决权或者其对股东大会表决结果的有效控制，会使其他股东行使表决权沦为"纯粹的例行公事"。[4] 鉴于董事选任和公司重大变更都需要股东大会的批准，一个行使大量表

---

[1] Karsten Engsig Sørensen, "Shareholders' Duty to Disclose", *in* Hanne S. Birkmos (ed.), Shareholders' Duties, Frederick, MD: Kluwer Law International, 2017, pp. 308-321. 不过，鉴于证券法/资本市场法中股东义务的规范对象并不限于控股股东（如持股5%以上的股东就有可能负担披露义务和受到交易限制），并非典型的控股股东义务，因而本文主要仍以公司法中的控股股东义务为主要讨论对象。

[2] William K. Sjostrom, Jr., *Business Organizations: A Transactional Approach*, 3rd ed, New York: Wolters Kluwer, 2020, pp. 543-544.

[3] 持此观点的文献，如朱慈蕴：《资本多数决原则与控制股东的诚信义务》，《法学研究》2004年第4期；刘凯：《控制股东的信义义务及违信责任》，《政法论坛》2009年第2期；郭富青：《论控制股东控制权的性质及其合理配置》，《南京大学学报（哲学·人文科学·社会科学版）》2011年第2期；宋智慧：《股东平等原则与资本多数决的矫治》，《河北法学》2011年第6期；袁梓旋：《论"诚信"路径下公司控制股东信义义务的扩张》，《内蒙古社会科学》2020年第1期；赵旭东：《公司治理中的控股股东及其法律规制》，《法学研究》2020年第4期。

[4] *Paramount Communications v. QVC Network*, 637 A. 2d 34 (Del. 1994).

决权的股东有着巨大的影响力,因而必须对活动进行严格的限制。[1]

从公司法演进的历史来看,由于产业组织在20世纪开始从小型、地方化企业发展为在全国范围内经营并拥有大量分散股东的企业集团,公司法也相应地将批准重大变更所需的多数从2/3减少为简单多数,并允许对多数股东和少数股东采取不同的待遇,前者被赋予了以现金换股的方式将少数股东挤出公司的能力。作为回应,法律制度必须发展各种机制以抑制滥用资本多数决。[2]

我国《公司法》第216条第2项对控股股东的界定规则中明显可见上述理论的影响。该条将持股比例作为界定控股股东身份的主要因素,持股50%以上的股东必然被赋予控股股东的地位;对于持股50%以下的股东,该条唯一提供的实质性考量因素就是一个股东所享有的表决权是否足以"对股东会、股东大会的决议产生重大影响"。可见,当"防止滥用资本多数决"的政策目标成为控股股东身份的理论基础后,控股股东的控制权就被简单地等同为其对股东大会决议的影响力,控股股东身份界定需要的考量因素也被限定在了股东大会的各种情势之中。

(二)中国式控股股东身份界定的缺陷与反思

笔者认为,我国关于控股股东身份界定的流行理论存在较大缺陷,在其影响下,现行立法对控股股东身份的界定方案存在诸多不合理之处。

一个比较容易发现的问题是,资本多数决原则其实并未被我国《公司法》贯彻,因而不应作为我国界定控股股东身份的理论基础。《公司法》第103条和第121条规定,股东大会作出修改公司章程,增加或者减少注册资本,公司合并、分立、解散或者变更公司形式的决议,以及上市公司在一年内购买、出售重大资产或者担保金额超过公司资产总额30%的,都应当经出席股东大会的股东所持表决权的2/3以上通过。这与美国《公司法》对一切股东决议事项都只默认简单多数决的立场显著不同。[3] 因此,仅凭《公司法》规范,持股在67%以下的股东其实并没有能力在公司重大变更等事项上"滥用资本多数决"。然而,《公司法》第216条第2款还是将持股50%以上的股东一律视为控股股东。在这里,我国学界的流行理论与实体法的规定产生了明显的冲突。

更深层次的问题在于,无论是流行理论对股东平等的追求,还是其对资本多数决被滥用的警惕,都仅仅将控股股东义务视为平衡股东与股东之间利益的一种制度,而公司作为一个独立主体的地位及其利益被严重忽视了。控股股东过度控制和"掏空"上市公司的问题是无法通过"大股东和小股东的利益平衡"来解

---

〔1〕 Note,"Controller Confusion: Realigning Controlling Stockholders and Controlled Boards", *Harvard Law Review*, 133(2020), pp. 1706-1707.

〔2〕 Carsten Gerner-Beuerle, Michael Schillig, *Comparative Company Law*, Oxford: Oxford University Press, 2019, pp. 603-604.

〔3〕 Mathias M. Siems, *Convergence in Shareholder Law*, Cambridge: Cambridge University Press, 2008, p. 170.

决的，这种观念实质是“将公司变成了合伙，将代理成本变成了股东之间的利益分配，将公司内的管理和民主矛盾变成了股东之间的矛盾”。[1] “股东平等原则—防止滥用资本多数决”的解释框架无法揭示控股股东身份的实质，受其影响产生的控股股东身份界定方案也因而具有很大的局限性，这具体表现在以下几个方面。

首先，控股股东对公司的控制未必是直接通过控制股东大会决议实现的，也可能是与管理层之间形成了“傀儡关系”，继而通过主导管理层行为而间接实现的。[2] 在后一种情形下，原本是基于正当程序和目的选举出的董事会也可能屈服于控股股东的淫威，成为其“掏空”行为的爪牙，这与股东大会中是否存在“滥用”资本多数决的情况并无必然联系。因此，对于一个股东与管理层之间的关系进行分析，判断其是否通过控制管理层而间接地对公司经营施加影响力，是控股股东身份的界定不可或缺的一环。我国当前《公司法》第 216 条片面地关注股东持有的表决权能否对“股东大会的决议产生重大影响”，必将导致此类案件中控股股东身份界定的困难。以美国特斯拉汽车公司股东诉讼一案的情形为例子。该案中，特斯拉公司决定收购太阳城公司，有公司股东对该交易提起诉讼，主张公司第一大股东埃隆·马斯克从事关联交易，损害公司和其他股东利益，违反了控股股东的信义义务。凡是了解特斯拉公司的人都会认为，马斯克理所当然应被认定为控股股东。但事实上，马斯克仅持有特斯拉公司 21%的股份，与多数持股之间存在显著差距，原告也没有提出足够证据表明马斯克能够支配股东大会的决议。特拉华州法院最终是通过考察持股比例外的各种其他因素，对马斯克与董事会关系进行详尽分析，才认定“马斯克作为控股股东，在收购交易中控制了特斯拉董事会”。[3] 然而，如果本案在我国《公司法》和“滥用资本多数决”理论之下进行裁判，法院很可能会对马斯克的情况无计可施。

其次，如果控股股东的能力仅仅是对股东大会决议的影响力，就可能得出法律为少数股东提供的保护不重要的结论。资本多数决原则只不过是法律默认的公司决议方式，完全可以被公司章程所改变，如公司可以在董事选举中采取累积投票制，或者将股东大会决议通过所需要的表决权门槛提高到 75%以上等。为了防止控股股东修改章程中对自己的限制条款，少数股东还可以通过股东协议

---

〔1〕 邓峰：《公司利益缺失下的利益冲突规则——基于法律文本和实践的反思》，《法学家》2009 年第 4 期。

〔2〕 Lynn M. LoPucki & Andrew Verstein, *Business Associations: A Systems Approach*, New Yrok: Wolters Kluwer, 2021, p. 294; David Kershaw, *Company Law in Context: Text and Materials*, 2nd ed, Oxford: Oxford University Press, 2012, p. 646. 控股股东两种可能控制公司的方式经常被想当然地等同，毕竟只要控制了股东大会就能决定董事的选任和罢免了。但正如特拉华州法院指出的，仅仅是公司中存在一个掌握了董事会选举的股东的事实，并不能剥夺商事判断规则对董事的独立和善意的假设；要认定控股股东控制了董事会，还必须有证据证明“通过各种私人或其他关系，董事是受惠于(beholden to)控股股东的”，或者更广泛地说，质疑董事是否有能力就如何最好地为公司利益服务的问题作出独立判断。*Aronson v. Lewis*, 473 A. 2d 805 (Del. 1984); *Rales v. Blasband*, 634 A. 2d 927 (Del. 1993); Deborah A. DeMott, “The Mechanisms of Control”, *Connecticut Journal of International Law*, 13 (1999), pp. 237-238.

〔3〕 *In re Tesla Motors, Inc. Stockholder Litigation*, 2018 WL 1560293 (Del. Ch. 2018).

的方式为控股股东设定违约责任。正如公司契约论学者所主张的,少数股东完全可以就公司契约中的此类条款进行谈判,以契约条款的设计来保护自己。如果他们没有进行此种谈判,就说明他们已经将控股股东损害自己利益的风险计算在已支付的股票价格之内,那么根据"买者自负"的原则,他们也不该再指望法律给予额外的保护。[1] 如此,法律将控股股东与少数股东进行区分,并对前者施加严格义务的做法就会受到质疑,控股股东义务制度的正当性基础就被动摇。

最后,即便是决定了股东大会表决结果的股东也未必就实际控制了表决事项,我国当前做法还可能导致某些情形下控股股东身份的范围被不当扩大。诸多学者指出,在公司合并或者出售的案件中,由于股东只能对管理层提交给股东大会的方案进行表决,而股东在很多情况下又缺少与管理层讨价还价的能力,他们的选项事实上已经严格地被管理层的交易方案所限制。[2] 此时,即便股东大会中存在持有多数表决权的股东,他也未必真正主导了交易条款的实质内容,其实关键还是取决于该股东与管理层之间的关系。

四、控股股东身份的本质分析:公司控制权的行使者

(一)"公司控制权—规制控制权私益"的解释框架

为了弥补我国当前在控股股东身份界定方面的理论和立法缺陷,我们必须将公司作为一个独立的法律主体纳入理论视野。对控股股东身份的实质和控股股东义务的制度价值的理解,也应当转而关注公司治理结构和公司决策层级。本文提出,当一个股东或股东团体以控制公司决策机关的方式对公司施加自身意志,进而成为公司控制权的实际行使者的时候,就应当被认定为控股股东。即,"分析控股股东是否存在,必须考虑到在事实上股东是否具有表决权和管理权限的组合,使他在自己愿意时就能够控制公司"。[3] 在此视角下,控股股东义务就是一种规制控股股东攫取"控制权私益"的机制。

公司法意义上的公司控制权,一般指"决定公司业务政策的权力"。[4] 公司控制权会产生经济学中所谓的"租",即控制权私益,这一概念可以指代控制者不

---

[1] David Kershaw, *Company Law in Context: Text and Materials*, 2nd ed, Oxford: Oxford University Press, 2012, pp. 649-650.

[2] James D. Cox, Tomas J. Mondino & Randall S. Thomas, "Understanding the (Ir) relevance of Shareholder Votes on M&A Deals", *Duke Law Journal*, 69(2019), pp. 583-582; Franklin A. Gevurtz, "The Shareholder Approval Conundrum", *Boston College Law Review*, 60 (2019), pp. 1831-1892; Ann M. Lipton, "After Corwin: Down the Controlling Shareholder Rabbit Hole", *Vanderbilt Law Review* 72(2019), p. 2003.

[3] *In re Cysive, Inc. Shareholders Litigation*, 836 A. 2d 531(Del. Ch. 2003).

[4] Jeffrey D. Bauman, Alan R. Palmiter & Frank Partnoy, *Corporations: Law and Policy, Materials and Problems*, 6th ed., St. Paul, MN: Thomson West, 2007, p. 850.

与其他投资者按比例分享的所有效用。[1] 控股股东能够通过“掏空”行为攫取公司价值,这被称为“金钱控制权私益”;而控股股东从其控制地位获得的非物质奖励,如掌舵大公司所产生的声望和政治权力,或对于把繁荣的公司留给后代的积极感觉等,则被称为“非金钱控制权私益”。[2] 控股股东不受控制地攫取控制权私益的行为会侵蚀公司和少数股东股权的价值,因而必须受到规制。[3]

杰弗里·鲍曼等学者根据控制能力的来源不同,将公司控制权划分为3种。一是法律上的控制权,即在没有累积投票制等特殊表决规则的情况下,持有超过公司50%以上股份的股东可以选出董事会的大多数成员,并决定提交股东表决的任何事项。二是事实上的控制权,即持股比例低于50%的股东也可能通过各种其他机制在事实上控制公司行为。三是在职者的控制权,即现任管理层拥有的实际控制权,因为他们有权提名董事名单,并利用公司资源支持他们的选举。[4] 其中,法律上的控制权和事实上的控制权的认定通常就构成了各国法律对控股股东身份界定的两条主线:拥有法律上的控制权的股东被称为“绝对控股股东”,持股比例是其唯一的界定标准;拥有事实上的控制权的股东则被称为“相对控股股东”,其身份需要通过各种因素综合认定。根据上述思路,控股股东身份的界定遵循大致前后2个步骤:①判断该股东的持股比例,对于持股50%以上的一律认定为控股;②若该股东持股不足50%,则判断该股东是否实质性地享有和行使公司控制权。这些实质因素包括该股东的表决权、与董事会成员的关系以及在董事会中的影响力等。[5] 我国《公司法》第216条第2款也基本遵循了这一思路,但其设定的实质标准仅仅关注了股东对股东大会决议的影响力,缺少公司及其控制权的观念,因而存在较大的局限性。

现代公司以“向下授权的董事会管理结构”为其本质特征之一。在该治理结构中,除最根本的公司决策外,其他公司事务的剩余决策权通常都被授予董事会,董事会于是成为公司控制权的集中行使者。[6] 当公司控制权由董事会行使时,董事受到信义义务的约束;当公司存在控股股东时,则正如董事受信义义务

[1] Michael J. Barclay & Clifford G. Holderness,“Private Benefits from Control of Public Corporations”, *Journal of Financial Economics*, 25(1989), pp. 371-395; Lucian A. Bebchuk,“A Rent-Protection Theory of Corporate Ownership and Control”(working paper), *SSRN Electronic Journal*(1999), available at: https://ssrn.com/abstract=203110.

[2] Luca Enriques & Tobias H. Tröger,“The Law and(Some)Finance of Related Party Transactions: An Introduction”, *in* Luca Enriques & Tobias H. Tröger(ed.), *The Law and Finance of Related Party Transactions*. Cambridge: Cambridge University Press, 2019, pp. 2-3.

[3] Ronald J. Gilson & Alan Schwartz,“Constraints on Private Benefits of Control: Ex Ante Control Mechanisms versus Ex Post Transaction Review”, *Journal of Institutional and Theoretical Economics*, 169(2013), pp. 168-169.

[4] Jeffrey D. Bauman, Alan R. Palmiter, Frank Partnoy, *Corporations: Law and Policy, Materials and Problems*, 6th ed., St. Paul, MN: Thomson West, 2007, p. 850.

[5] *Basho Techs. Holdco B, LLC v. Georgetown Basho Invs., LLC*, 2018 WL 3326693(Del. Ch. 018).

[6] John Armour et al.,“What Is Corporate Law?”, *in* Reinier Kraakman et al. eds., *The Anatomy of Corporate Law: A Comparative and Functional Approach*. Oxford: Oxford University Press, 3rd ed., 2017, p. 12.

的约束一样,有可能控制董事会行为的人也应遵守与适用于董事义务一样严格的义务。[1] 斯蒂芬·班布里奇以代理法中的替代责任对此作有解释:当董事会无法独立于控股股东行事时,二者之间便建立了"事实上的代理关系",控股股东因而作为委托人对董事(作为其代理人)的行为承担衍生责任。[2]

因此,在明确奉行董事会中心主义的普通法系国家,法律基本都采纳了"受控董事会"作为控股股东身份的界定标准。例如,美国特拉华州的判例认为,一个虽不拥有多数表决权的股东,如果他能行使"强大的表决和管理权力",以致"可以被认为对董事会具有有效的控制权",则他也应被认定为控股股东而施加信义义务。[3] 即,原告必须证明被告作为控股股东"行使了对董事的实际支配和控制权"。[4] 又例如,在英国,根据《2006 年公司法》第 251 条的定义,影子董事是指"公司董事惯常于根据其指导或指示而行事的人"。任何控股股东都有被划为影子董事的风险,问题的关键就是他是否对公司事务中发挥了真正的影响力。[5] 影子董事必须是控制董事会行为的"傀儡师",而董事必须是为影子董事所利用的"爪牙"。[6] 影子董事必须如董事一般对公司承担信义义务。[7]

(二)中国问题的特殊性

我国《公司法》对公司内的权力配置并没有恪守普遍流行的"管理层权力"的公司立法例,而采取了"混合权力"的立法模式,因而"受控董事会"标准在我国的确立或许存在体系上的障碍。[8] 在法律规范的表述方面,受制于股东本位的倾向,我国现行《公司法》中的董事会角色不清、定位不明,并且其职能被股东会和经理侵蚀。[9] 在实践中,我国公司又普遍存在蒋大兴教授所称的"管理权下沉"的现象,即法定的股东权被下沉到董事会,董事会的职权又以各种方式下沉到经理层。[10] 赵旭东教授认为,我国的公司治理模式实际呈现为法定董事会中心主义与某些公司事实上的经理层中心主义或控股股东中心主义的特殊状态。[11] 因此,我国公司控制权行使者的认定更为复杂。

---

〔1〕 James D. Cox, Thomas Lee Hazen, *Business Organizations Law*, 4th ed., St. Paul, MN: West Academic, 2016, pp. 271-272.

〔2〕 Stephen M. Bainbridge, *Corporation Law*, 4th ed., St. Paul, MN: West Academic, 2020, p. 205.

〔3〕 *Corwin v. KKR Financial Holdings LLC*, 125 A. 3d 304(Del. 2015).

〔4〕 *In Re Morton's Restaurant Group, Inc.*, 74 A. 3d 656(Del. Ch. 2013).

〔5〕 Brenda Hannigan, *Company Law*, 3rd ed., Oxford: Oxford University Press, 2012, p. 148.

〔6〕 Nicholas Bourne, *Bourne on Company Law*, 6th ed., New York: Routledge, 2013, pp. 144-145.

〔7〕 Paul Davies, *Introduction to Company Law*, 3rd ed., Oxford: Oxford University Press, 2020, pp. 152-153.

〔8〕 Mathias M. Siems, *Convergence in Shareholder Law*, Cambridge: Cambridge University Press, 2008, pp. 152-155.

〔9〕 邓峰:《中国法上董事会的角色、职能及思想渊源:实证法的考察》,《中国法学》2013 年第 3 期。

〔10〕 蒋大兴:《公司董事会的职权再造——基于"夹层代理"及现实主义的逻辑》,《现代法学》2020 年第 4 期。

〔11〕 赵旭东:《股东会中心主义抑或董事会中心主义?——公司治理模式的界定、评判与选择》,《法学评论》2021 年第 3 期。

比较法上的“绝对控股股东—相对控股股东”区分的基本思路，在我国的适用也存在缺陷，原因有二。第一，如前所述，鉴于我国《公司法》并未贯彻简单多数决原则，要求对公司重大变更实施 2/3 多数决，因而持股比例介于 50%～67% 的所谓“绝对控股股东”拥有的公司控制权并不“绝对”，它可能缺少控股股东通常具有的一些重要能力，也未必有能力“实质性改变公司性质和公众股东的利益”。[1]第二，相对控股股东存在的前提是其行使了公司控制权，这一事实的证明责任通常由原告承担。鉴于公司控制权认定的复杂性，外部股东对于公司事务的运行情况又知之甚少，一律由其承担证明责任并不合理。

尽管如此，“公司控制权—规制控制权私益”的解释框架仍然适用于对我国控股股东身份及其义务的分析。透过“受控董事会”标准的面纱，背后的原理是，此类事实的认定必须根据个案具体情况进行，任何任意设置的明线规则都会不可避免地存在范围过宽和范围过窄的问题。[2] 正如特拉华州判例指出的：“没有关于发现控制存在的神奇公式；相反，这是一个高度具体的事实调查。”[3]笔者认为，我国“混合权力”的公司权力配置模式意味着有关控股股东控制权的事实调查应当在两个层面上展开：一是控股股东对于公司日常事务运作的控制权，这主要体现为以各种手段支配董事会职权的行使；二是对被诉交易（尤其是需要股东大会批准的重大交易）的控制权，这既反映在控股股东对交易过程和交易条款的支配上，也反映在控股股东对批准交易的有权机关的控制上。本文以下试图超越“绝对控股股东—相对控股股东”简单分类，提供一种新的控股股东身份界定的方案。该方案参考了法律经济学对于法律命令的“规则”与“标准”的区分。

五、控股股东身份界定的形式规则与实质标准

法律经济学将法律命令分类为“规则”与“标准”。二者的核心区别在于，规则的内容主要是由立法在事前赋予，标准的内容则主要由裁判者在事后赋予。在此视角下，立法以形式上的持股数量界定控股股东属于创制“规则”，而裁判者在考量关于行使公司控制权的各种实质因素后认定控股股东属于适用“标准”。一般而言，规则的制定成本要高于标准，而标准对于个人决策和法院裁判产生的成本又高于规则。[4] 本文提供的方案建立在对以下两个问题的反思之上：在形式上，立法者应当如何对待持股数量与公司控制权的关系，以更好地形成界定规则？在实质上，裁判者为认定控股股东的存在又必须获取和分析哪些证据才为足够？

---

〔1〕 特拉华州法院认为，具体而言，控股股东通常应当具备以下能力：“（1）选举董事；（2）解散公司；（3）将公司与另一家公司合并；（4）‘挤出’公众股东；（5）修改公司注册证书；（6）出售全部或绝大部分公司资产；或（7）以其他方式实质性改变公司性质和公众股东的利益。”*Paramount Communications v. QVC Network*，637 A. 2d 34(Del. 1994).

〔2〕 Stephen M. Bainbridge，*Corporation Law*，4th ed.，St. Paul，MN：West Academic，2020，p. 206.

〔3〕 *Calesa Assocs.，L. P. v. Am. Capital，Ltd.*，2016 WL 770251(Del. Ch. 2016).

〔4〕 Louis Kaplow，“Rules Versus Standards：An Economic Analysis”，*Duke Law Journal*，42(1992)，pp. 559-572.

（一）形式规则：持股数量与公司控制权的关系

除特殊股权结构公司外，持股数量即意味着一个股东对公司享有的表决权/剩余控制权，是衡量股东对公司事务控制能力时必须考虑的首要因素。如前所述，法律会将高于一定持股比例的股东认定为绝对控股股东，而在相对控股股东的分析中，持股数量也是对其是否行使公司控制权的一个重要参考指标。

不过，不同国家、甚至同一国家的不同法律，对于持股数量重要性的对待并不一致。例如，我国《公司法》第 216 条第 2 项仅将占“股本总额 50%的股东”作为上市公司的绝对控股股东，而我国证监会发布的《上市公司收购管理办法》（2020 修正）第 84 条第 2 项将享有上市公司控制权的门槛降低到了“可以实际支配上市公司股份表决权超过 30%”，而且股东不能提供相反证据以推翻法律对其控股股东认定。

更具代表性的是美国特拉华州法院在相对控股股东分析中的观点变迁。特拉华州法院在发展了控股股东理论后，就产生了明显的分析不一致之处，并对持有大量股份的重要性进行了不同的处理。传统上，法院将控股股东身份所需的股份数量称为“大量持股”。在赛西夫股东诉讼一案中，法院将一个持股 35%的股东认定为控股股东，因为“该股东实际上持有足够多的股票，可以在任何有竞争的选举中发挥主导作用”。法院认为，控股股东享有的表决权应当足够显著，以致“即便不从公众股东那里获得太多的支持，该股东也能成为公司的统治者”。[1] 其后数年里，特拉华州法院经常强调控股股东表决权的重要性。相对控股股东必须“具有如此强大的表决和管理权力，以使其实际上与享有多数表决权无异”。[2] 然而，特拉华州法院在近年的判例中逐渐放弃了对持股数量的重视，而是直接分析董事会的独立性，即将控股股东等同于受控董事会。在这些判例中，被告的持股数量沦为一个附属因素，其控制董事会的能力并非凭借所持股份，而是源自独立于股权的外部因素。[3] 除前述的特斯拉汽车公司股东诉讼一案外，还例如，在最近的前四资本集团有限责任公司诉托布一案中，法院甚至将合计持股不到 15%的两兄弟认定为公司的控股股东。[4]

笔者认为，我国《公司法》等法律法规将控股股东身份简单等同于对股东大会的影响力以及过分强调表决权的做法固然存在缺陷，但是美国特拉华州法院近年来的观点似乎又是在走向另一个极端。如此忽视持股数量在控股股东控制权分析中的重要性，容易不当地扩大控股股东的范围。

究其根本，法律无论如何在事前设定持股数量与控股股东控制权之间的关

---

〔1〕 *In re Cysive, Inc. Shareholders Litigation*, 836 A. 2d 531(Del. Ch. 2003).

〔2〕 *In Re PNB Holding Co. Shareholders Litigation*, 2006 WL 2403999(Del. Ch. 2006); *Superior Vision Servs., Inc. v. Reliastar Life Ins. Co.*, 2006 WL 2521426(Del. Ch. 2006).

〔3〕 Note, *Controller Confusion: Realigning Controlling Stockholders and Controlled Boards*, 133 Harvard Law Review 1706(2020), pp. 1713-1714.

〔4〕 *FrontFour Capital Group LLC v. Taube*, 2019 WL1313408(Del. Ch. 2019).

系，都只是根据经验法则做出的推断，不可能达到绝对的精确。即便是持股99％的股东，也可能放弃对公司控制权的行使，而将公司完全交由管理层运营；即便是完全不持有公司股份的人，也可能是我国《公司法》第216条第3项所谓的“通过投资关系、协议或者其他安排，能够实际支配公司行为”的“实际控制人”。为了平衡效率与公平，在控股股东身份的认定规则中，在将持股达到一定比例以上的股东设定为绝对控股股东的同时，也应当在相对控股股东分析中引入“可反驳的推定”的立法技术。[1] 后者的设定还应当考虑到诉讼中证明责任的分配问题。具体而言，笔者提出如下建议。

对于持有公司67％以上有表决权股份的股东，鉴于其可以决定股东大会一切事项的表决结果，包括董事选任、修改公司章程和批准重大交易等，应当将其作为绝对控股股东对待。在诉讼中，原告既无须提供持股数量以外的其他证据，被告也无法通过证明自己并非公司控制权的实际行使者来逃避控股股东的义务和责任。原因在于，即便该股东选择做一个“甩手掌柜”，但他其实已经从持股中获得了不容小觑的“潜在权力”。“潜在权力如同一只沉睡的老虎，随时可能苏醒，并以更积极、更直接的形式表现出来”。[2]

持股50％～67％（不含）的股东，虽然有权支配董事选任，但其表决权数量仍不足以确保其控制《公司法》第103条、第121条要求的2/3多数决事项的表决结果。可以认为，他们享有对公司一般运作的控制权，且有较大可能主导了公司重大变更和交易的发生，但并不绝对。对于少数股东针对公司重大变更和交易提起的诉讼，应当采取“可反驳的推定”，允许被告通过提供相反证据证明自己并不控制决议。

持股50％以下（不含）的股东对于任何公司决策都不享有绝对的话语权，但其中持股10％和持股40％的股东显然不可等同视之。若将所有相对控股股东一体对待，必然有失公允。美国法学会《公司治理准则》（ALI principles of corporate governance）第1.10(b)条假定持股25％以上的股东就享有对公司一般运作的控制权（不过从未被法院援引）。[3]《哈佛法律评论》的一篇评论文章认为，持有超过40％的表决权（并且是持股最多的股东）将导致对控制权的推定，低于25％的表决权则应推定为控制权不足。[4] 而我国国务院、证监会制定的规则一般以30％的表决权作为享有控制权的起点。[5] 综合上述各方观点，笔者建议，如果一个股东持股30％以上且为公司第一大股东，那么应当假定其享有对公司

[1] Mary Siegel, “The Erosion of the Law of Controlling Shareholders”, *Delaware Journal of Corporate Law*, 24(1999), pp. 71-72.

[2] Deborah A. DeMott, “The Mechanisms of Control”, *Connecticut Journal of International Law*, 13(1999), pp. 237-238.

[3] Stephen A. Radin, *The Business Judgment Rule: Fiduciary Duties of Corporate Directors*, Volume Ⅰ, 6th ed. New York: Wolters Kluwer, 2009, pp. 1131-1132.

[4] Note, *Controller Confusion: Realigning Controlling Stockholders and Controlled Boards*, 133 Harvard Law Review 1706(2020), pp. 1720-1721.

[5] 习龙生：《控制股东的义务和责任研究》，法律出版社2006年版，第50—53页。

日常运作的控制权,但允许被告以相反证据反驳。与此同时,假定其无法控制公司重大决策,需要原告举证以证明控制权的存在。对于持股 30%以下(不含)的股东,推定其不享有实质性的公司控制权,原告承担全部证明其为控股股东的举证责任。

综上,关于控股股东身份界定的形式规则总结如表 1。

表 1 控股股东身份界定的形式规则

	对公司日常运作的控制	对股东大会重大决议事项的控制
持股 67%以上	法定成立	法定成立
持股 50%~67%(不含)	法定成立	推定成立,被告可以相反证据反驳
持股 30%~50%(不含)	推定成立,被告可以相反证据反驳	原告证明成立
持股 30%(不含)以下	原告证明成立	原告证明成立

(二)实质标准:控股股东实际存在的充分证明

1. 控股股东控制权的报复能力标准

一个股东对公司决策机构的控制能力应当达到何种程度才能被认为是控股股东?这个问题并不容易回答。例如,董事的独立性是分析是否存在控股股东的重要因素之一,但董事缺乏相对其他公司内部人的独立性是很常见的现象。美国公司法理论早就意识到,即便是在不存在控股股东的公司,董事可能受到所谓的"结构性偏见"的影响,致使其缺乏独立性。结构性偏见是指公司结构所致的董事会决策偏差,即控股股东、现任董事会成员或高管从他们的朋友和同事中挑选新董事,与他们密切合作,并有权将他们免职。这种结构使董事在决策时可能偏袒那些为他们提供职位的人的利益。如果所有这些都被视为控制的标志,那么控股股东义务的施加很容易超出合理范围。[1] 正是鉴于这一现象的普遍性,美国法院通常选择忽略结构性偏见的存在,而交由股东选举和公司控制权市场去缓解其弊端。因此,如果一个股东对董事独立性的影响仅达到产生结构性偏见的程度,那么仍不足以将其认定为控股股东。[2]

根据特拉华州法院的观点,控股股东对董事和少数股东的影响力必须是严重的程度,能够极大地左右其判断和决策能力。用一个经典的比方来讲,"当控股股东像一只 800 磅重的大猩猩想要剩下的香蕉时,独立董事和少数股东那样的小黑猩猩对此毫无抵抗能力,即便大猩猩象征性地给了他们否决权";"董事和股东心中恐惧的是,如果大猩猩不能如愿以偿,它会非常恼火"。[3] 这个比方也

---

〔1〕 Lynn M. LoPucki & Andrew Verstein, *Business Associations*: *A Systems Approach*, New York: Wolters Kluwer, 2021, pp. 354-355.

〔2〕 Ann M. Lipton, "After Corwin: Down the Controlling Shareholder Rabbit Hole", *Vanderbilt Law Review*, 72(2019), p. 1981.

〔3〕 Leo E. Strine Jr., "The Inescapably Empirical Foundation of the Common Law of Corporations", *Delaware Journal of Corporate Law*, 27(2002), p. 509.

揭示了控股股东得以发挥其控制力的根本是其潜在的报复能力，如果董事和少数股东不按照其指示行事，将会面临严重的后果。基于其对控股股东报复的恐惧，董事（包括独立董事）和少数股东都无法为公司利益行使独立自主的判断，以致整个公司决策和执行的系统都受控股股东的摆布。

控股股东的报复能力及其证明正是特拉华州法院在识别控股股东时最为关注的因素。根据其观点，控股股东的"权力必须如此强大，以至于独立董事担心受到报复而无法自由地行使其判断力"[1]；"一定要记住，林奇案最关心的问题是控股股东有能力在独立董事、特别委员会或少数股东拒绝后采取报复行动"。[2]因此，控股股东身份界定的实质标准就是待认定的股东是否被认为具有"施以报复的能力"。[3] 在报复能力标准下，至少可以从以下 3 个方面判断控股股东是否施加了必要的影响力。

第一，如果一个股东明确或隐晦地威胁董事的个人利益，如失去董事会席位，当然可以视为行使控制权的一个关键证据。[4] 即使在没有公开威胁的情况下，只要被报复的风险存在，董事们（无论他们自以为多么独立）也难以完全处于公平谈判的境地。此时，有必要以控股股东义务和实质性司法审查对少数股东进行保护。[5]

第二，对于少数股东而言，控股股东也可以通过停止分红、不公平现金并购交易等手段进行报复。"至少，这种报复的可能性及其对股东表决的可能影响是永远无法完全消除的。"[6]此外，控股股东为公司治理带来的一个重要问题是，由于股权的集中及其对公司表决代理权征集机制的控制，敌意收购、表决代理权竞争等外部治理机制也无法发挥对控股股东行为的规范作用。[7] 因此，当控股股东执掌公司时，少数股东便无法利用公司控制权市场来实施自救，只能向针对控股股东机会主义行为的法定义务和司法审查寻求救济。法院在审查关于控股股东对于少数股东的报复能力时，也不能仅关注他是否在过去主导了董事会，还应当判断他在未来是否受到"股东秩序"的约束。[8]

第三，特拉华州法院意识到，控股股东的报复能力还可能直指公司本身的利

---

〔1〕 *In re Rouse Props.*, *Inc. Fiduciary Litig.*, C. A. No. 12194-VCS(Del. Ch. Mar. 9, 2018).

〔2〕 *In re Pure Res.*, *Inc.*, *S'holders Litig.*, 808 A. 2d 421(Del. Ch. 2002).

〔3〕 Ann M. Lipton, "After Corwin: Down the Controlling Shareholder Rabbit Hole", *Vanderbilt Law Review*, 72(2019), pp. 1990-1991.

〔4〕 Da Lin, "Beyond Beholden", *The Journal of Corporation Law*, 44(2019), pp. 525-527.

〔5〕 Deborah A. DeMott, "The Mechanisms of Control", *Connecticut Journal of International Law*, 13 (1999), p. 247.

〔6〕 *Kahn v. Lynch Communication Systems*, 638 A. 2d 1110(Del. 1994).

〔7〕 Lucian A. Bebchuk & Assaf Hamdani, "The Elusive Quest for Global Governance Standards", *University of Pennsylvania Law Review*, 157 (2009), p. 1282; A. L. Lyons, "Securities Registration Problems of a Controlling Person", *Idaho Law Review*, 7(1970), pp. 220-221.

〔8〕 Ann M. Lipton, "After Corwin: Down the Controlling Shareholder Rabbit Hole", *Vanderbilt Law Review*, 72(2019), p. 2006.

益。[1] 这在公司集团内部非常常见。在母子公司关系中，母公司可以通过分配资本、制定经营和财务政策、决定子公司内部关键人事任免等方式间接行使控制权。奥利弗·威廉姆森就发现，在 M 型结构的大组织中，最高管理者的注意力往往会从短期活动中分散出来，并集中在对长期战略和资源分配的考虑上。[2] 由于担心母公司通过资本分配等手段限制子公司的经营，子公司的管理层和少数股东基本都选择服从母公司的政策和指示。[3] 这便是针对公司整体利益的报复能力带来控股股东控制权的典型例子。

2. 股东控制力的联结：控股股东团体的识别

持有较少表决权的股东获取公司控制权的一种常见方法是与他人组成"控股股东团体"：虽然单个成员都不享有公司控制权，但是所有成员的影响力通过诸种机制相互联结，融为一体，从而整体上获得对公司的统治地位。其后果是团体中的每一个成员都要单独承担控股股东的义务。[4]

控股股东团体的判断并非易事。某个潜在公司政策可能使某一群股东受益，他们很自然就会以对自己有利的方式左右公司决策，但是法律只有在这些股东形成足够有凝聚力的团体时才会介入。[5] 然而，我国《公司法》基本忽视了控股股东团体的识别问题，只有证监会发布的《上市公司收购管理办法》中的"一致行动人"概念与之相近。根据该办法第 83 条规定，一致行动"是指投资者通过协议、其他安排，与其他投资者共同扩大其所能够支配的一个上市公司股份表决权数量的行为或者事实"，其后果是合并计算其所持有的股份，有相反证据的除外。该条第 2 款列举了 11 种"一致行动"的具体情形，但是仅关注了投资者之间的关联关系，缺乏其他一般性的认定标准，且其适用范围难以及于上市公司收购交易之外。

美国 SEC 认为，构成控制团体的必要条件是团体成员之间是"粘合的"，而不仅仅是存在一些合作关系。[6] 美国纽约州地方法院曾在美国证券交易委员会诉微水控制有限公司一案中指出，若要认定一个团体控制了一家公司，必须"所有被告都是为了一个共同目的而共同行动的"。[7] 这里的措辞近似反垄断法中"有意识的平行行为"的概念。某些公司成员习惯上一致行动的事实不足以构成控股股东团体存在的依据，除非他们共同向公司董事会或其他决策机构施加影响

---

〔1〕 *Basho Techs. Holdco B, LLC v. Georgetown Basho Inv'rs, LLC*, 2018 W. L. 3326693(Del. Ch. 2018); *Williamson v. Cox Commc'ns, Inc.*, 2006 WL 1586375(Del. Ch. 2006).

〔2〕 Oliver E. Williamson, *The Mechanisms of Governance*, Oxford: Oxford University Press, 1996, pp. 81-83.

〔3〕 Deborah A. DeMott, "The Mechanisms of Control", *Connecticut Journal of International Law*, 13 (1999), p. 237.

〔4〕 *Locati v. Johnson*, 160 Or. App. 63(Ct. App. 1999).

〔5〕 Ann M. Lipton, "After Corwin: Down the Controlling Shareholder Rabbit Hole", *Vanderbilt Law Review*, 72(2019), pp. 1997-1998.

〔6〕 A. A. Sommer Jr., "Who's in Control-S. E. C.", *The Business Lawyer*, 21(1966), p. 578.

〔7〕 *Securities & Exch. Com'n v. Micro-Moisture Controls, Inc.*, 148 F. Supp. 558(S. D. N. Y. 1957).

力，驱使公司决策机构为他们的共同目的行事。[1]

因此，“共同行动”及“共同目的”2 个因素对于控股股东团体的认定缺一不可。这一观点在 PNB 控股公司股东诉讼一案中得到了清晰呈现。该案中，董事企图进行一次公司重组，将被现金收购的股东大多由现任董事及其家属组成，他们共同控制 59.5%的选票。但是法院拒绝将其认定为控股股东团体：他们之所以作出共同的表决，只是因为该项交易有利于其私人利益，而非有其他共同目的将他们联结在一起。[2]

六、结语：兼议《公司法》第 216 条第 2 项的修改

本文从控股股东身份法律意义的探析出发，指出控股股东身份是施加控股股东义务和责任的前提，对于上市公司治理至关重要，也是有关诉讼中关键性的门槛问题。我国学界对控股股东身份及其义务的主流解释是在“股东平等原则—防止滥用资本多数决”的理论框架下展开的，但这一观点将控股股东的能力简单地等同于对股东大会决议的控制力，具有较大局限性。本文转而关注公司治理结构和公司决策层级，提出“公司控制权—规制控制权私益”的理论框架，认为控股股东身份的本质是公司控制权的行使者，而控股股东义务就是一种规制控股股东攫取控制权私益的机制。在此视角下，对控股股东身份进行界定其实就是识别公司控制权及其行使。控股股东的控制权既包括对公司一般运作的控制，也应包括对被诉决议事项的控制。在分析控股股东控制权时，少数股东、董事与高管人员，以及公司本身受到的影响都应当被综合考量。参考法律经济学对“规则”与“标准”的二分，本文对于《公司法》中可以确立的控股股东界定规则提出如下建议，以供第 216 条第 2 款的修改参考：

> 第 XX 条 本法所称控股股东，是指通过行使其表决权、管理权和其他手段，能够实际支配公司决策和行为的股东。公司股东有以下情形之一的，为控股股东：
>
> （一）持有的股份占公司股本总额百分之六十七以上的；
>
> （二）在原告根据本法第二十条提起的针对股东会或者股东大会决议的诉讼中，被告持有的股份占公司股本总额百分之五十以上的，为控股股东，但有证据证明其对股东会或者股东大会的决议没有实质影响力的除外；被告股东持有的股份占公司股本总额不足百分之五十，如果有证据证明其对股东会或者股东大会的决议有实质影响力的，为控股股东。
>
> （三）在原告根据本法第二十条提起的针对董事会决议的诉讼中，被告股东持有的股份占公司股本总额百分之三十以上的，为控股股东，但有证据

[1] A. A. Sommer Jr.，“Who's in Control-S. E. C.”，*The Business Lawyer*，21(1966)，p. 581.

[2] *In Re PNB Holding Co. Shareholders Litigation*，2006 WL 2403999 (Del. Ch. 2006)；Ann M. Lipton，“After Corwin：Down the Controlling Shareholder Rabbit Hole”，*Vanderbilt Law Review*，72(2019)，p. 1998.

> 证明其对董事会的决议没有实质影响力的除外;被告股东持有的股份占公司股本总额不足百分之三十,如果有证据证明其对董事会的决议有实质影响力的,为控股股东。

对于控股股东身份界定的实质标准,本文主张借鉴美国特拉华州法院判决中不断使用的报复能力标准。在识别报复能力时,控股股东对董事及董事会、少数股东以及公司自身的利益构成的威胁都应该被纳入考量范围。

最后,需要说明的是,尽管有限公司中的控股股东的治理问题与股份公司,尤其是上市公司大为不同,但是《公司法》在控股股东身份界定的立法上仍应当坚持上述以股份公司为原型的立场。有限公司中控股股东与少数股东之间的界限其实非常模糊,因为有限公司股东之间可能组成各种同盟,任何股东都可能在个案中被认定为控股股东团体的一部分。因此,法律对有限公司中控股股东身份的界定并不是非常重要,在适用上述规则和标准的情况下,关键还是裁判者对个案具体情势的判断以及对于处理股东压迫等特殊问题的考量。[1]

---

〔1〕 Lynn M. LoPucki & Andrew Verstein, *Business Associations: A Systems Approach*, New York: Wolters Kluwer, 2021, p. 297.

论个人破产立法视野下的信用修复制度构造

王　硕*

摘　要　个人破产信用修复制度由被动修复路径和主动修复路径组成。前者是域外征信机构商品化个人信息后的附加服务，无法起到协助《破产法》帮助债务人经济再生的同时保护债权人利益之功效。后者才是个人破产信用修复制度的核心。通过分析英美立法例可知，各国主动修复路径在形式上较为统一，以信息论中的通信系统为蓝图，可被拆解成“两个阶段，一个衔接方式”。该路径的内部规范受本地文化、经济和个人破产信息权的权属影响，各有不同。基于中国长期处于破产有罪的文化氛围之下，经济制度以宏观调控为基本，个人信用修复制度应当围绕社会征信机构构造以保护债务人的人格利益。

关键词　个人破产；信用修复；个人信息；人格权

目　次

* 王硕（1995—），武汉大学法学院博士研究生，主要研究方向：民商法。

一、问题的提出

信用风险是引发个人破产的决定因素，在没有信用交易的时代，个人使用自有财产进行交易，可能面临的最大风险以自有财产价值为限。[1] 而信用交易的出现让个人用未来的收入提升提前当前的效用水平，[2]导致个人可能面临远超他当前承担能力的风险，所以需要个人破产制度为信用交易的风险设定边界。质言之，个人破产制度与信用制度关系密切。《深圳经济特区个人破产条例》(以下简称《个人破产条例》)的颁布开启了我国个人破产立法的试点工作。但当前的征信制度无法与之配套，具体表现为《征信业管理条例》第 16 条规定的不良记录保存期无法与《个人破产条例》规定的免责制度衔接。

《征信业管理条例》第 16 条规定，信息主体的不良记录自不良行为或事件终止之日起会继续在征信机构中保存至少 5 年。也就是说，对于无法按时清偿债务的信息主体，只有当其结清不良贷款时，5 年保存期才开始起算。在将该保存期规定同个人破产免责制度匹配时会产生两个问题：第一，《个人破产条例》规定中国债务人经历 3—5 年考察期后就有资格向法院申请债务免责，并不以清偿全部剩余债务为必要条件。那么对于未结清剩余债务但获得免责的债务人而言，他在征信机构的不良信用记录的保存期始终无法起算，信用修复也就无从谈起。第二，固定的信用修复期限会扭曲债务人免责前期的还债动力。有美国学者曾指出，美国《破产法》第 13 章在免除债务前规定有固定的“良好行为期”，强制债务人的行为必须符合债权人的利益，并将债务人未来可支配收入全部转移给债权人，以至于破产程序没有实质的奖励机制，削弱了债务人后期努力工作的动力。[3] 在《个人破产条例》规定了灵活的考察期届满情形之下，固定的 5 年不良信用保存期也有可能扭曲债务人的还债动力。

从比较法的角度，可以发现个人破产信用修复制度的构造深受经济制度和个人信息权属的影响。以美国为例，自由市场经济制度为市场化的信用报告机构(中国称征信机构)的产生提供了良好的外部环境，同时个人信息权属于财产权的共识为信用报告机构修复个人破产信用以完善产品服务提供了动力。鉴此，构造中国的个人破产信用修复制度需要面对以下几个难题：第一，在大数据时代，个人破产信用作为个人信息的一种，个人破产信用修复制度应当如何以上位法《中华人民共和国民法典》(以下简称《民法典》)为据，同《中华人民共和国个人信息保护法》《中华人民共和国网络安全法》《中华人民共和国商业银行法》(以下分别简称《个人信息保护法》《网络安全法》《商业银行法》)等相协调。第二，中

---

[1] 陈育、赵海程、姚艳：《个人信用与个人破产制度法律关系的分析——兼论中国建立个人破产制度的现实意义》，《财经科学》2009 年第 8 期，第 3 页。

[2] 易有禄、万文博：《个人破产的法经济学分析》，《江西财经大学学报》2019 年第 5 期，第 129 页。

[3] See Jochen Bigus, Eva-Maria Steiger, “When it pays to be honest: how a variable period of good conduct can improve incentives in personal bankruptcy proceedings”, *in European Journal of Law and Economics*, 22(2006), p. 251.

国的征信业结构特殊，市场征信机构和社会征信机构并行，个人信息的权属不明导致二者对于收集、处理个人破产信用记录的权责边界不清。对此，本文拟分析英美的个人破产信息修复制度，确定成熟的个人破产信用修复制度的构成，以期助益于中国个人破产信用修复制度的构造。

二、构造个人破产信用修复制度的正当性

现代市场经济的发展无法离开信用。企业破产制度通过淘汰濒死的企业，强迫其释放社会资源，成功地将有限的社会资源重新分配到能高效使用它们的使用者处。否则，僵尸企业占据大量的信贷资源，会导致资产无法复归债权人，随之而来的就是缩减债权人再次注入进市场经济的资本，阻碍市场经济信用的良性循环。[1] 随着个人信用经济的发展，维系市场经济秩序的立法目的同样适用于个人破产制度，但对个人不能以残酷的淘汰为手段，而应该在宪法保障人权原则的指引下，为破产人保留经济再生的希望。为此，要从经济和心理两个方面为破产人卸除压力，主要依靠个人破产免责制度和个人破产信用修复制度的实现。然而，中国个人破产制度刚刚进入萌芽期，在现阶段构造个人破产信用修复制度是否为时过早？在这一问题的基础上，可以从 3 个方面展开对中国在当前阶段构造个人破产信用修复制度的正当性的论述：一是中国当前的社会信用体系在个人破产信用修复方面空缺；二是构造个人破产信用修复制度的外部法律环境已经基本成熟；三是厘清个人破产信息权在中国的权利属性。

（一）个人破产信用修复制度空缺

没有信息的交换，现代市场参与者之间难以建起信赖的桥梁，也就不会发生交易。[2] 早期的出借人就意识到，如果一个人在一个出借人那里的信用记录很差，那么他们拖欠另一个出借人债务的可能性很大。反过来，一个拥有良好信用记录的借款人会再次成为一个遵守信用的人。所以，即使在竞争市场中和竞争对手共享信息的想法是不明智的，但在贷款行业中，遵守“你向我展示你的，我便向你展示我的”规则后的获益被公认为会高于分享信息所造成的损失。[3] 在债权人频繁交流债务人信用情况的环境下，为方便债权人间的信息交流，征信机构产生。随着现代信息技术的发展，征信机构提供的信用报告所包含的内容越来越多，俨然成为个人在经济生活中的“第二身份证”。

中国的现代社会信用体系与西方各国存在着差距。因此，中国的社会信用体系自觉或者不自觉地以西方为榜样。但是，中国的现代社会信用体系绝不是一个粗劣的仿品。事实上，中国共产党早已发现中国社会与西方社会有“共相”，

---

[1] 李曙光、张钦昱：《供给侧结构性改革与破产法的完善》，载李曙光、郑志斌：《破产与并购》（第 1 辑），法律出版社 2020 年版，第 8 页。

[2] Nicola Jentzsch, *The economics and regulation of Financial Privacy: An International Comparison of Credit Reporting Systems*, Heidelberg: Physica-Verlag, 2006, p. 1.

[3] Steven Finlay, *Consumer Credit Fundamentals*, New York: Palgrave Macmillan, 2009, p. 166.

也有"异相",一直在寻觅构造一种合乎中国国情的现代社会信用体系,最终形成市场征信机构和社会征信机构并行的征信业结构。然而,国际上总是以自己为尺度观察中国,常将中国市场征信机构的信用评定与社会征信机构的信用评定混淆。[1] 改革开放以来,中国建立了社会主义市场经济体制,该经济体制是运用计划和市场两种手段实现社会资源合理配置的经济运行体制。社会征信机构和市场征信机构并行表明中国的信用市场走的也是有计划的市场经济道路,同时使用了计划和市场两种手段,所以社会征信机构和市场征信机构的性质不同,应当做出区分。

社会征信机构是国家宏观调控个人信用资源配置的重要渠道,仅指中国人民银行设立的中国人民银行征信中心。其同时负责企业和个人征信系统的建设、运行和维护,汇集了大量的个人与企业信息,被定位为国家金融信用信息基础数据库,在整个征信行业中具有总揽全局的地位。改革开放以来,中国启动了经济高速增长的引擎,快速发展的经济需要大规模的信用融资活动作为支撑。从 2013 年至 2018 年,中国债券和贷款余额从 79 亿元人民币增长至 144 万亿元人民币。借此机会,信用市场飞速扩张,政府开始对小微企业做出政策倾斜。借此机会,小微企业和个人的融资规模开始急速扩大。[2] 在中国,持续多年的高速度发展导致经济增长与道德退化共生的悖论出现。[3] 构造社会信用体系要以"公平正义"为基石,扭转长期以来效率和公平失衡的境况。公平正义的社会信用体系不会自动生成,需要政府承担职责。为此,社会征信机构以报告的形式从 3 个方面记录个人的信用信息:信用记录、公共记录和查询记录。信用记录涉及资产处置信息、信用卡、贷款和其他信贷记录;公共记录涉及最近 5 年内的欠税记录、民事判决记录、强制执行记录、行政处罚决定执行记录及电信欠费记录;查询记录包含信用报告最近 2 年被查询的记录以及查询原因。

市场征信机构是指经中国人民银行批准设立的个人征信机构,符合条件的机构有 8 家:芝麻信用管理有限公司、腾讯征信有限公司、深圳前海征信中心股份有限公司、鹏元征信有限公司、中诚信征信有限公司、中智诚征信有限公司、拉卡拉信用管理有限公司和北京华道征信有限公司。这些公司借力互联网、移动通信、人工智能、区块链、云计算和大数据等新兴技术能够打造出各具特色的信用风险管理服务。以芝麻信用管理有限公司为例,市场征信机构从用户信用历史、行为偏好、履约能力、身份特质和人脉关系 5 个要素进行分析,最终用数值综合呈现个人的信用状况,评分越高者代表其违约风险越低。[4] 较之于社会征信机构,市场征信机构在面对日新月异的信息技术带来的新的庞杂数据和信息时

---

[1] 周雨:《社会信用立法的地方立法实践与路径选择》,《征信》2020 年第 12 期,第 9 页。

[2] 奥纬咨询、中证信用增进股份有限公司:《中国信用科技市场报告》,https://www.oliverwyman.com/content/dam/oliver-wyman/v2/publications/2019/apr/china-credit-tech-market-report-cn-4.pdf,访问日期:2020 年 10 月 26 日。

[3] 鲍宗豪、赵晓红:《现代性视域下的中国社会秩序重建》,《社会科学》2014 年第 5 期,第 85—86 页。

[4] 芝麻信用:芝麻分,https://www.zmxy.com.cn/#/detail/1-2,访问日期:2020 年 10 月 26 日。

显得更加精细且游刃有余。更值得注意的是，社会征信机构的个人信用报告只限于商业银行、依法办理信贷的金融机构、人民银行和消费者个人使用。市场征信机构的信用评级的使用者则更加细微，主要是快捷日常生活服务的提供者，如芝麻信用主要用于租赁服务行业，信用良好的个人可以免押金借还充电宝、自行车、汽车和住宿等。

于是，中国征信行业有了市场征信机构和社会征信机构相互补充、相互协调、相互促进的格局。信用使用的场景也被它们一分为二，市场征信机构的信用评级服务于便捷个人的日常生活的小场景，而社会征信机构的信用报告主要用于出行、就业和大额贷款等大场景。前者涉及个人的生存权，后者涉及个人的发展权。自从前德意志魏玛共和国《宪法》确立了现代意义上的生存权后，现代人的生存权不再是活下去的权利，而是能够以体现人的价值和尊严的方式活下去的权利。市场征信机构的征信业务顺应市场的发展，将协助服务供应商为信息主体提供多样服务作为业务理念。高层次的、精细化的服务不仅提高了中国人民的生活水平，也能更好地维护个人的人格尊严，实现了对个人现代意义上生存权的保障。而社会征信机构之所以会与个人的发展权紧密地联系在一起，是因为它的报告会直接影响到个人对未来的选择。有学者利用 300 万个处于黄金年龄的个人为样本研究消费信贷如何影响就业前景、收入和创业精神后发现，许多初创企业通过创业者的个人资产负债表获得债务融资，没有雇员和雇主公司所有权的自营职业随着信用额度和信用评分的增加而单调增加。[1] 简言之，良好的信用记录可以让个人获得信贷的机会增加，而这些人自主创业的意愿也会随之增加。

但是，周全的征信业务结构并不意味着其能配合个人破产制度立法。《征信业管理条例》和市场征信机构的服务指南对市场征信机构和社会征信机构修复个人不良信用的方式进行了规定，共计 3 种：第一种是待不良信用记录 5 年保存期限届满，由征信机构主动删除不良信用记录。第二种是在不良信用记录保存期限内，机构记载信息主体对不良信息的说明。第三种是信息主体有权向机构或信息提供者提出异议。对确实有误或遗漏的信息，提供者或机构应当予以更正；对异议不成立的，应当取消异议标注；对核查后仍不能确认的，应当核查情况和异议内容予以记载。但这 3 种修复方式还不足以满足个人破产立法的需要，理由有下述两项。第一，3 种修复方式中，仅有第一种方式能实现“擦除”不良信用记录的目的，而后两种修复方式依旧对不良信用记录进行保留。但第一种方式的使用条件非常苛刻，须债务人还清欠款，5 年保存期才开始起算。这就导致破产后的个人只有两条路可以走：一是清偿剩余全部债务，造成破产免责制度空转的局面；二是债务人永久背负破产的不良记录，永远无法回归正常的生产生活。第二，与《个人破产条例》的许可免责制度的“清偿比例”要件不适配。虽然

〔1〕 Kyle Herkenhoff, Gordon M. Phillips, Ethan Cohen-Cole, “The impact of consumer credit access on self-employment and entrepreneurship”, *in Journal of Financial Economics*, 141(2021), pp. 345-371.

《个人破产条例》目前只在深圳地区试行,但其对中国个人破产立法走向有着很大程度的影响。该条例采用许可免责主义,并辅之以"清偿比例"要件。债务人在考察期届满后,只有经法院审查许可方可获得剩余债务免责,考察期为3—5年。其间,债务人应当继续履行人民法院做出的限制消费行为、职务行为与借贷行为决定规定的义务,并履行《个人破产条例》规定的债务人其他义务。只要债务人清偿剩余债务的清偿比越高,考察期越早届满:债务人清偿剩余债务或者债权人免除债务人全部清偿责任之日,考察期届满;债务人清偿剩余债务达到2/3以上,且考察期经过1年的,考察期届满;债务人清偿剩余债务达到1/3以上不足2/3,且考察期经过2年的,考察期届满。这种立法形式融合了债务宽恕理念、人道主义理论和社会效用理论,体现了个人破产立法的当事人利益与社会利益平衡本位,是最适应中国当前各个领域都有诚信缺失的社会现状的立法。债务人合作理论认为,免责是诱使债务人配合破产程序来让渡财产的诱饵。[1] 然而,上述三种修复方式的存在,使得债务人发现,无论其是否积极偿还剩余债务,信用破产的未来无法得到改善,逃废债务才是其效益最大化的选择,这与债务人合作理论背道而驰。

(二)成熟的外部法律环境

个人破产信息中的"信息"是中心词,"个人破产"是修饰词,所以,信息是个人破产信息的上位概念,再进一步也可以明确为个人信息包含个人破产信息。中国立法机关一直以来都高度重视对个人信息的保护,有多部法律对个人信息进行了保护。从一般法角度,《民法典》在总则编中规定,个人信息应当作为一项民事权利受到法律保护,后又于人格权编中对个人信息保护的基本原则和一般规则做出规定。从特别法的角度,《个人信息保护法》围绕个人信息的保护与利用,为个人信息权益提供了全面的保障。《中华人民共和国消费者权益保护法》对消费者在购买、使用商品和接受服务时,其个人信息保护做出了规定。《网络安全法》针对网络运营者在收集、使用个人信息时应尽的责任与义务做了详实的规定。《商业银行法》规定了在没有法律特别规定时,商业银行有义务保护存款人的个人储蓄存款信息不被任何单位或者个人查询、冻结、扣划。《中华人民共和国居民身份证法》规定人民警察不得泄露因制作、发放、查验、扣押居民身份证而知悉的公民个人信息。在《民法典》《个人信息保护法》颁布以前,个人信息保护的规定属分散式的立法,欠缺体系性。在《民法典》《个人信息保护法》颁布之后,针对个人信息保护的法律已然统一。上述法律共同组成一个呈系统化的有机联系的个人信息法律保护体系,从一般法到特别法,对不同领域所涉及的个人信息进行保护,已经涵括消费、互联网、银行金融、行政等领域。

个人信息法律保护体系以现实问题为导向。个人破产信息既拥有个人信息与特定个人相关联的共通性,又拥有为公共利益须合法披露的特殊性,所以个体

---

〔1〕 徐阳光:《个人破产免责的理论基础与规范构建》,《中国法学》2021年第4期,第203页。

利益和公共利益的冲突在个人破产信息保护的问题上尤为凸显。随着个人破产制度发展在即，对个人破产信息进行特殊保护已然成为民众的诉求和时代的需要。将构造个人破产信用修复制度提上日程并不是突发奇想，而是在外部法律环境逐渐成熟的当下，中国个人信息法律保护体系自我完善、自我发展的必然结果。

（三）厘清个人破产信息的权利属性

个人信息究竟是权利还是权益？这一直都是“利益保护论”者与“权利保护论”者争论不休的一个问题。“利益保护论”者强调，个人信息具有公共性和社会性，公共利益应当优位于个人利益，所以个人信息只是法律所保护的利益。[1] 而“权利保护论”者认为，“利益保护论”是以权利功利主义的后果论为理论基础，简单地将个人信息权置于与社会利益对立的位置，没有重视个人信息中蕴含的人格利益。[2] 由于“个人信息利益保护论”在学界占据了压倒性优势，导致《民法典》《个人信息保护法》没有确认个人信息权，而是对个人信息的更正权、决定权、隐私权等进行具体规定，迎合“利益保护论”者认为个人信息本身不值得保护、只承认“个人信息相关权益有被保护的权利”的主张。[3] 但“权利保护论”者的主张也没有被全盘否认，《民法典》于人格权编将个人信息保护同隐私权并列规定在一章之中。这种折中的做法使个人信息在中国只能被视为一项新型权利。

《民法典》第990条第1款在列举一般人格权类型时采用了“等”字的兜底性表述。开放性规定的人格权编可以适应各类新型人格利益保护的需要，[4] 为未来厘清个人信息属性奠定了体系基础。在笔者看来，应当首先对个人信息类型化处理，再做分类保护。可将个人信息划分为个人隐私信息和个人非隐私信息。前者与隐私权重叠，尤其是高度敏感的个人信息通常属于隐私权的客体范畴，[5] 理应重视其中人格利益的保护，采纳“权利保护论”的主张，将个人隐私信息设立为法定权利，借以强调数字科技企业尊重、保障人权的责任和政府保障“数字人权”的义务。[6] 后者少有涉及个人隐私，但具有较强的公共性价值，如疫情防控的行动轨迹追溯、失信被执行人名单、被匿名处理的个人信息等，可以采纳“利益保护论”，仅赋予其相关权益被保护的权利。除此之外，个人隐私信息和个人非隐私信息存在一定程度的重合，即个人非敏感隐私信息。对这类个人信息需要兼顾个人人格和公共利益的保护，以个人破产信息为典型。个人破产信息具有如下几个特征：一是可识别性。有学者认为，个人数据才是可以直接或间接地与

[1] 高富平：《个人信息保护：从个人控制到社会控制》，《法学研究》2018年第3期，第84页。
[2] 付新华：《个人信息权的权利证成》，《法制与社会发展》2021年第5期，第126页。
[3] 丁晓东：《个人信息的双重属性与行为主义规制》，《法学家》2020年第1期，第76页。
[4] 王利明：《民法典人格权编的亮点与创新》，《中国法学》2020年第4期，第5—10页。
[5] 冉克平：《论〈民法典〉视野下个人隐私信息的保护与利用》，《社会科学辑刊》2021年第5期，第106页。
[6] 张文显：《“无数字 不人权”》，《北京日报》2019年9月2日第15版。

已识别或可识别的个人有关的资料。[1] 在个人信用报告上记录的个人破产信息突破了这一限制,通过与报告上其他的信息关联,个人破产信息可以间接识别到本人的身份。二是人格利益性和公共利益性并存。个人破产信息与社会经济秩序关系紧密,披露个人破产信息是为了避免资源流向低效益的人手中。同时,披露个人破产信息会导致破产人失去部分权利,人权受限。[2] 人权是由宪法、国际人权条约等公法文件所规定的权利,人格权是由民法等私法文件规定的权利。在人权民事化的当下,人格权的内容是对宪法基本权利的具体实施,法官只有参照民法人格权才能完整地理解宪法人权。[3] 因此,个人破产信息中的人格利益和公共利益并重。

笔者认为,个人破产信息属于民事权利的范畴。首先,个人破产信息被广泛应用于破产领域。现代个人破产制度强调人格尊严的保护,与"权利保护论"不谋而合。同时,持有破产记录的个人在日常生产生活中本就处于弱势地位,尤其是在中国盛行破产有罪主义的背景之下,破产人的人格尊严极易受到侵害,若继续强调社会利益高于个人利益,是对尊重和保障人权的宪法原则的无视。其次,构造个人破产信用修复制度需要"民事权利"理论支撑。民事权利是权利主体依法享有的,为满足特定私人利益而享有的权能和利益。民事权利的享有和行使遵循民法的意思自治原则。[4] 个人破产信息记录的修复过程显然应遵循民法意思自治原则,破产人有权自行决定是否在未来努力工作以尽力清偿剩余债务,国家不作干预,只在破产人恶意逃废债务时出面予以裁决。

如果将个人破产信息作为一项民事权利进行保护,它是何种类型的民事权利?针对这个问题,学界形成了同一说和联系说两种有关信息和数据关系及权属的主流观点。同一说认为数据和信息互为表里,在讨论数据的权属时,无法将数据和信息分离。[5] 一般以财产权说、知识产权说为逻辑起点,将个人数据信息定位为财产权或知识产权。[6] 联系说认为数据与信息紧密相关但又有区别,个人数据的生成是自然形成的,而个人信息是数据处理后的产品。前者是人格权,后者是财产权。[7] 笔者认为,联系说更符合数据和信息在技术应用中的定位。克劳德·香农于 1948 年提出的信息论将通信系统划分为 5 个部分:信源、编码器、信道、译码器和信宿。信源是产生要传送到接收终端的消息或消息序列的源头。编码器是指以某种方式对信息进行操作,以产生适合在信道上传输的信号。

---

〔1〕 Ileana Gabriela PINTILIUC, "Protection of Personal Data", *in Logos Universality Mentality Education Novelty-Section*: *Law*, 6(2018), p. 38.

〔2〕 汤维建:《论破产法上的复权制度》,《法学家》1996 年第 5 期,第 18 页。

〔3〕 石佳友:《人权与人格权的关系——从人格权的独立成编出发》,《法学评论》2017 年第 6 期,第 98、102 页。

〔4〕 严鸿雁:《论个人信息权益的民事权利性质与立法路径——兼评〈个人信息保护法〉(专家建议稿)的不足》,《情报理论与实践》2013 年第 4 期,第 44 页。

〔5〕 程啸:《论大数据时代的个人数据权利》,《中国社会科学》2018 年第 3 期,第 105 页。

〔6〕 冯晓青:《数据财产化及其法律规制的理论阐释与构建》,《政法论丛》2021 年第 4 期,第 81—97 页;司马航:《用户数据的知识产权属性之辩》,《科技与法律》2019 年第 6 期,第 32—40 页。

〔7〕 周斯佳:《个人数据权与个人信息权关系的厘清》,《华东政法大学学报》2020 年第 2 期,第 89 页。

信道仅仅是用来将信号从发射机传输到接收机的媒介。译码器执行编码器所做的相反的操作,从信号重建信息。信宿是信息的接受者。而在信号通过信道的过程中会夹杂冗杂的信号,称为数据冗杂。[1] 由是,数据实质上是信息与数据冗杂之和。同一说与信息论相悖,在专业技术领域欠缺说服力。在此基础上,笔者认为,个人破产信息是一项附财产属性的人格权,而非财产权,理由是纯粹的财产权使得征信机构在处理个人破产信息商品化下的人权保障与公共利益的冲突问题时具有局限性。联系说将信息视为财产,享有财产权的是信息主体(信宿)。征信机构是个人破产信息的信宿,享有对该信息的财产权。财产权作为典型的私权,法无禁止即可为,是否行使以及如何行使在很大程度上是财产权人的自由。在个人破产信息普遍商品化的当下,权属财产权使得个人破产信息的揭露、删除成为征信机构的自由,并且征信机构普遍与债权人间是信息互换的合作关系,难保信用报告机构不滥用权利,怠于删除个人破产信息。在没有法律明确授权的情况下,公权力不可以进入私权利领域,[2]致使破产人的人格权时刻暴露在信宿的侵害下。个人破产信息所指向的个体不能放弃、转让该信息,他人也不能继承该信息,符合《民法典》第 992 条人格权的一般规定,并且个人破产信息可以为征信机构使用获取利益,正如肖像权可以为他人使用获益不影响该权利作为人格权受法律保护一样。[3] 除此之外,《民法典》第 5 章名誉权和荣誉权之下,还规定了民事主体对信用评价的查询权、异议权以及信用信息处理者核查修正的义务。基于此,个人破产信息应当属于人格权。又因为市场征信机构在逐渐商品化个人破产信息,所以个人破产信息属于附财产属性的人格权。

为确保厘清后的个人破产信息权属在信息技术领域得到专业认可,还需要其与信息论结合构造个人破产信用修复制度,确保制度的合理性。

三、域外个人破产信用修复制度的借鉴

现代破产法的成文法和信用报告机构起源于英国,而目前世界上信用体系建立最发达的国家则是美国,并且这两个国家拥有一批成熟且近似的信用报告机构。通过分析归纳这两个国家的个人破产信用修复制度,可以认识到成熟的个人破产信用修复制度需要满足的条件有哪些。

大体上,可以将英美两国的个人破产信用修复制度分成 4 个阶段:良好行为—破产免责—征信机构收集信息—征信机构处理信息。在第一阶段,良好行为又有两层含义:第一层是债务人不再有新的拖欠债务的行为;第二层是债务人按计划偿还剩余债务。以良好行为是否具备第二层含义为标准,又可以将个人破产信用修复路径划分为被动修复路径和主动修复路径。

---

[1] Shannon C. E,"A Mathematical Theory of Communication",*in The Bell System Technical Journal*, 27(1948), p. 2.

[2] 王利明:《公权与私权》,《当代贵州》2015 年第 17 期,第 64 页。

[3] 严鸿雁:《论个人信息权益的民事权利性质与立法路径——兼评〈个人信息保护法〉(专家建议稿)的不足》,《情报理论与实践》2013 年第 4 期,第 45 页。

(一)英美两国的被动修复路径

在被动修复路径的第一阶段,良好行为仅具备第一层含义,不包含债务人按计划偿还剩余债务的行为,所以债务人在该路径中基本处于被动的地位。对该路径的分析可以围绕信用报告机构收集、处理信息的两个阶段进行。

第一,美国的信用报告机构。美国的国家资本短缺,加之人口的高流动性和移民的涌入导致借款人和出借人之间的信息不对称加剧,信用报告的发展有了管理贸易信用风险的政策上的需求。[1] 经美国国会调查后发现,消费者(信用主体)因为信用关系到自己的切身利益,会积极地对外寻求帮助。在美国《信用修复机构法》(Credit Repair Organization Act)未禁止消费者这类向私人机构求助行为的基础上,原本管理贸易信用风险的机构开始推行为信用不良者提供信用修复的服务。逐渐地,美国的征信行业发展成为市场化模式,政府只是起到监管的作用。[2] 高昂的互联网技术成本导致小机构无力独自承担信息储备的支出,益百利、艾可飞和环联已然成为信息市场的寡头,小机构只能依附于它们发展,成为零售商。寡头垄断市场的特点是,寡头间通常不是竞争关系,而是通过合作共谋利益,所以这3家信用报告机构从收集信息到处理信息都非常一致:首先,收集信息的方式,3家信用报告机构的债务记录主要依赖债权人的主动提供,但因为债权人不一定会同时向3家机构提供信息,3家机构出示的个人信用报告不一致被视为正常情况。这一套信息收集链看似松散,之所以能维系下来,主要还是依赖于信用报告机构同银行等金融机构之间长年的合作关系。信用报告机构一面向金融机构收集个人的债务数据,一面又向机构提供个人的信用报告,如此往复使信用报告的准确性逐年提升。其次,处理信息的方式,3家机构都使用菲尔埃萨克公司制作的FICO评分系统对个人信用评级。FICO评分系统将影响信用评级的因素分为5项,分别是消费者新开立的信用账户、所使用的信用账户类型、已使用的和可使用的信贷额、信贷历史以及还款记录。其中,对信用评级影响最大的就是还款记录,所以破产在该评分系统中会对债务人的信用评级造成严重的负面影响。

第二,英国的信用报告机构。英国的个人信用体系采用的是介于市场化和政府主导之间的模式。英国的信用报告机构的前身是以防欺诈为目的的社会组织。如1801年,伦敦裁缝商成立的"互助信息协会"发展到后来成为现代信用报告机构益百利。英国的信用市场同美国一样是寡头市场,占据英国信用市场主要份额的信用报告机构分别是益百利、艾可飞和呼叫信用,前两家机构与美国的信用报告机构同属一家,而呼叫信用于2018年被美国的环联收购,后者的总裁

---

[1] Nicola Jentzsch, *The economics and regulation of Financial Privacy: An International Comparison of Credit Reporting Systems*, Heidelberg: Physica-Verlag, 2006, p. 63.

[2] 金志坚、王凯:《美国个人征信修复的主要做法及经验启示》,《金融纵横》2016年第11期,第96页。

兼首席执行官吉姆·佩克曾表示将整合两家公司的资产，[1]所以在信用报告机构收集、处理信用信息的方式上，英国和美国理应一致。但受到英国信用市场非完全自由市场的影响，英国政府在征信业务中没有屈于监管位置，而是由破产管理部门维护个人破产登记和查询系统（individual insolvency register，IIR），[2]占领破产信息公示源头的高地。

在归纳英美两国被动修复路径共通点之前，需要先回答一个经济层面的问题：英美两国信用市场呈现出寡头垄断不可逆的趋向，然而，寡头的弊端是弱化竞争，不能使资源得到优化配置。那么英美放任信用市场寡头垄断的理由是什么？这种寡头市场可以为中国借鉴吗？德弗拉贵和德尔博诺在研究了混合垄断寡头后发现，纯粹的私人寡头所带来的社会福利会高于公有制企业企图实现的最大化社会福利。[3] 这一结果表明，纯私营寡头比混合寡头在优化社会福利方面更有优势。即便如此，笔者始终认为中国无法照搬该寡头垄断模式，理由有二：一是纯私营寡头优于混合寡头的前提是市场已经成为寡头垄断市场。在优化配置扩大社会福利层面，寡头垄断本身就劣势于自由竞争市场。中国信用市场尚处于萌芽阶段，还没有出现寡头的预兆，与其任由市场发展成为寡头，不如由政府引导征信市场的竞争机制良性发展才是最优解。二是寡头垄断容易滋生权利滥用：①源于自由竞争的寡头垄断易生权利滥用。2008 年全球金融危机爆发前，欧美的信用报告机构基本上没有受到监管，而监管的缺失导致信用报告机构权利滥用，经济学界普遍认为信用报告机构需要为这场银行体系的浩劫负主要责任。例如，如今臭名昭彰的债务抵押债券就曾被三大信用报告机构评价为最高的 AAA 级。[4] ②源于行政垄断的寡头也易生权利滥用。近几年，中国多地发布信用新规，各类地方信用分直接与普通人社会生活的方方面面挂钩，如厦门的“白鹭分”、杭州的“惠信分”、宿迁的“西楚分”等，这种无限制的信用边界扩张已经给社会带来了担忧。

通过上文的实证研究发现，在被动修复路径中，英美两国的差异主要集中在信用报告机构收集破产信息的方式上。造成这种不同的直接原因是行政机构对破产信息的把控程度不同，但根本原因还是文化影响。自古罗马起，欠债者就是严厉制裁的对象，驱逐教籍的宗教制裁和死亡、奴役的法律制裁都是防止债务人违约的方式。[5] 深受古罗马文化的影响，英国《1542 年破产法》和《1570 年破产法》都将破产人视为罪犯。后来，破产免责制度被 1706 年《安妮法案》凝结为立

---

〔1〕 Dave Blumberg, TransUnion Completes Acquisition of Callcredit, https://newsroom.transunion.com/transunion-completes-acquisition-of-callcredit/, last visited: 2022/8/10.

〔2〕 徐阳光：《英国个人破产与债务清理制度》，法律出版社 2020 年版，第 116 页。

〔3〕 De Fraja G, Delbono F, “Alternative strategies of a public enterprise in oligopoly”, *in Oxford Econ Pap*, 41(1989), pp. 302-311.

〔4〕 Peter O' Shea, *Transatlantic Financial Regulation*, Berlin: Springer-Verlag, 2021, pp. 133-134.

〔5〕 Frade C, Bankruptcy, stigma and rehabilitation, *in ERA Forum*, (13)2012, p. 46.

法成果,但英国《破产法》只是从债权人为中心变革为兼顾债权人利益。[1] 19世纪前,美国破产法直接继受自英国,但破产有罪主义很大程度上抑制了美国商业的发展和商人的冒险精神。于是,在代表工商业者利益的联邦党人和代表农业及小手工业者利益的民主党人的博弈下,第一部《联邦破产法》以临时约法的形式于1800年通过。美国《破产法》开始脱离英国《破产法》的影响,逐步制定并完善了破产免责和财产豁免制度等。[2] 诚如托克维尔所指出的那样,欧洲旧贵族关于荣誉的观念在美国人的思想里存在,但扎根不深。在这个几乎只搞工商业的社会中,美国人把冒险经商视为一种美德,勇敢经营工业的精神,会受到美国人民的青睐和尊重。质言之,美国商人的荣誉不会因为冒险失利导致的破产受到损害。[3] 在破产信息的处理方式上,根据英美两国主要的信用报告机构官网公开信息,机构所能提供的破产信用处理方式主要有3种:第一种是一定期限届满时,破产信息自动从报告中消除;[4]第二种是当破产信息出现错误时,个人享有信息异议权和更正权;[5]第三种是个人有权在报告中的消费者声明一栏,对其有异议的破产信息进行说明。[6] 本文认为,寡头市场是造成它们信用报告机构处理破产信息几乎相同的主要原因。信用报告机构因信息技术占有绝对优势,很容易相互勾结,侵犯到破产人的权益。而市场寡头的根本原因是两国都是自由市场经济体制。

由上,笔者得出一个结论:被动修复路径的制定受本土文化和经济体制的影响。目前,中国征信机构都可以通过法院民事判决记录获取到个人破产信息,在处理个人信息的方式上则同英美两国大体一致。从文化角度来看,中国自古就非常重视诚信。在中华传统道德文化体系中,诚信是能与天道相通的美德。[7] 这导致中国社会自古就无法轻易宽恕破产之人。自唐宋时期,中国对待拖欠债务的人常用刑事制裁,清时《户律》还规定对违约不还者施鞭笞。[8] 时至今日,中国文化中对失信行为的羞耻感依旧没有消失。如此,由政府把控个人破产信息的公示是最适合中国国情的。从经济角度来看,根据《中国超级电商平台竞争与垄断研究报告》显示,阿里巴巴俨然成为国内名副其实的超级网络平台,甚至开

---

〔1〕 项焱、张雅雯:《从破产有罪到破产免责:以英国个人破产免责制度确立为视角》,《法学评论》2020年第6期,第147页。

〔2〕 高丝敏:《美国破产法二百年流变:立法、司法和学术》,《清华法律评论》2014年第2期,第25—26页。

〔3〕 托克维尔:《论美国的民主》,董果良译,商务印书馆1991年版,第781—782页。

〔4〕 https://www.equifax.com/personal/education/credit/report/how-long-does-information-stay-on-credit-report/,访问日期:2020年10月26日。

〔5〕 Fair Credit Reporting Act, § 623(a)-(8).

〔6〕 https://www.transunion.com/credit-report;访问日期:2020年10月26日。

〔7〕《吕氏春秋·览·离俗览》曰:"天行不信,不能成岁;地行不信,草木不大。春之德风;风不信,其华不盛,华不盛,则果实不生。夏之德暑,暑不信,其土不肥,土不肥,则长遂不精。秋之德雨,雨不信,其谷不坚,谷不坚,则五种不成。冬之德寒,寒不信,其地不刚,地不刚,则冻闭不开。天地之大,四时之化,而犹不能以不信成物,又况乎人事?"

〔8〕 陈夏红:《中国破产法》,中国大百科全书出版社2017年版,第306页。

始参与传统政府的社会管理职能，频频出现数据垄断行为。[1] 为了避免技术型垄断出现，中国通过行政手段将征信市场的入市门槛抬高，再以立法的形式监管征信机构的活动，如此形成的行政垄断模式更符合中国社会主义市场经济的特征。鉴于此，笔者认为应当对中国当前被动修复路径予以保留。

(二)英美两国的主动修复路径

主动修复路径的良好行为，是指债务人没有拖欠债务的行为，同时按计划偿还剩余债务。在该路径中，如何激发债务人偿还债务的主观能动性是关键，也是债务人获得优于被动修复路径下信用修复结果的必要条件。

1. 美国的主动修复路径

美国《破产法》涵盖了个人和公司的破产规定，当债务人无法按期清偿到期债务时，个人可以在《破产法》第 7 章清算程序和第 13 章有固定收入的个人的债务调整程序中做选择；公司可以在第 7 章清算程序和第 11 章重组程序中做选择。第 13 章程序是美国个人破产制度中的特别程序，在债务人进入该程序后，其被允许保留所有资产，但债务人必须起草一份清偿计划，并在计划中承诺无担保债权人所获得的清偿不会低于第 7 章清算程序所能获得的清偿数额。如果债务人完成清偿计划，债务人无法清偿的剩余债务自动免责。同时，债权人的损失也最大程度地降低，其对债务人的评价得到提升，间接影响到信用报告机构的信息收集。因此，美国国会认为第 13 章对个人的吸引力理应高于第 7 章，但事实并非如此，[2]70%的破产申请都是根据第 7 章申请的。[3] 根据第 7 章，债务人须将所有未豁免的资产交给受托人，由受托人清算并偿还给债权人。在债务人看来，第 13 章程序是在无限期剥夺他们对自己财产的自治权，破产就相当于未来长期的债务束缚，而第 7 章体现了更完整的"重新开始"的理念，所有债务人的财产和债务都在破产程序中处理，未以这种方式解除的债务不能指望用债务人未来获得的财产偿还，债务人可以全新的面貌开始他的财务生活。[4] 基于这种利弊权衡，美国债务人更倾向于按第 7 章申请破产。但这种利益选择是以放弃减少债权人损失为代价。为了避免有能力的债务人鱼目混珠，美国法院首先在实务中达成共识，认定有清偿能力的债务人申请第 7 章破产程序属于滥用。[5] 第 7 章第 707 条(b)款也对此进行了规定：通过经济状况审查，若是有能力继续清偿债务的人申请第 7 章破产程序，法院有权力将这类人申请的第 7 章程序转

---

[1] 互联网实验室：《中国超级电商平台竞争与垄断研究报告》，2017 年。

[2] 查尔斯·J. 泰步：《美国破产法新论》(下册)(第三版)，韩长印、何欢、王之洲译，中国政法大学出版社 2017 年版，第 1322—1323 页。

[3] Wilfred Dolfsma, *Institutionalist Law and Economics and Values: the Case of personal Bankruptcy Law*, New York: Palgrave Macmillan, 2009, p. 124.

[4] William C. Whitford, "Changing Definitions of Fresh Start in U. S. Bankruptcy Law", *in Journal of Consumer Policy*, 20(1997), p. 179.

[5] Leonidas Ralph Mecham, *Bankruptcy Basics*, Administrative Office of the United States Courts, 2004, p. 11.

为第11章或第13章程序。

综上,美国的主动修复路径可以概括为:有清偿能力的债务人按照清偿计划履行义务,可以自动免除剩余债务。由于损失减少,“受冤屈的”债权人感受到心理上的安慰,信用报告机构自债权人手中获得的破产信息会包含债务人良好行为的信息,间接提升了信用报告机构对该债务人的信用评级,实现信用修复。

2. 英国的主动修复路径

英国《1986年破产法》第8编规定的个人自愿安排制度是破产清算程序的法定替代程序。个人自愿安排是债务人与债权人达成的协议,法院不能迫使债务人合作。在债务人申请进入个人自愿安排程序后,由有资质的破产从业者制作方案,并提交给债权人会议表决,代表债权额占75%以上的债权人赞成即为通过,协议成立。随后,债务人进入3—5年的执行阶段,并且相关信息会被登记进入个人破产登记册(individual insolvency register)。在该阶段,比起进入破产清算程序,债务人对资产有更多的控制权。为了助益债务人赚取额外的收入,债务人能够以支付高利息为代价获得生活或生产经营所需的信贷。[1] 如果债务人不按方案继续偿还债务,破产从业者会取消个人自愿安排让债务人直接破产。只有债务人遵守方案偿还债务,自程序结束之日起3个月内,个人破产登记册才会自动删除记录。

综上,英国的主动修复路径可以概括为:债务人可以主动申请进入个人自愿安排程序。由债务人和债权人达成协议,制定清偿计划。只有按计划履行义务的债务人可以自动免责,并由个人破产登记系统在短期内删除记录,直接影响信用报告机构更新债务人的信用报告,实现短期的个人破产信用修复。

3. 小结

主动修复路径针对的是有继续清偿能力的债务人,而这一类债务人最容易出现逃废债务的情况,为避免这一情况的发生,除无法缩短破产记录保存期的惩戒措施以外,以奖励措施诱惑债务人合作也是必要的。

结构上,英美两国的主动修复路径由“两个阶段,一个衔接方式”组成:第一阶段是免除债务人的剩余债务,为债务人减轻债务负担;第二阶段是征信机构修复债务人的破产信用记录,赋予债务人经济再生的机会;一个衔接方式是指将债务人在第一阶段的良好行为之信息传输给征信机构的方式。在第一阶段,两国都采用自动免责的制度作为诱惑债务人配合破产工作的奖励。在衔接阶段,美国由债权人传递信息,英国依靠政府系统作为中转站。在第二阶段,由于个人信息财产权理论占据了重要地位,个人破产信息作为英美信用报告机构产品服务的一部分,机构只会顺应市场运行规律处理个人破产信息,政府无法介入它们的评级系统。以美国为例,美国学界有大量的关于个人信息权属财产权的研究。美国国家电信和信息管理局发布了一份关于信息时代隐私和自我监管的报告,其中有一章专门对经济学家将个人信息视为财产权的理论进行了研究。迪恩·

[1] Citizens Advice, Credit rating-impact of an individual voluntary arrangement, 2020.

哈尔·瓦里安分析个人信息中的消费者数据隐私是一种财产权，以探索消费者控制其个人数据的可能性。肯尼斯·劳登认为隐私危机源自市场失灵，可以通过将个人信息视为财产权，对其定价以反映其价值来解决这一危机。美国社会也普遍将个人信息视为财产，支持信息自由流动的美国公民自由联盟在1997年发起的“拿回你的数据”运动中采取了产权立场。[1] 美国的个人破产信息几乎完全是由市场机制分配，属于自由流通的商品。根据个人信息财产权理论，信用报告机构通过制作信用报告将个人破产信息商品化，公权力在没有授权的情况下，无法强令信用报告机构配合修复个人的破产信息。美国的寡头市场属于完全寡头竞争，消费者对三大信用报告机构的信用报告没有偏好，因为消费者认为它们的信用报告没有区别。所以，在完全寡头竞争的条件下，价格稳定，但信用报告机构们在促销方面竞争较为激烈，详实的信用报告是它们的竞争资本。所以，信用报告机构对个人破产信息的变化会有迅速而有力的反应。但如前文所述，寡头完全竞争信用市场与中国社会主义市场经济体制不兼容，中国第二阶段应当贴合自身的经济制度重新制定。

四、中国个人破产信用修复制度构造

通过上文比较研究，构造中国个人破产信用修复制度的关键在于构造主动修复路径。下文将按“第一阶段、第二阶段、衔接方式”的顺序，分步构造中国的主动修复路径。

（一）第一阶段之构造

第一阶段中的债务人对标通信系统划分中的信源，法院、管理人或债权人对标编码器。编码器的编码方式可以概括为当然免责制度和许可免责制度。

免责制度受债务人合作理论和债权人利益最大化原则的影响，即便制度形式相同，内容差异也会将效果导向不同的终点。以英美在第一阶段设置的个人自愿安排制度和个人清偿计划制度为例，这两个制度在实际应用中表现出了一定的差距：第一，英国的个人自愿安排制度在吸引有清偿能力的债务人方面优于美国的个人清偿计划制度。英国个人自愿安排制度的使用率自2000年起就在稳定上升，从约27%的使用率升至2019年约64%。[2] 反观美国，因为债务人倾向通过第7章申请破产，而非第13章的个人清偿计划制度，不得不通过立法赋予法院强迫债务人合作的权力。第二，在清偿比率方面，债权人从英国个人自愿安排制度中得到的清偿比率会高于债务人直接破产清算能获取的清偿比率，而美国个人清偿计划制度不对清偿率做保证。这是因为，英国的个人自愿安排制度以债务人和债权人合意为前提，清偿方案的可行性和真实性得到了专业人士的保证，保护了债权人从债务人未来的收益中获得清偿的期待权。而美国个人

---

[1] Jessica Litman, “Information Privacy/Information Property”, *in Stanford Law Review*, 52(2000), pp. 1289-1299.

[2] 徐阳光：《英国个人破产与债务清理制度》，法律出版社2020年版，第242页。

清偿计划的制定过程限制了债权人的介入，存在债务人在计划中没有承诺未来所有预计可支配收入的可能，致使债权人依据该计划收到的支付款低于其本可以收取的数额。[1]

构造我国主动修复路径的第一阶段，首先在选择“编码”方式上，不易使用当然免责制度。美国联邦最高法院在1934年地方贷款公司诉亨特一案的裁决中阐述了这么一个观点：“给予诚实但不幸的债务人一个新的生活机会，一个努力就可以清晰的未来，没有过去债务的压力和阻碍。”如果不免除这些债务，“从工薪阶层的角度来看，根本不赚钱和完全为债权人赚钱没有区别。”[2]现代免责制度的主要目标是通过保持债务人工作的动力来保护他的人力资本。[3] 但公众、债权人和破产申请人普遍认为破产是自我控制薄弱的表现，[4]对债务人造成了不少心理负担。所以要提高债务人的动力，减轻债务人的心理负担是首要任务。当然免责主义在减轻债务人心理负担的效果上确实优于许可免责主义，但是并不符合中国的社会现状。原本在针对是否建立个人破产制度的问题上，世界各国或地区出现了保守派、稳健派、自由派3种派系。在《个人破产条例》公布前，中国一直属于保守派国家，不为个人提供任何债务免除的机会。稳健派国家为有困难的债务人有条件地提供债务免除的机会。自由派国家在允许破产主体获得债务免除之外，还有机会保留被宣告破产后的正常收入。[5]《个人破产条例》的通过意味着中国脱离保守派的声音已经变大，造成该思想变革的原因有二：一是自2009年起至2017年，中国个人经营性融资从3.7万亿元增长至13.1万亿元。[6] 在保守派的环境中，个人对外债务一直承担无限责任，以银行为首的服务于个人经营性融资的出借人，为了省掉烦琐的贷前调查，以及降低自身风险，普遍通过实际控制人或商户互保联保的担保形式突破责任有限原则。[7] 这种做法不仅使得个人创业成为高风险的活动，还容易导致金融风险在整个社会相互传染。为从根本上解决这一问题，个人破产立法的呼声开始变大。二是民众苦“执行难”的问题已久。根据最高人民法院提交的《关于人民法院解决“执行难”工作情况的报告》显示，在进入执行程序的案件中，约有43%属于被执行人完全丧失履行能力且经核查确无财产可供执行的“执行不能”案件，自然人债务在该类案件中占据了半壁江山。该报告还指出自然人债务的“执行不能”案件已经非法院执行到位所能企及，须通过个人破产制度予以解决。既然个人破产立法已经是

---

〔1〕 Leonidas Ralph Mecham, *Bankruptcy Basics*, Administrative Office of the United States Courts, 2004, p. 21.

〔2〕 Local Loan Co. v. Hunt 202 US 234(1934).

〔3〕 Song Han, Wenli Li, “Fresh Start or Head Start? The Effects of Filing for Personal Bankruptcy on Work Effort”, *in Journal of Financial Services Research*, 31(2007), p. 124.

〔4〕 Wilfred Dolfsma, *Institutionalist Law and Economics and Values: the Case of personal Bankruptcy Law*, New York: Palgrave Macmillan, 2009, p. 124.

〔5〕 易有禄、万文博：《个人破产的法经济学分析》，《江西财经大学学报》2019年第5期，第128页。

〔6〕 中国社会科学院国家金融与发展实验室、金融科技公司友信金服：《中国个人融资四十年发展与创新报告(1978—2018)》，2018年。

〔7〕 易有禄、万文博：《个人破产的法经济学分析》，《江西财经大学学报》2019年第5期，第135页。

社会需要,安抚保守派对欺诈性破产的担忧便成了关注重点。稳健派的许可免责主义是最适宜的。

综上,中国主动修复路径第一阶段可以沿用学界主流观点:债务人在考察期内的财产分配方案由管理人制定,经债权人会议通过,最后由法院裁定认可。债务人进入考察期后,按方案履行清偿义务,待考察期届满,管理人和债权人收集债务人的行为数据交由法院分析,后经法院“编码”为裁定书,对外公示是否免除债务人的剩余债务。

(二)第二阶段之构造

第二阶段的征信机构对标通信系统的译码器和信宿,因为征信机构兼具着收集个人信息、解读信息内容、处理信息的功能。从实然的角度分析,《民法典》《个人信息保护法》均规定个人信息保护的客体是个人信息指向的特定自然人,那么征信机构不可能是权利主体,而只能是主要的义务主体,加之债务人信用权、个人信息保护的相关规则均规定在《民法典》人格权编下。换言之,中国立法者更看重个人信息背后的人格尊严保护。从应然的角度分析,个人破产信息应属附财产属性的人格权,该权利的主体既有债务人,又有征信机构。那么,在第二阶段会出现权利竞合的情况。为解决该竞合问题,可以使用最大相关理论。最大相关理论在解决权利竞合问题时,主要考量哪项权利最为重要或者哪项权利才是“干预重点”。[1] 在债务人依约履行了清偿义务后,实现债务人复权才是考量重点,所以债务人的个人破产信息权优位于信用机构。无论是从实然的角度,还是从应然的角度,得到的结论是一致的,即保护债务人的权利是本阶段构造的核心。

若允许市场征信机构参与本阶段。中国市场征信机构的服务范畴不包括对外提供个人信用报告,但它们会为服务供应商提供特定消费者信用评级,间接影响消费者所能享受的服务种类。市场征信机构的个人信用评分根植于互联网平台,一方面它属于法律授权的征信机构,但又不是纯粹的政策工具;另一方面它具备维护个人信息权益与网络交易市场秩序双重价值取向,也就不是纯粹的商品。所以,市场征信机构提供的个人信用评级介于纯粹的政府治理工具与私人企业盈利商品之间。[2] 本文认定个人破产信息本质上是一项人格权,《民法典》的人格权编坚持以人为本的理念,相对于保护财产权,更注重维护个人的人格尊严。[3] 而市场征信机构的个人信用评级之定位忽视了对人格的保护,反而侧重于对公共利益的保护,显然与本阶段的核心不符。基于此,笔者认为市场征信机构不适宜持有和处理个人破产信息。

中国人民银行征信中心作为社会征信机构,拥有的征信系统具有维持国家金融体系稳定的功能,所提供的信用信息服务网络覆盖全国,信息查询端口也遍

---

〔1〕 柳建龙:《论基本权利竞合》,《法学家》2018 年第 1 期,第 42 页。

〔2〕 杨帆:《作为新型征信的信用评分:规制困境与基本立场》,《现代经济探讨》2021 年第 8 期,第 126 页。

〔3〕 王利明:《民法典人格权编的亮点与创新》,《中国法学》2020 年第 4 期,第 11 页。

布全国各地的金融机构网点。[1] 其出具的个人信用报告也同个人的发展权紧密相关。只要社会征信机构对个人破产信息进行特殊规定，就能低成本地提高债务人人格权在第二阶段受保护的比重，并且符合社会主义市场经济体制以公有制为主体的特征。具体构造如下。

为避免固定“保存期”扭曲债务人免责前期还债动力，扩大“个人破产免责”灵活免责考察期在激励债务人还债方面的优势，灵活制定社会征信机构的信用保存期，可以在《征信业管理条例》第 16 条规定的处理个人不良信息之外，对破产信息的修复应再做另行规定：在债务人被法院宣告破产并进入考察期之时，债务人的破产信息就应当进入社会征信机构的系统。若在没有违背法定义务的情况下，债务人清偿剩余债务不足 1/3，免责考察期经过 3—5 年届满，自法院裁定免除债务人未清偿债务之日起，社会征信机构保存破产记录直至 5 年保存期结束；若债务人清偿剩余债务达 1/3 以上不足 2/3，且考察期经过 2 年的，自法院裁定债务人免责之日起，破产信息在社会征信机构的保存期为 4 年；若债务人清偿剩余债务达 2/3 以上，且考察期经过 1 年的，破产信息在社会征信机构的保存期为 3 年；若剩余债务被全部清偿或债权人免除债务人全部清偿责任，自法院裁定债务人免责之日起，社会征信机构对破产记录的保存期变更为 2 年。综上，对于一般的个人不良信息，社会征信机构的保存期为 5 年。对于个人的破产信息，清偿剩余债务不足 1/3 的债务人，总的保存期为 8—10 年；清偿剩余债务达 1/3 以上不足 2/3 的债务人，总的保存期为 6 年；清偿剩余债务达 2/3 以上的，总的保存期为 5 年；清偿全部剩余债务或债权人免除全部债务的债务人，总的保存期为至少 2 年。

（三）衔接方式之构造

衔接两个阶段的方式对标通信系统的信道。美国信道是债权人和信用报告机构对接，英国信道是政府机构和信用报告机构对接，所以构造中国衔接方式的关注点在哪一主体可以将“编码”后的个人破产信息传递给社会征信机构。

一方面，中国社会征信机构作为纯粹的政府治理工具，主要收集信贷信息、社保、公积金、环保、欠税、民事裁决与执行等公共信息，证明社会征信机构早已与各政府机构开始对接。另一方面，中国人民银行办公厅于 2013 年发布的《关于小额贷款公司和融资性担保公司接入金融信用信息基础数据库有关事宜的通知》已经明确，中国的小额贷款公司和融资性担保公司逐步接入社会征信系统。因此，在事实上，中国已经初步形成了政府机构和债权人同时与社会征信机构对接的情况。基于该现状，笔者认为中国可以采用混合对接模式的信道，该模式存在以下两点优势：

第一，混合对接模式可以减少债务人的风险。自 2019 年起，中国宏观经济

[1] 中国人民银行征信中心官网，http://www.pbccrc.org.cn/zxzx/zxgk/gywm.shtml，访问日期：2021 年 5 月 5 日。

出现诸多变数，以猪肉、蔬菜、水果为代表的重要民生商品价格飞涨、中美贸易战爆发等导致系统性风险超过警戒线，2020年新冠肺炎疫情打击使得中国经济的系统性风险程度继续偏高。在经济下行之际，小额贷款公司和融资性担保公司被暴露在信贷风险之下，机构数量急剧下滑影响到社会征信机构收集的数据质量。若只有债权人和社会征信机构对接，面对破产解散的信贷公司，当债务人意图通过破产清偿剩余债务之时，将面对无债权人可协商和履行义务的局面，而拖欠贷款和破产的信用记录已经被报送给社会征信机构，这就意味着个人破产信用记录修复的渠道被彻底堵死。若只有政府机构和社会征信机构对接，虽然政府机构稳定性高，但深受信息孤岛效应的影响，各地域和各部门的信息系统的建设过程孤立，缺乏全局性规划和统一标准，各机构的信息系统之间难以实现联通。信息孤岛效应最直接的结果就是信息的传递存在延迟甚至空缺，造成债务人在时间成本上的损失。总而言之，当只有债权人（接入征信系统的机构）或政府机构为征信机构传输破产信息时，债务人需要面对一定的法律风险和经济成本。

第二，混合对接方式整合了两种对接方式的优势。随着信贷市场规范化，让债权人与征信机构直接对接能够保证信息传递的速度，也能成为保护债权人利益、震慑债务人的手段之一。政府机构与征信机构对接，一方面确保了个人信用信息传递时的准确性，另一方面也能推进政府信息化顶层设计。目前适用于中国政府信息化的标准有很多，但它们只是技术标准，没有互联互通的用途。所以，中国政府面对着信息化系统越发达，信息孤岛也就越多的困境。[1] 信息化顶层设计的主要目标就是减少新的信息孤岛出现。混合对接模式由债权人和政府机构共同组成和征信机构对接的对象，双源头不仅保障了个人破产信息传递时的效率，还回应了中国政府信息化建设的时代需求。

五、结语

个人破产信用修复制度由被动修复路径和主动修复路径组合而成，中国的被动修复路径较为完善，主动修复路径有待从头构造。本文以信息论构造的通信系统为蓝图，将主动修复路径拆解为两个阶段、一个衔接方式。第一阶段以许可免责主义为基础，明确债务人良好行为的标准是履行清偿计划，由法院处理良好行为数据并“编码”后对外公示。第二阶段以保护债务人的人格利益为本，排除市场征信机构，仅授权社会征信机构收集、处理个人破产信息，将信息保存期与《个人破产条例》的免责考察期对接，进行灵活规定。在衔接方式上，应采用混合对接的模式，由债权人和政府机构同时与社会征信机构对接。

---

〔1〕 Yang L. ,Zhao H. ,Wang Y. (2013),Application of TDMI in Government Informatization,*in* Zu Q. , Hu B. ,Elçi A. (ed.),*Pervasive Computing and the Networked World*. ICPCA/SWS 2012. Lecture Notes in Computer Science,vol 7719,Berlin:Springer-Verlag,p. 698.

类案检索在民商事司法中的适用及完善
——基于2909份裁判文书的分析[1]

孙 跃*

摘 要 通过对类案检索施行以来若干裁判文书的分析，可以从基本情况、肯定适用类案的说理方法、否定适用类案检索的方式及理由等角度来全面考察类案检索在民商事司法中适用的实践状况。目前，类案检索存在机制上的“效力悖论”、类案供给严重不足、类案检索与适用说理方法滞后、类案检索地方性规定关键内容不统一等问题，不利于统一法律适用。完善类案检索的司法适用，需要从“对内”与“对外”双重角度克服“强制力悖论”、建立最高人民法院生效裁判向指导性案例转化机制、推动类案检索方法论与民法方法论融合、构建基于“统分结合”原则的类案检索地方性规范体系。

关键词 类案检索；民商法；裁判文书；法律方法；统一法律适用

目 次

---

* 孙跃(1990—)，山东工商学院法学院讲师，法学博士，主要研究方向：法律方法论、民商事司法理论研究。

〔1〕 本文系国家社会科学基金青年项目“法律方法在类案检索中的运用及其改进研究”成果。

长期以来,统一法律适用一直是我国司法实践所追求的重要目标。2020 年 7 月,最高人民法院发布《关于统一法律适用加强类案检索的指导意见(试行)》(以下简称《类案检索指导意见》)可被视为运用司法案例实现上述目标的标志性事件之一。从制度功能和基本逻辑来看,类案检索机制在某种程度上可以被视为最高人民法院案例指导制度的延续与扩展。[1] 案例指导制度已经运行了 10 多年,但实践效果依然比较有限,因而类案检索机制的实践情况与前景难免令人忧虑。因此,有必要对类案检索机制试行以来的实践情况进行实证分析,在此基础之上揭示其面临的实践困境与成因,并提出改进方案以促进类案同案实践效果的提升。此外,2021 年 12 月,《最高人民法院统一法律适用工作实施办法》实施,该文件对《类案检索指导意见》进行了修改和调整,其实施后对类案检索实践的影响也值得研究和展望。

本文将关注点聚焦于民商事司法裁判领域,主要基于以下几个方面的考量。其一,从互联网公开的裁判文书来看,与类案检索有关的民事裁判文书数量远多于刑事、行政以及其他类型的裁判文书。[2] 样本数量越丰富,其统计意义就越明显,分析结论的说服力相对就越强。其二,相比于公法领域,民商事领域的法源体系更加开放和多元化,相关理论层面的研究在转化为实践应用时有着更加广阔的空间。其三,2021 年 1 月 1 日,《中华人民共和国民法典》(以下简称《民法典》)正式施行,相对于其他类型的案件,民事司法中新旧法律衔接、民法与其他部门法的衔接、民事实体法与程序法的衔接等问题更加突出。因此,以民事裁判文书中的类案检索为研究对象,能够在司法理论和民法学理论两大领域同时产生研究收益,促进法学学科之间交叉和良性互动。综上,本文将围绕类案检索在民商事司法中的适用展开讨论,故本文所称的"类案",如无特殊说明均指"民商事类案"。

一、类案检索司法适用的实践状况:基于裁判文书的分析

为了全面考察类案检索在民商事司法中的运用情况及其存在的问题,本文选取了若干组分析角度和标准,以中国裁判文书网案例数据库为检索工具,对 2020 年 8 月 1 日至 2021 年 8 月 1 日期间公开的裁判文书进行了检索。本文所称的"民商事案例"是广义上的,所有适用民事诉讼程序进行裁判的案件都被纳入统计范围,包括狭义上的民事、商事、知识产权、劳动人事等类型的案件,但纯粹的民事执行类案件不列入统计范围。

在具体分析方式上,本文采用"关键词检索+人工阅读"的方式进行。"关键词检索"是指先设定好要分析的问题及其关键词(如"类案""类案检索"或《类案检索指导意见》的具体规定等内容),然后用关键词在裁判文书的不同段落进行检索,以得出与预设问题具有对应关系的分析结论。"人工阅读"是指对裁判文

[1] 本文所称"类案""案例""指导性案例""典型案例"等均特指我国各级人民法院的生效判决或发布的案例,不包括其他国家机关(如检察院)发布的案例。

[2] 截至 2021 年 8 月 1 日,在中国裁判文书网上以"类案检索"为关键词进行全文检索,民事裁判文书有 2894 份,刑事裁判文书有 95 份,行政裁判文书有 223 份,其他类型的裁判文书有 71 份。

书的具体内容(特别是事实认定与裁判理由部分)采用人工阅读文本的方式进行分析,以确保关键信息检索的准确性。在统计数据计算方面,保留百分比小数点后一位,对小数点后两位进行四舍五入处理。

(一)民商事司法中类案检索适用的基本情况

对民商事司法中类案检索基本情况的具体考察,可以从"类案检索的积极性与主动性""类案检索适用的案件类型""不同司法机关适用类案检索的积极性""类案检索的方式方法"4 个方面展开。考虑到"类案检索的方式方法"本身具有较强的技术性,因而在本部分的第 2 节和第 3 节进行详细讨论,此处先对前 3 个方面的问题进行实证分析。

1. 类案检索适用的积极性与主动性

为了对民事司法裁判中类案检索的积极性与主动性进行分析,本文运用了中国裁判文书网的高级检索功能,对裁判文书分别进行全文检索和分部检索。通过全文检索,涉及类案检索适用的民事裁判文书共有 2909 篇。在这 2909 篇裁判文书中,对裁判文书的"理由"部分进行检索,可以考察司法机关对当事人提出适用类案检索请求的回应情况或司法机关主动适用类案检索的情况。[1] 对裁判文书的"事实"和"诉讼记录"部分进行检索和分析,可以考察当事人提出适用类案检索请求的整体情况。对上述检索结果对比分析并运用"结果中检索"功能,可以考察司法机关是否主动进行类案检索或是否回应了当事人提出类案检索请求的情况。

根据表 1 可知,司法机关在适用类案检索的主动性和积极性方面还比较有限,司法机关主动进行类案检索或对当事人相关请求进行回应的案件总数占比只有 12%左右。在大多数案件中,当事人提出适用类案检索,司法机关并没有在裁判理由中进行明确回应说明。当然,根据先前指导性案例司法实践中存在的"隐性适用"现象,也不排除在类案检索实践中存在类似的做法。[2] 根据《类案检索指导意见》第 2 条和第 10 条的规定,司法机关有主动进行类案检索并在裁判理由中说明或回应类案适用情况的义务。因此,无论是显性的"不主动进行类案检索""不回应类案检索诉求"还是潜在的"隐性适用"等做法,均存在违反《类案检索指导意见》相关规定之嫌。

表 1 司法机关适用类案检索的积极性与主动性

	当事人未提出但司法机关主动检索并在裁判理由中说明	当事人提出且司法机关在裁判理由中回应	当事人提出但司法机关未在裁判理由未回应	其他
数量	177	169	2563	26
占比	6.1%	5.8%	88.1%	0.9%

---

〔1〕 本文所称当事人,包括民事诉讼中当事人本人及其法定代理人或委托代理人(如律师)。

〔2〕 所谓"隐性适用",即司法机关虽然实质上参照适用了某些案例进行裁判,但未在裁判文书中说明。孙海波:《指导性案例的隐性适用及其矫正》,《环球法律评论》2018 年第 2 期,第 144—162 页。相比于指导性案例的隐性适用,类案检索的隐性适用更加隐蔽,且分析难度极大,故本文未将其纳入统计范围内。

2. 类案检索适用的案件类型

在裁判理由中明确提及类案检索使用的裁判文书共有 372 篇，对这些民事裁判文书进行进一步分析，可以考察类案检索适用的案件类型、审级、地区性差异、审判程序的基本情况。

根据表 2，从实体法律关系和案件类型来看，类案检索在合同类案件（包括无因管理、不当得利纠纷等"准合同"纠纷）中的适用最为广泛，占所有民商事案件 8 成以上，其他几种类型的案件占比则比较接近。造成上述现象的原因主要有 2 方面。一方面，合同类纠纷在民商事纠纷中本身就占有较高的比重。截至 2021 年 8 月 1 日，中国裁判文书网共收录了约 8000 万份民事裁判文书，其中合同类案件超过 5200 万件，占比超过 65%。另一方面，合同类案件的法律关系往往较为复杂，不少案件不仅涉及法律适用问题，还涉及合同中意思表示解释等问题，因而合同类纠纷中各种裁判方法（如类案检索）的适用空间更为充分。因此，适用类案检索的合同类案件占比（约 88%）超过了所有民事裁判文书中合同类案件的比重（约 65%）。

表 2　类案检索适用的案件类型（实体）

	合同及准合同	物权	人格权	婚姻继承	侵权责任	知识产权	劳动人事	商事	其他
数量	318	4	4	1	17	5	7	9	7
占比	85.5%	1.1%	1.1%	0.27%	4.5%	1.34%	18.8%	2.4%	1.8%

表 3 反映的是适用类案检索的民商事案件的审级程序。总体来看，类案检索在一审程序和审判监督程序中适用最为广泛。这其中的原因可能在于，一审案件受理基数最大，因而类案检索适用得较多；审判监督程序带有纠错色彩，为了纠正法律适用错误，往往会更加重视"类案同判"。

表 3　类案检索适用的案件类型（程序）

	一审程序	二审程序	审判监督程序	管辖权	执行
数量	164	70	131	3	4
占比	44.1%	18.8%	35.2%	0.8%	0.11%

3. 不同司法机关适用类案检索的差异性

从类案检索适用的司法机关层级来看，基层人民法院和高级人民法院的占比较高。产生上述现象的主要原因在于，基层人民法院本身受理的民事案件数量就较多，因而类案检索适用的基数较大。高级人民法院审判的案件大多具有一定的疑难性和复杂性，且高级人民法院负有统一本辖区内法律适用的职责，因而借助类案进行裁判的做法较为普遍。至于作为类案检索机制构建者的最高人民法院，其本身审理的案件数量较少，且可以借助各种其他方式（如制定司法解释和司法政策、发布指导性案例等）来实现类案同判，因而暂未发现其有在个案裁判中明确适用类案检索的做法。具体见表 4。

表 4 适用类案检索的法院

	基层人民法院	中级人民法院	高级人民法院	专门人民法院	最高人民法院
数量	164	74	133	1	0
占比	44.1%	19.9%	35.8 %	0.2 %	0%

除最高人民法院制定的《类案检索指导意见》之外，北京、天津、江苏、安徽等各地高级人民法院也出台了具有相似内容的司法文件。[1] 可以发现，在类案检索适用较多的10个省份中，有4个省的高级人民法院均制定了本辖区内的类案检索规定，体现出这些地区对类案检索具有较高的重视程度。因而，类案检索地方性规定的制定与类案检索司法实践之间呈现出一定的正相关性。具体见表5。

表 5 类案检索适用频次与地方性司法文件之间的相关性

频次	100以上	50—100	10—50	0—10
地区	北京	辽宁	天津、河北、江苏、安徽、山东、河南、四川、陕西	其他省、自治区或直辖市

(二)司法机关肯定适用类案的说理方法

在涉及适用类案检索的372个民商事案件中，有165个是司法机关最终决定参照适用类案做出裁判，占比44.3%。实践中，司法机关参照适用类案进行裁判的方式方法大致可以分为5类，各种类型的数量和占比如表6所示。

表 6 适用类案检索做出裁判的说理方式

	引述类案信息+说明适用理由(A)	引述类案信息+未说明适用理由(B)	没有引述类案信息+说明适用理由(C)	没有引述类案信息+未说明适用理由(D)	特殊适用
数量	32	59	23	42	9
占比	19.4%	35.8%	14%	25.5%	5.5%

将表6的A项和B项相加，可以看出引述了类案具体信息的案件数量约为55.2%。将A项与C项相加，可以发现有33.4%的案件论述了适用类案进行裁判的具体理由。有25.5%的案件既没有提及类案具体信息，也没有论述类案适用的具体理由。此外，还有约5.5%的案件采用了较为特殊的方式适用类案。

1. 引述类案信息的方式

所谓案件具体信息，是指裁判文书载明的案件名称或案号。根据《〈最高人民法院关于案例指导工作的规定〉实施细则》第11条，在裁判文书中引述相关指导性案例的，应在裁判理由部分引述指导性案例的编号和裁判要点。因此，对于指导性案例而言，规范的引述方式通常是“指导(性)案例××号+裁判要点具体

---

〔1〕 相关文件的汇编参见刘树德、孙海波主编:《类案检索实用指南》，北京大学出版社2021年版，第235—274页。

内容”。对于非指导性案例的引述方式,《类案检索指导意见》没有直接进行规定,但根据《类案检索指导意见》第 8 条的规定,即“类案检索说明或者报告应当客观、全面、准确,包括检索主体、时间、平台、方法、结果,类案裁判要点以及待决案件争议焦点等内容”可以推知,法官在适用非指导性案例时一般也应当引述案件名称或案号。

在实践中,那些没有引述类案具体信息的裁判文书常用的表述方式是“根据类案检索的结果”“根据相关类案”等。还有的裁判文书仅仅说明了类案的出处,如在黎培有与李雷、李杰机动车交通事故责任纠纷案一审民事判决书中,裁判理由仅表示“经本院进行类案检索,该鉴定意见确定的假肢费用及更换维修费用与贵州省黔南布依族苗族自治州中级人民法院作出的类似案件生效判决中确定的假肢费用及更换维修费用一致”,但并未明确“类似案件生效判决”具体是指的哪些案例。[1] 法院不明示类案检索的具体信息,可能会导致当事人或律师因无法查询到具体案件而难以验证其类案裁判活动的正确性,从而不利于当事人诉讼权利保障和对类案裁判活动的监督,也不利于对社会公众今后的类似行为提供稳定的规范指引。

2. 判断案件相似性成立的理由

类案检索与类案裁判的关键在于判断和论证案件之间的相似性,只有在相似性成立的前提下,才有必要参照类案做出裁判。根据《类案检索指导意见》第 1 条的规定,类案判断主要包括案件事实、争议焦点、法律适用等方面。根据表 6,有过半数的案件对案件相似性成立的利益进行论证说理,具体包括以下几种模式。

第一种方式是“类比模式”,即论述检索到的案例与待决案件在案情或法律适用等方面具有相似性,进而得出参照适用类案的结论。这种适用模式类似于英美普通法中遵循先例的模式,即通过分析案件之间在关键事实(重要事实)方面的相似性来证立它们属于“类案”。[2] 例如,在李亚松与崔根顺、张运涛买卖合同纠纷案一审民事判决书中,法院引述了多起在先判决并表示这些判决“案情与本案相似,作为类案可以参照处理”。[3] 在海城市鑫源房屋开发有限公司、于典明商品房销售合同纠纷再审审查与审判监督案民事裁定书中,法院表示本案与检索到的案例“所涉法律关系及基本事实均相同”。[4] 不过,似乎是因为我国法官还不太适用这种基于案例的类比思维模式,实践中基于案情相似性适用类案的裁判理由都比较简略,大多没有对检索到的案例和待决案件的相似性进行细致分析说明。

---

[1] 黎培有与李雷、李杰机动车交通事故责任纠纷案,贵州省黔南布依族苗族自治州中级人民法院民事判决书(2020)黔 2726 民初 370 号。

[2] 潘维大、刘文琦:《英美法导论》,法律出版社 2002 年版,第 58 页。

[3] 李亚松与崔根顺、张运涛买卖合同纠纷案,河北省晋州市人民法院民事判决书(2020)冀 0183 民初 2697 号。

[4] 海城市鑫源房屋开发有限公司、于典明商品房销售合同纠纷再审审查与审判监督案,辽宁省鞍山市中级人民法院民事裁定书(2021)辽 03 民申 24 号。

第二种模式可以称之为“三段论模式”或“演绎模式”,即从在先判决中归纳出若干裁判规则或司法观点,将其作为待决案件某一争议焦点问题的大前提(裁判规范),并通过演绎推理模式得出参照适用的结论。从比较法的角度来看,这种思维模式与德国等大陆法系国家的做法比较接近。[1] 例如,在徐田锦、田宗旭等与翁增清等机动车交通事故责任纠纷案一审民事判决书中,裁判理由就引述了最高人民法院公报案例的裁判要旨和司法观点作为本案的裁判规则依据。[2] 在吴成勇、贾孝双等与梁琛等建设工程施工合同纠纷案一审民事判决书中,裁判理由在回应当事人提交的类案检索报告时表示“据被告提交类案检索报告所载类案,与本案裁判规则具有一致性,本院予以采纳”。[3] 在耿书亭、石家庄市鹿泉区第二建筑工程有限责任公司金融借款合同纠纷案二审民事判决书中,裁判理由引述了(2019)最高法民申5333号民事裁定书的裁判观点,并以此作为依据进行了法律判断。[4] 似乎是因为我国法官较为适应制定法推理思维(司法三段论),因而他们在实践中更加倾向于将这种思维应用到类案检索与参照适用中,相关裁判文书说理相比于第一种模式也更加细致一些。

第三种模式类似于瑞典学者佩策尼克所称的“对话模式”或“辩论模式”,主要通过列明具有不同司法观点的在先判决,在进行对比分析的基础之上决定适用哪个(些)对待决案件进行裁判的方式。[5] 例如,在高华华与甘肃广电报业传媒有限责任公司不当得利纠纷案一审民事判决书中,法院表示涉案法律问题缺乏明确法律规定,并通过类案检索归纳出实践中两者不同的司法观点,然后结合本案案情决定参照适用第二种司法观点。[6] 在苏辰建设集团有限公司与王平建设工程施工合同纠纷案二审民事判决书中,裁判理由在针对本案的第三个争议焦点进行分析时表示“通过类案检索,最高人民法院及各地法院在相关案例中,根据个案的具体情况,有不同的处理方式”。[7] 在此基础之上,该案总结出了较为主流的司法观点,并参照适用于本案的裁判。“对话模式”或“辩论模式”的优点在于能够较为周全地考量诉讼各方可能提出的主张及其理由,并能够基于此充分地阐述司法裁判观点,从而增强类案裁判的说服力与可接受性。

---

[1] 孙跃:《德国法官如何援引司法判例——基于民事判例的考察》,《私法》2018年第2期,第235—238页。

[2] 徐田锦、田宗旭等与翁增清等机动车交通事故责任纠纷案,杭州市拱墅区人民法院民事判决书(2020)浙0105民初3226号。

[3] 吴成勇、贾孝双等与梁琛等建设工程施工合同纠纷案,四川省绵阳市游仙区人民法院民事判决书(2020)川0704民初440号。

[4] 耿书亭、石家庄市鹿泉区第二建筑工程有限责任公司金融借款合同纠纷案,河北省石家庄市中级人民法院民事判决书(2020)冀01民终8232号。

[5] 亚历山大·佩策尼克:《论法律与理性》,陈曦译,北京:中国政法大学出版社2015年版,第315—316页。

[6] 高华华与甘肃广电报业传媒有限责任公司不当得利纠纷案,甘肃省天水市秦州区人民法院民事判决书(2020)甘0502民初2913号。

[7] 苏辰建设集团有限公司与王平建设工程施工合同纠纷案,湖南省郴州市中级人民法院民事判决书(2019)湘10民终4023号。

3. 类案的特殊适用

通常类案裁判规则或司法观点主要是被作为待决案件的裁判理由，即法律论证意义上的“规范大前提”适用，但也有类案在少部分案件中被以较为特殊的方式加以适用。

第一种情况，法院对类案适用的程序性法律问题做出判断，即类案适用并不直接影响实体法律问题的处理。例如，在四川天府银行股份有限公司贵阳分行、四川天府银行股份有限公司贵阳小河支行因申请诉中财产保全损害责任纠纷案二审民事判决书中，二审法院指出一审法院对当事人提交的类案没有回应的做法违反了《类案检索指导意见》第 10 条规定，应当予以纠正。[1] 在巴州俊发房地产开发有限责任公司与库尔勒西域饮食服务有限责任公司合同纠纷案二审民事判决书中，裁判理由认为一审法院没有回应当事人提交的类案的行为并不属于《中华人民共和国民事诉讼法》第 171 条规定的“事实认定不清、适用法律错误”之情形。[2] 在郑州市新视明科技工程有限公司与丹阳市开发区好视力眼镜商行侵害商标权纠纷案二审民事判决书中，裁判理由认为一审法院未向当事人出示类案检索结果的做法并不属于严重违反程序性规定的行为。[3] 可见，对于类案检索的程序地位以及违反类案检索程序规定的法律后果，司法机关在实践中的观点和裁判尺度并不完全一致。

第二种情况，有些法院会将类案作为待决案件裁判的情境性因素或事实背景加以考量。例如，在厦门创享动力计算机科技有限公司与四川博鳌纵横网络科技有限公司合同纠纷案一审民事裁定书中，法院通过类案检索，认定“发现四川博鳌纵横网络科技有限公司涉及汇桔云知识服务和知商大使奖励的纠纷较多，其行为涉嫌非法吸收公众存款犯罪”。[4] 该案并非刑事案件，法院适用类案检索的目的不在于为该案提供裁判规则，而在于作为判断合同法律关系交易背景的依据。在申永胜与肖明明、刘爱清民间借贷纠纷案一审民事判决书、一审民事裁定书中，法院查询了 37 件类似案件，并根据其中 30 件与该案有关联的类案对当事人出借行为的性质进行了认定。[5] 可见，类案在实践中的用途并非只停留在为法律判断提供支持理由，有时也会被用于事实问题的定性判断。

---

〔1〕 四川天府银行股份有限公司贵阳分行、四川天府银行股份有限公司贵阳小河支行因申请诉中财产保全损害责任纠纷案，贵州省贵阳市中级人民法院民事判决书(2020)黔 01 民终 9458 号。

〔2〕 巴州俊发房地产开发有限责任公司与库尔勒西域饮食服务有限责任公司合同纠纷案，乌鲁木齐铁路运输中级法院民事判决书(2020)新 71 民终 78 号。

〔3〕 郑州市新视明科技工程有限公司与丹阳市开发区好视力眼镜商行侵害商标权纠纷案，江苏省镇江市中级人民法院民事判决书(2020)苏 11 民终 2813 号。

〔4〕 厦门创享动力计算机科技有限公司与四川博鳌纵横网络科技有限公司合同纠纷案，四川省绵阳市涪城区人民法院民事裁定书(2021)川 0703 民初 1361 号。

〔5〕 申永胜与肖明明、刘爱清民间借贷纠纷案，河南省安阳市文峰区人民法院民事判决书(2020)豫 0502 民初 5527 号。

(三)司法机关否定类案检索的方式及理由

表7反映的是否定类案适用的常见理由类型，在372个案件中，有207个案件属于司法机关否定了当事人提出适用类案请求的情形，占比约55.6%。其中，司法机关用来否定适用类案最主要的理由是“当事人提交的案件不具有相似性”，然后“本案审理不符合类案检索启用条件”和“提交的案例不属于类案检索范围中规定的案件类型”。此外，还有少量以其他理由否定了类案适用。[1] 同时，实践中较为突出的现象是，有过半数否定类案适用的裁判文书没有详细说明任何理由。

表7 否定类案适用的理由

	当事人提交的案例与本案不具有相似性	本案审理不符合类案检索的启用条件	引述案例不属于类案检索范围中规定的案件类型	其他理由	未说明理由
数量	46	25	18	3	115
占比	22.2%	12.1%	8.7%	1.4%	55.6%

1. 基于“不构成类案”的否定

“类案同判”的基本要求就是“同样的案件同样对待”。根据《类案检索指导意见》第1条的规定，类案应当与待决案件在基本事实、争议焦点、法律适用等方面具有相似性。基于对上述规定和原理的反向理解，如果案件相似性不成立，当然不能参照适用在先判决。因此，“提交的案件与本案不具有相似性”是实践中否定类案适用的最主要的理由，具体又可以分为以下几种情形。

第一种情形，认定提交的案例与本案在基本案情或基本事实方面不一致，因而不能作为类案参照适用。此类情形又可以细分为两种不同情况。其一，认定提交的案例与本案完全不相似。例如，在程焕玲与候秀芳、刘甲旺排除妨害纠纷案一审民事判决书中，裁判理由引述了大量的证据事实，分别从涉案土地承包经营权的登记状况和权属争议状况角度出发，否定了该案与聊城市中级人民法院(2019)鲁15民终3541号案件的相似性。[2] 其二，认定当事人提交的案例与本案部分事实相似，但关键事实不相似，因而不能参照适用。例如，在福建泉州市铭源通电子有限公司、贵州盛唐节能科技有限公司买卖合同纠纷案二审民事判决书中，裁判理由认定(2020)黔2601民初9052号民事判决与本案虽然在买卖的标的物、出卖方存在未按期交货等方面存在相似性，但两案在“通知解除合同”

[1] 以上几种情况存在交叉，有的裁判文书认定当事人提交的案件与本案不具有相似性且本案属于不需要进行类案检索的情形，参见天津市高级人民法院民事裁定书(2020)津民申1900—1909号。为避免重复统计，此类裁判文书只根据其主要否定类案适用的理由进行归类。

[2] 程焕玲与候秀芳、刘甲旺排除妨害纠纷案，山东省东阿县人民法院民事判决书(2020)鲁1524民初2110号。

和“继续履行合同”这一关键事实方面不相似，因而不能参照适用。[1]

第二种情形，法院不仅认定当事人提交的案例与本案案情（事实）不同，且同时强调当事人提交的案例在法律关系、裁判规则或争议焦点等法律适用问题与待决案件也不相似，进而否定类案检索适用。例如，在许刚与新疆恒昌隆房地产开发有限责任公司商品房销售合同纠纷案一审民事判决书中，裁判理由就认定当事人提交的案件属于“商品房预售合同纠纷”，而本案系“商品房买卖合同纠纷”，两者的案由及其所相关法律依据并不相同，故不能参照适用。[2] 在傅朝和、福建漳龙建投集团有限公司、张艺东等建设工程合同纠纷案二审民事判决书中，裁判理由认为本案与当事人提交的（2018）闽0681民初681号及（2018）闽06民终1811号案件不仅在案情事实方面不同，而且“形成不同的法律关系，（应当）适用不同的裁判规则”。[3]

第三种情形，裁判理由不仅对类案相似性问题进行了判断，而且还对类案检索机制的运行原理和相关规定进行了阐释，这种情形比较特殊，类似于英美普通法判决中的“附带意见”。[4] 例如，在江志容与杨仲、徐小惠民间借贷纠纷案一审民事判决书的裁判理由不仅否定了当事人提交的最高人民法院（2020）最高法民申1515号案与本案的相似性，而且还对案例指导制度与类案检索机制的出台背景和目的、类案检索适用的前提条件、类案参照适用的基本原理、我国不同类型案例的司法地位、类案判断的基本标准等一系列问题进行了附带性论述，阐述了“类案同判”的“例外情形”。[5]

2. 基于“不符合类案检索条件”的否定

根据《类案检索指导意见》第2条的规定，当案件符合“（一）拟提交专业（主审）法官会议或者审判委员会讨论的；（二）缺乏明确裁判规则或者尚未形成统一裁判规则的；（三）院长、庭长根据审判监督管理权限要求进行类案检索的；（四）其他需要进行类案检索的”等4种情形之一的，应当进行类案检索。[6] 可见，类案检索程序并非被强制适用于所有类型的案件，其适用带有相当浓厚的“决疑”色彩。在实践中，有不少法院以“本案不符合类案检索的条件”为由，拒绝检索并适

---

[1] 福建泉州市铭源通电子有限公司、贵州盛唐节能科技有限公司买卖合同纠纷案，贵州省黔东南苗族侗族自治州中级人民法院民事判决书（2021）黔26民终1622号。

[2] 许刚与新疆恒昌隆房地产开发有限责任公司商品房销售合同纠纷案，新疆维吾尔自治区博乐市人民法院民事判决书（2020）新2701民初1145号。

[3] 傅朝和、福建漳龙建投集团有限公司、张艺东等建设工程合同纠纷案，福建省漳州市中级人民法院民事判决书（2020）闽06民终2958号。

[4] “附带意见（obiter dictum）”是指判例中与法律判断有关但并不对法律适用产生直接或决定性影响的观点。迈克尔·赞德：《英国法：议会立法、法条解释、先例原则及法律改革》，江辉译，中国法制出版社2014年版，第445页。

[5] 江志容与杨仲、徐小惠民间借贷纠纷案，四川天府新区成都片区人民法院民事判决书（2020）川0192民初2424号。

[6] 需要强调的是，2021年12月1日实施的《最高人民法院统一法律适用工作实施办法》将应当进行类案检索的情形从《类案检索指导意见》中的四种拓宽到了九种。但由于本文的实证分析数据截止日期早于《最高人民法院统一法律适用工作实施办法》的实施，故不作为本文的研究对象。

用类案。遗憾的是，大多数裁判文书仅仅采用“援引《类案检索指导意见》第 2 条规定＋得出不符合类案检索启用条件”的方式进行表述，并没有说明本案究竟不符合《类案检索指导意见》第 2 条规定的具体哪种情形。

在少数说明待决案件不符合类案检索启用条件的裁判文书中，最常见的理由是本案不符合《类案检索指导意见》第 2 条第 2 项规定。在此方面说理较为全面的例证是昭通市乌蒙房地产置业有限公司、李彦凭民间借贷纠纷二审民事判决书。[1] 在该裁判文书的理由部分，二审法院在回应当事人认为一审法院没有进行类案检索违背了“类案同判”原则和《类案检索指导意见》相关规定时指出：“本案属于民间借贷纠纷，关于民间借贷举证责任如何分配，现行法律、司法解释已经有明确规定，司法裁判规则基本统一，依法不属于必须进行类案检索的案件。”此外，裁判理由还附带性地就“类案同判”的理解指出：“关于适用具体法律条文的问题，每个案件在事实、证据等方面并不完全相同，故每个案件在适用具体法律条文时有差别属正常，法院审理案件不能仅依据案由相同即机械适用同一法律条文，需要个案分析。”

3. 基于“不符合类案检索范围”的否定

《类案检索指导意见》第 3 条规定了检索的范围和类型，具体包括最高人民法院发布的指导性案例、最高人民法院发布的典型案例及裁判生效的案件、本省（自治区、直辖市）高级人民法院发布的参考性案例及裁判生效的案件、上一级人民法院及本院裁判生效的案件。可见，与之前的《关于案例指导工作的规定实施细则》相比，类案检索机制将检索的范围和案件类型从指导性案例扩张为一个“泛案例体系”。从理论上看，任何一级法院做出的相似在先判决，都有可能在特定条件下作为类案被适用。[2]

然而，实践中有不少法院对上述规定进行了严格解释，主要体现为法院经常以“当事人提交的案例不属于指导性案例”为由拒绝参照适用类案进行裁判。例如，在福州米厂、贵阳市欣柏商贸有限公司侵害商标权纠纷案二审民事判决书中，裁判理由从实体法律适用角度认定因（当事人）列举案例并非指导性案例，未参照适用并不影响本案依法裁判。[3] 还有的法院则从程序角度出发否定非指导性案例的程序效力。例如，上海宝冶集团有限公司与亿利和华建筑系统（沈阳）有限公司服务合同纠纷审判监督案民事裁定书的裁判理由就认为，由于当事人提交的相关生效裁定书并非指导性案例，故原审法院未予回应的行为不属于剥夺当事人辩论权利。[4]

---

〔1〕 昭通市乌蒙房地产置业有限公司、李彦凭民间借贷纠纷案，云南省昭通市中级人民法院民事判决书（2021）云 06 民终 124 号。

〔2〕 根据 2021 年 12 月 1 日施行的《最高人民法院统一法律适用工作实施办法》，类案检索的范围为最高人民法院指导性案例与最高人民法院的生效裁判。

〔3〕 福州米厂、贵阳市欣柏商贸有限公司侵害商标权纠纷案，贵州省高级人民法院民事判决书（2021）黔民终 194 号。

〔4〕 上海宝冶集团有限公司与亿利和华建筑系统（沈阳）有限公司服务合同纠纷审判监督案，上海市高级人民法院民事裁定书（2020）沪民申 1902 号。

4. 其他否定类案适用的方式及理由

除以上 3 种典型理由外，实践中还有零星个案以其他理由否定类案适用。第一种情况，有的个案中当事人会将《类案检索指导意见》本身和检索到的案例以证据的形式提交，结果被法院以“类案及《类案检索指导意见》不属于新证据”为由否定。[1] 本文认为，《类案检索指导意见》属于规范性审判指导文件，类案属于特定事实与法律观点的综合载体，两者均不属于诉讼法证据规则意义上的证据范畴。因此，当事人将类案或相关规定作为证据提交，本身就不符合类案检索和诉讼程序规范，正确的做法是将这些资料作为法律观点（如法律辩论意见、律师的代理意见等、类案检索报告等）提交。第二种情况，法院表明“没有检索到类似案件”或“检索到的案件信息不足以认定本案事实和法律关系”，因而无法参照适用。[2]

二、类案检索机制司法适用存在的问题

通过本文上一部分的实证分析可以发现，类案检索在民事司法中的适用存在主动性与积极性不高、参照适用方式不规范、适用说理不充分或回应说理不足等问题。这些问题严重影响了类案适用的实践效果，不利于发挥类案检索机制在实现“类案同判”方面的积极作用。具体来看，这些问题主要归因于类案检索机制存在以下四个方面的缺陷。

（一）类案检索机制存在“强制力悖论”

基于实证分析的结论，司法机关对适用类案检索的主动性和积极性在整体层面上较低。如果对作为类案检索机制主要规范依据的《类案检索指导意见》进行文本分析，可以发现这一机制存在“强制力悖论”。《类案检索指导意见》中存在约十处以“应当”为表述方式的强制性规定，但并没有明确违反这些规定时要承担的不利后果。由此导致的后果是，类案检索机制表面上是一种强制性机制，但由于责任性规范配置的缺失，导致类案检索机制在事实层面上很难对办案人员产生实质意义上的拘束力。当办案人员违反《类案检索指导意见》规定而又不会承担实质性的不利后果时，难免就会产生适用类案的规避心理，使得类案检索适用的积极性与主动性大打折扣。

除《类案检索指导意见》规定本身存在的问题外，类案检索机制的“强制力悖论”还可以从司法活动公开性和外部监督视角阐述。尽管《类案检索指导意见》明确强调了法官的回应说理义务（特别是指导性案例的适用），但并没有对类案检索报告的公开方式进行规定。在案例来源方面，前文实证分析已经表明，有些

---

[1] 曹兆井、湖州宏强交通建设有限公司建设工程分包合同纠纷再审审查与审判监督案，浙江省高级人民法院民事裁定书（2020）浙民申 4472 号、沈阳天盛隆运输有限公司、袁国栋挂靠经营合同纠纷再审审查与审判监督案，辽宁省高级人民法院民事裁定书（2021）辽民申 2552 号。

[2] 王彬与李楠等买卖合同纠纷案，北京市第三中级人民法院民事判决书（2021）京 03 民终 2490 号；蒋依娜等与刘新光民间借贷纠纷案，北京市第三中级人民法院民事判决书（2020）京 03 民终 8397 号。

类案来自法院内部系统。此种情况下,如果当事人或其诉讼代理人无法充分了解这些类案的全部信息,那么他们就很难基于类案进行论辩,相对于在实质上剥夺了其部分诉讼权利。事实上,关于“未公开的判例是否有拘束力”这一问题在英美普通法国家素有争议,学界也不乏以违背司法公开和损害当事人可预期性为由拒绝承认未公开判例拘束力的观点。[1] 此外,《类案检索指导意见》在其 12 条规定了各级法院应当建立案例数据库的要求,但并没有明确这些数据究竟是向社会公众或至少其他法律职业(尤其是律师)公开,还是仅仅面向特定的司法机关(即所谓“内网”)。类似的,《类案检索指导意见》第 13 条对类案检索情况的公开,也局限于“本院或者辖区法院”而非社会公众,也并没有规定当事人或律师是否有权申请查阅、复制。以上制度缺陷导致类案检索的运用缺乏充分的外部监督和制约,也不利于保障诉讼当事人和律师的权利。

(二)类案供给严重不足

基于实证分析的结论,有不少法院在否定参照适用当事人提交的案例的理由是“提交案例不属于指导性案例”。这一现象折射出两方面问题。一方面,这一现象暴露出了指导性案例(特别是民事指导性案例)数量严重不足的问题。司法机关有意识地将指导性案例与非指导性案例区分对待,反映出其对指导性案例特殊权威地位的认可。但指导性案例数量不足这一长期存在的问题始终没有得到有效缓解,“无权威案例可参照”这一供需失衡问题依然突出。特别是在民商事领域,自 2010 年至今,最高人民法院只发布了数十个民商事领域的指导性案例,这远远不能涵盖各种类型的民商事案件。[2] 同时,有不少指导性案例的裁判要点规则与法律法规或司法解释重复(如指导案例 7 号、99 号、142 号等);亦不乏因与新的法律规定或司法文件存在冲突而失去指导效力的案例(如指导案例 9 号和 20 号)。

另一方面,前文分析结论还反映出非指导性案例效力薄弱的问题。《类案检索指导意见》对非指导性案例的定位是“可以参考”。从文义角度来看,“可以”的强制力明显弱于“应当”,“参考”的强制力也弱于“参照”。尽管近年来理论界有研究者对非指导性案例的司法性质和适用方法进行了探讨,亦有研究者将非指导性案例进一步区分为“示范性案例”和“一般性案例”,[3]但在实践中,由于类案检索机制存在前文所称的“强制力悖论”,再加上类案裁判方法论的不成熟,法官们暂未对非指导性案例的效力产生相对统一的认知。在不确定适用非指导性案例产生的后果是否符合类案检索机制预期目标的情况下,部分办案人员出于规

[1] 在普通法国家,判例的“公开”也被称为“报告(reported)”,“未公开的判例”即那些没有被载入公开出版的判例报告的判例。迈克尔·赞德:《英国法:议会立法、法条解释、先例原则及法律改革》,江辉译,中国法制出版社 2014 年版,第 530—540 页。

[2] 根据 2020 年修订后的《民事案由规定》,现有民事案由有 473 个类型。

[3] 杨知文:《非指导性案例的“指导性”与案例指导制度的发展》,《清华法学》2021 年第 4 期,第 40—56 页;顾培东:《我国成文法体制下不同属性判例的功能定位》,《中国法学》2021 年第 4 期,第 5—24 页。

避司法风险的考虑，很可能克减对非指导性案例的检索与适用。非指导性案例的数量大、生成速率高，本可以作为对数量相对有限的指导性案例的一种补充，但受限于其效力较弱的缺点，这一裁判供给补充的功能很难正常发挥。

(三)类案检索与适用说理方法滞后

基于实证分析，实践中有超过八成的裁判文书并没有直接回应当事人提出适用类案的请求。在对类案检索与适用做出回应的裁判文书中，也有不少裁判理由并没有详细对比分析案件相似性就得出判断结论。除类案检索机制存在“强制力悖论”外，造成这一现象的另一根源还在法律方法层面。

我国法律人对制定法适用思维模式具有较强的路径依赖，对于适用案例实现类案同判的方法，还缺乏系统性的思考与应用。不少裁判理由在适用类案时，仅采用了“类案裁判规则＋本案事实＝裁判结论”的三段论思维。这一模式并非完整的类案裁判思维。因为类案裁判的底层逻辑是“类案同判”，类案裁判规则的适用需要以证立案件相似性为前提。在没有充分论证类案相似性理由的情况下就直接运用涵摄思维适用类案裁判规则，实质上是在简单或机械套用制定法适用思维来处理类案裁判问题。此外，除少数裁判理由运用法律关系分析法来对比民商事类案的相似性外，大多数裁判理由并没有突出民商事案件分析方法的特点。例如，近年来在理论界与实务界、大陆法系国家民商事实践和法学教育中广受关注的“请求权基础分析法”就没有被吸收融入民事类案检索与裁判说理中，使得类案判断与适用的精准度有限。

(四)类案检索地方性规定关键内容不统一

在《类案检索指导意见》出台前后，各省、自治区、直辖市高级人民法院也陆续制定了一系列关于类案检索的规范文件。[1] 对这些规范文件进行对比分析，可以发现各地对类案检索与适应的关键内容的规定并不统一。这不仅容易导致类案检索机制实践的混乱，而且还可能造成类案检索机制运行的地区差异过于悬殊，违背“类案同判”的初衷。此外，大多数地区的高级人民法院还没有制定类案检索方面的专门性规定，这也会造成类案检索机制适用的地区性差异。

通过对比现有的类案检索地方性规定，可以发现其关键内容的差异主要体现为以下几个方面。其一，在类案判断标准方面，有些地方性规定并没有明确“类似案件”的具体判断标准(如广西)；有些地方性规定直接沿用了《类案检索指导意见》第1条的规定(如江西)；还有些法院的规定与《类案检索指导意见》第1条并不完全一致(如天津、江苏)。有些地方性规定区分了“类案”和“关联案”(如湖南)，有些地区则没有区分。其二，在类案检索机制启动的条件方面，有些地方将“公诉机关、案件当事人及其辩护人、诉讼代理人提交类案与关联案件的生效

〔1〕 本文引述的类案检索地方性规定的内容，参见刘树德、孙海波主编：《类案检索实用指南》，北京大学出版社2021年版，第246—274页。

裁判支持自己主张的案件”作为启动类案检索的条件之一(如广西);有些地方则将类案检索启用的条件限制为“提请审判委员会讨论的案件”(如青海)。其三,在类案检索范围与类型方面,虽然各个地方性规定均承认最高人民法院指导性案例的权威地位,但对于非指导性案例类型和检索顺位的规定也不完全一致。特别是对于其他地区的类案,有的地方性规定将其与本地区类案列为同一顺位(如湖南),还有一些地区的规定将周边地区的类案与本地区类案列为同一顺位(如江苏),其他地区的规定则要求优先检索本地区类案。其四,对于违反类案检索义务的司法责任,各地相关规定的细致程度也不统一。有的地方只是较为宽泛地强调将类案检索工作纳入法官绩效考核(如江苏);有些地方规定则强调因违反类案检索义务造成严重后果的应当追究司法责任(如江西、湖南);还有些地方性规定则明确了主审法官和法官助理在类案检索工作中的责任划分问题(如浙江)。

三、类案检索司法适用的完善路径

在明确了类案检索机制适用中存在的问题和缺陷后,就要针对性对现有机制及其运行方式进行完善,提升类案检索的司法适用频率和实际效果。首先,若要克服类案检索机制的“强制力悖论”,需要从“对内”与“对外”两个向度展开。其次,为了强化类案供给能力,特别是强化指导性案例与参考性案例的供给,需要建立最高人民法院生效裁判和高级人民法院生效裁判向类案的直接转化机制。再次,为了强化类案检索的裁判说理,可以将类案裁判方法论与民法方法论进行综合运用,构建具体的类案裁判方法和步骤。最后,坚持“统分结合”的基本原则,有助于规范类案检索机制的地方性规定。

(一)从“对内”与“对外”的双重角度克服“强制力悖论”

类案检索机制的运行具有“对内”和“对外”两个主要面向。所谓“对内”,是指类案检索机制是一种嵌入司法系统内部的特殊机制,其需要与审判管理和司法责任制进行深度融合,才能借助后者产生显著的制度拘束力。所谓“对外”,是指类案检索同时也是一种面向案件当事人(甚至社会公众)的裁判机制,其需要赋予特定当事人有效的救济手段,并且在当事人和社会公众的监督之下运行,才能借助外部维持其强制力。因而,若要克服类案检索存在的“强制力悖论”,需要同时从以上两个方面展开。

就“对内”而言,应当进一步加强类案检索机制与司法责任制的联动效应,根据司法机关背离类案检索机制产生的后果分别设定对应的法律后果和需要承担的法律责任。类案检索本质上是一种嵌入审判程序系统的司法机制,其推行需要与现有的审级制度互相契合。根据最高人民法院《关于完善四级法院审级职能定位改革试点的实施办法》《关于加强和完善法官考核工作的指导意见》的主要精神,最高人民法院和高级人民法院承担统一法律适用和裁判尺度的审判职责,因而应当加强类案生成在其审判工作的地位、强化落实相关司法责任。对于中级人民法院和基层人民法院,则应突出其检索与适用类案的司法责任。同时,也要本着"奖惩结合"的原则细化相关考核指标，使类案的生成、检索、适用不能流于形式，避免因强制推行引发办案人员的抵触和逆反心理。

就"对外"而言，需要建立与类案检索机制配套的司法救济与监督机制，调动诉讼各方以及社会公众的力量来督促和规范类案检索机制的运行。一方面，要赋予类案(特别是指导性案例)明确审级地位。在西方大陆法系国家，通过立法确立某类判例司法地位的做法并不鲜见。例如，瑞士《民法典》第 1 条将司法惯例作为补充性法律渊源之一；日本《民事诉讼法》第 318 条将其最高法院的判例作为当事人上告(上诉)的事由之一。考虑到我国国情和政法体制，通过立法直接确立指导性案例的法律地位难度较大，故可以通过修改《中华人民共和国民事诉讼法》司法解释的方式，赋予当事人在法院无正当理由背离类案时拥有上诉或申请再审的权利。在司法科技方面，需要进一步加大裁判文书上网公开的力度，尽快建立全国统一且面向社会公众开放的案例数据库。对于那些受到技术条件限制或保密规定限制(如国家机密、商业秘密、当事人敏感信息或个人隐私等)而不便公开的案例，最起码也要允许当事人及诉讼代理人在签订保密协议的前提下查阅复制，或者也可将类案数据经脱敏处理后予以公开。

(二)建立最高人民法院生效裁判向指导性案例的转化机制

根据最高人民法院《关于完善四级法院审级职能定位改革试点的实施办法》，中级以上人民法院承担着统一本辖区法律适用统一(类案同判)的职责，最高人民法院则承担着指导全国司法工作的职责。在现有的类案检索机制所确定的类案体系中，最高人民法院的指导性案例高于最高人民法院做出的生效裁判。事实上，两者虽然在产生方式和形式上不同，但实质上都是最高人民法院对某一法律问题见解的具体体现，在类案检索机制语境下已无太大必要进行区分。[1]应当考虑直接赋予最高人民法院作为终审法院的类案的权威地位，赋予其生效裁判等与指导性案例相当的司法地位，由此实现最高人民法院裁判向指导性案例的直接转化。如此一来，指导性案例的生成量就会从每年几十个激增至数千个，这将大大丰富指导性案例的数量和类型，同时也可以督促最高人民法院提升自身的审判质量，突出其裁判的指导意义。

根据 2021 年 12 月实施的《最高人民法院统一法律适用工作实施办法》，审理过程中公诉机关、当事人及其辩护人、诉讼代理人提交指导性案例或者最高人民法院生效类案裁判支持其主张的案件，应当进行类案检索。根据上述规定，最高人民法院生效裁判的司法地位已经被提高到接近于指导性案例的高度。同时，该办法将类案检索的范围限缩至"最高人民法院指导性案例与生效裁判"。相比于《类案检索指导意见》第 4 条，新规定进一步精简了我国类案体系，有助于减少各地方法院裁判尺度不统一引发的类案适用分歧问题，这将更加凸显最高

[1] 根据现有规定，最高法的指导性案例效力顺位高于其自身的生效裁判，但高级人民法院的生效裁判与其发布的参考性案例在效力顺位上处于同一顺位，因而高级人民法院生效裁判直接转化为参考性案例的障碍要低于最高法裁判直接转化为指导性案例。

人民法院在统一法律适用方面的地位与作用。不过，上述办法在具体内容方面依然存在一定缺陷。例如，最高人民法院生效裁判虽然被赋予“应当检索”和“应当回应说理”的司法地位，但其作为类案的适用效力依然不明，使之与指导性案例的“类案应当参照适用效力”存在明显差异。未来若要打通最高人民法院生效裁判向指导性案例转化的渠道，有必要进一步明确前者在类案适用中的效力地位。

（三）推动类案检索方法论与民法方法论的融合运用

类案检索与裁判说理需要方法论层面的规范和指引，包括一般法律方法层面和部门法方法层面。具体到民商事司法领域，需要将类案检索与裁判的一般方法论与民法方法论相结合。在英国等普通法系国家，判例适用通常需要运用归纳、演绎、类比等不同的思维模式：①归纳，即法官从若干先例中析取出一项规则来裁判待决案件；②演绎，即运用三段论推理来赋予某一类事实统一的法律后果；③类推，即运用类比思维判定先例与待决案件的相似性。[1] 在德国等大陆法系国家，判例的适用往往也需要三种不同的思维模式的运用：①归纳，即从先例中抽取具有拘束力的裁判规则；②类比，即判断先例与待决案件相似性；③演绎，即运用先例裁判规则涵摄待决案件的关键事实，得出裁判结论。[2] 由此可见，判例的适用并不能依靠单一的思维模式实现，需要综合运用多元法律思维。

类案检索与裁判运作的底层逻辑是“类似的案件类似（相同）对待”，即“类案同判”，类案适用离不开案件相似性的判断。在适用类案或回应当事人提出适用类案的请求时，裁判理由应当对检索的案件和待决案件的关键事实、争议焦点、法律规范，然后逐一对比并最终确定类案与待决案件的相似性程度。我国毕竟是一个以制定法（法律法规和司法解释）为主要法律渊源的国家，类案的效力依附于制定法体系而存在。法官参照适用类案做出裁判，其实不是参照类案本身，而是参照类案中关于法律适用的观点和理由。因此，类案适用不仅需要运用类比思维，还需要借助归纳推理与演绎推理的综合运用实现。在确定类案与待决案件相似性成立后，需要从待决案件中归纳出裁判要点规则。然后，将裁判要点规则作为大前提，将待决案件的关键事实作为小前提，通过涵摄对大小前提进行连接，得出裁判结论并说明论证理由。

具体到民商事司法领域，连接大小前提的方法主要包括法律关系分析法和请求权基础分析法。[3] 请求权基础分析法主要应用于给付之诉类型案件的分析，由于其相对于法律关系分析法更加符合民商事诉讼实践中的“请求（攻）—抗

[1] 鲁伯特·克里斯、J. W. 哈里斯：《英国法中的先例》（第四版），苗文龙译，北京大学出版社 2011 年版，第 204—214 页。

[2] 高尚：《德国判例使用方法研究》，法律出版社 2019 年版，第 68—85 页、第 185 页。

[3] 王利明：《法学方法论》，中国人民大学出版社 2012 年版，第 265—293 页。

辩(防)"关系,因而近年来在被引入我国法学教育和法律实践后广受关注。[1] 因此,类案适用应当充分吸收请求权基础分析法,同时以法律关系分析法为补充。当运用请求权基础分析法对类案裁判要点规则和待决案件事实进行连接时,要对比两者在请求权性质、请求权基础规范、请求权与抗辩权之关系等方面的相似性。法律关系分析法适用于各种诉讼类型的案件,其可以作为请求权基础分析法的补充连接方法。在运用法律关系分析法时,需要对比类案与待决案件在法律关系构成要素以及变动情况方面的相似性,最终确定连接大小前提的方式。此外,考虑到"程序法优于实体法"的原理,在对民事实体法律关系进行分析前,还需将程序法律关系的相似性作为类案判断的前置条件。

由于裁判规则是从类案中提炼出来的,其相对于类案承载的原始信息必然更加抽象。因此,类案检索与适应离不开对相对抽象与模糊的类案裁判要点规则进行解释,这就需要运用文义解释、体系解释、目的解释、历史解释、社会学解释等民法解释方法。[2] 融贯性地运用各种解释方法的同时,不能脱离类案所处的事实语境,否则就容易将类案裁判要点异化为另一种形式的抽象解释,反而会降低类案同判的效果。此外,在形式判断出现困难时,还应当引入基于法律原则和规范目的的实质权衡,通过辩证推理以确定最终适用的类案。[3] 具体到民商事领域,实质判断和辩证推理主要依托于价值判断、利益衡量以及后果导向的法律论证展开。经由上述各种法律方法与民法方法的综合运用,有助于保障类案裁判兼顾统一法律适用的效果与良好的社会效果。

(四)构建基于"统分结合"原则的类案检索地方性规范体系

规范类案检索机制的地方性规定,需要坚持"统分结合"的基本原则。所谓"统",是指对于那些涉及类案检索与裁判的关键性事项,要进行统一规定,防止类案检索司法适用存在过大的地区性差异,造成不同地区诉讼当事人权利无法得到相对统一的保障标准。考虑到类案检索定位于促进类案同判,因而对于那些能够直接影响类案同判的地方性规定,最好采用相同的规定和语言表达方式,避免适用中产生歧义。这些事项主要包括:类案的定义、类案检索的启动条件、类案检索的基本范围和顺位、类案适用的程序和说理要求、违背类案检索应当承担的不利后果或司法责任、类案检索报告的基本格式等。

所谓"分",是指对于那些非关键性事项,即对类案同判不会产生直接显著影响的事项,可以进行个性化处理,使之满足不同地区的司法需求。这些事项相对比较琐碎,很难被穷尽列明,但大致包括 3 方面。其一,涉及区域司法一体化建设的类案检索事项,如京津冀、长三角、珠三角(粤港澳大湾区)等地区,可以建立与其他地区不同的跨行政区划类案互认与协调机制。其二,涉及海事法院、知识

---

〔1〕 最为典型的体现就是"鉴定式案例分析法"。吴香香:《请求权基础思维及其对手》,《南京大学学报(哲学·人文科学·社会科学)》2020 年第 2 期,第 104 页。

〔2〕 孙光宁:《法律解释方法在指导性案例中的运用及其完善》,《中国法学》2018 年第 1 期,第 96—117 页。

〔3〕 孙海波:《重新发现"同案":构建案件相似性的判断标准》,《中国法学》2020 年第 6 期,第 242 页。

产权法院、互联网法院等专门法院的类案检索特殊规定。专门法院审理的案件类型较为特殊，且具有较强的专业性。针对这些特殊类型案件，可以结合其事实和法律特点制定专门的类案检索规定。其三，涉及民族区域自治地方的类案检索规定。鉴于我国国情，民族区域自治地方的法律适用需要顾及地方特点和民族特色，这些地区也可以结合当地的风俗习惯，在不破坏法律适用统一的前提下制定具有地方特点的类案检索规范。

四、结语

域外经验表明，通过判例促进“类案同判”的实现是一个漫长而艰难的过程。无论是普通法传统中判例制度的形成与发展，还是大陆法系国家通过判例辅助制定法的适用，都经历了长达数百年甚至近千年的历史过程。相较而言，我国现代法治意义上的案例指导制度与类案检索机制建立相对较晚，中国特色的判例(类案)制度之路必然布满了荆棘。由于类案检索与裁判活动具有极强的实践性与经验性，因而对其展开研究需要进行充分的实证考察，将定性分析与定理分析综合运用，从司法体制改革、法律方法论运用等多元维度展开分析。可以预见的是，随着类案裁判理论研究和实践应用相互配合与共同推进，类案检索在民商事司法领域以及其他领域必将发挥日益显著的积极作用。更进一步看，法治作为“规则之治”，不仅是“法典之治”，而且也是“案例之治”，更是“法典＋案例之治”的内在统一。在私法领域，以《民法典》为基石的新时代法治建设工程必然要从法典与案例(类案)中同时汲取养分和精华，才能更加长久与稳健。

网络服务提供者著作权间接侵权的差异与趋同

——以中美两国的比较为基础[1]

薛 婳*

摘 要 美国《著作权法》在判例发展过程中形成了网络服务提供者的间接侵权理论；而在中国，网络服务提供者著作权"间接侵权"的责任基础是大陆法系的共同侵权理论。相同的是，让网络服务提供者承担损害赔偿责任的事由都是过错。不过，两种过错侵权行为的构成要件并不完全相同，虽同采四要件说，在侵权模式上却存在较大差别。但即便有如此差异，立法动向和近期实践已反映出一个共同趋势：美国法院和中国法院更倾向于保护著作权人的利益，因而对网络服务提供者采取了加重责任的态度。

关键词 网络服务提供者；间接侵权；比较研究；责任加重；利益平衡

目 次

* 薛婳(1992—)，北京大学法学院2020级博士研究生，主要研究方向：民法、侵权法。

[1] 本文系2018年度教育部哲学社会科学研究重大课题攻关项目"中美网络空间治理比较研究"(18JZD040)阶段性成果之一。

打击网络著作权侵权是中美第一阶段经贸谈判对知识产权领域的共同要求。[1] 虽然，对网络著作权侵权相关规则的研究并非如此新鲜，但在此背景下，对于中美两国相关规则的比较研究有了新的意义。

当网络用户利用网络服务提供者提供的服务侵犯他人著作权时，网络服务提供者往往承担一种间接的责任。在这类判例中，美国一判词记载，“被告虽然不必承担直接侵权的责任，但有可能承担帮助侵权的责任。而承担帮助侵权的责任，应当以主观上知道为前提。”[2]

中国一判决书记载：“被告未能尽到与其服务模式相适应的注意义务，对于被控侵权行为属于应知，其行为构成帮助侵权。”[3]虽然两案中，网络服务提供者均被认定构成帮助侵权，但此帮助侵权非彼帮助侵权，两种帮助侵权的责任构造有着相当大的差异。

在这一方面，学界的研究结果可谓丰富、细致。[4] 总的来说，美国和中国网络服务提供者的著作权间接侵权存在责任基础上的差异，在美国，网络服务提供者基于一种成熟的“间接侵权”理论承担责任；在中国，网络服务提供者承担责任所依据的是大陆法系的“共同侵权”理论。本文旨在阐述以两种理论为基础的规则中的差异，并尝试分析相关规则中的共性。

一、责任基础的差异

当网络空间发生侵权事件时，网络服务提供者作为为网络用户参与互联网生活提供支持的主体，其责任承担往往需要与网络用户区别开来。在网络用户利用网络服务提供者提供的服务侵害他人著作权的场景下，网络用户承担直接的侵权责任，网络服务提供者可能承担相应的第三方间接侵权责任。

（一）美国：成熟的“间接侵权”理论

在美国，历经几十年的发展，网络服务提供者承担著作权侵权责任的主要依据是一种较为成熟的“间接侵权”理论。首先，就著作权的直接侵权而言，直接侵权由美国 1976 年《著作权法》明确规定，侵犯 9 项权利的行为属于针对著作权的

---

〔1〕 财政部、发展改革委、农业农村部等下发的《中华人民共和国政府和美利坚合众国政府经济贸易协议》，2020 年 1 月 16 日发布，第 1.13 条。

〔2〕 Religious Tech. Ctr. *v.* Netcom On-Line Commun. Servs.，923 F. Supp. 1231（N. D. Cal. 1995）. 转引自李明德：《美国知识产权法》（第 2 版），法律出版社 2014 年第 2 版，第 444 页。

〔3〕 北京梦之城文化有限公司与杭州秀秀科技有限公司侵害作品信息网络传播权纠纷，北京互联网法院一审民事判决书（2019）京 0491 民初 39992 号。

〔4〕 熊琦：《著作权间接责任制度的扩张与限制》，《知识产权》2009 年第 6 期；胡开忠：《“避风港规则”在视频分享网站版权侵权认定中的适用》，《法学》2009 年第 12 期；王迁：《〈信息网络传播权保护条例〉中“避风港”规则的效力》，《比较法研究》2010 年第 6 期；刘文杰：《网络服务提供者的安全保障义务》，《中国法学》2012 年第 2 期。

直接侵权行为。[1] 其次，就间接侵权而言，间接侵权的规则不像直接侵权一样由成文法明确规定，而是在判例中确立和发展的，主要包括在世界范围内产生深远影响的帮助侵权、[2]替代侵权[3]和引诱侵权[4] 3 种规则。

如今，间接侵权已是网络服务提供者承担责任较为普遍的方式，但在美国早期的网络侵权判例中，网络服务提供者往往是以承担直接侵权责任的方式出现在大众视野中的。在 1993 年花花公子公司诉弗雪纳案和 1996 年世嘉公司诉 MAPHIA 案中，法院判决网络服务提供者为网络用户的行为承担直接责任。花花公子公司诉弗雪纳案中，原告是刊载了一系列图片的杂志出版者，被告是开设网络论坛的网络服务提供者。一些网络用户未经原告许可，在被告论坛上使用了原告杂志中的上百幅图片。法院认定，不仅这些网络用户构成直接侵权，作为网络服务提供者的被告也构成直接侵权，因为“已有证据表明存在着直接的著作权侵权，即使被告有可能不知道著作权侵权的情况，也并不影响侵权的成立”。[5] 在该案判决作出 3 年后的世嘉公司诉 MAPHIA 案中，网络服务提供者因允许网络用户上传侵犯著作权的游戏作品至其运营的网络论坛而被法院认定构成直接侵权。法院认为，即使该网络服务提供者不知道被侵权游戏是何时在论坛上传或下载的，只要其为用户的侵权提供了支持，就需要承担侵权责任。[6] 花花公子公司诉弗雪纳案中，法院让网络服务提供者承担的是一种结果责任；世嘉公司诉 MAPHIA 案中，法院将网络服务提供者的行为与网络用户未经许可而使用原告作品置于同

---

〔1〕 包括 3 类：第 1 类是美国《著作权法》第 106 条规定的 5 项排他性权利（exclusive rights in copyrighted works），包括复制权、演绎权、发行权、表演权、展览权；第 2 类是第 106—1 条规定的两项专属于视觉艺术作品作者享有的权利，包括署名权和保护作品完整权；第 3 类是第 602 条规定的为控制作品的复制品、录音制品从国外输入美国而享有的控制进口权。

〔2〕 帮助侵权由 1911 年卡莱姆公司诉哈伯兄弟出版公司案最先提出，后由 1971 年格什文出版公司诉哥伦比亚艺术家管理公司案确立，并在 1984 年索尼美国公司诉环球城市影业公司案和 1996 年福诺维萨有限公司诉樱桃拍卖有限公司案中进一步发展。Kalem Co. *v.* Harper Bros.，222 U. S. 55(1911)；Gershwin Publ. Corp. *v.* Columbia Artists Mgmt.，443 F. 2d 1159(2d Cir. 1971)；Sony Corporation of America et al. *v.* Universal City Studios，Inc.，et al. 464 U. S. 417(1984)；Fonovisa，Inc. *v.* Cherry Auction，Inc.，76 F. 3d 259(9th Cir. 1996).

〔3〕 替代侵权由 1963 年夏皮罗诉 H. L. 绿色公司案最早确立评判标准，是指有能力制止他人的侵权行为并因该侵权行为获得直接经济利益的人应当承担替代责任，该标准在 1971 年格什文出版公司诉哥伦比亚艺术家管理公司案中被重申，后在 1996 年福诺维萨有限公司诉樱桃拍卖有限公司案中得到进一步发展。Shapiro *v.* H. L. Green Co.，316 F. 2d 304(2d Cir. 1963)；Gershwin Publ. Corp. *v.* Columbia Artists Mgmt.，443 F. 2d 1159(2d Cir. 1971)；Fonovisa，Inc. *v.* Cherry Auction，Inc.，76 F. 3d 259(9th Cir. 1996).

〔4〕 引诱侵权原是美国 1952 年《专利法》(The Patent Act)中的概念。35 U. S. C. § 271(b). 2005 年，在涉及网络服务提供者著作权侵权责任的米高梅工作室等诉科斯克有限责任公司等案中，为限制适用《数字千年著作权法》赋予网络服务提供者的“避风港规则”，美国法院引入了引诱侵权的概念，将引诱侵权纳入了著作权领域。Metro-Goldwyn-Mayer Studios Inc. et al. *v.* Grokster，Ltd.，et al. 545 U. S. 913(2005).

〔5〕 Playboy Enters. *v.* Frena，839 F. Supp. 1552(M. D. Fla. 1993). 转引自李明德：《美国知识产权法》(第 2 版)，法律出版社 2014 年第 2 版，第 441—442 页。

〔6〕 Sega Enters. *v.* MAPHIA，948 F. Supp. 923(N. D. Cal. 1996). 转引自北京航空航天大学法学院、腾讯研究院：《网络空间法治化的全球视野与中国实践》，法律出版社 2019 年版，第 57 页。

一评判标准之下,出现了"混同",在后来的判例中没有被采纳。早期的裁判思路反映了20世纪90年代美国法院让网络服务提供者对网络用户的直接侵权行为亦承担直接责任的倾向。

对网络服务提供者著作权的间接侵权和直接侵权作些许梳理,在责任演变过程中,里程碑事件大致如下:1971年,格什文出版公司诉哥伦比亚艺术家管理公司案确立了帮助侵权的定义;1993年,在花花公子公司诉弗雪纳案中法院未对网络服务提供者适用帮助侵权规则,而是让网络服务提供者承担结果责任;1995年,在宗教技术中心诉网通在线服务案中法院提出,在证据充分的情况下,网络服务提供者可能构成帮助侵权和替代侵权;[1]1996年1月,福诺维萨有限公司诉樱桃拍卖有限公司案确定了帮助侵权的构成要件,并进一步发展了替代侵权;1996年12月,在世嘉诉MAPHIA案中,法院判决网络服务提供者构成直接侵权;1998年,《数字千年著作权法》(Digital Millennium Copyright Act,以下简称DMCA)出台,第512条为特定类型的网络服务提供者提供了在特定条件下可免于承担侵权责任的情形;此后的判例进一步完善了帮助侵权和替代侵权规则;[2]2005年,通过米高梅工作室等诉科斯克有限责任公司等案,专利法领域的引诱侵权规则被纳入著作权间接侵权的体系中。

大体上看,著作权间接侵权的发展在20世纪90年代尚处萌芽阶段,直接侵权在那时仍然是网络服务提供者被施加责任的重要方式。而后,DMCA第512条的出现大大降低了网络服务提供者承担直接侵权责任的可能性,但该条规定的"通知—取下"规则(the notice-and-takedown system,以下简称"避风港规则")仅仅是为网络服务提供者提供了责任承担的"制定法上的例外",原则上,间接侵权仍然是认定网络服务提供者著作权侵权的一般规则。[3] 21世纪,随着互联网产业的飞速发展,有关网络服务提供者责任的判例愈加丰富,间接侵权理论成为美国法院判定网络服务提供者是否构成著作权侵权的一般原理,这种责任基础与我国网络服务提供者间接侵犯著作权的责任基础存在着理论体系上的差异。

(二)中国:"共同侵权"的分析框架

虽然我国立法上没有关于"间接侵权"的概念,但学者在分析网络服务提供者著作权侵权责任时常常使用"间接侵权"的表述。例如,"网络版权侵权规则中最复杂也最容易引发争议的是网络存储和信息定位服务提供商的共同侵权(或间接侵权)制度"[4],并说明间接侵权并非中国知识产权法上的正式概念,而是知

---

〔1〕 Religious Tech. Ctr. *v.* Netcom On-Line Commun. Servs. ,923 F. Supp. 1231(N. D. Cal. 1995).

〔2〕 A&M Records *v.* Napster,Inc. ,239 F. 3d 1004;See also In re Aimster Copyright Litig. ,334 F. 3d 643(9th Cir. 2001).

〔3〕 李明德:《美国知识产权法》(第2版),法律出版社2014年第2版,第445页。但由于判例法上的认定标准不够清晰,DMCA 512条的确为法院在认定帮助侵权时提供了指引。R. Anthony Reese,"The Relationship Between the ISP Safe Harbors and the Ordinary Rules of Copyright Liability",*in Columbia Journal of Law and the Arts*,32(2008),p. 443.

〔4〕 崔国斌:《网络服务商共同侵权制度之重塑》,《法学研究》2013年第4期,第138页。

识产权理论界的习惯说法，学者们常交替使用间接侵权是因为在讨论避风港规则时需要频繁地涉及美国法，使用中美学术界共同理解的间接侵权概念可以减少误解。我国知识产权法学界所指的"间接侵权"多用来指帮助、教唆他人实施侵权的行为，这隶属于大陆法系共同侵权的分析框架——在我国法的体例下，追究网络服务提供者的民事责任只能按照大陆法系的共同侵权行为理论来对待。[1]

学理上，在网络服务提供者间接侵权的场景中，网络服务提供者与网络用户的侵权行为首先是一种数人侵权行为。根据我国侵权法的传统理论，数人侵权行为分为共同侵权行为、教唆帮助行为、共同危险行为、无意思联络的数人侵权行为 4 种类型，[2]通常将网络服务提供者与网络用户的侵权行为按照共同侵权行为来理解。[3] 不过，"共同"的概念本身是有争议性的，学说上存在不同的理解：有传统的意思共同说，认为需要行为人共同的意思；也有行为共同说，认为只要有共同的侵权行为即可。对此，参与立法工作的专家在解释《中华人民共和国民法典》（以下简称《民法典》）侵权责任编时的态度是认为共同侵权可以是共同故意、共同过失或故意行为与过失行为相结合 3 种形态。[4] 这种解释似乎是向行为共同说靠拢，将一方故意（网络用户）、一方过失（网络服务提供者）的普遍情形合理地纳入了网络服务提供者间接侵权的场景中。

与网络服务提供者侵权责任问题相关的立法经历了较长时间的发展。在此过程中，网络服务提供者承担侵权责任的基础最开始是传统的共同侵权理论，随后受美国避风港规则的影响，转而向美国法上的著作权间接侵权规则靠拢，而今又重新回归了大陆法系共同侵权的分析框架。

具体而言，我国第一个涉及网络侵权问题的裁判依据是 2000 年《最高人民法院关于审理涉及计算机网络著作权纠纷案件适用法律若干问题的解释》（以下简称《网络著作权纠纷司法解释》）。一方面，该司法解释第 5 条中的"提供内容服务的网络服务提供者""明知""仍不采取移除侵权内容等措施"是对美国避风港规则中责任免除要件的借鉴；另一方面，该条又明确表示，追究网络服务提供者责任所依据的是《中华人民共和国民法通则》第 130 条的共同侵权理论。这表明，在面对新兴的网络侵权现象时，我国最初的立法尝试运用传统的共同侵权理论来应对。

第二个针对网络侵权问题的立法是 2006 年的《信息网络传播权保护条例》，该条例针对 4 类网络服务提供者规定了不承担赔偿责任的情形，分别是网络自动接入服务提供者或自动传输服务提供者、自动存储服务提供者、信息存储空间服务提供者、搜索或链接服务提供者。[5] 针对具备网站经营者功能的后两类服

---

[1] 徐棣枫、解亘、李友根：《知识产权法——制度·理论·案例·问题》（第 2 版），科学出版社 2011 年第 2 版，第 269 页。

[2] 王成：《侵权责任法》（第 3 版），北京大学出版社 2019 年第 3 版，第 125 页。

[3] 《民法典》第 1168 条、第 1197 条。

[4] 黄薇主编：《中华人民共和国民法典侵权责任编解读》，中国法制出版社 2020 年版，第 22 页。

[5] 《信息网络传播权保护条例》第 20—23 条，2006 年 5 月 18 日国务院发布。

务提供者，条例还单独规定了“通知—删除”规则，[1]这也是后来《中华人民共和国侵权责任法》(以下简称《侵权责任法》)中“通知—删除”规则以及《民法典》中“通知—删除”规则的前身。[2] 该条例并未延续2000年《网络著作权纠纷司法解释》中运用传统共同侵权理论处理网络服务提供者责任的做法，基本亦是借鉴了美国避风港规则，将责任排除条款转换成了责任构成条款，[3]向美国间接侵权规则靠拢，偏离了传统大陆法系共同侵权的轨道。

3年后，《侵权责任法》基于第8条共同侵权的框架，于第36条明确设置了网络侵权条款，象征着网络服务提供者侵权责任向共同侵权理论基础的回归。基于此，2012年《最高人民法院关于审理侵害信息网络传播权民事纠纷案件适用法律若干问题的规定》(以下简称《信息网络传播权司法解释》)进一步明确了共同侵权的制度框架。审判实践中，该司法解释第4条的规定被法院援引作为认定特定类型网络服务提供者是否构成共同侵权的依据。例如，在2019年咪咕数字传媒有限公司与成都弘润大宗电子商务有限公司、龙玉红侵害作品信息网络传播权纠纷案中，法院认为，“思科公司作为网络接入服务提供者，举证证明其按照相关规定的要求对网站接入者的备案情况进行了材料审核，已尽到了相应的注意义务，作为网络接入服务者不应当承担共同侵权责任”。[4]

《民法典》延续了《侵权责任法》共同侵权的规定，并发展了《侵权责任法》设立的网络侵权制度。《民法典》第1168条完整保留了《侵权责任法》第8条的规定，并在第3章“责任主体的特殊规定”中充实了网络侵权条款。目前，经《民法典》发展的网络侵权制度中，网络服务提供者承担侵权责任的最主要依据是第1194条和第1197条。第1194条在延续了《侵权责任法》第36条第1款规定的同时，增加了“法律另有规定的，依照其规定”的表述，表明第1194条并非创设了独立于我国侵权法理论构造和制度框架之外的网络侵权制度，而仅是一般性、注意性的规定。第1197条发展了《侵权责任法》第36条第3款，增加了“应当知道”的情形。在共同侵权的框架下，第1194条和第1197条分别对应“直接侵权”和“间接侵权”的情形。此外，第1195条和第1196条还完善了“通知—删除”规则，包括规定了“通知规则”“转通知规则”“错误通知规则”和“反通知规则”。在网络侵权领域，正如学者的评价，《民法典》“实实在在地构建了一个新的体系”。[5]

自2000年《网络著作权纠纷司法解释》、2006年《信息网络传播权保护条例》、2009年《侵权责任法》、2012年《信息网络传播权司法解释》至2020年《民法典》，我国网络服务提供者著作权侵权责任的分析框架完成了向大陆法系共同侵权体系的回归，在不断尝试和修正中实现了“螺旋式”上升。

---

〔1〕《信息网络传播权保护条例》第14—17条，2006年5月18日国务院发布。

〔2〕《侵权责任法》第36条、《民法典》第1195条、第1196条。

〔3〕朱冬：《网络服务提供者间接侵权责任的移植与变异》，《中外法学》2019年第5期，第1340页。

〔4〕咪咕数字传媒有限公司与成都弘润大宗电子商务有限公司、龙玉红侵害作品信息网络传播权纠纷案，杭州互联网法院一审民事判决书(2018)浙0192民初19号。

〔5〕薛军：《民法典网络侵权条款研究：以法解释论框架的重构为中心》，《比较法研究》2020年第4期，第132页。

二、归责原则的相似与侵权模式的区别

(一)过错:损害赔偿的共同事由

在美国,过错是网络服务提供者承担著作权间接侵权赔偿责任的事由。从历史发展来看,早期的美国法采无过错责任,有损害就有赔偿。19世纪引入过错责任,有损害且有过错才能导致赔偿责任的产生。目前,过错责任仍是美国侵权法的基础。[1] 但在著作权侵权的问题上,根据有关判例,认定著作权侵权不以具有主观上的故意或过失为要件,[2]也就是说,在侵权的构成上采无过错责任。具体而言,法院在认定侵权和下达禁令时不考虑侵权人主观上是否具有故意或过失,只要客观上发生了侵权的事实就可认定为侵权。这并不意味着著作权侵权在各方面均适用无过错责任,只是说侵权人的主观状态不影响著作权侵权的构成,但在损害赔偿的问题上,侵权人的过错却起着很大的作用。例如,侵权人的过错会影响赔偿金的数额:法院会考虑侵权人故意或过失的主观状态,故意会加重赔偿金数额,过失会减少赔偿金数额。[3] 因而在损害赔偿的问题上,过错责任才是所适用的归责原则。

判例法明确了过错作为网络服务提供者承担损害赔偿责任的基础,DMCA通过避风港规则规定了网络服务提供者的免责事由,使"过错"得以在立法上具体化。DMCA第512条(a)(b)(c)(d)这4款分别为提供临时的网络传输、系统缓存、信息存储和信息定位4类服务的网络服务提供者设置了免于承担侵权责任的条件。以第512条(c)(1)款为例,该条规定,如果提供信息存储服务的网络服务提供者满足以下条件,则不需要承担金钱的、禁令的或其他衡平的责任:(A)(i)缺乏对系统或网络上存在侵权材料或行为的实际知道;或者(ii)在缺乏实际知道的情况下,也没有意识到侵权行为发生的明显事实或情况;或者(iii)一经得知或意识到,及时移除侵权材料,或禁止访问侵权材料;(B)在有权利和能力控制该侵权行为的情况下,没有从侵权行为中直接获得经济利益;(C)一经通知,迅速作出反应,移除或禁止访问侵权材料或侵权行为的主体。[4] 根据该规定,如果满足这些条件,提供信息存储服务的网络服务提供者无须承担金钱的、禁令的或其他衡平的责任。也就是说,在间接侵权的框架下,提供信息存储服务的网络服务提供者仅在实际知道或意识到侵权行为或是知道后未采取处理措施的情况下才有过错,才需要承担帮助侵权的责任;在有能力控制侵权行为并从该行为中获得直接经济利益时,才需要承担替代侵权的责任。这一免责条款是从立法上对过错进行规定,而对每一免责情形具体事实的认定,依赖于法院的裁量。正如

---

〔1〕 全国人大常委会法制工作委员会民法室编:《侵权责任法立法背景与观点全集》,法律出版社2010年版,第348页。

〔2〕 Buck *v.* Jewell-LaSalle Reality Co. ,51 F. 2d 726(1931).

〔3〕 李明德:《美国知识产权法》(第2版),法律出版社2014年第2版,第368页。

〔4〕 Digital Millennium Copyright Act,Pub. L. No. 105-304, § 512(c)(1),112 Stat. 2860(1998).

一位学者所言,“过错和过错的认定是美国网络服务提供者间接侵权责任制度的要点与难点。”[1]过错才是网络服务提供者承担损害赔偿责任的依据。

美国避风港规则在世界范围内的影响是深远的。欧盟也在确定了网络服务提供者间接侵权责任基础的同时设定了免责条款。2000年《电子商务指令》第14条为提供宿主服务的网络服务提供者规定了一些免责条件。该条规定,如果提供的信息社会服务包括存储由服务接收者提供的信息,则成员国应确保服务提供者对应服务接收者要求而存储的信息不承担责任,前提是:(a)服务提供者对非法活动或信息没有实际知道,并且,就损害赔偿请求而言,也没有意识到非法活动或信息明显存在的事实或情况;或者(b)服务提供者一经知道或意识到,便迅速采取行动移除或禁止访问该等信息。[2] 也就是说,如果该类网络服务提供者实际知道这种非法活动或信息,或是意识到其明显存在的事实,或是在知道或意识到之后并未采取应对措施,便具有过错。除第14条外,第12条和13条分别规定了针对单纯通道服务以及缓存服务提供者的相应免责条件。

类似地,我国台湾地区所谓的“著作权法”第90(5)条至第90(8)条也分别规定了连线服务提供者、快速存取服务提供者、资讯储存服务提供者、搜寻服务提供者对用户侵权行为不负赔偿责任的情形。[3] 满足相应的免责条件意味着行为不具有过错。

中国大陆地区对于著作权的侵害到底是适用过错责任还是无过错责任曾有不同的理解,部分理解混淆了停止侵害请求权与损害赔偿请求权。[4] 需要明确的是,损害赔偿意味着要让义务人来承担财产上的不利益,要使这种责任得以正当化,就需要侵权人的过错。这是侵权行为法的基本出发点,同样体现在著作权侵权的损害赔偿问题上。[5] 并且,过错责任是我国侵权法的主导,法定情形下的过错推定和无过错责任只是辅助。[6] 适用过错推定和无过错责任均需要法律的明确规定,相关规定中并不包括网络服务提供者责任。[7] 根据侵权法的基本原理,让网络服务提供者承担侵权责任是因为其行为属于侵权行为,侵权责任编对类型化侵权行为的规定亦表明,过错责任才是网络服务提供者承担侵权责任的

---

〔1〕 吴汉东:《论网络服务提供者的著作权侵权责任》,《中国法学》2011年第2期,第42页。

〔2〕 欧盟《电子商务指令》(DIRECTIVE 2000/31/EC OF THE EUROPEAN PARLIAMENT AND OF THE COUNCIL of 8 June 2000 on certain legal aspects of information society services,in particular electronic commerce,in the Internal Market,“Directive on electronic commerce”)第14条。

〔3〕 中国台湾地区2019年修正的所谓的“著作权法”第六章之一“网络服务提供者之民事免责事由”第90(5)条至第90(8)条的规定。

〔4〕 例如,认为应当适用无过错责任的:“无过错给他人知识产权造成损害的‘普遍性’,就成了知识产权领域归责原则的特殊性……”郑成思:《版权法》,中国人民大学出版社1997年版,第218、221页;“侵犯版权的无过错责任能够成为各国的通例自有其合理性……在我国著作权法中明确规定侵犯版权的严格责任势在必行……”孟祥娟:《版权侵权认定》,法律出版社2001年版,第102—103页。

〔5〕 徐棣枫、解亘、李友根:《知识产权法——制度·理论·案例·问题》(第2版),科学出版社2011年第2版,第269页。

〔6〕《民法典》第1165条前半句指向过错责任,后半句指向过错推定,第1166条指向无过错责任。

〔7〕 有关过错推定责任的规定,例如,《民法典》第1199条、第1200条、第1253条前段、第1255条、第1257条;有关无过错责任的规定,例如,《民法典》第1236—1239条。

归责原则，让网络服务提供者承担损害赔偿责任的行为是一种过错侵权行为。

损害赔偿问题上归责原则的相似性也决定了构成要件的相似性。如上所述，在我国，网络服务提供者之所以要承担侵权责任，根源在于其有过错，实施了过错侵权行为。一般认为，过错侵权行为的构成要件包括加害行为、因果关系、损害和过错。[1] 美国法上过错侵权行为也应当由行为人的过错、受害人的损害、行为人的行为、行为与损害之间有因果关系 4 个要件构成。[2] 因此，就侵权行为的构成要件而言，承担侵权责任时，中美两国的网络服务提供者的行为必须满足以下条件：①实施了行为；②行为造成了损害；③行为与损害之间有因果关系；④主观上具有过错。其中，就损害和因果关系而言，均要求行为造成了损害且行为和损害之间有因果关系，但在行为和主观过错方面有较大差异，呈现出网络服务提供者不尽相同的侵权模式。

（二）不尽相同的侵权模式

在美国著作权间接侵权的框架下，网络服务提供者的侵权行为可呈现出帮助侵权、替代侵权和引诱侵权 3 种形态，这 3 种模式对行为和过错的要求是不同的。帮助侵权要求网络服务提供者知道网络用户的直接侵权行为，并在客观上从事了帮助的行为，具有主观上的故意；替代侵权要求网络服务提供者有能力控制、制止网络用户的侵权行为，并因该侵权行为获得了直接经济利益，具有主观上的过失；引诱侵权要求网络服务提供者主观上具有怂恿、说服或鼓励网络用户从事直接侵权行为的故意，而网络用户也需要实际实施了直接侵权的行为。也就是说，就主观过错而言，帮助侵权和引诱侵权均需要故意，替代侵权也至少需要过失。

在共同侵权的框架下，我国法律明确给出了“帮助侵权”和“教唆侵权”两种形态。[3] 相关司法解释也进一步规定了教唆侵权和帮助侵权的具体判定标准。[4] 审判实务中，网络服务提供者被认定为构成教唆侵权的情况并不常见，帮助侵权才是网络服务提供者被认定构成侵权的常见情形，例如，杭州刀豆网络科技有限公司与长沙百赞网络科技有限公司、深圳市腾讯计算机系统有限公司侵害作品信息网络传播权纠纷案中，法院认为，“应根据《侵权责任法》第 36 条确定腾讯公司在本案中是否构成帮助侵权。”[5]

根据《民法典》第 1197 条和 2020 年修正的《信息网络传播权司法解释》第 7

[1] 此为四要件说，当中的“损害”是指广义的损害，它既包含狭义的损害，也包含停止侵害所针对的正在进行中的损害、消除危险所针对的危险、排除妨碍所针对的妨碍以及返还财产所针对的非法侵占等。王成：《侵权责任法》（第 3 版），北京大学出版社 2019 年第 3 版，第 72、76 页。

[2] 全国人大常委会法制工作委员会民法室编：《侵权责任法立法背景与观点全集》，法律出版社 2010 年版，第 334 页。

[3] 《侵权责任法》第 9 条，该规定被《民法典》第 1169 条沿用。

[4] 2012 年《信息网络传播权司法解释》第 7 条第 2 款、第 3 款。

[5] 杭州刀豆网络科技有限公司与长沙百赞网络科技有限公司、深圳市腾讯计算机系统有限公司侵害作品信息网络传播权纠纷案，杭州市中级人民法院二审民事判决书（2019）浙 01 民终 4268 号。

条第3款的规定,帮助侵权所需要的过错包含"知道"和"应当知道"。一般认为,知道对应故意,是指网络服务提供者明确知道网络用户的直接侵权行为。实践中,该证据通常是权利人发出的侵权通知;应当知道对应过失,[1]是指虽无证据证明网络服务提供者确切知晓用户的直接侵权行为,但依据网络服务提供者所具有的认知能力及所负有的注意义务,其应当意识到用户的侵权行为。[2] 与对知道的认定相比,对应当知道的认定可能更困难。《信息网络传播权司法解释》第9条给出了一些法院在认定是否构成应当知道时考虑的因素,总的来说,对于帮助侵权的评判标准是较为具体和全面的。

我国侵权法并没有直接对应替代侵权和引诱侵权的概念,但似乎有一些相关的借鉴体现在法律规定和裁判文书中。例如,"网络服务提供者为服务对象提供信息存储空间……具备下列条件的,不承担赔偿责任:……(四)未从服务对象提供作品、表演、录音录像制品中直接获得经济利益"。[3] 此外,网络服务提供者是否因提供的服务而获得经济利益也成为法院认定其是否具有过错的考虑因素。在王彤宇与北京快手科技有限公司等侵害著作权纠纷中,法院将"快手公司未对涉案视频和音频进行编辑、整理或推荐,现有证据亦未证明快手公司存在针对涉案歌曲直接获益的情形"作为认定快手公司不具有主观过错的理由之一。[4] 在北京梦之城文化有限公司与杭州秀秀科技有限公司侵害作品信息网络传播权纠纷案中,"配音秀 App"的运营主体秀秀公司作为网络服务提供者,其服务模式被法院认定在"客观上存在诱导侵权视频上传的极大风险",因而其被法院判定为"在主观上对于其网络用户的直接侵权行为具有认知能力"。并且,由于秀秀公司从网络用户的直接侵权行为中直接获利,法院的评价是"无论获利多少,获利这一事实本身即可认定被告应对其空间内的上传内容负有较高的注意义务"。[5] 综合这两点,法院认定秀秀公司主观上构成应知,"依据其所具有的认知能力及所负有的注意义务,其应当意识到用户上传内容构成侵权。"[6]该案中,法官在认定被告具有应知的过错时,着重强调了被告服务模式本身所蕴含的某种潜在的引诱意图以及被告获得了直接经济利益的事实,这或许反映了引诱侵权和替代侵权原理事实上正发挥着作用。

(三)帮助侵权的争议

如上所述,帮助侵权是我国法院认定网络服务提供者构成间接侵权的基本模式,学者们也主要持这一态度。例如,吴汉东教授认为,"在网络用户利用网络服务实施侵害著作权行为的情况下,网络服务提供者作为共同侵权行为的帮助

---

[1] 王迁:《网络环境中的著作权保护研究》,法律出版社2011年版,第276页。

[2] 北京互联网法院一审民事判决书(2019)京0491民初39992号。

[3] 《信息网络传播权保护条例》第22条,2013年1月30日国务院发布。

[4] 北京市海淀区人民法院一审民事判决书(2018)京0108民初22765号。

[5] 北京互联网法院一审民事判决书(2019)京0491民初39992号。

[6] 北京互联网法院一审民事判决书(2019)京0491民初39992号。

人所承担的间接责任是一种过错责任，即在网络服务提供者具备‘明知’（实际知道）和‘应知’（推定知道）的主观要件时所承担的侵权责任”。[1] 又如，薛军教授认为，“网络服务提供者承担的侵权责任属于共同侵权中的帮助侵权责任，帮助侵权的构成要件是主观上帮助人对于他人所从事的侵权行为有主观上的认知，客观上对于他人侵权行为的实施提供了帮助”，将网络服务提供者的间接侵权责任定性为“基于过错责任对网络用户的侵权行为承担帮助侵权责任”。[2]

但也有反对的观点，认为帮助侵权在主客观方面均不能很好地解释现行规则：主观方面，帮助侵权的主观要件不包括过失；客观方面，法院在个案中强调不作为，实际上脱离了帮助侵权的框架。[3] 具体而言，该观点对学理上有关帮助侵权的基本理论做了总结——受帮助者在主观上既可以是故意，也可以是过失，但帮助者在主观上应以故意为限。[4] 此外，其注意到实践中法院更多是依据网络服务提供者是否履行了适当注意义务来认定主观上是否存在过失，并通过是否采取了必要措施的事实来判断是否履行了作为义务。基于这两方面原因，该观点认为，网络服务提供者间接侵权责任的构成要件实际上已从帮助侵权的传统构成要件转变为不作为侵权的构成要件——从主观上存在故意、客观上从事了为网络用户提供服务的帮助行为转变为主观上存在故意或过失、客观上违反了作为义务。也就是说，网络服务提供者的间接侵权责任已逐步脱离了帮助侵权的基本框架，逐渐向侵权法上违反因先前行为引发作为义务的不作为侵权的方向发展。[5]

在与美国帮助侵权模式进行比较的过程中可以发现，网络服务提供者帮助侵权过错的内容在各自法律体系中的定位有所区别。在美国，帮助侵权的过错包含网络服务提供者对网络用户直接侵权行为的“实际知道”和“有理由知道”两种均属于故意范畴的主观状态，[6]而我国侵权法中帮助侵权的过错——网络服务提供者“知道”或“应当知道”网络用户的直接侵权行为，如上文所提及的，一般被理解为分别对接故意和过失。诚然，美国 DMCA 的避风港规则对其他国家和地区关于网络服务提供者的立法有较深远的影响，正如上述反对观点认为我国立法的相关规定在借鉴过程中将“有理由知道”转变为“应当知道”可能发生了严重“变异”那样，[7]但倘若按照我国侵权法的体系来理解，“应当知道”与过失的对

---

[1] 吴汉东：《论网络服务提供者的著作权侵权责任》，《中国法学》2011 年第 2 期，第 38 页。

[2] 薛军：《民法典网络侵权条款研究：以法解释论框架的重构为中心》，《比较法研究》2020 年第 4 期，第 136 页。

[3] 朱冬：《网络服务提供者间接侵权责任的移植与变异》，《中外法学》2019 年第 5 期，第 1340 页。

[4] 杨立新：《侵权法论（第 5 版）》，人民法院出版社 2013 年版，第 919 页；王泽鉴：《侵权行为》，北京大学出版社 2016 年版，第 443 页；王利明：《侵权责任法研究》（上卷）（第 4 版），中国人民大学出版社 2018 年第 4 版，第 550 页。

[5] 朱冬：《网络服务提供者间接侵权责任的移植与变异》，《中外法学》2019 年第 5 期，第 1342、1355 页。

[6] “实际知道”是一种直接的故意，“有理由知道”类似于一种间接的故意，判定有理由知道常常涉及“红旗”标准和“故意无视”标准。

[7] 朱冬：《网络服务提供者间接侵权责任的移植与变异》，《中外法学》2019 年第 5 期，第 1355 页。

接这种定位并无不妥。[1]

德国侵权法相关著作曾提及帮助通常只能故意地做出，但当存在不得提供帮助的义务时，责任法的功能允许承认过失帮助。[2] 我国侵权法上，帮助者主观上一般出于故意，与被帮助者具有共同致人损害的意思联络。但在特殊情况下，应当知道却因疏忽而不知他人的行为为侵权行为而提供帮助，对加害行为起到辅助作用的，亦构成共同侵权。[3] 也就是说，过失仍可能构成我国侵权法上帮助侵权的主观要件。审判实践中，法院常常先认定网络服务提供者未能尽到注意义务，进而认定其对于被控侵权行为属于应知，从而最终认定其行为构成帮助侵权。[4] 法院尽管强调注意义务，但仍使用"帮助侵权"来对网络服务提供者的侵权行为做出定性，可见帮助侵权仍然是法院实际所使用的一般术语。

值得注意的是，许多国家的侵权法都强调注意义务。在德国，网络服务提供者作为间接加害人承担责任的法理以及网络服务提供者对网络用户负有的注意义务是如此被描述的：

> "扰乱者的法律形象被发展成了防御请求权中的一种特殊的附随性参与行为责任。此种责任取决于直接加害人违法地实施了行为。如果'技术 & 组织'帮助服务的网络商不能通过合理的方式合法地监督直接加害人的行为，从而违反了审查义务，那么，该网络商作为非故意行为的扰乱者，实际上是加剧了直接加害人有意制造的违反法律的危险，这种危险加剧构成了扰乱者应承担的一种不依赖于过错之防御责任的基础。"[5]

德国侵权法还通过"交往安全义务"的概念建立了一个庞大的判例法领域，定义和包含的不是法律规则，而是司法机构所认知的社会政策。[6] 在南非，法院亦常常教条地提及注意义务的概念从而调整侵权法触及的范围，将责任控制在社会可接受的范围之内。[7]

英美侵权法上，注意义务是美国侵权法中判断过错与否的核心标准，[8]更是

---

〔1〕 关于我国网络服务提供者"应当知道"与过失的对接，参见尹志强、马俊骥：《网络平台经营者"应当知道"要件之重新检视》，《华东政法大学学报》2020 年第 6 期。

〔2〕 埃尔温·多伊奇、汉斯-于尔根·阿伦斯：《德国侵权法——侵权行为、损害赔偿及痛苦抚慰金（第 5 版）》，叶名怡、温大军译，中国人民大学出版社 2016 年版，第 74 页。

〔3〕 王成：《侵权责任法》（第 3 版），北京大学出版社 2019 年第 3 版，第 130 页。

〔4〕 北京互联网法院一审民事判决书（2019）京 0491 民初 39992 号。法院认为该案中的网络服务提供者"未能尽到与其服务模式相适应的注意义务，对于被控侵权行为属于应知，其行为构成帮助侵权。"

〔5〕 埃尔温·多伊奇、汉斯-于尔根·阿伦斯：《德国侵权法——侵权行为、损害赔偿及痛苦抚慰金》（第 5 版），叶名怡、温大军译，中国人民大学出版社 2016 年版，第 149 页。

〔6〕 Reinhard Zimmermann, *The Law of Obligations: Roman Foundations of the Civilian Tradition*, Juta & Co, Ltd, 1990, p. 1047.

〔7〕 Reinhard Zimmermann, *The Law of Obligations: Roman Foundations of the Civilian Tradition*, Juta & Co, Ltd, 1990, p. 1043.

〔8〕 全国人大常委会法制工作委员会民法室编：《侵权责任法立法背景与观点全集》，法律出版社 2010 年版，第 348 页。

构成英国法上过失侵权的首要要件。[1] 政策考量曾极大地影响英国法院对注意义务是否存在的认定。法院最初确立的是“两步认定法”。第一步，看原被告之间是否存在一种充分的“紧密性或邻人”的关系，使被告能够合理预见到他的粗心大意可能会对原告造成损害，如果答案是“是”，被告便对原告负有一种初步义务。第二步，看是否存在一些考量使法院无论如何需要否认这种注意义务的存在，或缩小其范围。[2] 后来，“三重认定标准”取代了两步认定法，只有同时满足这三个条件，法院才愿意确立注意义务：第一，损害必须是可以预见的；第二，原被告之间必须存在一种充分的紧密性关系；第三，依据法院所考虑的政策考量，法院施加注意义务必须是“公平、公正、合理”的。[3] 两种认定标准的不同之处在于两步认定法使得法院在否认注意义务存在时难以避免地需要明确指出依据了什么样的政治和经济上的考虑，而三重认定标准中的“公平、公正、合理”指标则赋予了法院模糊和弹性的空间，巧妙地将法院对政策的考量掩盖起来。[4] 如何防范一旦注意义务认定不慎而导致诱发潜在的巨大数量的诉讼，即引发责任的大爆炸，始终是法院十分关注与小心处理的问题……如受损害方是特定的个人，法院将比较容易认定注意义务存在；而如果受损害方是不特定的公众，法院往往会拒绝认定注意义务的存在。当然，在此情况下，法院所使用的法律语言可以是当事人之间无紧密性或损害无法预见或认定责任并不公平、公正、合理等。[5]

我国法院在具体案件中对网络服务提供者注意义务的强调同样是因利益平衡的需要而采取了加重网络服务提供者责任的态度的缘由。施加注意义务、扩展必要措施是特定政策考量下司法能动性的自然结果，与帮助侵权作为当前网络服务提供者间接侵权的主要模式并不冲突。下文的分析也是基于此展开。

三、责任加重是共同趋势

在网络服务提供者著作权间接侵权问题上，中美两国虽存在上述差异，但也有一些共同的发展趋势——两国立法（以及一些其他国家的立法）和司法实践中都体现了网络服务提供者责任的加重。

（一）立法的见微知著

1. 中国

针对网络直播营销中消费者合法权益和知识产权遭受侵害的乱象，市场监

---

〔1〕“过失侵权是所有侵权类型中最频繁被使用的概念，因而它可能是最重要的一个类别……它通常被定义为：违反法律上的注意义务（duty of care）给原告造成损害……构成过失侵权，原告须证明 3 点：①被告对原告负有某种注意义务；②被告的行为违反了此种注意义务；且③原告遭受了损害，这种损害与被告违反注意义务之间并非太遥远。”Paula Giliker & Silas Beckwith, *Tort*, 3rd edition, London: Sweet & Maxwell, 2008, pp. 21-22.

〔2〕Anns *v.* Merton LBC [1978] A. C. 728.

〔3〕Caparo *v.* Dickman [1990] 2 A. C. 605.

〔4〕Paula Giliker & Silas Beckwith, *Tort*, 3rd edition, London: Sweet & Maxwell, 2008, p. 31.

〔5〕胡雪梅：《英国侵权法》，中国政法大学出版社 2008 年版，第 116 页。

管总局于2020年11月发布《市场监管总局关于加强网络直播营销活动监管的指导意见》(国市监广〔2020〕175号文,以下简称《指导意见》)。《指导意见》第2条明确规定"压实网络平台的法律责任"。网络平台是网络服务提供者的一个类别,是一种网络服务中间商,为其用户提供一种本质上具有中介性质的"中介服务",相关研究表明,网络平台充当着信息传播、商事交易或社会交往的媒介。〔1〕这种中介服务的性质使其区别于网络接入服务提供者等《信息网络传播权保护条例》明确规定的传统的网络服务提供者类别。〔2〕在平台经济迅猛发展的今天,网络平台已跃然成为网络服务提供者组成部分中的一抹鲜艳色彩。

在涉及网络直播的民事侵权纠纷中,网络平台可能发挥不同的作用,并以各种主体身份承担民事责任。根据《指导意见》,第一种情形是网络平台提供网络经营场所、交易撮合、信息发布等服务,供交易双方或多方独立开展交易活动。此时,网络平台构成《中华人民共和国电子商务法》(以下简称《电子商务法》)中的"电子商务平台经营者"。〔3〕在该种情形下,网络平台应当按照《电子商务法》中有关电子商务平台经营者的规定履行义务、承担责任。〔4〕第二种情形是网络平台接受委托提供广告设计、制作、代理服务,或者接受委托发布广告,此时,网络平台分别构成《中华人民共和国广告法》(以下简称《广告法》)中的"广告经营者"和"广告发布者"。〔5〕此种情形下,网络平台应按照《广告法》中有关广告发布者或广告经营者的规定履行义务、承担责任。〔6〕第三种情形是网络平台单纯提供技术服务。针对此种情形,适用《电子商务法》关于电子商务平台经营者的相关责任和义务的规定,或适用其他法律法规关于网络服务提供者的责任和义务的规定。〔7〕可见,在网络直播这一突出的新业态中,网络平台作为网络服务提供者的重要形态,其责任界限已受到政府部门的高度重视,并以此《指导意见》的形式呈现。

在个人信息保护领域,网络服务提供者责任亦有所加重。2021年11月1日实施的《中华人民共和国个人信息保护法》(以下简称《个人信息保护法》)赋予了"巨型平台"额外的个人信息保护责任。如果一个平台是"提供重要互联网平台服务、用户数量巨大、业务类型复杂的个人信息处理者",根据《个人信息保护法》,应当履行如下4类义务:第一,成立独立机构对个人信息保护情况进行监督;第二,制定平台规则来规范平台内产品和服务提供者处理个人信息的方式;第三,停止向严重违法的产品和服务提供者提供服务;第四,定期发布个人信息

---

〔1〕 周学峰、李平主编:《网络平台治理与法律责任》,中国法制出版社2018年版,第9页。

〔2〕 有些网络平台可能同时也是网络接入服务提供者,如杭州刀豆网络科技有限公司与长沙百赞网络科技有限公司、深圳市腾讯计算机系统有限公司侵害作品信息网络传播权纠纷案中的微信小程序平台,参见杭州市中级人民法院二审民事判决书(2019)浙01民终4268号。

〔3〕 《电子商务法》第9条第2款。

〔4〕 《市场监管总局关于加强网络直播营销活动监管的指导意见》第2条第1项第1款。

〔5〕 《广告法》(2021修正)第2条第3款和第4款。

〔6〕 《市场监管总局关于加强网络直播营销活动监管的指导意见》第2条第1项第2款。

〔7〕 《市场监管总局关于加强网络直播营销活动监管的指导意见》第2条第1项第3款。

保护社会责任报告。[1] 这是因为:一方面,“巨型平台”在获取经济利益的同时应当承担相应的平台治理责任;另一方面,平台的管理者更易于对平台内的各类侵权行为进行识别和规制,这也客观上成了平台承担治理责任合理性的来源。[2]

2. 美国

近年来,网络服务提供者适用避风港规则的条件更加严格。

美国专家指出,美国立法和司法实践中都侧重保护网络服务提供者,因为:一方面,美国《宪法》第一修正案强调言论自由;另一方面,互联网的发展是美国经济发展的重要推动力,不少人认为网络产业之所以能够呈现爆发式快速增长,就是因为法律对其没有过多限制。美国法院一般认为,如果让网络服务提供者过多地承担责任,网络服务提供者就会严格限制网络用户在网络上发布信息,不利于保护言论自由和网络的长期发展。[3] 1998 年 DMCA 出台正反映了此种政策考量。[4] 20 多年来,DMCA 第 512 条赋予了网络服务提供者较宽范围的“避风港”免责区,极大地限制了网络服务提供者的著作权间接侵权责任,促进了互联网产业的发展,也降低了网络服务提供者的注意义务,抑制了网络服务提供者预防第三方侵权的积极性,使得网络中盗版泛滥,呈现出一定的弊端。[5]

美国启动对 DMCA 的现代化改革,网络服务提供者注意义务被忽视、“通知—取下”规则纵容盗版等问题得到关注。[6] 2020 年,美国版权局首次就DMCA的施行情况出具了评估报告,对避风港规则的评估结论是避风港规则的立法预期已经被打破,国会希望通过避风港规则实现的立法平衡目标实际已经失效,对 DMCA 的修订势在必行。[7]

报告指出,避风港规则多年的实施过程中存在一些问题。一方面,不断涌现的新型网络服务提供者的侵权责任判定问题。[8] DMCA 第 512(a)条规定了临时性网络传输服务提供者的侵权免责条件,但像提供类似于 P2P 技术服务、在线支付系统服务这样的网络底层技术服务的运营商是否能被纳入该条的主体范围,并不明确。第 512(b)条和第 512(c)条分别规定了临时性系统缓存服务提供者和信息存储服务提供者的侵权免责条件,但“临时性”的要求不明确,并且“存

---

〔1〕《个人信息保护法》第 58 条。

〔2〕曾祥欣:《〈个人信息保护法(二审草案)〉中的个人信息合规趋势》,https://mp.weixin.qq.com/s/Wz9qvXj1o3eQ_ABCoeXfjA,访问日期:2021 年 10 月 26 日。

〔3〕全国人大常委会法制工作委员会民法室编:《侵权责任法立法背景与观点全集》,法律出版社 2010 年版,第 352 页。

〔4〕另一关于网络服务提供者责任的法案中也明确指出这一政策考量。根据美国《通信规范法》(Communications Decency Act)第 230 条(b)款第(1)(2)项的内容,美国的基本政策之一是“促进互联网和其他交互式计算机服务及其他交互式媒体的持续发展,以及维护目前存在的充满活力和竞争性的互联网和其他交互式计算机服务的自由市场,不受联邦或州的监管”。47 U.S.C. § 230(b)(1)(2).

〔5〕崔国斌:《网络服务商共同侵权制度之重塑》,《法学研究》2013 年第 4 期,第 138 页。

〔6〕田小军:《〈著作权法〉10 年后再迎修正案,关注 4 大新型版权问题》,https://zhuanlan.zhihu.com/p/137325832,访问日期:2021 年 10 月 26 日。

〔7〕朱开鑫:《“避风港制度”该何去何从》,《中国新闻出版广电报》2020 年 7 月 2 日第 7 版。

〔8〕朱开鑫:《“避风港制度”该何去何从》,《中国新闻出版广电报》2020 年 7 月 2 日第 7 版。

储”服务的范围过于宽广，这使得大量新类型的网络存储服务提供者的侵权责任认定问题亟待解决。另一方面，网络服务提供者“红旗标准”适用困难的问题。[1]如上文所述，美国网络服务提供者对于网络用户直接侵权行为的“有理由知道”和“实际知道”均可以构成帮助侵权。其中，“红旗标准”是判定网络服务提供者是否构成有理由知道的重要标准，具体表述为“在缺乏实际知道的情况下，没有从明显的事实或情况中意识到侵权行为的发生”。[2] 评估报告指出，对DMCA的修订应当澄清“红旗标准”与“实际知道”的区别，还应当澄清“故意无视”[3]的判定标准以及替代侵权的判定标准。此外，报告还提出对DMCA的修订需要明确对反复侵权行为的惩戒规则以及加大对滥用通知和反通知行为的惩罚力度。[4]

虽然，报告明确了对DMCA的修订以不做大规模的结构性修改为原则，[5]但上述立法建议反映出，第512条中不少定义的范围都可能需要限缩，这会在整体上加重网络服务提供者的侵权责任。例如，“存储服务”的定义范围缩小之后，达到相应免责条件的门槛会随之提高，网络服务提供者适用第512(c)条作为免责情形将会更加困难。

类比对名誉权与隐私权的保护，网络服务提供者的责任豁免情形也有所减少。在对DMCA的现代化改革中，与DMCA相关的“CDA 230条款”问题也被拿出来进行了讨论。[6] “CDA 230条款”是指美国《1996年电信法》第5章《通信规范法》(Communications Decency Act，以下简称CDA)第230条，它是DMCA法案之外另一个关于网络服务提供者责任的美国联邦法律。DMCA涉及著作权，CDA涉及名誉权、隐私权。CDA旨在促进互联网的持续发展，维护互联网上的自由市场，并鼓励屏蔽和过滤不良内容。[7] 如果说DMCA避风港规则给予了网络服务提供者一定条件下的避风港，那么CDA 230条款则给予了网络服务提供者更为广泛的免责。

CDA第230条(c)款规定了“对做好事的人阻断和屏蔽攻击性材料的保护。”根据CDA，在网上发布信息侵害他人名誉权、隐私权，原告可以对信息发布者提起诉讼。但是，第230条(c)款第(1)项不将网络服务提供者视为信息发布者，因

---

〔1〕 朱开鑫:《“避风港制度”该何去何从》,《中国新闻出版广电报》2020年7月2日第7版。

〔2〕 Digital Millennium Copyright Act, Pub. L. No. 105-304, § 512(c)(1)(A)(ii), 112 Stat. 2860(1998).

〔3〕 “故意无视”是红旗标准之外判定网络服务提供者是否属于有理由知道的另一重要标准，指故意装作不知道，是美国一般侵权法上的常见规则，核心要件有2个:第一，行为人主观上相信存在高概率事件;第二，行为人刻意采取行动以避免获知该事件。具体到网络环境，在故意无视的情形下，网络服务提供者对侵权行为没有具体认知，而是仅仅对不特定侵权行为的高度概然性有一般认知。Global-Tech Appliances, Inc. *v.* SEB S. A., 131 S. Ct. 2060, 2070(2011). 转引自张金恩:《论美国的版权间接责任制度》,《网络法律评论》2006年第7期，第57页。在美国的网络服务提供者帮助侵权判例中，Aimster案是运用故意无视标准的典型案例。In re Aimster Copyright Litig., 334 F. 3d 643.

〔4〕 朱开鑫:《“避风港制度”该何去何从》,载《中国新闻出版广电报》2020年7月2日第7版。

〔5〕 朱开鑫:《“避风港制度”该何去何从》,载《中国新闻出版广电报》2020年7月2日第7版。

〔6〕 田小军:《〈著作权法〉10年后再迎修正案，关注4大新型版权问题》, https://zhuanlan.zhihu.com/p/137325832，访问日期:2021年10月26日。

〔7〕 47 U.S.C. § 230(b)(1)(2).

为根据第230条(c)款第(1)项的规定，交互式计算机服务的提供者或用户不得被视为其他信息内容提供者提供的任何信息的发布者或发言者。[1] 也就是说，即使某网络用户发布了诽谤性的言论或任何非法内容侵犯了他人的名誉权、隐私权而不予删除，网站也无须承担责任。例如，在美国1995年的一个案件中，原告因为自己的电话号码被他人在网上公布而收到很多威胁电话，尽管被告后来在自己的网站删除了原告的电话号码，但是原告继续受到骚扰，因而起诉被告。法院认为，由于信息并非被告发布，因此被告不应被视为信息提供者，即使其未删除原告的电话号码，也不构成侵权。[2] 可见CDA 230条款对网络服务提供者侵权责任的豁免比避风港规则更为宽松，因为构成著作权帮助侵权要求网络服务提供者主观上必须实际知道或有理由知道，而CDA并不考虑此种主观状态。根据230条款(c)款第(2)项的规定，网络服务提供者也不为其出于善意而针对淫秽、肮脏、过度暴力、骚扰或其他令人反感的内容采取的任何行为承担民事责任，无论这些内容是否受宪法保护，也不为其向信息内容提供者或其他人提供限制访问的技术措施承担责任。[3]

但在2021年针对CDA的修订提案中，网络服务提供者的责任豁免情形有所减少。首先，第230条(c)款第(1)项修改为：交互式计算机服务的提供者或用户不得被视为其他信息内容提供者提供的任何言论的发布者或发言者，“除非该提供者或用户接受付款以提供该言论，或全部或部分地创作或资助创作该言论。”也就是说，在网络服务提供者接受付款、创作、资助创作的任何一种情况下，网络服务提供者可能被视为其用户内容的发布者或发言者，从而承担侵权责任。该条款从根本上改变了CDA的核心语言，第230条的原作者亦对新法案提出反对意见，认为新法案可视为全面废除CDA。[4] 其次，新法案还向网络服务提供者施加了举证义务，规定“主张交互计算机服务提供者是另一信息内容提供者提供的言论的发布者或发言者的，交互式计算机服务提供者有责任通过大量证据进行证明”。[5] 不仅如此，新法案还允许网络跟踪、定向骚扰等受害者有机会对平台提起诉讼，而不是彻底阻止这类诉讼。[6] 这都将使网络服务提供者在某些特定情况下承担更多的民事责任。

3. 欧盟

2019年，欧盟在《单一数字市场著作权指令》(以下简称《著作权指令》)中重

---

〔1〕 47 U.S.C. § 230(c)(1).

〔2〕 全国人大常委会法制工作委员会民法室编：《侵权责任法立法背景与观点全集》，法律出版社2010年版，第353页。

〔3〕 47 U.S.C. § 230(c)(2).

〔4〕 石月：《拜登执政后首个网络平台责任的法案》，https://mp.weixin.qq.com/s/TNCcEuXLJ6WCBhh9-rXbsw，访问日期：2021年10月26日。

〔5〕 石月：《拜登执政后首个网络平台责任的法案》，https://mp.weixin.qq.com/s/TNCcEuXLJ6WCBhh9-rXbsw，访问日期：2021年10月26日。

〔6〕 石月：《拜登执政后首个网络平台责任的法案》，https://mp.weixin.qq.com/s/TNCcEuXLJ6WCBhh9-rXbsw，访问日期：2021年10月26日。

新界定了在线内容分享平台的性质，并在第17条单独规定了在线内容分享平台的特殊责任机制，为这类平台施加了授权寻求义务。具体而言，在线内容分享服务平台是指出于营利目的存储、组织、推广其用户上传的大量作品的服务提供者。[1] 这种服务提供者主要实施的是一种向公众传播、向公众提供的行为，因而作为文化传播者的属性更加明显，不同于《电子商务指令》第14条规定的仅仅作为一种宿主服务提供者的属性。[2] 当平台实施这种向公众传播、提供行为时（通常表现为让公众访问其用户上传的内容），根据《著作权指令》的规定，不再适用《电子商务指令》第14条第1项有关宿主服务的避风港规则，而应适用《著作权指令》第17条的特殊规则。[3] 该规则的核心是要求平台履行授权寻求的前置义务：在线内容服务平台应当从权利人处取得授权，如与权利人达成许可协议。[4] 授权应当涵盖用户实施的不以商业活动为基础或不带来显著收入的传播、提供行为。[5]

如未能从权利人处取得授权，对于向公众传播、提供的未经授权的行为，由在线内容服务平台承担侵权责任，除非在线内容服务平台为取得该授权已尽最大努力，并已按照行业高标准尽最大努力来确保不提供权利人已提供了相关必要信息的特定作品。并且，在收到权利人发出的充分实质的通知后，在线内容服务平台已迅速采取行动禁止访问或删除所涉作品，且已尽最大努力防止其今后的上传。[6]

这种以授权寻求义务为核心的特殊责任机制与《电子商务指令》下的避风港规则是不同的。就《电子商务指令》中的宿主服务提供者而言，只要其一经知道或意识到侵权活动的存在后及时删除或禁止访问侵权材料，就无须对用户承担侵权责任，这原则上以宿主服务提供者不对用户承担侵权责任为前提。而在《著作权指令》下，在线内容服务平台提供者应当尽最大努力取得授权，如未取得授权，原则上以平台对用户承担侵权责任为前提，加重了在线内容服务平台的责任。

4. 日本

日本于2020年6月通过了《著作权法及计算机程序作品登记特别例外法的部分修正法案》，作为2018年后对《著作权法》的又一次修订。新修订的法案在原先“视为侵权的行为”中增加了两类与“吸血类平台”相关的行为，包括“链接提

---

[1] 欧盟《单一数字市场著作权指令》(DIRECTIVE(EU) 2019/790 OF THE EUROPEAN PARLIAMENT AND OF THE COUNCIL of 17 April 2019 on copyright and related rights in the Digital Single Market and amending Directives 96/9/EC and 2001/29/EC)第2条第6项。

[2] 欧盟于2000年确立了《电子商务指令》，第12、13、14条作为欧盟范围内的“避风港规则”，分别给予了提供单纯通道服务、缓存服务和宿主服务的网络服务提供者免责条件。

[3] 欧盟《单一数字市场著作权指令》第17条第3项第1小段。

[4] 欧盟《单一数字市场著作权指令》第17条第1项第2小段。

[5] 欧盟《单一数字市场著作权指令》第17条第2项。

[6] 欧盟《单一数字市场著作权指令》第17条第4项。

供行为”和“对链接提供行为的放任行为”。[1] 链接提供行为是指为他人在“吸血网站”和“吸血 App”上使用侵权作品提供便利的行为，表现为提供侵权作品的链接或用符号代替链接的部分内容，或者设置按钮等其他便于公众获取侵权作品的方式；对链接提供行为的放任行为是指“吸血网站”和“吸血 App”的运营者在有能力对网站或 App 上的链接采取删除等措施但放任不管的行为。[2] 这两类行为除应按照侵犯著作权承担停止侵权、赔偿损失的责任外，还将承担刑事责任。

根据修订前的《著作权法》，上传者未经著作权人许可上传作品已构成违法，[3]修正案是特别就上传者中“吸血类平台”的链接提供者进行特别规制，链接提供行为的刑事责任为 3 年以下有期徒刑或 300 万日元以下罚金或二者并罚。[4] 而针对作为放任者的“吸血类平台”的运营者，修正案特别对其开设并运营“吸血类平台”的行为加以惩罚，放任链接提供行为的刑事责任为 5 年以下有期徒刑或 500 万日元以下罚金或二者并罚。[5] 这一修订向作为“吸血类平台”运营者的网络服务提供者施加了更高的义务。如果这类网络服务提供者放任了利用磁力链接等特殊方式传播侵权作品的行为，其法律责任将大大加重。

5. 小结

总的来看，中国、美国、欧盟和日本有关网络服务提供者责任的立法动向均反映出网络服务提供者责任加强的趋势：我国的新业态中，网络平台的责任被突出强调，而在个人信息保护领域，“巨型平台”被施加特殊义务；在美国，网络服务提供者适用 DMCA 避风港规则的条件更加严格；在欧盟和日本，在线内容分享平台和“吸血类平台”的责任也分别因《著作权指令》和新修订的《著作权法》而加重。

(二)判例的“一叶知秋”

不仅立法趋势有所彰显，而且从法院加重网络服务提供者责任的态度中也可见一斑。

---

[1] 分别规定在日本 2020 年修正的《著作权法》第 113 条第 2 项和第 3 项。修订前“视为侵权的行为”有两类，分别是：①未经著作权人许可，擅自上传受著作权保护的作品；②明知是违法上传的音乐或视频而下载。曾祥欣：《明知是盗版仍下载将违法？日本 2021 年新生效〈著作权法〉解读》，https://mp.weixin.qq.com/s/UcQx4azHcfljFUEubi6JgQ，访问日期：2021 年 11 月 19 日。

[2] “吸血”是由“leech”翻译而来，leech 指代那些在 P2P 共享网络下只下载而不上传的客户端，这些客户端的中文版通常将 leech 翻译为“吸血”。“吸血网站”和“吸血 App”由“Leech Site”和“Leech App”翻译而来，指代集中提供盗版作品下载链接的网站和 App，代表性的如各类资源聚合类网站和 App。曾祥欣：《日本〈著作权法〉修订的概要、影响及其启示》，https://mp.weixin.qq.com/s/2RmRAT6ZADuKrpPwLSkfDQ，访问日期：2021 年 10 月 26 日。

[3] 日本 2018 年修正的《著作权法》第 113 条第 1 项。

[4] 曾祥欣：《日本〈著作权法〉修订的概要、影响及其启示》，https://mp.weixin.qq.com/s/2RmRAT6ZADuKrpPwLSkfDQ，访问日期：2021 年 10 月 26 日。

[5] 曾祥欣：《日本〈著作权法〉修订的概要、影响及其启示》，https://mp.weixin.qq.com/s/2RmRAT6ZADuKrpPwLSkfDQ，访问日期：2021 年 10 月 26 日。

1. 重新审视“服务器标准”

对“服务器标准”进行“拨乱反正”是中国和美国法院的共同做法。

“服务器标准”先由美国第九巡回法院在 2007 年的完美十有限公司诉亚马逊案[1]中确立。根据该标准，网站运营者是否因发布在其网站上的图片承担共同侵权责任，完全取决于发布的照片是否存储在网站运营者的服务器中。[2] 但在 2018 年的高盛诉布赖特巴特新闻网案[3]中，第二巡回区下的纽约州南部联邦地区法院对“服务器标准”进行了重新审视。该案中，原告对照片拥有发表权，将照片上传至推特网站。被告为其他门户网站，转载该照片时使用了“嵌入”技术，使得照片仍然存储在推特的服务器中，但同样可以在其门户网站上被用户观看，原告认为被告侵犯了其依据美国《著作权法》第 106 条第 5 项所享有的公共展览权。[4] 如果适用“服务器标准”，由于涉案照片不存在于被告的服务器中，被告无须承担共同侵权责任。但是，纽约州南部联邦地区法院回归了第 106 条的法条原文，分析了 106 条立法者的原意，认为第 106 条表明立法者希望涵盖“现在已知的或者随后发展的”任何设备和过程，因而不论照片是否存储在其服务器中，都被公共展览权的定义所涵盖，照片的物理位置和所有情况不足以作为判断依据。[5] 在做出该认定时，法院援引了另一案件[6]中法院的推理，“用户看不到的技术不应作为判断是否成立著作权侵权责任的关键。”[7]由此，纽约州南部联邦地区法院抛弃了第九巡回法院的“服务器标准”，而采取了一种实质性的审查标准。

中国法院也有类似的做法。在 2018 年深圳市中级人民法院宣判的上海千杉网络技术发展有限公司、深圳市腾讯计算机系统有限公司侵害作品信息网络传播权纠纷案中，原告对其“腾讯视频”服务器中的涉案作品采取了技术措施，以阻止非授权的软件或网站获取涉案作品。被告经营的“电视猫视频”应用软件通过技术手段破解了原告设置的技术措施，获取了腾讯视频服务器中存储的涉案《北京爱情故事》等知名视频作品数据，并在“电视猫视频”软件界面中提供播放。二审中，被告主张一审法院超出法律法规的相关规定，错误地增加了侵害作品信息网络传播权所规定的“提供行为”[8]的方式，且主张一审法院“适用的标准并非‘服务器’标准，而是已被摒弃的‘用户感知’标准和‘实质性替代’标准”。就被

---

〔1〕 Perfect 10, Inc *v.* Amazon. com, Inc, 508 F. 3d 1146(9th Cir, 2007).

〔2〕 徐实:《网络平台著作权保护的严格化趋势与对策》,《北京航空航天大学学报(社会科学版)》2018 年第 4 期,第 13 页。

〔3〕 Goldman *v.* Breitbart News Network, LLC, 302 F. Supp. 3d 585(S. D. N. Y. 2018).

〔4〕 徐实:《网络平台著作权保护的严格化趋势与对策》,《北京航空航天大学学报(社会科学版)》2018 年第 4 期,第 13 页。

〔5〕 北京航空航天大学法学院、腾讯研究院:《网络空间法治化的全球视野与中国实践》,法律出版社 2019 年版,第 93 页。

〔6〕 ABC, Inc. *v.* Aereo, Inc. , 573 U. S. 431(2014).

〔7〕 徐实:《网络平台著作权保护的严格化趋势与对策》,《北京航空航天大学学报(社会科学版)》2018 年第 4 期,第 13 页。

〔8〕 规定在 2012 年《信息网络传播权司法解释》第 3 条第 2 款。

告行为是否构成“提供行为”，二审法院认为，被告的行为“显然属于提供作品的行为”，肯定了一审法院的认定（认为被告“主观上具有在其软件上直接为用户呈现涉案作品的意图，客观上也使用户在其软件上获得涉案作品”），认为被告的行为使得涉案作品的传播范围超越了被上诉人控制权的范围，即在权利人意愿之外扩张了涉案作品的传播范围，构成对原告信息网络传播权的专有控制权的直接侵害，属于未经许可的作品再提供，应当承担侵权责任。[1] 该案表明，基于互联网技术不断进步、各类新型侵权手段层出不穷的现状，继续使用“服务器标准”来判断此类以“链接”为名的网络平台是否承担侵权责任已不再适应当今著作权保护的需要，“实质性替代”标准将会在此类案件中成为适用的准则。[2]

美国法院和中国法院“摒弃”“服务器标准”表明，美国法院和中国法院不再轻易适用“服务器标准”来认定此类网络服务提供者不构成侵权，而是采取实质性审查的态度，严厉打击此类网络服务提供者的著作权侵权行为，加重此类网络服务提供者的责任。

2. 强化注意义务，严格适用避风港规则

另一明显的趋势是，近年来，美国法院和中国法院均更加强调网络服务提供者的注意义务，为网络服务提供者责任的加重提供了一定的空间，网络服务提供者驶入避风港不再那样容易。

根据避风港规则，网络服务提供者只要满足一定条件，通常不为其用户的侵权行为承担间接侵权责任。但适用该免责有其前提条件，即网络服务提供者已实际实施了一些措施来避免其用户重复侵权行为的发生。[3] 美国法院近来一直强调这种前提条件的重要性。[4] 代表性判例 BMG 权利管理公司诉考克斯通信公司案[5]和百代基督教音乐集团有限公司诉 MP3 曲调有限责任公司案[6]均表明了法院向网络接入服务提供者施加一定防范义务的态度。BMG 权利管理公司诉考克斯通信公司案提出了在适用避风港规则的问题上，需要考虑网络服务提供者具体采取了何种措施以应对重复侵权。[7] 该案中，被告为接入服务提供者。被告主张应受到 DMCA 第 512 条(a)款针对临时性网络传输服务的避风港保护，因其拥有处理重复侵权人的响应系统，因而满足第 512 条(i)款规定的适用避风港规则的前提条件，可以适用第 512 条(a)款来免责。但是，第四巡回法院

---

〔1〕 上海千杉网络技术发展有限公司、深圳市腾讯计算机系统有限公司侵害作品信息网络传播权纠纷案，广东省深圳市中级人民法院二审民事判决书(2018)粤 03 民终 8806 号。转引自徐实：《网络平台著作权保护的严格化趋势与对策》，《北京航空航天大学学报(社会科学版)》2018 年第 4 期，第 14 页。

〔2〕 北京航空航天大学法学院、腾讯研究院：《网络空间法治化的全球视野与中国实践》，法律出版社 2019 年版，第 110 页。

〔3〕 Digital Millennium Copyright Act, Pub. L. No. 105-304, § 512(i)(1)(A), 112 Stat. 2860(1998).

〔4〕 徐实：《美国网络平台承担知识产权间接侵权责任的经验与启示》，《北方法学》2018 年第 5 期，第 77 页。

〔5〕 BMG Rights Mgmt. (US)LLC *v.* Cox Communs., Inc., 881 F. 3d 293(4th Cir. 2018).

〔6〕 EMI Christian Music Grp., Inc. *v.* MP3tunes, LLC, 2016 U. S. App. LEXIS 19236(2d Cir. 2016).

〔7〕 周学峰、李平主编：《网络平台治理与法律责任》，中国法制出版社 2018 年版，第 68 页。

认为，被告没有资格享受避风港规则的保护，因为被告总是在终止侵权用户的服务后重新激活用户的账号，并且，被告未能采取合理努力落实其制定的“十三击”政策（有关关闭从事重复侵权活动的账号），法院认为“这等于没有政策”。[1]

在百代基督教音乐集团有限公司诉MP3曲调有限责任公司案中，法院亦强调希望网络服务提供者开发并实施有力的侵权处理应对措施，否则他们可能不再受避风港规则的保护。该案中，被告为信息存储服务提供者，运营一家允许用户上传、存储音乐的网站，第二巡回法院认同了BMG权利管理公司诉考克斯通信公司案中法院的观点：如果网络服务提供者消极地允许其网站或者服务的使用者实施侵权行为，且没有采取切实可行的措施来防止滥用的话，网络服务提供者将不能驶入避风港获得保护。[2] 法院认为，DMCA中并未要求重复侵权人以故意实施侵权行为，也就是说，一般情况下即使他们不知道自己的行为是侵权行为，他们仍然是重复侵权人。这种规定就使得网络服务提供者需要主动实际地审查用户的行为模式是否有侵权的可能性，并通知重复侵权用户。但是，本案中的被告既没有调查是谁下载了侵权内容，也没有尝试去审查和监控用户的行为模式，因而无法获得避风港的保护。[3]

BMG权利管理公司诉考克斯通信公司案和百代基督教音乐集团有限公司诉MP3曲调有限责任公司案均表明，美国法院正在逐渐强调网络服务提供者必须是实际地实施了其所采取的避免重复侵权行为发生的措施，否则将会危及保护它们的避风港规则的适用。[4] 这实际上突破了避风港规则第512条(m)款中不要求网络服务提供者履行事前审查义务的规定。[5] 据此，网络服务提供者需要在事前制定能够实际终止重复侵权者服务的响应机制，并应当实际采取合理努力坚持落实该政策（例如，BMG权利管理公司诉考克斯通信公司案中被告至少应当关停侵权用户的账号、不再激活账号、不应无视侵权通知），在全部过程履行合理的注意义务。并且，负有这种注意义务的主体不限于BMG权利管理公司诉考克斯通信公司案和百代基督教音乐集团有限公司诉MP3曲调有限责任公司案中的接入服务提供者和信息存储服务提供者，正如法院在BMG权利管理公司诉考克斯通信公司案中强调的，“这对避风港规则中的所有情形是一样的”。[6] 也就是说，第512条(i)款规定的门槛对所有类型的网络服务提供者都具有同等

---

[1] “……leaving them essentially with no policy.”BMG Rights Mgmt. (US) LLC *v.* Cox Communs., Inc., 881 F. 3d 293 at 1327(4th Cir. 2018). 法院认为，被告制定的政策仅仅是形式上的，而并未真正采取实际落实政策的举动，例如，相关证据表明，被告无视了与其签约、为其监管侵权活动的公司向其发送的海量侵权通知。

[2] 徐实：《美国网络平台承担知识产权间接侵权责任的经验与启示》，《北方法学》2018年第5期，第77页。

[3] 北京航空航天大学法学院、腾讯研究院：《网络空间法治化的全球视野与中国实践》，法律出版社2019年版，第68页。

[4] 北京航空航天大学法学院、腾讯研究院：《网络空间法治化的全球视野与中国实践》，法律出版社2019年版，第68页。

[5] Digital Millennium Copyright Act, Pub. L. No. 105-304, § 512(m), 112 Stat. 2860(1998).

[6] “……common to all § 512 safe harbors……” BMG Rights Mgmt. (US) LLC *v.* Cox Communs., Inc., 881 F. 3d 293 at 1332(4th Cir. 2018).

的重要性,各类网络服务提供者都需要履行合理的注意义务,更加全面、审慎地处理侵权行为。

在中国的司法实践中,虽然法律仅规定了网络服务提供者事后的注意义务而并不要求事前对信息内容进行主动审查,[1]但在具体案件中,法院却已根据特定案件事实为网络服务提供者设定了一定标准的事前审查义务。例如,在阿里云计算有限公司与北京盛世骄阳文化传播有限公司侵犯作品信息网络传播权纠纷案中,阿里云公司在其运营的"阿里云助手"客户端中未经许可提供了盛世骄阳公司享有著作权的电视剧《刀尖上行走》的在线播放服务。[2] 法院认为,阿里云公司首先构成搜索链接服务提供者,其次构成"主动提供链接的提供者","提供主动链接服务的链接服务提供者较之于提供被动链接服务的链接服务提供者,应负有更高的认知义务……有义务对被链接网站传播的内容是否属于正版传播内容有所认知,并有义务尽可能将其链接服务指向提供该正版作品的被链接网站,除非这一义务为链接服务提供者带来明显不合理的负担"。[3] 但被告未认知到所链接的作品是侵权作品,故具有"应知"的过错,因而法院认定被告构成对原告享有的信息网络传播权的帮助侵权。该案中,虽然被告履行了"通知—删除"的事后义务(在原告盛世骄阳公司发出律师函之前就已经移除了"56 视频"的通道),但仍然被法院赋予了对经"主动选择"的链接内容的事前审查义务。

类比人格权侵权纠纷,法院也根据具体案情为网络服务提供者设定了不同阶段的义务。例如,在高方雄与北京快手科技有限公司网络侵权责任纠纷案中,用户在被告快手公司运营的"快手 App"上发布了侵犯原告高方雄隐私权的内容,具体情形是在该平台上发布了未成年人高方雄因吸毒被查获的经过,其中披露了高方雄的姓名和照片(照片虽对眼部打了马赛克,但未对其他身体可识别部位进行类似技术处理)。法院认为,"快手公司未尽到保护未成年人隐私的事先

---

[1] 不过,《民法典》确实加强了网络服务提供者的作为义务。根据《民法典》的网络侵权条款,网络服务提供者应当履行第 1195 条"通知—取下"程序中的"及时转送通知"和"及时采取必要措施"的义务,以及 1196 条"反通知—恢复"程序中的"转送通知并告知"和"及时终止措施"的义务。除"及时采取必要措施"是《侵权责任法》第 36 条中已有的,其他均为《民法典》新创设的义务。以"及时转送通知"义务为例,在某专利权侵权案件中,法院为网络服务提供者创设了转送通知的义务,但在该案判决时,网络服务提供者的注意义务仍适用《侵权责任法》,即"及时采取必要措施"的义务。该案中法院认为,"天猫公司作为电子商务网络服务平台的提供者,基于其公司对于发明专利侵权判断的主观能力、侵权投诉胜诉概率以及利益平衡等因素的考量,并不必然要求天猫公司在接受投诉后对被投诉商品立即采取删除和屏蔽措施……但是将有效的投诉通知材料转达被投诉人并通知被投诉人申辩当属天猫公司应当采取的必要措施之一。"威海嘉易烤生活家电有限公司诉永康市金仕德工贸有限公司、浙江天猫网络有限公司侵害发明专利权纠纷案,最高人民法院指导案例 83 号(2017 年)。可见,法院是根据该案实际情况对被告进行了"必要措施"的具体考量,该考量也在《民法典》第 1195 条中被成文化,第 1195 条顺应了司法实践的变化。

[2] 阿里云计算有限公司与北京盛世骄阳文化传播有限公司侵犯作品信息网络传播权纠纷案,北京知识产权法院二审民事判决书(2015)京知民终字第 2430 号。

[3] 北京知识产权法院二审民事判决书(2015)京知民终字第 2430 号。该案中,法院基于阿里云公司通过"阿里云助手"软件对"56 视频"网站内容进行了编辑整理的事实,认为阿里云公司针对"56 视频"网站提供的链接方式为主动链接,其应当知晓"56 视频"中载有包括涉案电视剧在内的大量影视作品。

提示义务”，并且“该用户专门发布违法案件信息，但快手公司并未对可能发布涉及未成年人违法案件信息的该类用户采取任何审核措施，未尽到事后监管义务”，[1]因而判决快手公司对用户的侵权行为承担连带责任。可以看出，衡量注意义务有无是法院在具体案件中根据实际情况进行判断的，对注意义务的强化起到了适当加重网络服务提供者侵权责任的效果。[2]

此外，网络服务提供者想要驶入避风港并不容易，在证明自己是网络服务提供者这一步上可能就存在困难。近两年，中国法院在证据认定方面为网络服务提供者设定了较高的证明标准。在北京字节跳动科技有限公司与北京爱奇艺科技有限公司侵害信息网络传播权纠纷案中，爱奇艺公司未经许可，在其运营的爱奇艺网中提供了涉案节目的在线播放，侵害了字节跳动公司享有的信息网络传播权。[3] 爱奇艺公司辩称涉案节目是由网络用户上传，其仅提供信息存储空间服务，主张适用避风港规则中有关信息存储空间服务提供者的抗辩（即《信息网络传播权保护条例》第 22 条的抗辩）。[4] 法院认为，爱奇艺公司未提交与网络用户注册、上传涉案节目相关的证据不足以说明其提供的是信息存储空间服务，因而认为爱奇艺公司的此项主张缺乏事实依据。[5] 在乐视网（天津）信息技术有限公司与飞狐信息技术（天津）有限公司等侵害作品信息网络传播权纠纷案[6]中，法院也对被告关于网络服务提供者身份的主张适用了较高的证明标准。该案中，联想公司主张涉案侵权视频来源于飞狐公司运营的“搜狐视频”，而自己构成“仅提供网络服务”的网络服务提供者，试图免除侵权责任。[7] 为证明涉案作品的实际来源，被告在二审过程中申请了事后勘验。再审法院认为，“二审诉讼中经过勘验抓包并解析的数据无法证明涉案作品来自搜狐视频服务器，不足以证明联想公司对被诉侵权行为仅提供了搜索链接的网络服务，亦不足以成为乐视公司主张联想公司通过联想手机‘视频’软件直接提供涉案作品这一事实的相反证据。”[8]法院在判决书中专门用了一个部分来评述“网络服务提供者的举证证明要求”，并承认确实对联想公司申请的事后勘验提出了相对严格的证明要求。[9]

---

〔1〕 高方雄与北京快手科技有限公司网络侵权责任纠纷案，海南省三亚市中级人民法院二审民事判决书(2018)琼 02 民终 822 号。

〔2〕 而注意义务的合理界限究竟应该划定在哪里，可能需要用一种动态的视角来观察。有关学者给出的参考标准，例如，“一般来说，如果网络平台能够做到对平台交往相关人身份的有效识别、交往过程及记录可追溯，同时，对于明显通过大数据可监测到的违法者进行清理，对于平台上可能发生的典型权益侵害行为进行合理程度的防范，就应当认为，其已经履行了必要的安全保障义务”。薛军：《论〈民法典〉中网络平台安全保障义务的核心问题》，《中国信息安全》2020 年第 10 期，第 84 页。

〔3〕 北京字节跳动科技有限公司与北京爱奇艺科技有限公司侵害信息网络传播权纠纷案，北京市海淀区人民法院民事判决书(2019)京 0108 民初 5218 号。

〔4〕 北京市海淀区人民法院民事判决书(2019)京 0108 民初 5218 号。

〔5〕 北京市海淀区人民法院民事判决书(2019)京 0108 民初 5218 号。

〔6〕 乐视网（天津）信息技术有限公司与飞狐信息技术（天津）有限公司等侵害作品信息网络传播权纠纷案，北京市高级人民法院再审民事判决书(2020)京民再 142 号。

〔7〕 被告这一抗辩的依据是 2012 年《信息网络传播权司法解释》第 6 条。

〔8〕 北京市高级人民法院再审民事判决书(2020)京民再 142 号。

〔9〕 北京市高级人民法院再审民事判决书(2020)京民再 142 号。

在这两个案件中，被告试图证明自己是网络服务提供者从而适用避风港规则的尝试均失败了。这表明在审查是否可以适用避风港规则时，中国法院在证据认定方面也更加审慎严格。

总的来看，两国判例均在一定程度上表明了法院对加重网络服务提供者责任的基本态度。

四、利益平衡是关键考量

正如张新宝教授很早前便指出的，对于网络服务提供者采取较严格的责任还是较宽松的责任，一直是立法过程中争议非常大的问题，而这其实是法的创制过程中诸多利益博弈与平衡的问题。[1] 最典型的利益冲突是个人权利保护与互联网产业发展之间的冲突。

（一）美国判例的揭示

提到著作权保护与互联网产业发展之间的冲突，不得不谈到在这个问题上具有里程碑意义的判例，即美国最高法院分别于 1984 年和 2005 年作出判决的索尼美国公司诉环球城市影业公司案[2]和米高梅工作室等诉科斯克有限责任公司等案，[3]应该说，在有关网络服务提供者间接侵权责任的研究中，几乎无法绕开这两个判例。之所以索尼美国公司诉环球城市影业公司案和米高梅工作室等诉科斯克有限责任公司等案在判例中具有如此重要的地位，是因为其充分呈现了新技术发展与著作权人利益保护之间的冲突以及美国联邦最高法院是如何对冲突双方进行利益的平衡。

在索尼美国公司诉环球城市影业公司案中，新的产业为家用录像机产业。被告是制造和销售家用录像机的厂商，原告是一些电视节目的著作权人，录像机的消费者通过电视广播录制了原告的电视节目，原告主张被告制造和销售家用录像机构成了帮助侵权。[4] 联邦最高法院认为不存在直接侵权，因为消费者录制原告的作品“更换时间观看”构成合理使用，因此，被告的行为不构成帮助侵权。在此基础之上，最高法院认定录像机可以主要用于非侵权的目的，提出了“实质性非侵权用途”的规则，即如果一种产品具有实质性的非侵权用途，即使产品提供者明知这种产品也可用于侵权活动，也不能认定其构成帮助侵权。[5]

该案中，家用录像机的生产和使用已经普及，如果僵硬地适用帮助侵权或者替代侵权责任，会妨碍社会公众对录像机的使用，妨碍录像机产业的发展。所以，联邦最高法院以更换时间的观看和主要用于非侵权的目的为由，做出了有利

---

〔1〕 张新宝、任鸿雁：《互联网上的侵权责任：〈侵权责任法〉第 36 条解读》，《中国人民大学学报》2010 年第 4 期，第 19 页。

〔2〕 Sony Corporation of America et al. *v.* Universal City Studios, Inc. , et al. 464 U. S. 417(1984).

〔3〕 Metro-Goldwyn-Mayer Studios Inc. et al. *v.* Grokster, Ltd. , et al. 545 U. S. 913(2005).

〔4〕 范丽丽：《美国版权法上的间接侵权原则》，《人民法院报》2011 年 9 月 30 日第 8 版。

〔5〕 范丽丽：《美国版权法上的间接侵权原则》，《人民法院报》2011 年 9 月 30 日第 8 版。

于产品提供者的判决。[1]

在米高梅工作室等诉科斯克有限责任公司等案中,新技术为点对点(以下简称 P2P)技术。被告提供基于该技术的文档共享软件,用户可通过该软件免费下载其他用户电脑中的文件(只要对方的电脑在线),原告是一系列音乐、录音和电影的著作权人。被告设计了这样的广告语,"当纳普斯特灯光熄灭[2]的时候,用户该去向何处",成千上万的用户下载了被告的软件,并通过该软件进行了海量的文档交换,其中包括原告享有著作权的作品,致使原告遭受了巨大金钱损失。[3]一方面,原告认为,用户使用被告的文档共享软件大量复制和下载其享有著作权的作品,已极大地损害了权利人的利益,因而要求充分保护著作权;另一方面,包括被告在内的许多人又主张,让共享软件的提供者承担侵权责任有可能妨碍 P2P 相关技术的进一步发展。[4]

地方法院认为,用户使用被告的软件交换原告享有著作权的音乐、录音和电影构成直接侵权,而被告发行该软件无须承担任何侵权责任。第九巡回法院依据索尼美国公司诉环球城市影业公司案的判决,认定被告提供的产品属于主要用于非侵权目的的产品,被告不应当承担帮助侵权责任。但联邦最高法院 9 名法官一致认定被告应当承担侵权责任,理由是:首先,每天都有很多人使用被告的产品进行侵权下载活动,因而被告的产品在侵权活动中已经得到了广泛的使用,此时,权利人很难通过追究直接侵权者的责任来有效保护著作权作品,只能按照帮助侵权或替代侵权来让产品或者服务提供者承担责任;其次,产品的特性或使用并不能推出产品提供者的主观意图;再者,不应当忽略与故意相关的证据——以广告的方式说明或者指示他人侵权,能够说明并非是简单提供一个可以用于非侵权的产品,被告的广告吸引纳普斯特公司的用户转向自己并告知用户可以使用自己的软件下载更多的文档,表明了被告的故意——提供该产品的真实目的在于"推广它的著作权侵权用途"。[5]据此,联邦最高法院认为,被告构成"引诱侵权",应当对用户的侵权结果负责。

联邦最高法院在该案的判决中强调,著作权保护不仅应鼓励作品的创作,还应为作品传播技术的发展留出空间,如限制著作权侵权责任,并且还着重强调了引诱侵权以恶意为前提,对这一前提的要求意味着该规则不会无限制地适用,不会阻碍新技术的发展:

---

〔1〕 李明德:《美国知识产权法》(第 2 版),法律出版社 2014 年第 2 版,第 453 页。

〔2〕 在 2001 年第九巡回法院作出判决的 A&M 唱片公司诉纳普斯特案中,同样是提供音乐共享软件的被告纳普斯特公司被认定构成帮助侵权,区别在于,在 A&M 唱片公司诉纳普斯特案发生的时期,文档交换通过网络公司计算机的中心服务器发生,而非像米高梅工作室等诉科斯克有限责任公司等案中直接通过其他用户的电脑发生,在这种网络环境下,像纳普斯特公司这样的网络服务提供者能够监控用户交换的文档,并在接到通知后删除或阻止用户接触文档。A&M Records *v.* Napster, Inc. ,239 F. 3d 1004(9th Cir. 2001).

〔3〕 徐铭勋:《中美版权教唆引诱侵权比较研究》,《知识产权》2013 年第 6 期,第 88 页。

〔4〕 李明德:《美国知识产权法》(第 2 版),法律出版社 2014 年第 2 版,第 449 页。

〔5〕 李明德:《美国知识产权法》(第 2 版),法律出版社 2014 年第 2 版,第 449—450 页。

> "有必要考虑正常的商业,或者有必要鼓励既可用于侵权也可用于非侵权的技术的发展。所以,正如索尼美国公司诉环球城市影业公司一案没有认定故意引诱一样(尽管录像机的制造者知道其产品可能用于侵权),仅仅知道潜在的侵权或者实际的侵权用途,不足以让提供者承担责任。与产品提供相伴随的正常活动,如向用户提供技术支持或者产品更新,其本身也不足以引发责任。相反,引诱侵权规则的前提是有目的的恶意表达和行为。所以,这个规则没有损害合法的商业或者妨碍具有合法用途的创新。"[1]

在米高梅工作室等诉科斯克有限责任公司等案中,P2P 技术的迅速普及以及文档共享软件的广泛使用已经极大地侵犯了著作权人的利益,甚至危及了著作权制度本身(因为文档共享软件的用户已经以大规模的方式侵犯著作权)。在这种情况下,联邦最高法院一方面认为米高梅工作室等诉科斯克有限责任公司等案具体案情不同于索尼美国公司诉环球城市影业公司案(因为后者案情中不存在直接侵权),因而没有像地方法院和第九巡回法院那样僵硬地适用索尼美国公司诉环球城市影业公司案的推理;另一方面则依据美国《专利法》的相关规定提出了著作权法领域的"引诱侵权"规则,进而判决文档共享软件的提供者应当为用户的直接侵权行为承担责任。

总的来说,联邦最高法院在索尼美国公司诉环球城市影业公司案中作出的判决为新技术的发展提供了庇护,让有关企业不必因新产品的提供而承担侵权责任,这为技术发展,尤其是那些既可以用于侵权也可以用于非侵权的产品或技术的发展,留下了空间。而联邦最高法院在米高梅工作室等诉科斯克有限责任公司等案中作出的判决则表明,当被告所提供的具有双重用途的技术或者产品,让使用者大规模地侵犯他人著作权的时候,著作权人可以追究提供者的侵权责任。两个判例所涉及的产品事实上均为具有双重用途的产品,但产品提供者的遭遇并没有殊途同归,这是法官在联邦最高法院"平衡"这一传统文化指导下的结果。[2] 事实上,索尼美国公司诉环球城市影业公司案的判决也曾遭诟病,但正如布雷耶大法官在米高梅工作室等诉科斯克有限责任公司等案中的评价:修改或限定索尼美国公司诉环球城市影业公司案的判决,有可能妨碍作品传播技术的进一步发展。[3] 这也是利益平衡的另一种表现形式。

从索尼美国公司诉环球城市影业公司案和米高梅工作室等诉科斯克有限责任公司等案的判决可以看出,法院在著作权保护和互联网产业发展的平衡过程中发挥了至关重要的作用,正如学者所评价的,法院通过判决平衡各种利益诉求,"是法律、产业现实和艺术的结合"。[4]

---

〔1〕 李明德:《美国知识产权法》(第 2 版),法律出版社 2014 年第 2 版,第 451 页。

〔2〕 美国联邦巡回上诉法院的首席法官瑞德曾经谈到,联邦巡回上诉法院的文化传统则是确立规则,而最高法院的文化传统是平衡。转引自李明德:《美国知识产权法》(第 2 版),法律出版社 2014 年第 2 版,第 453 页。

〔3〕 李明德:《美国知识产权法》(第 2 版),法律出版社 2014 年第 2 版,第 452 页。

〔4〕 李明德:《美国知识产权法》(第 2 版),法律出版社 2014 年第 2 版,第 453 页。

(二)中国法院的强调

在中国,著作权审判对利益平衡的强调也是明确的。对信息网络传播权纠纷的利益平衡要求早在2012年就在《信息网络传播权司法解释》第1条中明确:"审理侵害信息网络传播权民事纠纷案件,在依法行使裁量权时,应当兼顾权利人、网络服务提供者和社会公众的利益。"该条在2020年修订时亦未做修改。[1]该条所指的"社会公众的利益"实际上包含了新技术发展给社会带来的利好。

在前述北京梦之城文化有限公司与杭州秀秀科技有限公司侵害作品信息网络传播权纠纷案中,出现了一种新型互联网经营模式,被告提供了一款"配音秀App",用户可以在该软件上对作品片段进行配音、打赏。该软件的服务模式决定了用户上传的配音素材往往会选择知名影视剧片段,以增强娱乐性、互动性,而对于此类作品,权利人通常不会免费上传至网络空间,用户通常也不会取得权利人的授权。[2] 涉案配音素材为原告享有著作权的14段"阿狸"系列动画短片,其中的10段是由用户上传,被告属于信息存储空间服务提供者。而其余的4段由于被告无法提供证据证明由用户上传,法院将举证不利的结果归属于被告,视被告为侵权视频的直接提供者。对于被告是否构成有关这10段视频的帮助侵权,法院认为,首先,因为"用户上传被控侵权视频的行为已非'为个人',而是'向公众'",该上传行为不构成合理使用,因而用户构成直接侵权;其次,被告未能尽到与其服务模式相适应的注意义务,对于被控侵权行为属于应知。其中最关键的一点理由是,"配音秀App"的服务模式客观上存在诱导侵权视频上传的极大风险,被告主观上能够预见到该软件中可能存在侵权视频,因而被告主观上对于用户上传内容可能构成侵权具有认知能力。[3] 基于这几个原因,法院认为对这10段视频被告构成帮助侵权。

值得一提的是,该案中被告在答辩意见中主张,一旦认定被告构成侵权,便意味着对于此类经营模式的否定,不利于配音这一语言艺术在互联网领域的发展,且会对相关互联网企业的发展造成打击。法院在判决书中回应道:"考虑到著作权审判亦应考量利益平衡,故对于被告此项答辩意见,本院亦予简要回应。"[4]在回应中,法院首先肯定了被告提供的"配音秀"服务在一定程度上能够起到丰富群众文化生活的作用,具有积极意义;其次,作为内容服务提供者,被告在实际经营中应充分关注对著作权的保护,"'片段之短'未必推出'损害之微','百姓趋之'并不可以'无忌为之'";最后,建议被告应当重新审视服务模式,加强

[1] 《信息网络传播权司法解释》(2020年修正)第1条。

[2] 北京互联网法院一审民事判决书(2019)京0491民初39992号。

[3] 北京互联网法院一审民事判决书(2019)京0491民初39992号。其他几点理由是:被告客观上具有接触被控侵权视频的可能性;涉案14段作品具有一定的知名度,被告只需施以普通的注意义务,即可发现被控侵权视频存在明显侵权事实;被告从被控侵权视频中直接获利,这一事实本身即可认定被告应对其空间内的上传内容负有较高的注意义务。

[4] 北京互联网法院一审民事判决书(2019)京0491民初39992号。

内容审核，努力构建良性、健康、正当的经营模式。[1]

该案的判决表明，中国法院在面对网络服务提供者不正当、不健康的新商业模式和著作权人利益保护之间选择了后者。这种商业模式意味着被告具有过错，与米高梅工作室等诉科斯克有限责任公司等案中"引诱侵权"的情形有些类似，却完全不同于索尼美国公司诉环球城市影业公司案中与被告相关的正当的新的产业和技术。

由于注意义务的程度在一定程度上决定了网络服务提供者侵权责任的轻重，如何合理界定网络服务提供者的注意义务关乎充分保护权利人和促进互联网产业发展的平衡，上述案例均揭示出合理确定网络服务提供者间接侵权责任的法律政策导向，平衡保护权利人和维护互联网产业发展的重任更多地落到了法院的肩上。[2] 根据索尼美国公司诉环球城市影业公司案、米高梅工作室等诉科斯克有限责任公司等案和北京梦之城文化有限公司与杭州秀秀科技有限公司侵害作品信息网络传播权纠纷案的裁判思路，对拥有不正当经营模式的网络服务提供者，自应加重其侵权责任、对其施加更重的注意义务，当中形成的政策考量是法院在自由裁量中进行利益平衡后的结果。正如，欧盟法院亦曾在有关商标侵权的判例中指出，网络服务提供者采取的措施是否具有必要性应当结合网络服务提供者的技术能力以及该措施对商业模式的影响进行衡量，唯有如此，才能使必要措施的认定体现平衡产业利益的政策导向。[3]

在有关注意义务中必要措施的衡量上，中国法院亦强调了进行多主体之间利益平衡的重要性。例如，在杭州刀豆网络科技有限公司与长沙百赞网络科技有限公司、深圳市腾讯计算机系统有限公司侵害作品信息网络传播权纠纷案的判决中，法院明确指出，运用比例原则确定必要措施的，其根本目的在于实现多主体之间的利益平衡，"至于腾讯公司应采取何种必要措施，应综合考量相关网络服务的性质、形式、种类，侵权行为的表现形式、特点、严重程度等具体因素，以技术上能够实现，合理且不超必要限度为宜，以实现权利人、网络服务提供者、网络用户之间的利益平衡。"[4]此外，法官甚至已明确指出，在涉及"通知—删除"规则的案件中，审判理念就是利益平衡。[5]

诚然，这种利益平衡说到底还是属于侵权法有关权衡权利救济和行为自由的基本范畴，无论是在哪种类型化的侵权行为中，对行为自由和权利救济之间的

---

〔1〕 北京互联网法院一审民事判决书(2019)京 0491 民初 39992 号。

〔2〕 朱冬:《网络服务提供者间接侵权责任的移植与变异》,《中外法学》2019 年第 5 期,第 1353、1355 页。

〔3〕 L'Oreal SA and Others *v.* eBay International AG and Others, Case C-324/09, [2011] ECR I-6011, Judgment of July 2011. 转引自朱冬:《网络服务提供者间接侵权责任的移植与变异》,《中外法学》2019 年第 5 期,第 1355 页。

〔4〕 杭州市中级人民法院二审民事判决书(2019)浙 01 民终 4268 号。

〔5〕 何琼:《电商领域"通知-删除"规则发展动态》,https://mp.weixin.qq.com/s/cAc7vPXJrG6AMCRPb0SSPw,访问日期:2021 年 10 月 26 日。

平衡都是侵权法的根本问题。[1] 侵权法用自己全部的原则、规则、精力来处理这一问题,该问题可谓是侵权法的“生存空间和价值”。[2]

各国网络服务提供者所呈现的责任加重趋势或许能够表明,在如今互联网产业的极速发展和商业模式的快速迭代过程中,利益的天平可能更加倾向于对著作权人的保护。

结语

2021 年 6 月 1 日,新修订的《著作权法》(2020 修正)正式生效。6 月 2 日,四川省高级人民法院发布《四川法院著作权司法保护状况(2018 年—2020 年)》。根据所发布的信息,2018 年至 2020 年,四川省全省法院共计受理著作权侵权纠纷 19 596 件,占全部著作权民事案件的 96.9%。其中,侵害信息网络传播权纠纷占比最高。并且,涉及新领域、新权益的新类型案件不断增多,这使得法院案件的审理难度不断加大。[3] 就此而言,对著作权侵权中网络服务提供者责任的研究仍然有其现实意义。

作为网络服务提供者著作权间接侵权责任的发源地,美国在判例中形成的一系列规则在世界范围内产生了深远影响。从移植美国避风港规则到确立《民法典》下网络侵权新体系的过程中,我国立法实现了螺旋式上升,法院对网络服务提供者帮助侵权责任的认识和判断也在具体个案中不断更新迭代。

就美国和中国规则的比较而言,美国和中国的网络服务提供者著作权间接侵权责任在责任基础和侵权模式上有着显著差异,这种差异主要来自判例法发展而形成的间接侵权理论与大陆法系侵权法下传统共同侵权理论的差异。不过,两种理论下网络服务提供者承担侵权责任的事由都是网络服务提供者的过错。与美国不同的是,过失亦可构成中国网络服务提供者承担帮助侵权责任的过错。包括美国在内的不同国家和地区的立法进程表明,让网络服务提供者承担更重的责任是共同的趋势。近年来的判例也能够反映出法院关于责任加重的政策考量,其背后是侵权纠纷中法院进行的利益平衡。其中,最常见的利益平衡是针对技术产业发展与著作权人利益保护之间的冲突。从总体上看,美国法院和中国法院目前可能都更倾向于保护著作权人的利益,在与美国开展对话与合作的背景下,这一共同点或许有其积极意义。

---

〔1〕 例如,在美国的媒体侵权类案件中,法院在保护名誉权、隐私权和保护媒体言论自由之间寻找平衡点;死亡赔偿案件中,法院需要综合考虑侵权人、受害人和受害人近亲属三方主体之间的利益,首先要考虑受害人的受损害程度、职业、年龄等具体情况,其次要考虑受害人死亡后其家庭或者近亲属会受到什么影响,例如,受害人是否为其家庭或者近亲属的唯一经济来源、有多少被扶养人、近亲属对赔偿的需求程度……还需要考虑侵权人的过错程度。全国人大常委会法制工作委员会民法室编:《侵权责任法立法背景与观点全集》,法律出版社 2010 年版,第 354 页。

〔2〕 王成:《侵权责任法》(第 3 版),北京大学出版社 2019 年第 3 版,代序部分,第 5 页。

〔3〕 四川省高级人民法院:《四川高院发布著作权司法保护白皮书及典型案例》,http://scfy.chinacourt.gov.cn/article/detail/2021/06/id/6077649.shtml,访问日期:2021 年 10 月 25 日。

“禁止专利滥用”条款中的行为类型梳理与相关制度构建〔1〕

季冬梅*

摘　要　2020年《中华人民共和国专利法》新增“禁止专利滥用”条款，为规范行使专利权的行为提供指引。但这一概括性条款缺乏明确界定和概念解读，引发理论争议和实践问题。反垄断法和专利法在应对滥用行为时可协同发挥约束和规制作用，但需厘清各自边界。基于类型化思维，采取专利制度滥用和专利权滥用的初级分类、实体性权利滥用和程序性权利滥用的次级分类，能够为构建相关制度框架提供参考，并增强问题研究的条理性、法条适用的逻辑性。受市场机制运作的影响，司法机关能够在侵权案件中以抗辩规则对滥用行为进行约束，并拓展民事救济和行政监管的视角，成为推动“禁止专利滥用”条款有效实施的可选路径。

关键词　禁止专利滥用；行为类型；制度构建

目　次

---

* 季冬梅，首都经济贸易大学法学院讲师，法学博士，研究方向：知识产权法、科技法。

〔1〕 本文系北京市法学会2021年市级法学研究课题青年课题“优化北京营商环境背景下的专利滥用问题研究”[BLS(2021)C005]成果；“首都经济贸易大学北京市属高校基本科研业务费”专项资金资助的“智能时代算法技术的法律监管制度”项目(XRZ2021024)成果。

专利权作为激励创新与发明的制度工具，赋予权利人较强的垄断权，也使得为获取竞争优势的“专利竞赛”呈现白热化趋势，甚至诱发专利滥用攫取不当利益等行为。专利滥用与激励创新、促进发展等制度目标背道而驰，增加技术转化与经济活动的社会成本，导致专利制度在实施过程中出现异化。对专利滥用行为的规制常见于反垄断法领域，相关行政执法机关制定细化规则，禁止滥用知识产权排除、限制竞争。然而，技术经济模式与权利行使样态的复杂多样，导致专利滥用问题突破了反垄断法的既有框架与分析范式，对专利滥用行为的类型化分析以及对禁止专利滥用的制度构建，成为新时代知识产权规范运用的重要议题。

一、问题的引出：对专利滥用缺乏清晰认知与界定

目前，世界多国相继在专利法中规定“禁止滥用专利”，并不断完善相关制度。英美法系国家通过司法判例确立禁止专利滥用的规则与标准，而大陆法系国家则主要援引民法领域“禁止权利滥用”原则展开论证与演绎。《中华人民共和国民法典》（以下简称《民法典》）第 132 条通过概括性、笼统式的规定，要求“民事主体不得滥用民事权利损害国家利益、社会公共利益或者他人合法权益”，为法官检视权利人的行为、进行利益衡量提供依据。但相关概念的模糊与细化规则的缺位，导致这一概括性条款在面对现实问题中观点不一，争议不断，在专利法领域亦然。

2020 年《中华人民共和国专利法》（以下简称《专利法》）修改，首次引入“禁止权利滥用”条款，规定“不得滥用专利权损害公共利益或者他人合法权益”，作为对上述问题的制度回应与补充。“禁止滥用专利”的重要性虽得以承认，但目前立法和实践中均未明确何种行为属于“滥用”，专利滥用与其他不正当、不合理行使专利权之间的关系也不明确，对于专利滥用的认知不一致，司法审判中的实际做法也并不统一。[1] 再者，“知识产权滥用”的概念本身也被“滥用”，或出现了各种滥用概念混淆不清、理解混乱的问题，或轻率地否定禁止知识产权滥用的意义，认为大多数知识产权类型基本上不存在滥用的可能性。[2] 相关概念的内涵与外延的模糊性，带来实践中的混乱，给制度施行带来阻碍。与此同时，专利滥用行为规制的反垄断法与专利法二元模式，以及二者之间的衔接问题也成为当前需要解决的重要任务。基于此，本文从专利滥用行为类型梳理为起点，试图廓清萦绕在“专利滥用”问题上的理论迷雾，区分专利法与反垄断法的不同问题领域，然后基于不同的滥用行为与明确的问题类型，对专利滥用相关问题进行理论分析与实证探索，试图为《专利法》中“禁止权利滥用”条款的解读与适用及构建相应制度提供分析框架。

为更好地理解专利权滥用的含义，有效构建相应规则，本文将首先对专利滥用的相关概念进行界定，对涉及的行为进行类型化的分析，根据专利权人滥用的手段和方式、滥用行为侵犯的法益不同，将专利滥用行为首先进行“制度滥用”和

---

〔1〕 姚兵兵：《侵权诉讼中专利权正当行使与滥用的实证研究——兼评专利法第三次修改的部分条款》，《科技与法律》2009 年第 5 期，第 79 页。

〔2〕 李琛：《禁止知识产权滥用的若干基本问题研究》，《电子知识产权》2007 年第 12 期，第 149 页。

"权利滥用"的一级分类;在一级分类的基础上,将"权利滥用"进一步划分为"程序性权利的滥用"和"实体性权利的滥用",对涉及专利的滥用行为进行对比分析与梳理,探明规制不同类型滥用行为规则背后的理论与价值,从而构建出专利侵权抗辩中的专利滥用抗辩的体系与合理、严密的思考逻辑。如何构建实践中的具体规则,处理专利权人行为合理性与合法性的判断标准等问题,仍缺乏一致认识和完整答案,尚需进一步厘清相关概念与体系,从而为行政机关、司法机关行使职权提供指引,也为专利权人的行为选择提供参照。

二、禁止专利滥用:反垄断法与专利法的二元模式

专利滥用行为具有复合性、交叉性,行为样态中既有民事违法行为,又有不正当竞争行为、限制竞争行为。[1] 由于专利权带有天然的垄断属性,容易滋生权利滥用、从事垄断行为的土壤,当专利权持有人在相关市场中享有市场支配地位,再利用专利权的独家优势,其权利行为很有可能既属于权利滥用,又属于市场垄断,如回授条款、不合理的搭售行为等。因此,对专利滥用与违法垄断行为之间的关系,需要辩证看待,对于专利滥用行为的性质,也需要综合产生的后续影响、行为人的市场地位、专利权本身的权利范围、行为人的具体行为模式等要素进行综合性的判断和衡量。这一点在《专利法》"禁止专利滥用"条款中也得以明确,其专门规定"滥用专利权,排除或者限制竞争,构成垄断行为的",依照《中华人民共和国反垄断法》(以下简称《反垄断法》)处理。而这一行为属于"滥用专利权损害公共利益或者他人合法权益"行为范围中的一种类型。至于垄断行为之外的滥用专利行为将如何处理,却没有细化的规则作为依据。但这一规定确立了反垄断法与专利法的二元模式,如何厘清各自的覆盖范围是解决实际问题需要面临的首要问题。

在调整与规范竞争关系的过程中,知识产权与反垄断法形成了一种和谐的互动状态。[2] 且由于专利滥用与违法垄断行为之间可能会存在交叉重合,很多学者在学术研究中将二者混糅在一起进行探讨。但从专利法和反垄断法的法律逻辑与宗旨上看,二者并不是杂糅的关系:《反垄断法》主要由行政机关完成执法工作,针对违法垄断行为进行查处;《专利法》中则采取行政和司法双轨救济模式,民事诉讼中也可能会涉及部分专利滥用行为的纠纷审理。因此,若在专利滥用问题的学理讨论和规则设置中,不能充分厘清《专利法》和《反垄断法》的界限与视角,或将降低法律实施效果,也会弱化规则对社会公众的行为指引。

首先,在规则趣旨上,禁止专利滥用与反垄断原则存在区别:专利滥用主要针对超出专利范围以外的行为,而反垄断规则主要衡量特定行为对市场造成的影响。二者针对的行为类型不同,应避免将专利滥用行为与违法垄断行为混同。在普菱柯公司诉国际贸易委员会案中,美国联邦巡回上诉法院中主张对禁止专

〔1〕 宁立志:《规制专利权滥用的法律范式论纲》,《社会科学辑刊》2018 年第 1 期,第 122 页。

〔2〕 时建中、陈鸣:《技术标准化过程中的利益平衡——兼论新经济下知识产权与反垄断法的互动》,段瑞春主编:《创新与法治——新常态、新视野、新探索》,中国政法大学出版社 2016 年版,第 238 页。

利滥用原则进行狭义解释，专利滥用是“法官造法”下的原则，会对禁止侵权的法定专利权利产生减损。即使专利权人违反了反垄断法，该行为并不一定就构成对专利的滥用，禁止专利滥用原则规制的是超出专利权范围的行为，而反垄断法规制的是垄断性的市场行为。[1] 具体而言，有些专利权行使行为超出了合理范围，但由于专利权人在相关市场中并不具有优势地位，如存在可替代技术方案，其滥用权利的行为并不会造成排除、限制竞争的效果；而有些借助专利权达成垄断的市场行为，可能并没有直接超越专利权的合理范围，如与同行业达成横向垄断协议、与产品下游经营者达成纵向垄断协议等，但由于这些行为在经济效应上造成垄断性的后果，故会受到反垄断法的规制。

其次，在行为性质的判断上，反垄断法需调查特定行为对产业或经济的影响，如在审查独家交易时，法院会考量市场结构、产品的可替代性等相关因素。与之形成鲜明对比，专利法几乎并不关心与专利价值和专利行为的效应有关的市场因素，对专利权的“干预”主要体现在行政授权程序中。一旦授权完成，专利法几乎不再衡量权利的存在或行使会对竞争的促进或限制产生何种影响。因此，专利制度的政策性要比反垄断法更低。规制专利滥用行为主要从权利正当性的角度出发，结合对专利权范围的理解，避免权利被不正当地扩张。而违法垄断行为则主要是破坏市场竞争秩序，具有排除、限制竞争效果的不正当行为，可能是“合法”地自由行使个人私权利，并没有超出权利本身的范围，但由于对市场竞争和经济秩序造成不良影响，而被《反垄断法》及相关规章制度所规制的行为。对垄断行为的规制带有社会利益经济分析的色彩，如实践中对专利回授、搭售、独家许可等行为的限制，都是从社会公共利益与整体经济效率的角度进行综合衡量的结果，而非出于防止专利权人超出权利范围行使权利的考量。

三、初阶分类：专利制度滥用与专利权利滥用的区分

首先，需要明确的一组概念，“权利滥用”与“制度滥用”。根据权利人进行滥用的对象和行为性质的不同，滥用行为可以划分为“权利滥用”和“制度滥用”。对专利权的滥用则是超出专利权合理范围所采取的不正当行为；而对专利制度的滥用，并没有超出法授权利的范围，而是借助制度机制，达成违反制度目标的其他不合理目标，以此攫取收益。最为典型的一种滥用专利制度的行为就是“专利海盗”(或称“专利蟑螂”)。“专利海盗”是对一种专利权人(通常是小公司)的贬称，其获取专利并不是为了实施，而是通过诉讼威胁来获取极高的专利许可使用费。由于滥用的原因不同，因此，解决“滥用”问题专利或者坏专利的问题的措施主要不是规范权利行使的行为，而是通过完善专利制度来提高专利授权的质量、减少问题专利或坏专利的数量。[2]

对是否构成专利制度滥用难以单纯地从专利权人行使权利本身去孤立判

---

〔1〕 Princo Corp v. Int'l Trade Comm'n, 616 F. 3d(2010), 1329(Fed. Cir. 2010).

〔2〕 张伟君、单晓光：《滥用专利权与滥用专利制度之辨析——从日本“专利滥用”的理论与实践谈起》，《知识产权》2006年第6期，第74页。

断，而需要结合专利权人的主体身份、商业模式、盈利方式、申请专利的目的、专利实施状况、行使专利权产生的外部效应等众多要素进行综合分析。在专利侵权抗辩中，提出“滥用抗辩”的背后蕴藏制度利益的考量，主要是对私权利的限制，基于不同层级利益保护和衡量的需要进行规则设置。专利制度的滥用行为区别于专利权本身的滥用。限制专利制度的滥用，是基于维护专利制度本身的利益目标而提出的对合法行为的限制；而限制专利滥用行为，是对本身就可能不合理、不合法，违反权利滥用原则的行为进行约束。

制度设立往往带有立法者赋予的预期目标，即制度目标。制度目标包含最根本、最主要的目标和围绕这一主要目标展开的一些次要目标或子目标。专利制度设立的最主要目标就是促进科技进步与技术发展，为实现全人类共同福利做贡献，这在我国《专利法》第 1 条与已经加入的《与贸易有关的知识产权协定》(以下简称 TRIPs)中都有所体现。而围绕这一主要制度目标，专利制度还有很多子目标，贯穿于各项规则设置当中，如保护个人财产，当发明符合专利保护要件时，他人不得未经专利权人同意就实施该专利，否则需承担侵权责任；进行利益平衡，专利权人行使专利权不得造成对他人利益的不当侵犯，同时还会受到公共利益的限制，基于利益平衡的考量会对专利权进行限制，如强制许可、专利权的时间性要求等。专利制度还带有一定的促进交易的色彩，在交易中，专利能够最大限度地发挥其价值，及时、高效地进行转化。因此，当“专利权人自专利权被授予之日起满三年，且自提出专利申请之日起满四年，无正当理由未实施或者未充分实施其专利的”，就会面临着专利被强制许可的风险。虽然我国在实践中尚未发生 1 例强制许可的实际案例，但《专利法》对授予强制许可条件的规定，对专利权人及时有效地实施专利或许可他人实施专利，以实现商业转化与交易，能够产生鼓励与推动作用。

专利制度利益体现在促进科技创新和技术进步上，体现在对社会经济发挥推动作用上。专利制度通过将个人发现或发明私有化，将劳动成果从公有领域中划分出去，产权化后的专利权赋予权利人专有的排他性权利，从而获得超越其他竞争对手的优势地位，也能够通过实施专利方案或许可他人实施获得经济收益，以此激励创新活动。而专利制度的时间性只允许权利人享有一定时期内的专有排他权，一旦专利过期就归于公有领域，他人可以自由免费使用，大大地丰富了社会公共资源，而后续的改进发明人能够继续获得其改进发明的专利权，专利制度继而可以继续发挥对创新的激励作用。但是，专利范围的模糊性和非实体特征导致制度实施可能会产生背离制度设计初衷的结果，并引发更多社会成本。在与专利有关的滥用行为中，对专利制度本身的滥用就会造成专利制度利益受损，社会成本增加。

对滥用行为进行约束是利益衡量的结果。利益衡量的过程中会涉及当事人具体利益、群体利益、制度利益和社会公共利益 4 个不同层次的利益。[1] 其中，

---

〔1〕 梁上上:《制度利益衡量的逻辑》,《中国法学》2012 年第 4 期,第 73 页。

最具特殊性的是“制度利益”，它并不代表“人”的利益，而是指实在的法或法律体系所体现和保护的制度化的价值，[1]某一法律制度本身所追求的或者所凝固的制度利益是其核心价值，深刻地影响该制度的生存和发展。[2] 在知识产权制度中，专利制度所预期追究的状态和目标就是专利制度的利益体现。当前，对专利制度本质的利益追求在于“基于全人类共同福祉，促进科技进步与技术发展”，违背这一制度目标采取的行为就很可能导致专利制度利益受到损失。当制度实施过程中遇到很多威胁制度利益的行为或现象时，就需要采取必要的措施，发挥法律制度规范和调整的功能，使得专利制度未来的发展能够回归合理轨道。

四、进阶分类：实体性权利滥用与程序性权利滥用

(一)专利实体性权利的滥用行为

目前，我国对于专利滥用的定义尚未达成普遍一致的认识，但在司法实践中，学者们已经逐渐意识到在这一事由存在的合理性和必要性，在《布莱克法律词典》中，将“专利滥用原则”解释为“衡平法上的一项原则，它要求专利权人不得在行使专利权中有效地扩大专利垄断权的范围，以至于限制贸易或损害公共利益。”[3]我国也有学者将专利权滥用的行为界定为超出专利权合理边界或范围的行为。[4] 本文将采用主流观点，以“超出专利权的合理边界或范围”作为对“专利滥用”的含义解释，在此概念的基础上探讨如何解读与适用禁止专利滥用条款。

美国联邦最高法院在长期的司法实践中，将专利滥用认定为是“超越专利范围”的行为，以专利权的立法宗旨和目标作为该原则的解释和适用基础。由于专利法和反垄断法在价值理念上存在不同之处，法院对专利权人滥用专利权的行为规制与“竞争法”“反托拉斯法”中对违法垄断行为的规制相区别、相独立。[5] 当存在专利滥用的行为时，被控侵权人可以依据美国《专利法》第 282 条(b)款(1)项的规定，以专利权不具有可实施性而提出抗辩。这一抗辩事由，关注的重点在于对专利权人实施专利权的行为进行约束，以限制专利滥用。[6] 美国涉及专利滥用的案件具有行为类型化的特征，主要包括搭售与收取过期专利许可使用费两种情形。美国对于专利滥用的行为，提供了民事诉讼的矫正途径，使得不构成反垄断违法行为的权利滥用行为，也能够在实践中受到约束和限制。被控侵权人在诉讼过程中，可以原告存在专利滥用提出侵权抗辩。在此路径下，社会

---

〔1〕 舒国滢：《法哲学沉思录》，北京大学出版社 2010 年版，第 257 页。

〔2〕 梁上上：《制度利益衡量的逻辑》，《中国法学》2012 年第 4 期，第 74 页。

〔3〕 Bryan A. Garner(Editor in Chief), *Black's Law Dictionary*, 8th Edtion, West, a Tompson Business, ST. Paul, Minn, 2004, p. 1162. 转引自张以标：《专利权滥用法律问题研究》，中国政法大学出版社 2018 年版，第 26 页。

〔4〕 彭礼堂：《公共利益论域中的知识产权限制》，知识产权出版社 2009 年版，第 81 页。

〔5〕 Herbert Hovenkamp, The Rule of Reason and the Scope of the Patent, 52 San Diego L. Rev. 515 (2015), pp. 515-518.

〔6〕 B. Braun Med v. Abbott Labs., 124 F. 3d 1419, 1426(Fed. Cir. 1997).

公众也被纳入反垄断的监督过程中。同时,专利滥用侵权抗辩事由一旦成立,被控侵权人则可以免于承担侵权责任,也是对专利潜在使用人的一种激励,激励其挑战专利权人的权利行使方式,避免专利的滥用给社会利益造成损害。

欧盟地区对于专利滥用行为的规制带有保护市场竞争的色彩。《建立欧洲共同体条约》集中体现了有关知识产权滥用的反垄断法规制的实体规范,并通过《240/96号规章》对知识产权条款进行类型化安排,区分其是否使用反垄断豁免。[1] 欧盟法院在实践中逐渐发展出协调专利权和市场竞争秩序的一套体系。其主张专利权作为一项垄断性权利,使得权利人拥有技术方面的先天优势,也促使权利人获得相关市场的支配地位,这容易引发市场支配地位的滥用,继而对市场竞争产生危害。以德国的司法实践为代表,德国联邦最高法院"橘皮书"案中明确规定了专利权人对市场支配地位的滥用可以构成专利侵权的一项抗辩事由,其采用较为严格的认定标准,提出了被告可以主张原告构成专利滥用的条件和要求。该标准被称为"橘皮书标准"。[2] 基于善意原则,德国联邦最高法院要求被告:证明带有获得许可的意图,而向专利权人提出无附加条件且全面的要约,专利权人只要不违反反垄断法的规则,就不会反对这一要约;且如果被告已经使用了该发明,按照前述达成的许可协议遵循其义务,即通过支付价款或提供订金的行使作为适当的许可费并提供日常的许可费用报告。

橘皮书标准确立了专利权人滥用市场支配地位会构成侵权抗辩的规则,意味着市场支配地位会给专利权人的权利行使带来一定的限制。橘皮书标准确立后,为德国和欧盟其他成员国应对专利侵权与专利权滥用等问题提供了重要的参考。比如,欧盟委员会在之后处理摩托罗拉和苹果的案件纠纷时就采用了橘皮书标准,认为该案中的要约满足了橘皮书的标准,专利权人的滥用行为应当成立。[3] 在荷兰海牙地区法院审理的中兴通讯/弗林戈案中,专利权人做出公平合理非歧视原则(以下简称FRAND)承诺并且基于专利权扣押该侵权产品。侵权行为人请求解除扣押令,援引橘皮书标准进行声辩。但是在该案中,法院并没有支持本案中的要约满足了橘皮书标准的主张。

日本对于"禁止专利滥用"原则采用广义的理解。一方面,专利权超出合理范围的行使构成滥用;另一方面,专利权无效或效力存在明显问题时,权利人行使专利权的行为也可能被法院认定为权利滥用。但是,在适用"禁止专利滥用"作为约束专利滥用的原则、支撑被告的抗辩主张时,其实践中适用范围却偏窄,目前主要见于"专利无效抗辩"这一情形中。日本侵权诉讼中的无效抗辩并不会影响专利权对世效力,因此专利权依然是有效的。但是允许专利权人依据明显无效的专利权进行诉讼、主张权利,有违公平、违背专利制度的宗旨,因而属于专

---

[1] 李浩成、王立武:《欧、美、日知识产权滥用反垄断立法规制比较与借鉴》,《山东社会科学》2015年第6期,第176页。

[2] "Orange-Book-Standard",BGH GRUD 2009,694. Thomas Kühnen,Frank D. Peterreins,Patent Litigation Proceedings in Germany,translated by Frank D. Peterreins,Heymanns Carl,2015,note. 1421.

[3] European Commission 29 April 2014,case AT. 39985.

利滥用。[1] 日本广泛地运用专利滥用的概念，希冀对实践中出现的违背专利制度价值目标的行为进行约束。但是，日本的“滥用专利”抗辩和美国的“滥用专利”抗辩是没有关联的两个不同的概念。无论是从历史起源，还是从实际内容来看，都完全不同。[2] 这也是我们在比较其他国家禁止专利滥用相关制度时需要明确的。

(二)专利程序性权利的滥用行为

私有权利的存在及其保护具有正当性，但实践中却会出现原告不合理、不正当地获取并行使专利权的行为，试图利用专利权的保护和救济途径来牟取一定的好处，或损害被告方的正当利益。在专利权存续的过程中，专利权人的不正当申请和不正当行使诉权的行为会造成他人利益乃至社会公众利益被侵害。申请专利和提起侵权诉讼均属于程序性的权利。对程序性权利滥用行为进行规制，既符合利益平衡的要求，也符合对专利领域程序规则产生异化现象进行矫正的需要。

第一，不正当申请行为。这是指在获得专利授权的时候，通过不正当的方式，以欺诈等手段获得本不应当被授权的专利，不正当的行为发生在申请专利的过程中。不正当申请属于专利体系中不正当行为的一种表现类型，而广义的不正当行为，则是贯穿专利权存续期间，从专利权授权、行使到保护和救济整个过程中。专利权人所从事的不正当行为，包括但不限于专利垄断、恶意诉讼、拖延诉讼等。在专利诉讼中，“不正当行为”也可以作为被控侵权人对抗专利权人主张的依据。“不正当行为”实际指代的行为类型与其概念名称并不完全一致，实践中很多对专利权的不正当行使都没有被这一术语包含在内。“不正当行为”仅仅指专利权人通过恶意获得专利，而后主张专利权构成行为的不正当性这一情形。更为确切地讲，此处的“不正当行为”专指“不正当获取专利并寻求权利保护的行为”。为了更好地区别广义的不正当行为和专指申请过程中的不正当行为，本文采用“不正当申请”指代后者。

不正当申请抗辩源自于英美法中“不洁之手”原则，该原则反对任何欺诈或不诚信行为，并拒绝向那些实施欺诈或者不诚信行为的主体提供禁令或公平救济。[3] “不洁之手”原则通过司法判例得以不断的健全、补充与发展。美国司法实践中，已经确立起较为成熟的“不正当行为原则”，以矫正专利权授权过程中的错误。在该原则下，如果被控侵权人能够通过明确的证据证明专利申请人带有欺骗专利商标局的主观故意，且在申请专利时做虚假陈述或遗漏实质性信息，那

---

〔1〕 毛金生等:《海外专利侵权诉讼》，知识产权出版社 2012 年版，第 292 页。

〔2〕 张伟君、单晓光:《滥用专利权与滥用专利制度之辨析——从日本“专利滥用”的理论与实践谈起》，《知识产权》2006 年第 6 期，第 67 页。

〔3〕 徐棣枫:《不正当行为抗辩制度之一直可行性及设计构想——基于〈专利法〉第四次修改中的“诚实信用原则”》《东方法学》2018 年第 6 期，第 30 页。

么该情形可以作为专利侵权抗辩的事由存在。[1] 在构成要件上,不正当行为抗辩需要满足主观恶意和客观欺骗两个要素。由于专利权人申请时存在的不正当行为,专利权丧失其合法存在的正当性依据,被控侵权人自然而然不再需要承担侵权责任。对专利权所涉及的技术最为精通者,除专利权人本身之外,就是同行业竞争者。这一制度从授予被控侵权人广泛的抗辩权利入手,激励社会公众更为广泛地投入监督专利权人申请授权、权利行使的过程当中。

第二,滥用诉权的行为。滥用诉权的现象不仅出现在专利保护中,其实在很多民事诉讼案件中都可能存在。从行为类型上,对诉权的滥用属于滥用程序性的权利,而非实体性权利的滥用。这也是滥用诉权与滥用专利行为的区别所在。对专利的滥用是实体性权利的滥用,是对专利权的不正当行使,是对专利权范围的扩张。因此,本文基于对专利权进行限制的研究视角,认为有必要将专利权滥用行为和不正当诉讼这一滥用诉权的行为进行区别讨论和对待,以免在研究中出现概念的误解和混乱。专利权人针对侵权行为人提起的专利侵权诉讼,本是基于保护权利人的合法利益而存在的一种救济途径,但在现实中却可能演变为专利权人借机损害他人正当利益的工具。一般情况下,不正当诉讼中的原告方或带有"赌博"的心态,明知自己可能缺乏诉讼事由,却依然想做出尝试,"敲诈"被告以获得收益;或"醉翁之意不在酒",原告可能并不在意自己的诉讼最终是否能够成功,而是将诉讼作为竞争手段,通过提起侵权之诉,达到损害对方商誉、影响对方市场前景或拖延时间等目的。总体而言,对专利诉讼的滥用,可以划分为恶意诉讼和拖延诉讼两种情形。

我国针对实践中可能出现的恶意诉讼的情形,采取了相应的预防性机制。《最高人民法院关于审理侵犯专利权纠纷案件应用法律若干问题的解释》第 18 条赋予了受到侵权警告的主体提出"确认不侵权"之诉的权利,[2]从而督促专利权人及时行使权利,也防止专利权人胡乱提出侵权之诉损害他人合法权益。但是自 2003 年我国审理知识产权恶意诉讼第一案以来,我国始终没有形成规制不当运用专利侵权诉讼行为的有效机制。[3] 美国司法实践中,使用"虚假诉讼"或"恶意诉讼"来指代缺乏正当性、不应获得支持的诉讼行为。其中,对虚假诉讼的行为约束成为规范竞争秩序的一部分。虚假诉讼是指缺乏客观基础,且提起诉讼的主体带有利用诉讼程序直接干扰竞争者商业经营关系之意图,而无论案件

[1] Therasense, Inc. v. Becton-Dickinson, Inc. United States Court of Appeals for the Federal Circuit, 649 F. 3d 1276(Fed. Cir. 2011).

[2] 《最高人民法院关于审理侵犯专利权纠纷案件应用法律若干问题的解释》第 18 条规定,权利人向他人发出侵犯专利权的警告,被警告人或者利害关系人经书面催告权利人行使诉权,自权利人收到该书面催告之日起 1 个月内或者自书面催告发出之日起 2 个月内,权利人不撤回警告也不提起诉讼,被警告人或者利害关系人向人民法院提起请求确认其行为不侵犯专利权的诉讼的,人民法院应当受理。

[3] 朱雪忠、彭祥飞:《论专利侵权诉讼滥用的规制:价值与模式》,《西北大学学报(哲学社会科学版)》2019 年第 4 期,第 49 页。

实际结果如何的起诉。[1] 而存在于专利权领域的“恶意诉讼”,则是指在原告缺乏合法或合理理由的情况下,依然故意起诉被告,以获得不正当的利益,导致对被告合法利益的损害的起诉。在专利领域中,实体性权利滥用和程序性权利滥用均具有不正当性,是依法应被遏制甚至惩罚的行为。

对于程序性权利的滥用,并非是专利权领域特有的现象,在一般民事权利的行使与保护中也可能会滋生滥用民事诉权等程序性权利的问题。对于程序性权利的滥用,实践中可以构成被告方提出“反诉”的事由,区别于被告针对原告的侵权主张提出抗辩的依据。但由于专利权区别于一般的民事权利,专利权需要通过行政授权程序获得,而非自然产生,专利权的范围和解释存在不确定性和模糊性,专利权诉权的滥用在当下受到颇多关注。

随着科技进步,专利权人在诉讼中主张专利保护、要求获得救济都是对诉权的行使。但很多专利权人试图从专利制度中“寻租”,申请专利之后,并不通过实施专利本身,或将专利变现来获得收益,而是通过提出侵权诉讼,利用专利市场中的信息不对称达到攫取利益的目的。诉权是为专利权人提供法律救济不可或缺的一种重要权利表现形式。面对专利侵权行为,专利权人可以通过提起诉讼的方式寻求公权力机关的救济。但是诉权这样一个法律保护的武器却在实践中被一些专利权人变相使用,被视为攫取不正当利益的工具。日本判例中,将提起侵权诉讼自身属于违法行为解释为“明知欠缺事实上、法律上的根据,或者普通人容易知道明显欠缺事实或法律上的根据,还是提起了诉讼等,参照裁判制度的趣旨,权利人提起诉讼被认为明显不妥当”。[2] 对提起专利侵权诉讼自身的违法性进行主张,是被告可采取的更加积极的对抗手段。

从限制专利权行使的角度来看,专利权人对程序性权利的滥用与对专利权实体性权利的滥用存在若干差别。其一,从发生阶段来看,对程序性权利的滥用存在于申请权利、保护和救济等过程中,而非基于已授权的专利。其二,从行为结果来看,滥用程序性权利并不必然导致专利权范围的扩大,而滥用实体性权利则造成了专利权范围的实际扩张。其三,从制度目标上看,对滥用程序性权利的规制,目的是避免一些法律程序成为提起诉讼的主体攫取不正当利益的途径,是对程序规则的矫正与完善。而对滥用实体性权利的规制,着眼点主要在于限制专利权的行使,避免权利行使的方式造成对专利制度正当性的破坏。厘清专利权滥用和专利诉权滥用的概念,能够在理论上明确专利侵权诉讼滥用的法律制度之目的,规范和保障行为主体对于专利诉讼的合理使用,禁止和惩罚滥用专利诉讼的行为。[3] 因此,在对权利滥用抗辩进行讨论和分析的时候,需要将程序性权利的滥用和实体性权利的滥用进行区分,以更好地把握抗辩规则背后的逻辑体系与价值理念。

---

〔1〕 Professional Real Estate Investors, Inc. v. Columbia Pictures Industry, Inc. ,508 U. S. 49(1993).

〔2〕 增井和夫、田村善之:《日本专利案例指南》,李扬等译,知识产权出版社 2016 年版,第 351 页。

〔3〕 朱雪忠、彭祥飞:《论专利侵权诉讼滥用的规制:价值与模式》,《西北大学学报(哲学社会科学版)》2019 年第 4 期。

第三,拖延诉讼的行为。拖延诉讼,可以划分为起诉前和起诉后 2 种情形。起诉前的拖延诉讼,即谓"懈怠"是指专利权人自知道或应当知道专利侵权行为之日起,出于某种特定的目的,不合理地延迟提起诉讼。该原则在司法上创设出这样一种制度:被控侵权人能够限制或者忽视其责任,当权利人在不合理迟延或者做出不起诉的错误陈述后却不公正起诉之时。[1] 而起诉后的拖延行为是指在诉讼开展的过程中,当事人阻碍诉讼进程,如反复多次提起专利权无效宣告甚至还进入中止诉讼程序、随意提起管辖权异议、回避申请或者轻率地申请诉前临时禁令等一系列行为。[2] 拖延诉讼行为会带来额外的社会成本。侵权纠纷不能得到及时的解决,违背了诉讼经济理念,浪费了司法资源;而权利人怠于行使权利,不利于市场交易的安全和稳定,影响社会整体的经济效率。

专利侵权的判定与行为人的主观过错无关,只要行为人未经专利权人的许可,客观实施了侵害专利权的行为,无论其主观上是否具有过错,均构成侵权。因此,权利人是否存在懈怠与侵权行为是否成立无关,争论的关键在于懈怠能否阻却禁令救济和赔偿专利权人的损失。我国《专利法》第 74 条关于诉讼时效的规定能够督促专利权人及时行使权利,避免懈怠行为。即,侵犯专利权的诉讼时效为 3 年,自专利权人或者利害关系人知道或者应当知道侵权行为以及侵权人之日起计算。

普通法下的懈怠抗辩规则存在已久,具有独立于诉讼时效规则的意义和价值。当原告不合理地迟延提起诉讼,并且该迟延对于被告构成实质损害时,不得起诉。[3] 这一规则的独立性体现在,被告可以通过证明原告存在懈怠行为以及自身因此遭受的损失,获得损害赔偿。而诉讼时效规则下,原告怠于提起诉讼最多意味着获得的损害赔偿数额受到限制。懈怠规则是衡平法系统中对利益平衡的追求与整体效率的重视,避免原告不积极行使权利的行为损害市场环境中的信赖与安全。

五、禁止专利滥用行为的规则选择与制度构建

(一)专利制度滥用行为的司法应对

专利滥用行为造成的社会成本问题已成为专利制度按照预期目标运行下去的阻力之一。基于对其他各国禁止专利滥用的考察,我国司法实践也应当对专利滥用的问题提供现实回应。专利侵权诉讼制度作为一种维护专利制度促进技术创新功能的纠偏机制,近年来日益被异化为攫取不当利益、打击竞争对手的工

---

〔1〕 罗杰·谢科特、约翰·托马斯:《专利法原理》(第二版),余仲儒组织翻译,知识产权出版社 2016 年版,第 279 页。

〔2〕 朱雪忠、彭祥飞:《论专利侵权诉讼滥用的规制:价值与模式》,《西北大学学报(哲学社会科学版)》,2019 年第 4 期,第 53 页。

〔3〕 A. C. Aukerman Co. v. R. L. Chaides Construction Co. ,960 F. 2d 1020(Fed. Cir. 1992).

具。[1] 对专利制度的滥用就属于这一现象引发的结果。对专利制度的滥用,从表面上看属于合法行为,如非专利实施主体对涉嫌侵权行为人发出侵权警告或提起诉讼。专利权人请求法院进行司法救济是其当然拥有的权利,当非专利实施主体自己不实施专利权,也未许可他人实施专利权的情况下,并没有专利滥用的存在,基于合法有效的专利权提出侵权诉讼也没有超出专利权的行使边界。因此,专利制度本身的设置难以对非专利实施主体进行直接的抑制或打击。

但实质上,非专利实施主体所采取的商业模式,若以起诉他人、警告他人侵权为主要内容,会造成很大的资源浪费。非专利实施主体的诉讼干扰策略给专利创新系统带来了巨大的经济成本,阻碍了研发的投入,给社会带来了巨大的危害。[2] 非专利实施主体自己不实施,会使得处于个人领域的技术方案长久处于搁置状态,但具有实施能力和实施需求的主体却可能因该专利的存在而掉入"陷阱":一旦使用该专利,就会面临侵犯他人权利的困境,而非专利实施主体却可能借机提高要价,或非专利实施主体待使用人正式投入使用之后,提出侵权警告或以起诉相威胁,进一步提高自己的定价能力。面临这种局面,侵权行为人要么放弃使用该专利,转而继续寻找其他替代物,或直接放弃本身的研究开发计划,造成之前付出成本的流失。无论哪一种结果,都会产生附加的社会成本,不利于专利以最有效的方式投入生产、运营或商业转化,也会对后续创新者产生阻碍,从而造成专利制度利益受损。

专利制度利益存在于制度中各个具体环节中,对专利制度利益的具体实现方式可以继续进行类型化的分析,从而使得在每一个环节中,专利制度利益都能够得到充分的保障。在专利侵权抗辩中,专利制度利益得以维护的重要途径就是借助原被告双方的对抗机制,通过支持被告提出的侵权抗辩对原告的主张进行否认或削弱,抑制原告不合理地利用专利制度,避免社会资源的浪费和制度利益受损。针对损害专利制度利益实现的制度滥用行为,侵权行为人不妨借助我国司法实践中对停止侵权的限制适用规则予以应对。

(二)在抗辩事由中纳入专利滥用的制度设想

法院审判可对行为人提供指引,而专利侵权诉讼的抗辩中,法院应主要依据《专利法》的侵权判定规则与抗辩事由来进行审理和判断。当专利被滥用的时候,由于缺乏正当性基础,法院不应当支持该专利权继续受保护。但专利权行使的正当性,本身就不是法定用语,存在概念模糊、范围边界不够清晰等固有问题。如何在司法实践中,通过逻辑化、体系化的标准规则,认定是否构成专利权滥用、是否可以此支持被告的诉讼抗辩,对于专利权人及潜在使用人、社会公众都具有重要的指引意义。

早在 2001 年,北京市高级人民法院在《关于〈专利侵权判定若干问题的意见

[1] 朱雪忠、彭祥飞:《论专利侵权诉讼的失范现象及其治理》,《政法论丛》2018 年第 2 期,第 61 页。

[2] 易继明:《遏制专利蟑螂——评美国专利新政及其对中国的启示》,《法律科学》2014 年第 2 期,第 176 页。

(试行)〉的通知》(已失效)中就已经规定了滥用专利可构成侵权抗辩事由的若干种情形。这是我国最早地将专利滥用纳入侵权抗辩体系的一次尝试。[1] 虽然这一文件目前已经失效,但仍具有较大的参考价值。目前,在北京市高级人民法院发布的《专利侵权判定指南(2017)》中,第126条、第127条则专门针对专利滥用行为进行规定,但对专利滥用行为的界定存在问题。《指南》所规定的几种情形都属于不正当获取专利的行为,权利本身存在瑕疵,将其认定为独立于专利滥用的不正当行为可能更准确。但不可否认的是,该《判定指南》的出台表明我国法院已经做出将专利滥用纳入侵权抗辩事由的初步尝试。

目前,我国针对专利滥用行为的规制尚未形成独立的理论体系,也缺少具有指导性意义的案例实践。目前,我国对涉及知识产权滥用的行为虽发布了相应的指南,但仍未脱离《反垄断法》的规则框架。然而,《反垄断法》不能完全替代专利权滥用规范的功能,[2]仅仅依靠《反垄断法》,难以对专利权滥用行为进行全面的约束,当滥用行为未违反《反垄断法》时,就出现了规则上的空白,滥用者可以借机对权利范围进行扩张,损害的不仅仅是合理使用者的利益,更是社会公众的广大利益。将来,可行的做法应该是在《专利法》上专门对专利滥用行为做出规定,立法模式可以采取原则性条款与具体列举相结合的方法。[3] 而在抗辩规则中增加专利滥用这一事由,可以在一定程度上应对之前的制度缺陷,也鼓励潜在的专利使用人参与进来,规范行使专利权的行为,避免专利权人利用专利权来“寻租”,造成社会资源的浪费和经济效率的低下。

另一方面,需要警惕对专利滥用行为过度规制产生的其他问题。专利滥用导致的社会成本问题引发关注,但遏制专利滥用行为,要避免矫枉过正。近年来,专利维权缺乏合理依据、恶意主张专利侵权的行为,除面临恶意诉讼的指责之外,还有可能被定性为“敲诈勒索罪”。2018年上海李亮、孙强储备了六七百项专利,待合适的拟上市企业出现后,再借专利诉讼之名敲诈勒索,被公安机关立案调查。[4] 2019年,上海市浦东新区法院判决李兴文和李兴武构成敲诈勒索共同犯罪[5]。虽然行政执法机关与法院对恶意行使专利权的行为进行及时制止的

---

[1] “88. 被告以原告的专利权已经超过保护期、已经被权利人放弃、已经被中国专利局撤销或者已经被专利复审委员会宣告无效进行抗辩的,应当提供相应的证据。

89. 被告以原告的专利权不符合专利性条件或者其它法律规定,应当被宣告无效的,其无效宣告请求应当向专利复审委员会提出。

90. 被告以原告恶意取得专利权,并滥用专利权进行侵权诉讼的,应当提供相关的证据。

恶意取得专利权,是指将明知不应当获得专利保护的发明创造,故意采取规避法律或者不正当手段获得了专利权,其目的在于获得不正当利益或制止他人的正当实施行为。

91. 被告证明自己也获得与原告相同的有效的发明或者实用新型专利权的,经过审理,当法院可以认定两个专利的技术内容相同时,应当根据保护在先权利的原则作出判决。”

[2] 张玉敏:《专利法》,厦门大学出版社2017年版,第227页。

[3] 崔国斌:《专利法:原理与案例》(第二版),北京大学出版社2016年版,第367页。

[4] 澎湃新闻:《上海破获敲诈拟上市公司案:囤数百“专利”再借诉讼之名勒索》,https://m.thepaper.cn/newsDetail_forward_2282197? from=timeline&isappinstalled=0,访问日期:2019年12月5日。

[5] 浦东新区人民检察院起诉指控原审被告人李某某敲诈勒索罪案,上海市浦东新区人民法院(2018)沪0115刑初3339号。

态度值得肯定，但对此采取的应对方式、惩罚力度是否合理，引发广泛争论。[1] 如何在遏制专利滥用的问题上寻找到合理的处理方式，既能够有效约束滥用行为，又不会对维权者产生过大的负担，成为目前需要解决的问题之一。

实践中关于是否构成专利滥用的决定建立在范围较小的具体行为模式的判断上，通常是发生在专利权许可的过程当中。[2] 关键的判断标准在于，专利权人是否通过施加额外条件，“未经许可地扩大了专利权的物理范围和时间范围并造成了反竞争的效果”。[3] 专利滥用原则被广泛地界定为阻止专利权人以违反公共利益的方式使用其专利的行为，但这样的原则性描述带有较大的不确定性，以至于难以为专利权人提供行为边界的指引。在现有的《专利法》框架下，我国不妨通过对专利滥用行为的规制采取一般规定加典型列举的方式，并在《专利法》中做出专门规定。对专利滥用规制的关键是对专利权滥用的界定，本文建议以一般条款明确界定专利滥用，并具体列举出典型的滥用行为类型，从而促使专利权人应在法律规定的权利范围内正当行使其专利权，不得损害他人合法权益和社会公共利益，不得滥用专利权。

专利滥用行为的条款应独立于现行《专利法》第 75 条“不视为侵权”的规定，因为“不视为侵权”条款重在强调侵权行为的合理性和正当性，而专利权滥用抗辩的规则应凸显对不正当行使专利权之行为的否定与遏制。在行为所产生的法律后果上，立法中也应当予以明确，若滥用行为违反《反垄断法》，将面临行政责任与民事责任，而尚未构成违反《反垄断法》的滥用行为，则因滥用而丧失了可获救济之基础，导致权利人无法获得行政机关或者法院的保护与执行。在抗辩效力上，专利滥用会因为权利人行为得到纠正而灭失。这一点也显著区别于“不视为侵权”中的抗辩情形。权利滥用并不当然意味着专利权永久地失去可执行力，专利权人若及时停止滥用行为，回归到合理行使权利的轨道上，权利获得保护的“瑕疵”就不复存在，权利人依然可以主张获得保护与救济。这样能够有效促使权利人正当、合理地行使权利，实现专利制度的价值目标。

(三)民事救济与行政监管的双重机制

目前，专利滥用的问题已经引发世界各国乃至国际合作层面的关注，美国、

---

[1] “专利恶意诉讼的认定应秉持谦抑原则”。李春晖：《专利恶意诉讼之认定标准及法律责任》，《知识产权》2019 年第 4 期，第 43 页。

[2] 可参照 6-19 Donald S. Chisum，Chisum on Patents section 19. 04[3](2008). 美国司法部提供了关于专利权许可过程中的相关文件，即《知识产权许可的反垄断指南(antitrust guidelines for the licensing of intellectual property)(1995)》.

[3] “反竞争的效果”是在风帆国际公司诉 AMF 案中，联邦巡回上诉法院后加的，Windsurfing int'l Inc. v. AMF，Inc. ，782 F. 2d 995，1001(Fed. Cir. 1986)；其之前的判决先例金发舌头实验室有限公司诉伊利诺伊大学案。Blonder-Tongue Labs. ，Inc. v. Univ. of Ill. Found. ，402 U. S. 313，343(1971). 中，未考虑是否存在“反竞争的效果”，而仅仅是引用在莫顿盐业公司诉 G. S. 斯皮格公司案中“超出物理和时间范围”构成专利权垄断的标准，Morton Salt Co. v. G. S. Suppiger Co. ，314 U. S. 488 (1942)。

欧盟、日本等纷纷出台专门针对专利滥用进行约束和规范的法律条文或制度规则。[1] 我国国务院反垄断委员会对排除、限制竞争的滥用专利权行为进行规制。但相关行为指南主要是针对实践中违反《反垄断法》的知识产权行为进行约束,对于一般的专利权滥用行为但又尚未构成《反垄断法》违法行为的缺乏足够的监管。

基于法律领域的区分和不同功能的设置,对专利滥用行为的约束可以从《专利法》与《反垄断法》2 个维度入手。《专利法》和《反垄断法》对待专利滥用行为所适用的法律后果还是存在差别,[2]即使专利权人违反了《反垄断法》,该行为并不一定就构成对专利的滥用[3],因为专利滥用原则规制的是超出专利权范围的行为,而反垄断规制的是垄断性的市场行为。虽然禁止专利滥用原则与反垄断追求的价值目标存在不同,但二者对特定行为的规范上存在交叉与重合。我国《反垄断法》赋予行政机关职权,以对专利权行使行为做主动性审查和规范;通过禁止权利滥用抗辩规则的设置,则可以授权司法机关在个案中,对专利权行使的正当性做被动性审查和规范。行政机关与司法机关互相独立,互为补充又相得益彰,通过双重方式对专利权滥用行为进行全面的约束和限制。

建立在我国既有法律规范基础上,《反垄断法》与《专利法》的协同作用可以对专利滥用行为进行约束,共同形成禁止专利滥用的制度内容。在涉及反垄断的专利权滥用行为规制中,我国已经发展出行政执法和民事诉讼并行的约束机制。为规范民事诉讼中涉及反垄断问题的司法实践,最高人民法院在 2012 年 5 月公布施行了《最高人民法院关于审理垄断民事纠纷案件适用法律若干问题的规定》,这是我国反垄断审判领域第一部司法解释,确立了我国反垄断民事诉讼的基本框架和制度规则。[4] 因专利权人的垄断行为遭受损失的当事人可以主张损害赔偿。早在 2006 年,就已经出现了涉及反垄断的司法实践,如四川德先科技有限公司在上海第一中院对上海索广电子有限公司和索尼株式会社提起的民事诉讼。[5] 上述规则与实践,仅是针对存在违法垄断的行为。对于滥用专利权的行为,尚未建立起专门的制度规则,当出现滥用专利权但尚未达到垄断行为时的认定标准存在规则的遗漏和空白。

其实,在《反垄断法》确立了行政执法和民事诉讼并行的执法体系后,实践中,人民法院受理和审结的反实验垄断民事诉讼案件数量呈显著增长趋势。截至 2017 年底,新收反垄断民事诉讼一审案件 700 件,审结 630 件,案件涉及交通、

---

[1] 日本 2007 年颁布、2016 年修订《知识产权利用指南》,建立起与美国许可指南大致相近的大而全的知识产权反垄断制度。张以标:《专利权滥用法律问题研究》,中国政法大学出版社 2018 年版,第 261 页。

[2] 张以标:《专利权滥用法律问题研究》,中国政法大学出版社 2018 年版,第 40 页。

[3] Princo Corp v. Int'l Trade Comm'n, 616 F. 3d at 1329(Fed Cir. 2010).

[4] 朱理:《反垄断民事诉讼十年:回顾与展望》,《中国知识产权报》2018 年 9 月 8 日,http://www.iprchn.com/cipnews/news_content.aspx? newsId=110338,访问日期:2022 年 8 月 10 日。

[5] 林文、甘蜜:《中国反垄断行政执法和司法报告》,知识产权出版社 2017 年版,第 122 页。

保险、医药、食品等多个行业领域。[1] 行政和司法程序将不可避免地发生交叉，[2] 但依然会存在仅有行政执法而无民事诉讼的现象，对因垄断行为或权利滥用而导致的民事利益保护问题的重视仍需加强。轰动一时的"高通案"在国家行政机关对高通实施巨额罚款之后落下帷幕，却鲜有人探讨因高通的违法垄断行为造成的损失如何追究。高通对专利的滥用造成社会公众受损的局面，似乎仅以高通单方面受到惩罚而告终。

针对此，在专利侵权诉讼中，可以借助侵权抗辩规则的完善约束滥用专利的行为，并为因滥用行为而遭受损失的一方提供救济。专利权的滥用是相对于专利权的正当行使而言的，是专利权人超出法律所赋予的权利范围不正当地行使专利权的行为。这并不导致专利权的无效，也并不必然违反《反垄断法》和构成不正当竞争。为了维护《专利法》确立的促进技术进步、鼓励技术创新的公共政策，在专利侵权和合同诉讼中，专利权人如果构成专利滥用，就不得强制执行其专利权，即无法获得权利使用费和损害赔偿，除非专利权人停止其滥用行为。对被告而言，专利滥用是原告对其提起侵权或违约之诉的抗辩理由，但专利滥用本身并非是可以起诉的侵权行为。如果专利滥用行为同时违反了《反垄断法》，则按《反垄断法》的规定，可对其进行反垄断民事诉讼和行政处罚。

六、结语

"禁止专利滥用"条款的概括性、原则性，对构建具体制度规则提出要求。专利滥用行为的多样性和复杂性，需要相关研究采取类型化思维，并合理界定《反垄断法》和《专利法》调整的不同行为边界。专利权本身固有的强垄断性，致使利益驱动下的专利实施行为中逐渐显露出制度滥用和权利滥用的问题，对专利制度价值造成损害。实体性权利的滥用和程序性权利的滥用则在不同阶段造成利益平衡的危机和比例原则的违背。由于专利与市场的密切关系，由法院采取司法手段间接遏制专利滥用行为将避免行政的过多干预，并实现个案考量的灵活与公正。在专利侵权抗辩规则中纳入禁止专利滥用情形，则是目前制度框架下成本较低、成效可观的路径选择。对专利滥用行为的有效约束还需要从民事救济与行政监督双重维度展开，从而实现相关制度的衔接、职能部门的配合，推动"禁止专利滥用"条款的一致解读与有效实施。

---

〔1〕 朱理：《反垄断民事诉讼十年：回顾与展望》，《中国知识产权报》2018年9月8日，http://www.iprchn.com/cipnews/news_content.aspx? newsId=110338，访问日期：2022年8月10日。

〔2〕 宁宣凤、尹冉冉：《最高人民法院〈关于审理垄断民事纠纷案件适用法律若干问题的规定（征求意见稿）〉解读》，《金杜中国法律期刊》2011年第5期。

营商环境法治化视域下的商标抢注治理[1]

叶紫薇*

摘　要　我国经济发展已进入新常态，需不断优化营商环境以更好实现经济高质量发展目标，而法治化正是最好的营商环境。但我国营商环境法治化进程仍面临着由商标注册制度固有弊端等因素所导致的商标抢注乱象，可能会给营商环境的稳定性、可预期性和公平性带来显著消极影响。故在营商环境法治化视域下，应当秉持综合治理和协同治理的理念，从立法、行政、司法、信用和社会5个营商环境评价指标方面着手加强商标抢注治理能效。具体而言，则应依据商标抢注产生的原因对症下药，在立法上适度回归商标使用，并建全防御商标制度和相应的法律责任制度，同时注重商标抢注行政审查和司法审理的提质增效，健全商标注册信用体系，营造公平竞争、诚实守信的社会文化氛围。

关键词　营商环境；法治化；商标抢注；治理

目　次

* 叶紫薇（1995—），武汉大学法学院、知识产权与竞争法研究所博士研究生，主要研究方向：知识产权法、竞争法。

〔1〕 本文系国家市场监督管理总局发展研究中心项目“数字经济时代知识产权保护与反垄断规制创新研究”成果。

一、导语

据世界银行自2003年起每年发布的《营商环境报告》，我国营商环境全球综合排名总体呈上升态势，近几年来更是有显著提升，已跻身全球第31名，可见中央聚焦营商环境优化，不断深化“放管服”改革等营商环境优化举措已显现成效。但无论是依全球排名，抑或是依现实境况来看，我国营商环境仍然面临着诸多需要解决的问题，其优化建设仍道阻且长。

知识产权保护是评价营商环境的重要维度之一。[1] 加强知识产权治理、完善知识产权法律制度是进一步优化我国营商环境的应有之义。同时，在诸多不同类型的知识产权客体之中，商标是与广大经营者最为息息相关者。商标凝聚了无形却又实在的经营劳动成果，是至关重要的市场竞争工具，故商标保护也是知识产权保护和营商环境优化的重要方面。但我国如今正面临着格外突出的商标抢注问题，商标恶意抢注行为仍处于易发、频发阶段，商标抢注乱象已成为知识产权治理中难以根治的痼疾，严重危害了我国营商环境的稳定性和公平性。近日，全红婵、苏炳添等奥运健儿姓名遭遇商标抢注申请被国家知识产权局依法驳回，使商标抢注问题再度成为社会关注热点。如何治理商标抢注乱象以维护公平有序的营商环境已成为营商环境优化建设中亟待解决的难题。

（一）营商环境法治化的多重内涵

所谓营商环境[2]，是指市场主体开展市场经营活动所涉的外部因素，包括文化环境、经济环境、政治环境、法律环境等各种可能影响市场主体进出相关市场和从事生产经营活动的环境因素。[3] 在以经济发展为时代命题的当下，营商环境作为市场主体开展经济活动的外部基础条件，与经济发展速度和质量的紧密关联不言而喻。只有持续优化营商环境，提升对市场主体的投资吸引力，营造自由公平的市场竞争氛围，才能深层激发市场活力以实现经济平稳增长乃至高质量发展。而营商环境法治化则是全面依法治国战略在营商环境优化建设中的具体体现。正所谓“法治是最好的营商环境”，营商环境优化某种程度上甚至可被直接视为是营商环境法治化的过程。申言之，营商环境法治化不仅是营商环境优化应当遵循的基本原则，也是营商环境优化的现实路径，还是其最终欲达到的某种良好目标状态。

其一，法治化是营商环境优化的基本原则。若说营商环境优化是经济高质量发展的基石，法治化则是营商环境优化的基石。良好的营商环境应当具备稳定、公平、透明、可预期等特征，[4]而在市场化、国际化、法治化等诸多营商优化基

---

[1] 《广州营商环境报告》编委会：《广州营商环境报告》，中国社会科学文献出版社2020年版，第4页。

[2] 《优化营商环境条例》第2条将营商环境定义为“企业等市场主体在市场经济活动中所涉及的体制机制性因素和条件”。

[3] 路晓霞：《法治化营商环境建设研究》，上海人民出版社2018年版，第42页。

[4] 《优化营商环境条例》第4条。

本原则中，法治化具有重要支撑作用，是其他原则得以真切落实的基础保障。脱离法治化而谈的市场化、国际化是朦胧且脆弱的，即法治化是营商环境优化最根本和最重要的基本原则。

其二，法治化是营商环境优化的现实路径。法治化既是营商环境优化的基础原则，也是实现营商环境优化的现实路径。良好的营商环境好比一幅复杂且难以绘制的几何图形，法治化则是可以控制线条走向而简化绘制过程的规和矩，不断提升营商环境的法治化程度是优化营商环境的重要、直接、有效路径。法律规范所独有的稳定性特征决定了，只有不断提升营商环境的法治化程度，尽可能将诸多未能形成规范文本的营商环境相关政策或其他成熟经验固定为法律规范，由不稳定的政策化治理逐步转向稳定的法治化治理，才能赋予营商环境更强的稳定性和可预期性。

其三，法治化是营商环境优化的目标状态。法治化不仅是营商环境优化的基础原则和现实路径，还是营商环境优化所追求的一种良好目标状态，即"良法善治"。营商环境法治化是一项持续性工程，法治化不仅意味着需要建立完备的相应法律制度，还意味着要顺应社会发展情况，针对市场经济新变化适时调整现有法律制度以实现更优的法律实施效果，并时刻铭记以"科学立法、严格执法、公正司法、全民守法"为核心方针和追求。

（二）商标抢注的消极营商影响

在营商环境法治化视域下，知识产权保护和创新已成为重要话题。专利权、著作权、商标权等知识产权客体已成为市场主体获得竞争优势的重要工具，知识产权保护制度无疑已成为营商环境不可或缺的组成部分。国家知识产权局也专门强调了应加强知识产权保护以营造良好营商环境，[1]可见加强知识产权保护是营商环境法治化的内在要求。

而在诸多知识产权客体中，商标权可谓是应用最为广泛者。作为商品来源区分标志和商誉载体，商标具有其他商业标志所无法取代的竞争能力和营商地位，拥有专属优质商标可谓是经营者稳步发展、走向强大的必要条件。故对商标给予充分的法律保护是维护经营者合法利益、维持公平竞争秩序的现实要求。但商标抢注行为无疑会削弱商标正常应有的区分功能，使经营者的商誉被不当攀附，有违公平竞争原则，属于侵犯他人合法权益的不正当竞争行为，会对营商环境产生显著消极影响，使其稳定市场预期和激发市场活力的功能遭受严重破坏，[2]与营商环境法治化之目标背道而驰。

具言之，商标抢注的消极营商影响首先表现为其可能直接损害经营者利益。无论被抢注者系现实经营者或潜在经营者，商标抢注行为均会损害其合法权益。对于前者而言，不仅需要承担长期积攒的商誉被他人肆意挥霍的损失，还可能会

---

〔1〕《关于深化知识产权领域"放管服"改革营造良好营商环境的实施意见》国知发服字〔2020〕1号。

〔2〕翁列恩、齐胤植、李浩：《我国法治化营商环境建设的问题与优化路径》，《中共天津市委党校学报》2021年第1期，第72—78页。

陷入无法继续使用该商标的窘境，甚至可能面临侵权风险、陷入经营困境。对于后者而言，商标被抢注则可能会增加其进入市场的成本和难度，甚至导致其不得不放弃相关地域市场或相关商品市场。总而言之，商标抢注乱象的存在将使经营者的商标权益处于不稳定状态，从而使其面临巨大经营风险，并导致其难以获得预期的市场经营收益，最终损害整体营商环境的稳定性和可预期性。

同时，商标抢注的消极营商影响还体现为其对市场竞争秩序的损害。“竞争”一词的本意是指为了自己的利益而跟人争胜，[1]是一种优胜劣汰的自然规则。但与自然界的竞争不同，市场主体在市场中从事生产经营活动时，应当遵循自由竞争和公平竞争的原则。自由与公平是市场竞争秩序的两大核心，也是营商环境法治化的必要条件。而商标权本身就是一种法定垄断权，具有排他性，可以排除他人在相同或类似商品或服务上使用相同或近似商标，极易被抢注者不当利用，成为破坏自由和公平的工具。譬如，以攀附他人商誉为目的的商标抢注者往往会通过使用抢注商标来获得市场竞争优势，将他人商誉据为己有，这种情形显然构成不正当竞争行为，属于过度竞争，损害公平竞争秩序。[2] 而对于以阻碍竞争对手为目的的商标抢注者，其目的不在于攀附他人商誉，而是利用商标权的排他性提高他人进入相关市场的成本和难度，阻碍竞争对手进入相关市场。这种情形则可能产生排除、限制竞争效果，形成垄断，损害自由竞争秩序。

最后，当商标抢注行为泛滥之时，将会产生更加显著的消极营商影响。事实上，“营商环境”一词的前身为“投资环境”，可见吸引投资、激发市场活力是营商环境建设的重中之重。若商标抢注行为泛滥，其所产生的消极营商影响并非是简单“1+1”累计模式的个体合法权益受损。这主要是由于商标抢注泛滥会打击广大经营者的投资信心，可能会削弱甚至直接打消其投资动机，不利于激发市场活力。并且，商标抢注所导致的商标权利状态不稳定还会直接损害市场交易整体的安全性和稳定性，增添市场交易风险，不利于经营者培育自主品牌。

综上，营商环境法治化对我国经济发展具有重要促进意义，而商标抢注乱象的消极营商影响却十分显著，要营造稳定、公平、可预期的法治化营商环境，加强治理商标抢注乱象势在必行，必须通过法治化途径提升商标抢注治理能效、健全商标抢注治理体系，以克服商标抢注乱象所可能带来的消极营商影响。

二、商标抢注治理对象的明确

明确商标抢注治理对象是商标抢注治理的重要前提。而商标注册制度背景

〔1〕 中国社会科学院语言研究所词典编辑室：《现代汉语词典》(第5版)，商务印书馆2010年第5版，第726页。

〔2〕 例如，在歌力思商标纠纷案中，最高人民法院综合考虑了歌力思公司的在先权利状况以及王碎永取得和行使权利的正当性等因素后，认为王碎永申请注册及使用“歌力思”商标，是攀附歌力思公司的商誉、搭歌力思公司“歌力思”的企业字号之便车的行为，会导致相关公众对其产品与歌力思公司生产的相关产品产生混淆和误认，于是认定其行为构成不正当竞争。参见王碎永、深圳歌力思服饰股份有限公司与王碎永、深圳歌力思服饰股份有限公司等侵害商标权纠纷申请再审案，中华人民共和国最高人民法院民事裁定书(2016)最高法民申1617号。

下，广义的商标抢注实质上是中性概念，广泛指代将他人在先使用的商标、他人在先权益相关标志或公共符号抢先申请注册商标的行为，并非当然违法。其中，只有侵害了他人在先权益或社会公共利益，或违背了诚实信用原则的商标恶意抢注行为方才属于需要禁止和打击的商标抢注治理对象。

（一）区分善意抢注与恶意抢注

依据我国现行商标注册制度，商标权利取得应当遵循自愿申请、在先申请和分类申请等原则。这一制度设计是为了更好地确定商标权利归属、明确商标权利边界，促进市场经济发展和繁荣，是立法者经过深思熟虑后采取的措施，[1]也是商标注册取得制度下符合公平正义的合理必然选择。故善意的商标抢注行为是对商标注册制度的有理遵循。若商标抢注行为既未损害他人在先权益或社会公共利益，也未违背诚实信用原则，则属于商标善意抢注行为，如申请注册防御商标，应被视为合法正当的正常竞争行为，排除在商标抢注治理对象之外。反之则属于商标恶意抢注行为，为商标抢注治理的对象。

而界定何为商标恶意抢注行为的关键在于界定“恶意”与否。“恶意”实质上是对商标抢注行为的各个客观方面进行综合分析后方得出的认定结果。若通过行为客观方面能够认定或推定抢注行为人主观上具有恶意，该抢注行为就应当落入商标恶意抢注的范畴。

从“恶意”本身的内涵来看，商标恶意抢注行为人的恶意应当是在申请注册时就已经存在的一种“故意”，即抢注行为人主观上“明知或应知”其注册行为会对他人在先权益或公共利益造成侵害并且“希望或放任”这种侵害结果发生，但不包括“应知”而事实上确实“不知”的情形。具体而言，在商标注册取得制度下，商标专用权的取得必须经过注册公示才能对他人产生效力，因此在先使用的未注册商标上并无排他性权利，在后注册商标申请人一般仅需对已注册商标采取避让措施。若行为人的确不知在先权利存在，其注册申请行为则仍应当被视为是正当、合法的行为。但考虑到商标使用同样具有一定程度“公示”效果，对于明知或应知他人在先使用了该未注册商标却仍不避让的，则应认为属于违反诚实信用原则的情形，可出于保护在先使用者合法利益之目的限制其注册申请行为，将该种商标抢注行为纳入商标抢注的治理范围。

（二）商标恶意抢注的侵害客体

界定商标恶意抢注行为亦可从其侵害客体着手。商标恶意抢注行为的侵害客体主要包括他人在先权益和公共利益，无论商标抢注行为是侵害了他人合法在先权益，或是侵害了社会公共利益，或是二者兼有之，均应被视为商标恶意抢注。

所谓在先权益，既包括确定的权利，也包括其他应受法律保护的利益，[2]既

〔1〕 李扬：《我国商标抢注法律界限之重新划定》，《法商研究》2012 年第 3 期，第 76—84 页。

〔2〕 《最高人民法院关于审理商标授权确权行政案件若干问题的规定》第 18 条：商标法第 32 条规定的在先权利，包括当事人在诉争商标申请日之前享有的民事权利或者其他应予保护的合法权益。

包括商标性权益，也包括其他非商标性权益。非商标性权益，是指除商标权益之外的姓名权、名称权、肖像权、著作权、外观设计专利权、知名商品特有名称、商品包装装潢等民事权益。例如，在著名的广东加多宝饮料食品有限公司、广州王老吉大健康产业有限公司擅自使用知名商品特有名称、包装、装潢纠纷案[1]中，广药集团和加多宝双方争议的焦点就是王老吉凉茶红罐包装、装潢的权益归属问题。而商标性权益则既包括注册商标专用权，如在不相同的商品类别上抢注他人已注册驰名商标之情形，也包括未注册商标所有人对在先使用的未注册商标享有的合法利益，即《中华人民共和国商标法》(以下简称《商标法》)第32条所规定的抢注他人已使用未注册商标之情形和抢注未注册驰名商标之情形。

同时，由于商标的创造运用与市场区分机制、消费者利益、市场竞争秩序等公共利益息息相关，多数针对特定主体的商标抢注行为不仅会损害他人在先合法权益，还会或多或少地损害消费者利益和市场竞争秩序，即损害公共利益。另外，大量利用公共符号资源申请注册商标、仅侵害公共利益的行为也有可能构成商标囤积而落入商标恶意抢注范畴。虽然商标囤积行为并不会直接对他人合法权益造成损害，但囤积行为人并不具有真实使用商标的意图，而是将商标视为牟利商品和工具待价而沽，通过商标转让、许可使用和提起侵权诉讼谋取不正当利益，会扰乱商标注册秩序、挤占符号资源、浪费行政司法资源，损害社会公共利益，同样属于应当规制的商标恶意抢注行为。

(三)商标恶意抢注的具体认定

实践中，判断具体商标抢注行为是否具有恶意，应以是否容易导致相关公众混淆或误认为标准，依据各方面行为的客观事实进行综合认定。一般需要综合考量抢注商标与在先标志之间的近似程度，商品或服务类别的类似程度，在先标志的显著性程度等因素。抢注商标标志与他人在先标志近似程度越高、商品或服务类别越类似、在先标志的显著性程度越高，抢注行为人主观上存在恶意的可能性也就越大。当这种可能性满足了法律认定所需求的高度盖然性时，即可认定抢注行为人主观上具有故意，构成商标恶意抢注行为。但在某些特殊情形下认定是否构成商标恶意抢注需要考量的因素会略有差异。

1. 抢注驰名商标

在抢注驰名商标的情形中，由于驰名商标已为相关公众所广泛熟知，在无反证时，首先可推定抢注驰名商标的行为人主观上是“明知或应知”该驰名商标已被在先使用。其次，驰名商标的影响力范围并不局限于其所注册使用的商品或服务类别，在不同或不类似的商品类别上使用与之近似的商标也会容易导致相关公众混淆。换言之，在认定商标恶意抢注时，若在先标志为驰名商标，“商品或服务类似”这一限制是可突破的。但同时需注意，这种突破并不是毫无节制的，

---

〔1〕 广东加多宝饮料食品有限公司、广州王老吉大健康产业有限公司擅自使用知名商品特有名称、包装、装潢纠纷案，中华人民共和国最高人民法院民事判决书(2015)民三终字第2号。

当商品和服务类别差异过大，而完全不存在任何混淆可能性时，则应当允许与该近似商标在不同的商品或服务类别上合理存在，即并非所有在不同商品或服务类别上抢注驰名商标的行为均为恶意抢注行为。

2. 特定关系人抢注

所谓“特定关系”，是指代理、代表关系，以及合同、业务往来、亲属等其他可以推定特定行为人在申请注册时明知他人在先使用商标的特殊关系。当抢注行为人与被抢注人之间存在一定特定关系时，可以推定抢注行为人主观上具有恶意，并弱化甚至省略对在先标志使用情况和知名度的考量。这是由于抢注者基于该特定关系负担了一定的诚实信用义务，即便他人在先标志知名度不高，在明知或应知的情形下，其也不应故意抢注他人在先使用的商标，否则显然有违诚实信用原则和商业道德，从而构成商标恶意抢注。而在诸多特定关系中，代理和代表关系最为紧密。因此，除遵守诚实信用原则的义务外，代理人和代表人还肩负着严苛的信赖利益保护义务。即便被抢注者尚未使用该商标，代理人和代表人未经授权以自己名义抢注商标的行为也违反了诚实信用原则，同样构成商标恶意抢注。另外，当抢注行为人与被抢注者存在非以上特定关系的其他特殊关系时，也会对商标恶意抢注的认定产生影响。例如，当二者处于相同行业或者相同地理区域时，行为人主观上显然会更具有“恶意”的可能性。

3. 商标囤积

广义上的商标恶意抢注其实包含了不以使用为目的大量注册商标的商标囤积行为，即大量申请注册商标，却不实际使用商标，待价而沽。商标囤积行为虽可能并未直接损害特定主体的在先权益，但却侵占了公共符号资源，扰乱了商标注册秩序，同样属于应当治理的商标恶意抢注行为。

但商标囤积的认定因素较为不同，主要包括两方面。其一，行为人是否具有真实使用商标的意图。若行为人抢注商标后长时间不投入实际使用，也并未实施相应准备活动，却积极实施了兜售商标、滥发侵权警告函、提起侵权诉讼等客观行为，则可认定其不具备真实使用意图，可能构成商标囤积。其二，商标申请注册数量是否超过正常经营需求。若行为人申请注册的商标数量与其经营规模和经营范围并不匹配，已经达到了足以认定其难以实际使用所囤积的大部分商标时，则可视为“大量申请注册”，构成商标囤积。

最后，除了商标标志的近似程度、商品或服务类别的类似程度、在先标志的显著性程度等因素，抢注行为人的某些其他客观行为也可为恶意抢注的认定提供参考判断价值，包括进行误导性宣传、使用、恶意诉讼，以及具有其他恶意抢注行为等。

三、商标抢注治理的重难点

头痛医头只治标不治本，明确商标抢注治理的对象仅仅只是加强商标抢注治理、营造良好的法治化营商环境的基本条件。若要标本兼治，必须追本逐源、对症下药，明晰商标抢注乱象产生的根源，针对商标抢注治理中的重点和难点完善相关制度体系，切实提升治理能效以遏制商标恶意抢注行为。

(一)商标注册与使用的制度平衡

商标抢注的成因固然有道德层面、经济层面等因素，但首当其冲的仍是现行商标注册制度中过于强调在先申请而非在先使用，为商标抢注留下了多处可乘之机，故商标抢注治理的重难点首先是商标注册与使用的制度平衡。

目前，世界各国基本都建立了商标注册制度，其中，除美国等少数国家坚持单一的商标使用取得原则，多数国家都采取了商标注册取得原则或者兼顾二者。而我国目前仍采取单一的商标注册取得原则，即仅可通过商标注册申请取得商标专用权，在法律制度层面给别有用心者留下了宽裕的操作空间，使商标注册制度成为滋生商标恶意抢注的培养皿。截至 2020 年 9 月，我国的有效注册商标量已经达到 2871.7 万件。[1] 而在 2017 年，我国法人单位数量就已经达到 2200.9 万个，私营企业数量则达到了 1436.9 万个，并且仍然保持着快速增长趋势。[2] 同时截至 2016 年底，全国实有各类市场主体数量已经达到 8705.4 万户。[3] 加之存在一个市场主体拥有多个注册商标的情形，可知总体上我国有效注册商标数量必定小于经营者实际使用的商标数量，市场中必定会有大量未注册商标存在，给有心者抢注他人未注册商标创造了前提。

作为不可或缺的权利公示制度，商标注册制度的基础地位不可动摇。但与此同时，作为商标抢注的根本制度原因，商标注册制度的固有弊端也显而易见。商标的生命源自使用，忽略商标使用而将商标注册作为取得商标专用权的唯一方式，实质上背离了《商标法》保护商誉、保护商标区分功能和维护市场竞争秩序的本意，是在以形式公平粗暴地取代实质公平，用牺牲一定公平的方式追求最大化的社会效率，而商标抢注乱象就是其所结出的恶果。

但要治理商标抢注乱象，彻底抛弃商标注册转而走向单一的商标使用取得制度是因噎废食，绝不可取，而放任制度弊端存在亦不可行。因此，加强商标抢注治理必须在商标注册与商标使用之间取得微妙的制度平衡。

效率与公平是一对常常出现冲突的法律价值。而如前所述，商标注册与商标使用在法律制度层面的权衡实质是效率与公平在法律价值层面的较量。但在营商环境法治化视域下，效率价值与公平价值二者缺一不可，无论缺少哪一方，都算不得“良法”，更难及“善治”因此必须最大程度地兼顾二者，在商标法律制度设计中做到既重注册，亦重使用。然而要做到二者兼顾，精心考量和斟酌调整的艰难过程必不可少。考虑到如今商标抢注行为或许普遍存在，显然仍需要进一

---

〔1〕 国家知识产权局战略规划司：《2020 年上半年知识产权主要统计数据(知识产权统计简报 2020 年第 10 期总第 38 期)》，http://www.sipo.gov.cn/docs/20200710114937003363.pdf，访问日期：2021 年 4 月 10 日。

〔2〕 新华社：《70 年我国私营企业数量占比增至近八成》，http://www.gov.cn/xinwen/2019-08/26/content_5424614.htm，访问日期：2021 年 4 月 10 日。

〔3〕 中国报告大厅网：《中国民营企业数量统计》，http://www.chinabgao.com/k/qiye/37764.html，访问日期：2021 年 4 月 5 日。

步强调商标使用的重要性以弥补商标注册制度的弊病，但亦需要谨慎把握调整力度。

(二)域外商标抢注的应对挑战

商标在先申请原则直接引发了商标抢注行为，而商标权的地域性则进一步催生了域外商标抢注行为，提高了商标抢注的治理难度，使其成为商标抢注治理的另一重难点。商标权具有地域性是由于知识产权本质上是依据国内法创设而非依据国际条约创设，而国内法仅在该国域内有强制实施力，[1]故注册商标专用权无法因在某国或某地区的注册而当然延伸至另一国家或地区，域外商标抢注行为便应运而生。

尽管知识产权国际保护规则日趋完善，各种知识产权国际条约或区域性条约为商标国际注册提供了现实可能性，但却并未真正消弭地域性原则所带来的限制。一方面，国际条约或区域性条约仅对其成员具有法律约束力，且即使一国加入该条约，但在加入时其既可能选择接受全部条款，也可能仅接受部分条款，而有许多国家考虑到对本国经营者和消费者利益的保护需要，以及国际知识产权与国内法可能产生的冲突，并不愿意积极地对外国商标承担同样注册的义务。[2] 另一方面，多数经营者的国际商标注册意识仍旧较为欠缺。据统计，2020年上半年，我国知识产权局收到的马德里商标国际注册申请仅3875件，相对于428.4万件的国内商标注册申请而言，数量不到其千分之一，差距巨大。[3] 随着经济全球化加深、国际市场竞争加剧，域外商标抢注行为也可能变得愈加猖狂。

伴随域外商标抢注现象而来的是域外商标抢注治理所面临着的重重困难与挑战。首先，世界上的国家和地区众多，对任何企业而言，商标全球、全类注册都是一项难以实现的艰巨工程。通过商标国际注册预防域外商标抢注虽然十分有效，但实践中却必定会有疏漏。其次，不同国家和地区的语言体系、法律体系截然不同，商标授权确权程序也有诸多迥异之处，不仅会导致原已十分繁重的商标抢注监测预警工作变得更加庞杂，还会提高商标抢注维权的成本和难度。最后，由于我国行政司法机关对域外商标抢注行为并无管辖权，域外商标抢注的治理只能主要从加强政府指导、服务等方面着手，间接性提升企业预防和应对域外商标抢注行为的意识和能力，这也会给域外商标抢注治理带来一定挑战。

综上，较域内商标抢注而言，域外商标抢注的治理更加复杂和困难。但在国际国内双循环新发展格局下，增强国际循环、进一步对外开放对于我国经济高质量发展具有重大战略意义。面对国际市场中的严峻挑战与激烈竞争，积极培育

---

〔1〕 Daniel C. K. Chow & Edward Lee, *International Intellectual Property: Problems, Cases, and Materials*, 2ed, St. Paul: West, 2012, p. 16.

〔2〕 杨建锋:《商标注册制度——基于TRIPS协定下的研究》，中央编译出版社2012年版，第14页。

〔3〕 国家知识产权局战略规划司:《2020年上半年知识产权主要统计数据(知识产权统计简报2020年第10期总第38期)》，http://www.sipo.gov.cn/docs/20200710114937003363.pdf，访问日期:2021年4月10日。

民族品牌、打造品牌强国是提升国际市场竞争力的制胜关键。作为品牌的核心与象征,商标的意义不言而喻,加强治理域外商标抢注也是营商环境法治化中不能忽略的重要方面。

(三)商标抢注责任的威慑不足

商标抢注责任制度的不完善是商标抢注乱象产生的另一重要制度原因,故完善商标抢注责任制度也是商标抢注治理的重难点之一。在稀缺性假设和理性经济人假设下,凡属有用的东西都是稀缺的。商标资源显然也在此列,而经营者作为理性经济人,会在各种约束中追求效益最大化,在权衡比较商标抢注的成本、收益和风险后,若其认为收益大于成本和风险总和时,就会对激励做出反应,实施商标抢注行为。[1] 故要提升商标抢注治理能效,必须提高商标抢注责任以加强其威慑作用。

相较于低廉的商标申请注册成本,商标抢注可能带来的收益较大。通过商标抢注,抢注行为人可能会直接窃夺他人商誉并借此快速获利,也可能以此阻碍竞争对手经营,损人利己,从而获取更多市场份额和利润,还可能会通过高价转让、许可的方式谋取转让费和许可费,甚至以提起诉讼等方式要挟被抢注者高价赎回商标,或达成其他不正当目的。

相较于收益,商标抢注的风险较小。现行《商标法》中并无健全的商标抢注民事责任制度,商标抢注的主要法律风险不过是无法取得或丧失注册商标专用权,以及可能需要返还商标侵权赔偿金、转让费、许可使用费等不当得利和赔偿被侵权人的损失。[2] 虽然《商标法》中针对商标代理机构规定了专门的行政处罚条款,[3]但对普通的商标抢注行为人则只是简单规定了警告、罚款等行政处罚。而如今,商标等无形资产的价值有时甚至已超过了有形资产的价值,成为企业的核心竞争力,知名度和美誉度较高的商标所具备经济价值更是难以估量。[4] 若商标抢注行为人成功获得注册商标专用权,就可以直接利用该注册商标取得巨大市场竞争优势或谋取其他不正当利益。与商标抢注所带来的收益相比,其法律风险和成本显然是微不足道的,不仅无法对商标抢注行为人形成充足的法律威慑力,还可能会助长行为人实施商标抢注行为的投机、侥幸心理。

故营商环境法治化视域下,加强商标抢注治理能效,还必须加重商标抢注的法律责任,尤其是要规定明确、严格的商标抢注民事责任,在确有必要时合理适用惩罚性赔偿,以实现风险、成本和效益间的新平衡,浇灭商标权抢注行为的投机心理。

---

〔1〕 赵凌云主编:《经济学通论》,北京大学出版社 2007 年第 2 版,第 4 页。

〔2〕《商标法》第 47 条。

〔3〕《商标法》第 68 条。

〔4〕 如中国工商银行、平安保险、华为、微信、腾讯、茅台、淘宝等诸多品牌的价值已逾千亿,参见全球企业动态:《2020 年中国品牌价值 500 强排行榜》,https://www.sohu.com/a/424141554_275750,访问日期:2021 年 4 月 10 日。

四、商标抢注治理中的营商立法优化

营商环境法治化视域下,立法环境是营商环境中最重要的组成部分。加强商标抢注治理首先需要科学立法,从法律规范层面最大程度地遏制因强调商标注册而带来的商标抢注乱象。

(一)适度回归商标使用主义

我国实施商标注册制度后,几乎完全依靠商标注册确认商标权的归属,忽视了对商标使用的强调,即过分追求效率和秩序价值而轻视了公平正义,实属本末倒置,其代价则是商标抢注现象的层出不穷。鉴于此,加强商标抢注治理必须适度地回归商标使用主义,对商标使用做出合理制度安排。

商标权注册取得制度常常被视为是商标法的核心制度,[1]但实质上,商标功能发挥和价值实现都依赖于商标使用,即使是在采取商标注册取得模式的国家,商标使用也是不可忽略的重要命题。虽然2019年我国《商标法》进行了第四次修改,明确禁止了不以使用为目的的恶意注册行为,[2]体现了对商标使用的强调,但这并不代表着商标使用已经成为商标注册的必要条件。"恶意"二字的存在,表明是由具备使用意图和非恶意共同构成了商标注册的独立消极要件。若要进一步提升商标抢注治理能效,应进一步提升商标使用在商标注册中的地位,在立法中尝试将商标使用单独规定为商标注册时必须满足的实质要件。

美国是坚持商标使用取得主义的典型代表。《兰哈姆法》(Lanham Act)明确规定,申请人向美国专利商标局(United States Patent and Trademark Office,以下简称PTO)申请注册商标时必须已经使用了该商标,或有真诚地使用商标的意图。依据实际使用商标申请注册的,需要提交一定数量的商标使用图样或复制品,核准后可直接获得注册证,并在PTO的官方公告中发布其注册通知。而依据真诚使用意图申请注册商标的,虽然无须在申请注册时提交实际使用证据,但却只能获得核准通知书,只有通过后续提交已在商业中使用该商标的宣誓声明才能获得注册证。《兰哈姆法》中还规定,商标注册证仅作为注册商标有效性和注册商标所有权的表面成立之证据,若他人在商标注册申请以前已经使用了该商标,则可凭借在先使用而优先获得商标注册核准。总而言之,美国的商标注册制度是以在先使用为主,以在先注册为辅,并以实际使用为取得商标注册专用权的必要条件。在这样的法律制度设计下,大量的不以使用为目的的商标恶意抢注天然地被阻挡在了商标注册的高门槛前,被抢注者通过证明在先使用即可夺回抢注商标,最大程度地保障了未注册商标所有人的合法权益,打消了商标抢注行为人的不良动机,避免了商标恶意抢注行为的滋生泛滥。

相对于我国纯粹的注册取得主义和美国纯粹的使用取得主义,日本的做法

---

[1] 黄汇:《注册取得商标权制度的观念重塑与制度再造》,《法商研究》2015年第4期,第186—192页。

[2] 《商标法》第4条规定,不以使用为目的的恶意商标注册申请,应当予以驳回。

则相对折中。日本《商标法》并未将商标实际使用作为取得商标权的前提，但其《商标法》第3条第1款明确规定，可以取得商标注册的商标应是“与自己业务有关的商品或服务所使用的商标”。商标申请人需要证明其在申请注册时拥有真实的商标使用意图，向特许厅提供其在全部申请注册的商品或服务类别上实际使用或在未来3—4年内意图使用商标的证据。若申请人无法证明具有真实使用的意图，特许厅则会依据前款规定驳回申请。这种商标使用意图说明制度并未直接将商标实际使用作为取得商标权的必要条件，仅将意图使用作为申请注册的条件，但通过明确申请人对意图使用的说明义务和证明责任，同样可以在一定程度上防止商标恶意抢注行为的发生。

通过考察美国和日本的立法模式，再结合我国商标抢注行为易发、多发、频发的现状，[1]可知将商标使用规定为商标注册的实质要件是加强商标抢注治理的较好路径。我国应适当借鉴域外立法模式，提高商标注册门槛，增加商标使用要件。但美国的立法模式是直接将实际使用作为取得商标权的必要条件，若直接将其立法模式生搬硬套至我国的商标法律制度中，可能会出现排异反应。美国采取在先使用原则有着其自身的历史原因，主要是由于美国《商标法》源自其《宪法》中的贸易条款，而该条款规定商标必须先在贸易中使用才能产生商标权。[2] 而我国长期以来一直坚持商标注册取得和在先申请原则，贸然引入美国的商标使用取得和在先使用原则显然容易引发商标法律制度的内部冲突和矛盾，影响商标注册的稳定公示效果，造成商标注册体系的紊乱。若借鉴日本相对折中的商标使用意图说明制度，所需立法修改幅度则相对缓和，可减轻对现行商标注册制度所造成的冲击，更能够良好地与我国现行商标注册制度相融合，比采取实际使用取得模式更加具有可行性和合理性。

综上，我国应当逐步尝试将商标使用纳入商标注册的实质要件中，现阶段可尝试以实际使用或意图使用为注册条件，在商标注册申请的审查过程中主动审查申请人是否具有真实使用意图，并辅之以配套的制度措施，明确对申请人施加提供实际使用证据或一定期限内意图使用证据之义务，对不具有使用意图的商标注册申请予以驳回，以达到将不以使用为目的的商标恶意抢注行为拒之门外的效果，从而缓解商标抢注乱象、优化营商环境。

（二）健全防御商标注册制度

对于具备一定经济实力的申请人而言，注册防御商标是最为直接和有效的预防商标恶意抢注的方法。但我国《商标法》目前尚未对防御商标的法律性质做出明确规定。一旦将商标使用纳入商标注册的实质要件，商标权人为了防止商

---

〔1〕 例如，“全红婵”“杨倩”“谷爱凌”等奥运健儿姓名均在成为热门词汇后被恶意抢注。据统计，2021年，国家知识产权局商标局处置的不以使用为目的的恶意商标注册申请达48.15万件，足见商标恶意抢注行为的泛滥。国家知识产权局网站：《强保护为创新注入澎湃力量》，https://www.cnipa.gov.cn/art/2022/4/15/art_2885_174725.html，访问日期：2022年8月11日。

〔2〕 彭学龙：《论商标权的原始取得》，《中南财经政法大学学报》2007年第4期，第133—136页，第144页。

标抢注而善意注册的防御商标可能面临违法的尴尬境地。尽管防御商标申请人不具有实际使用意图，但其注册是出于保护主商标之目的，并不会侵害他人合法权益或竞争秩序等公共利益，具有正当性和合理性，故立法上有必要对防御商标的法律地位予以明确，承认防御商标的合法地位。

而在如何建立防御商标制度的问题上，日本《商标法》专章对防御商标做出详细规定，有相对成熟的立法可供我国借鉴：其一，将防御商标的申请主体限定为驰名商标权人，在防御商标申请注册或申请续展时，对主商标是否驰名进行审查。[1] 其二，明确防御商标具有附随性，必须依附主商标存在且跟随主商标转移。[2]

日本《商标法》限制防御商标的主体资格，实质是为了防止防御商标制度被滥用。即便商标标志相同或近似，但当其所使用的商品或服务类别毫无关联时，通常并不会引起市场混淆，故商标的分类申请注册和保护已经是商标法上的共识。唯有当商标的知名度达到相当高的程度，即为相关公众广泛知晓时，才有可能例外地突破商标分类保护而导致相关公众混淆或误认，即驰名商标的特殊保护和扩大保护。换言之，商标法的核心任务是防止市场混淆，商标权的权利界限一般也应当以禁止市场混淆为界限。若任由普通商标权人申请注册防御商标，将会导致分类保护原则形同虚设，商标权利范围肆意扩张，形成商标法律制度内部的逻辑冲突，有违商标法的立法初衷。因此，只有驰名商标才能获得跨类保护，与之相对应地，也应当只有驰名商标权人才能享有正当注册防御商标的权利。同时，由于防御商标的正当性源自驰名商标权人对商标抢注的正当防守，主商标的合法有效应是防御商标合法、合理存在的前提。当主商标上的权利因为商标撤销、无效宣告、保护期限届满未续展等原因而消灭时，防御商标也就丧失了存在的正当性，应当随着主商标权利的消灭而消灭。同理，当主商标的权利发生转移时，依附于主商标的防御商标的权利也应当随之一并转移。

(三)完善商标抢注法律责任制度

如前所述，商标抢注责任的缺失是造成商标抢注乱象的重要原因。我国现行《商标法》对商标恶意抢注行为的法律责任规定仍然存在责任不明和责任过轻的问题。只有明确并加重商标恶意抢注的法律责任、增加商标恶意抢注的违法成本，才能充分发挥法律的震慑效果，让一味追逐利益的恶意抢注行为人明白商标恶意抢注的最终结局只会是“竹篮打水一场空”，并认识到其行为的严重危害性和不正当性，从而抵消商标恶意抢注所可能带来的经济利益的激励效果，令其主动放弃实施商标恶意抢注行为。

要完善商标抢注法律责任制度，最重要的是要明确商标抢注行为人需承担损害赔偿的民事责任。目前，我国《商标法》仅针对侵犯注册商标专用权的情形

---

〔1〕 日本《商标法》第64条。

〔2〕 日本《商标法》第66条。

规定了明确的损害赔偿责任，而商标抢注行为的对象是“未注册商标”，不属于侵犯注册商标专用权的情形，无法适用相应责任条款。这也导致被抢注者只能通过侵权责任或反不正当竞争等其他途径寻求救济。但侵权责任法的核心理念是填补损害，仅具有补偿性，损害赔偿数额最多只能填平被抢注者的实际损失，难以起到震慑作用。而反不正当竞争法的适用也同样具有局限性，即其必须以构成不正当竞争为前提，无法涵盖全部类型的商标抢注行为。若抢注行为人并未实际使用抢注商标，则难以被认定为构成不正当竞争，也就不属于反不正当竞争法的调整范围。[1] 若强行突破不正当竞争行为的传统认定思路，将商标抢注行为视作不正当竞争行为，则会有不当扩大反不正当竞争法适用范围，从而模糊商标法与反不正当竞争法的调整界限之虞，不利于保持知识产权法体系的内部协调一致。因此，为优化营商环境，加强商标抢注治理能效，宜参照侵犯注册商标专用权的损害赔偿方法和标准，直接针对商标恶意抢注行为规定明确的民事损害赔偿责任，让商标抢注者无利可图，并且增加惩罚性赔偿条款以提高商标抢注法律风险，令恶意抢注行为人望而却步，从而有效遏制商标抢注行为，维持公平有序的商标注册秩序。

五、商标抢注治理中的营商综合优化

除立法环境外，营商环境的评价指标还包括行政环境、司法环境、信用环境以及社会环境等多个方面，[2]故秉持着多方协同、综合治理的观念，在优化营商立法环境的基础上，还需要协同行政机关、司法机关、企业和社会公众等多方主体，从行政、司法、信用和社会等多个营商角度对商标抢注乱象进行综合治理以保障法律的长效良好实施，继而实现营商环境法治化目标。

（一）商标抢注治理中的行政优化

1. 商标行政审查与审理优化

在商标抢注治理中，商标行政部门对商标注册申请的审查和对商标撤销或商标无效宣告请求的审理，是遏制商标抢注的关键行政程序。但迟到的正义不是正义，商标恶意抢注行为发生后，只有及时地驳回其商标申请或撤销、无效宣告该抢注商标，才能切实地维护被抢注者合法利益和避免侵权损害进一步扩大。这不仅要求行政审查或审理人员能够准确识别商标恶意抢注行为，还要求其应尽可能地快速审查或审理完毕。但随着市场经济的繁荣发展，商标注册申请数量逐年递增，商标局所面临的审查和审理压力也逐渐递增，如何在保证质量的基础上进一步提升效率已成为商标抢注治理行政优化中的一项艰难挑战。

首先，提高商标审查效率最直接的方法自然是加强商标审查人员的审查效

---

〔1〕 魏丽丽：《商标恶意抢注法律规制路径探究》，《政法论丛》2020年第1期，第113—124页。

〔2〕 谢红星：《营商法治环境的大数据监测、评价与剖析——基于江西11个设区市的数据》，《兰州学刊》2021年第1期，第106—122页。

率，但一味地扩大审查人员队伍和提升单个审查人员的审查效率确有扬汤止沸之嫌。[1] 在人力资源有限的情形下，商标注册申请数量与日俱增，审查人员的队伍却不可能无限扩大，难免产生力有不逮之时。要想进一步提升商标审查效率并使之能够适应市场经济的快速发展，将信息网络技术与商标审查进行有机融合才是合理有效的可行方法。

随着科技的发展成熟，将能由机器完成的工作交由机器完成，将有限的人力资源节约配置到必须依靠人类进行主观价值判断的岗位上是提高社会效率的必然发展趋势。在繁重的商标审查工作中，搜索对比浩瀚数据库中的在先商标占据了商标审查人员大量的时间和精力。而如今的信息网络技术水平已经达到了可以帮助审查人员快速进行初步筛选的水平，通过人工智能、大数据、区块链等现代信息网络技术，初期审查工作可以高效地完成，不仅可以将商标审查人员从大量重复工作中解放出来，在算法完善的情况下，审查结果存在遗漏和错误的可能性也远低于人工审查，商标恶意抢注行为自然更加无处遁形。同时，通过深层应用现代化信息网络技术，还可促进各个商标审查环节的数据信息流动和共享，以便审查人员存储和获取案件相关证明材料，从而有效提高商标审查效率。

其次，针对商标抢注行为建立专门快速审查机制[2]是提升商标抢注审查效率的另一种思路。目前，我国并未建立商标快速审查机制，所有的商标注册申请都遵循着相同的商标审查流程和审查期限。但与一般的商标注册申请不同，在商标恶意抢注情形中，被抢注者往往有急迫的维权需求，若抢注商标未被及时驳回申请或宣告无效，则容易遭到难以恢复的损害，且这种损害还会随着抢注商标存续期间的延长而扩大。为避免不必要的扩大损害，有必要对商标审查程序进行分类和分级，对其中涉及商标恶意抢注的商标案件设置更加便利的审查流程和更加严格的审查期限，实现商标恶意抢注案件的快速审结，尤其是对于有应当驳回申请的初步证据的，更应当纳入快速审查机制，及时维护被抢注者的合法利益，尽力营造公平、稳定的营商环境。

最后，要精准打击商标恶意抢注行为，还需要保持商标行政审查和审理标准的明确和统一。对于是否构成商标恶意抢注，归根结底是审查或审理人员在反复权衡下做出的主观判断。若商标审查或审理水平参差不齐，商标恶意抢注行为就极有可能因其疏忽或误判而逃脱法律规制。因此，除了要不断提升相关人员的专业水平外，还要制定明确、详细、可操作的商标审查和审理标准，才有可能在实践中统一商标审查和审理标准、保障相关结果的公平公正，继而实现对商标恶意抢注行为的精准打击。这种统一不仅是商标审查标准与审理标准之统一，

---

〔1〕 邓宏光：《商标注册周期过长的困境及其出路》，《电子知识产权》2009年第7期，第34—37页。

〔2〕《关于深化知识产权领域“放管服”改革营造良好营商环境的实施意见》中已明确提出探索建立商标快速审查机制，依法对明显涉嫌恶意申请和囤积的商标异议等案件实行快速审查；《国家知识产权局关于印发〈打击商标恶意抢注行为专项行动方案〉的通知》（国知发办函字〔2021〕35号）中也提出，对处于商标注册程序中的案件线索，由商标局指导各地方商标审查协作中心依法处理，构成商标恶意抢注行为的，启动快速驳回机制。

是不同商标授权确权程序的标准之统一，是不同商标抢注案件的实践标准之统一，还是不同商标行政部门的执行标准之统一。

2. 商标行政服务优化

在“放管服”改革背景下，加强政府的行政服务职能也是营商环境法治化的基本要求。面对严峻的商标抢注乱象，优化政府服务，有条件地援助部分经营者进行商标抢注维权，对于提升商标抢注治理能效具有相当程度的积极意义。尤其是在应对商标海外抢注时，政府在其职能范围内对本国企业的帮扶作用可谓至关重要。在构建国内国际双循环新发展格局的关键时刻，越来越多本国企业开始走出国门、参与国际竞争，但却未必有与之相适应的国际知识产权保护意识和保护能力，难以独自应对商标海外抢注的情形。此时需要政府部门为本国企业“走出去”依法保驾护航，为被抢注者提供商标海外维权法律援助。

在应对域外商标抢注时，首个难关是如何在商标公示异议期内准确、及时地监测到该抢注行为。相较于势单力薄的经营者，政府部门具有相对更加多元化的信息来源途径。因此，可以由政府部门搭建综合信息服务平台，承担收集、转发和通知域外商标抢注信息等职能，在发现抢注行为及其相关线索时积极向相关经营者提示商标风险，发布预警通知和信息，加强政府和企业间的信息交流，以协助我国经营者监测域外商标抢注行为。

域外商标抢注治理的第二个难关是维权不易。因此，在域外商标维权过程中，政府部门也应当主动承担一定援助义务，为被抢注者提供便利化的法律查询、咨询服务等法律援助。便利化的法律查询服务要求政府部门应当尽量搜集、翻译不同国家和地区的商标法律法规，尤其是与我国经济贸易往来频繁的国家和地区，并通过官方渠道公布以供他人下载使用，尽力协助被抢注者查明外国法。而便利化的法律咨询服务则要求政府部门在查明外国法的基础上还应当协助经营者进行个案分析，分析比较不同维权途径的优劣，给予充分的维权指导意见，指引其制定维权方案，及时有效地开展维权活动。同时，确有必要之时，还可以考虑通过外交途径为中国企业谋求利益并提供帮助，[1]或直接为其提供人员和物资等其他方面的支持和帮扶。

(二)商标抢注治理中的司法优化

当抢注商标不幸冲破重重行政程序的阻挡，公正司法就成了保护被抢注者合法权益的最后底线。因此，在营商环境法治化视域下，提升商标抢注司法审理水平，保障司法公正、优化司法环境也是治理商标抢注的重要方面。

优化司法环境，首先应进一步优化司法资源配置，加强知识产权法院建设，统一商标恶意抢注裁判标准并与商标行政审查和审理标准协调一致。如前所述，商标抢注行政审查的效率对及时维护被抢注者合法利益而言至关重要，同

〔1〕 孙淑英:《中国企业国际化进程中商标抢注现象与对策研究》,《现代管理科学》2006 年第 12 期,第 66—68 页。

理，商标抢注司法审理的效率也一样至关重要。然而，由于知识产权案件具有较强的复杂性和专业性，其平均审理难度常超一般民事侵权案件。同时，为了保障司法公正，司法程序往往又比行政程序更加复杂和冗长，其审理期限也更加容易中止延长，动辄数年。[1] 而自2014年至今，我国逐渐建立了多个知识产权法院和知识产权法庭，其对知识产权司法审判能效的提升作用是显著的。鉴于此，应当继续优化司法资源配置，进一步加强地方知识产权法院或法庭建设，继续壮大知识产权审判人才队伍，统一商标恶意抢注的认定标准和损害赔偿标准，提高商标抢注案件的审理水平，为商标抢注治理提供坚实的司法保障。

同时，优化商标抢注治理的司法环境，还需注意加强对商标抢注恶意诉讼的惩罚力度。部分商标恶意抢注行为人在申请注册成功以后，并不会将商标投入自身的生产经营活动中，而是通过滥发商标侵权警告函、恶意提起商标侵权诉讼等方式，扰乱他人正常生产经营活动或谋取不正当利益。例如，在中讯公司与比特公司的商标纠纷案[2]中，比特公司抢注商标后，对中讯公司发送警告函、进行工商举报以及提起商标侵权诉讼，并要求判令中讯公司赔偿经济损失612万元，而后又申请撤回起诉，给中讯公司造成了诉讼费用、交易机会、物料、人工方面的损失。而对于该种因商标恶意抢注而起的恶意诉讼行为，只能由法院进行处罚。[3] 故法院应当明确要求原告不得撤诉，[4]并加强对该恶意诉讼行为的处罚力度，对其处以与行为恶意程度和损害程度相适应的罚款数额，震慑滥用诉权的抢注者，从而减少该类商标恶意抢注行为。

（三）商标抢注治理中的信用优化

人无信不立，业无信不兴，国无信则衰。推进社会信用体系建设纵深发展是加强社会治理体系的必然要求，[5]完善商标注册信用体系则是治理商标抢注、优化营商环境的长效路径之一。

优化商标抢注信用环境，首先需要针对商标恶意抢注行为加强信用监管。事实上，《市场监督管理严重违法失信名单管理办法》[6]第9条第1款第(2)项已明确将有“提交恶意商标注册申请损害社会公共利益”的情形的企业纳入严重违

[1] 商标恶意抢注的救济过程中，相关行政程序主要涉及商标异议或商标无效宣告，而相关司法程序则可能涉及一审、二审以及再审，流程更加复杂。例如，在“乔丹”商标案中，迈克尔·乔丹于2012年向商标评审委员会提出一系列商标撤销请求，相关行政裁定于2014年已做出，而最高人民法院直至2020年才宣布其中最后一案的审判结果。最高人民法院(2018)最高法行再32号行政判决书。

[2] 山东比特智能科技股份有限公司、江苏中讯数码电子有限公司知识产权合同纠纷再审审查与审判监督案，中华人民共和国最高人民法院民事裁定书(2019)最高法民申366号；山东比特智能科技股份有限公司与江苏中讯数码电子有限公司因恶意提起知识产权诉讼损害责任纠纷案，江苏省高级人民法院民事判决书(2017)苏民终1874号。

[3] 《商标法》第68条规定，对恶意提起商标诉讼的，由人民法院依法给予处罚。

[4] 李晓秋：《论商标挟持行为的司法控制》，《现代法学》2017年第4期，第81—93页。

[5] 孙久文、胡恒松：《社会信用体系的完善与经济发展——基于国内大循环视角的思考》，《甘肃社会科学》2021年第1期，第123—129页。

[6] 2020年9月1日实施生效。

法失信名单。但这一情形显然无法涵盖全部的商标恶意抢注行为，难以充分发挥信用机制对于商标恶意抢注乱象的治理效用。故仍有必要专门建立更加全面、完善的商标注册信用体系，通过大数据、区块链等现代信息技术专门建立企业、社会机构、个人等商标注册主体的信用档案，对实施商标恶意抢注行为的主体及其实施的恶意抢注行为予以记录存档，形成信用不良主体的相关数据库，以便在商标注册申请审查中直接查询申请人是否存在恶意抢注记录，重点防范信用不良主体的商标抢注风险。

同时，健全的商标注册信用体系并非只是一份简单的商标抢注黑名单或数据库，还应有完善的守信激励、失信惩戒以及信用修复机制。

首先，信用名单公示本身也是一种社会性的奖励和惩罚，应当搭建专门、统一、便利的信息网络平台，用于公示、查询商标注册主体的信用评价情况。其次，应明确商标抢注失信行为的奖惩机制，包括联合奖惩和行政性奖惩。尤其需要加强商标恶意抢注失信行为的行政性惩戒，更严格、审慎地审查商标注册失信者的商标注册申请，谨防其实施商标恶意抢注行为。对于信用评价极其不良者，如曾大量或多次抢注他人在先使用商标等情节严重的，还应当果断给予警告、罚款等行政处罚，甚至可以规定在一定期限内直接对其商标注册申请权予以限制甚至暂时取消申请权，从而重点打击商标职业抢注人，缓解商标抢注乱象。最后，在建立失信惩戒机制后，也要有相应的信用修复机制给予失信主体改过自新的机会，使失信者可以在改过自新后减轻或退出惩戒，否则就会陷入信用惩戒过度和泛滥的新问题中。例如，在对失信者限制商标注册申请权的同时，也要同时规定其恢复申请权利的条件，既可以是一定法定期间届满后的被动修复，也可以是提出申请后做出守信承诺的主动修复。

（四）商标抢注治理中的社会优化

由前所述，立法、行政、司法、信用优化所依靠的手段是强制的，而社会优化所依靠的手段则相对柔软坚韧的。后者虽然不产生直接的强制约束力，但却有助于引导经营者诚实信用、公平竞争，从而实现营商环境法治化目标中全民守法的最大化。

加强法治宣传教育无疑是营造公平竞争、诚实守信的社会文化氛围的核心所在。《中央宣传部、司法部关于开展法治宣传教育的第八个五年规划（2021—2025年）》中明确指出了我国法治宣传教育的主要目标，其中包括公民对法律法规的知晓度、法治精神的认同度、法治实践的参与度显著提高，全社会尊法、学法、守法、用法的自觉性和主动性显著增强。具体结合商标恶意抢注而言，则首先应当让广大社会公众准确理解商标恶意抢注行为的内涵并意识到其严重违法性，培养社会公众的公平竞争意识和诚实信用理念，使其遵守诚实信用原则，让商标注册秩序和公平竞争秩序成为深入人心的社会共识，同时引导社会公众自觉监督、抵制商标恶意抢注行为，支持购买正牌商品，抵制山寨商品，促使经营者实现自我约束、诚信经营，让守法逐渐成为一种社会习惯，从源头上减少商标恶意抢注行为，营造出公平、自由的营商环境。

同时，在明确法治宣传教育目标的基础上，商标抢注治理的社会环境优化中还面临着如何创新宣传教育的形式与内容、提升其宣传教育效果的这一现实问题。

在形式创新方面，加强互联网新媒体阵地的法治宣传教育势在必行。随着信息网络技术的发展应用和个人智能移动终端的普及，如今信息传播方式、渠道和公众获取信息的习惯已逐渐转变，期刊、报纸、电视广播等传统媒体的受众虽然仍旧不可忽视，互联网新媒体所涵盖的受众却显然更加广泛。而互联网的传递性、即时性、开放性等特征不仅可使信息传播变得更加快捷、便利，还有利于实现有效的社会监督机制，公众可以通过互联网平台对商标恶意抢注行为进行监督，随时提交发布与商标恶意抢注有关的线索，提升社会公众的法治实践参与度。

在内容创新方面，要在保持内容准确性和权威性的基础上注意加强内容的典型性和趣味性。向社会公众发布商标恶意抢注相关的法律法规是一种直截了当却略显枯燥的普法方式；而寓教于乐，将法律条文的内容转化为具有故事性的生动内容显然更容易引起公众的阅读兴趣和学习热情。因此，在商标恶意抢注的法治宣传教育中，应当重点选取典型代表案例进行多渠道、多形式宣传。这样不仅可以消弭灌输式宣传教育的生硬呆板，还可以通过真实案件对法律条文进行解释分析，结合社会关注热点，同时震慑商标恶意抢注者，营造良好的营商社会环境。

综上，在营商环境法治化视域下，除立法、行政、司法和信用优化外，加强商标抢注治理还需要进行社会环境优化，普治并举，营造遵纪守法、诚实信用的社会文化氛围，建立全面的商标抢注长效治理机制。

六、结语

提升营商环境的法治化程度、持续优化营商环境是促进社会经济的高质量发展和推动形成国内国际双循环新发展格局的现实需要，而加强知识产权保护则是其中应有之义。但严重的商标抢注乱象无疑会侵害经营者的合法权益并扰乱市场竞争秩序和商标注册管理秩序，对营商环境法治化产生显著消极影响，故而必须加强商标抢注治理，加大对商标恶意抢注行为的打击力度。

现行商标法律制度的不健全是商标恶意抢注行为泛滥的重要原因，要加强商标抢注治理，必须首先完善立法，使商标使用主义与商标注册主义重新归于平衡，并健全商标恶意抢注的法律责任制度。同时，在营商环境法治化视域下，除立法环境外，行政、司法、信用和社会环境的优化亦同样不可忽视，应当从以上五个方面综合提升商标抢注治理能效，协同多方主体治理商标抢注，营造公平竞争、诚实守信的社会文化氛围，形成良好的长效治理机制。

变更判决之诉的司法考量因素[1]

刘 鋆*

摘　要　我国的《最高人民法院关于审理人身损害赔偿案件适用法律若干问题的解释》第20条、第21条与《最高人民法院关于适用〈中华人民共和国民事诉讼法〉的解释》第218条、第248条对定期金给付、定期金调整事由起诉与既判力基准时的规定不足以构建完整的变更判决之诉制度。由于缺乏统一的司法规则对变更判决之诉进行规制，法院在具体案件的审判中难以识别变更判决之诉。变更判决之诉的理论论证与适用规则应充分对接、统合民事实体法与民事程序法的规定。为统一司法尺度，应着重关注变更判决之诉的适用条件的设置问题。变更判决之诉的适用条件应为原裁判中应包含法官的主观预测、前诉确定裁判内容尚未完全实现、基准时后发生"新的事实"以及依原确定判决结果将显失公平。

关键词　变更判决之诉；定期金给付；既判力；新的事实

目　次

* 刘鋆（1992—），郑州大学法学院讲师，法学博士，研究方向：民事诉讼法学与司法制度。

〔1〕 本文系教育部人文社会科学研究规划基金项目"民法典制定背景下程序法与实体法融合机制研究"（17YJA820017）阶段性成果；2022年河南省哲学社会科学规划项目"网络交易在线纠纷解决机制的现实困境及其司法应对"阶段性成果；2022年度河南省重点研发与推广专项（软科学研究）"黄河流域生态保护司法体系研究"（222400410115）阶段性成果。

一、引言

民事诉讼中，当事人及法院可能无法于言词辩论终结时对将来的情事进行精准的预估。故在言词辩论终结后，如若发生情事变更或一些使原判决继续履行显失公平的事实，应赋予双方当事人提出充分攻击防御方法的机会以维护实体与程序正义。在我国，《最高人民法院关于审理人身损害赔偿案件适用法律若干问题的解释》(以下简称《人身损害赔偿司法解释》)第 20 条与第 21 条对赔偿义务人的定期金给付、提供担保、给付金额的调整等问题作出相应规定。[1] 但是由于定期金给付具有长期性、反复性、不确定性的特点，故在定期金履行的过程中时常会发生不确定的因素致使定期金履行存在着一定的风险。例如，在前判决确定后，由于发生了重大情事变更致使原确定判决的计算基础发生了显著变更，此时如果继续按照原判决履行给付义务将显失公平。在此情况下，当事人应该享有救济权利。《最高人民法院关于适用〈中华人民共和国民事诉讼法〉的解释》(以下简称《民诉法解释》)第 218 条规定当事人可以根据定期金变更事由起诉，明确了对于请求增减"三费"的案件中，当事人可以采用起诉的方式维护自身权益。[2]《民诉法解释》第 248 条规定了基于判决基准时后的新事由可以再次提起诉讼。[3] 在我国，定期金制度主要适用于人身损害赔偿以及"赡养费、扶养费、抚育费"增减给付的案件中。在我国的人身损害赔偿费用中，残疾赔偿金、被扶养人生活费、残疾器具费用、后遗症治疗费等，在性质上属于需要进行长期定期给付的费用。在诉讼法层面，为了维护当事人的程序利益与实体权益，变更判决之诉的设置可应对基准时后案件基础事实发生的重大变更。在人身损害赔偿案件和"三费"案件中，实体法与程序法都为确定判决中定期金给付金额的调整留有余地。

我国的变更判决之诉已经存在程序法上的制度框架，变更判决之诉的构建具备现实性与必要性。但《人身损害赔偿司法解释》中对给付金额进行适当调整的规定仍面临着民事诉讼程序上的问题，即法院基于何种制度和理论对给付金额进行调整？在尊重诉讼判决既判力的理念下，为何法院具有调整确定判决内容的权利？当前我国尚未实现基于定期金赔偿制度和既判力时间范围理论下的变更判决之诉的具体化，变更判决之诉仍需在法律秩序安定性以及个案正义之

---

[1] 《人身损害赔偿司法解释》第 20 条规定："赔偿义务人请求以定期金方式给付残疾赔偿金、辅助器具费的，应当提供相应的担保。人民法院可以根据赔偿义务人的给付能力和提供担保的情况，确定以定期金方式给付相关费用。但是，一审法庭辩论终结前已经发生的费用、死亡赔偿金以及精神损害抚慰金，应当一次性给付。"第 21 条规定："人民法院应当在法律文书中明确定期金的给付时间、方式以及每期给付标准。执行期间有关统计数据发生变化的，给付金额应当适时进行相应调整。定期金按照赔偿权利人的实际生存年限给付，不受本解释有关赔偿期限的限制。"

[2] 《民诉法解释》第 218 条规定："赡养费、扶养费、抚育费案件，裁判发生法律效力后，因新情况、新理由，一方当事人再行起诉要求增加或者减少费用的，人民法院应作为新案受理。"

[3] 《民诉法解释》第 248 条规定："裁判发生法律效力后，发生新的事实，当事人再次提起诉讼的，人民法院应当受理。"

间谋求平衡。当前我国学者对于变更判决之诉的研究仍不够深入,具体体现在欠缺对变更判决之诉的提起要件和特殊情况下可否提起变更判决之诉的深入讨论。研究变更判决之诉的要件问题有利于厘清变更判决之诉对于前诉既判力的影响,探索既判力的部分打破理论在《中华人民共和国民事诉讼法》上的适用,为完善变更判决之诉的制度规则与指导变更判决之诉提起的司法实践可以提供强有力的理论支撑。本文试图结合既往相关法院裁判,提出我国变更判决之诉要件的应然选择,为变更判决之诉提供统一的提起标准与前提。同时为变更判决之诉的制度构建提供理论供给,厘清变更之判决与前诉判决既判力之间的关系,以规范当前实务界因对变更判决之诉相关问题认识不清而导致的司法实践乱象,促使变更判决之诉的救济功能在我国民事诉讼中得以具体实现。

二、司法实践中变更判决之诉适用的乱象与成因

(一)《民诉法解释》第 248 条双重角色定位的冲突

2015 年《民诉法解释》出台后,通过借鉴大陆法系既判力时间范围的相关理论,在我国《民诉法解释》第 248 条中首次确立了既判力"基准时"的概念,建立起法院对于当事人争议法律关系或状态的确认只限于口头辩论终结之时而不及于之后的观念。[1] 我国《民诉法解释》第 247 条将诉讼请求列为重复起诉行为的识别要素之一,并规定了"诉讼请求相同或者后诉实质否定前诉裁判结果"两种情形。在是否构成重复起诉的识别上,《民诉法解释》第 247 条与第 248 条常配套使用。《民诉法解释》第 247 条系对于"一事不再理"的一般规定,而《民诉法解释》第 248 条的规定系"一事不再理"适用标准的例外情形。[2] 与此同时,从最高人民法院对《民诉法解释》第 248 条的权威解释来看,第 248 条不仅是作为重复起诉的例外情形,而且还是基于大陆法系既判力时间范围理论确立的实定法规则。因此,如果当事人基于基准时之后的新事由,且这种新事由将导致已被确定判决所确认的法律关系发生变化的,基于此当然可以再次提起诉讼。此种情形下的后诉,并非对前诉的重复,而是基于新的事实关系提出的新诉,因此不属于严格意义上的"再诉",更不违反一事不再理原则。从该法条的条文内容及最高人民法院相关解释来看,该条文基本上照搬了大陆法系国家和地区相关立法例。就这个意义而言,本条规定之存在可以说是正面认可既判力在时间范围层面相对性的直接依据。[3]

---

[1] 林剑锋:《既判力相对性原则在我国制度化的现状与障碍》,《现代法学》2016 年第 1 期,第 137 页。

[2] 《民诉法解释》第 247 条规定:"当事人就已经提起诉讼的事项在诉讼过程中或者裁判生效后再次起诉,同时符合下列条件的,构成重复起诉:(一)后诉与前诉的当事人相同;(二)后诉与前诉的诉讼标的相同;(三)后诉与前诉的诉讼请求相同,或者后诉的诉讼请求实质上否定前诉裁判结果。当事人重复起诉的,裁定不予受理;已经受理的,裁定驳回起诉,但法律、司法解释另有规定的除外。"该条以实定规则形式在我国明确了民事诉讼中"一事不再理"原则及制度化的适用规范。

[3] 最高人民法院的相关解释可参见最高人民法院编写组:《最高人民法院民事诉讼法司法解释理解与适用》(上),人民法院出版社 2015 年版,第 636—638 页。

在诉不同的情况下，自然也不应该认定变更之诉系一事不再理意义上的重复起诉。但是在变更之诉中，因为主体或是客体方面发生了变化而导致前诉与后诉存在差别，前诉判决中已经产生既判力的事项将会在后诉中成为重要前提。根据本文的观点，前诉的诉讼标的与变更之诉的诉讼标的具有高度的关联性。倘若根据既判力的一般理论，终局判决确定后，当事人和法院均须受到判决内容之拘束。对于当事人而言，当事人不得就同一法律关系再行起诉，或于其他诉讼中，为与确定判决内容相反之主张；而于法院方面，法院为后诉讼之裁判时，不得与该确定判决之内容相抵触。[1] 变更判决之诉属于《民诉法解释》第248条确定的既判力时间范围制度适用中的一种基本形态。在既判力时间范围理论中，由于产生了在基准时后发生新情况的特殊情形，所以允许权利人提起变更之诉并提出与前诉确定判决相矛盾的主张。但在司法实践中，由于法院更多地是将《民诉法解释》第248条视为"一事不再理"的例外情形，造成了在具体案件的审判中法院难以对变更之诉进行识别。《民诉法解释》第248条规定的发生"新的事实"而提起的后诉，是因为"新的事实"的发生导致前诉中双方当事人的权利义务发生了变化。故第248条立法所设定的适用情形，应为以维持前诉判决正确(基于口头辩论终结时的状况)为前提，就前诉判决的执行力或既判力而启动的特殊化权利救济程序，也即只能提起立足于特殊立法目的的特定类型诉讼。[2]《民诉法解释》第248条定位的混乱，势必造成司法实践中的困惑。

(二)"新的事实"与"新情况、新理由"之认定较为混乱

《民诉法解释》第218条、第248条中笼统的规定不足以构建完整的变更判决之诉制度，限制了该规定的实用性与司法统一性。对于变更判决之诉中"新情况、新理由"中"新"的时间范围及"新的事实"的具体指向，我国司法实务界尚未达成统一共识。在司法实践中，对于《民诉法解释》第218条规定的"新情况、新理由"以及第248条规定的"新的事实"，由于缺乏统一的司法规则进行规制，法院在面临此类问题时往往是根据自身裁量权进行判断，造成了司法实践中适用司法解释的混乱，形成了"同案不同判"的现象。具体情形可参见以下案例：

> 案例一：在李某某与陈某某扶养纠纷一案中，银川市西夏区人民法院(2009)西民初字第2499号民事判决书认定原告李某某与被告陈某某系夫妻关系，夫妻间有相互扶养的义务，判决原告每月支付被告700元扶养费至终生。2017年原告与被告离婚纠纷一案，经一审二审，双方已经解除了婚姻关系。原告李某某于2018年起诉被告陈某某，称原告与被告已经解除了婚姻关系，原告给被告支付扶养费的法律依据已经不存在，原告认为自离婚判决生效后，原告不应当再承担向被告支付扶养费的义务。而一审法院银川

---

〔1〕 陈荣宗、林庆苗：《民事诉讼法》(中)，三民书局2009年版，第626页。
〔2〕 林剑锋：《既判力视角下定期金判决变更之诉的解释论展开》，《现代法学》2017年第6期，第138页。

市西夏区人民法院认为《民诉法解释》第214条(笔者注:2022年施行《民诉法解释》第218条)对赡养费、扶养费、抚育费的案件作为新案受理,只涉及赡养费、扶养费、抚育费的增加或减少的问题,并不涉及前案的事实和法律关系的重新认定问题。

原告上诉至银川市中级人民法院,称"(2017)宁01民终2549号民事判决书判决解除双方婚姻关系。夫妻扶养义务的基础是双方之间存在夫妻关系,支付扶养费的期间也应在夫妻关系存续期间。现双方解除了婚姻关系,属于新情况、新理由,属于新案的范围。一审法院将新情况、新理由认定为物价上涨、消费支出增加、收入下降、遭灾遇难及其他原因,系法院对法律规定的自行解读。但是法律规定中并未将新情况、新理由限定或认定为物价上涨、消费支出、收入下降等情形;同时也未将新情况新理由排除为案件事实、法律关系等情况,且实践中案件事实、法律关系应当是包含在新情况、新理由之中。一审法院的裁定驳回起诉没有法律依据。"二审法院认为一审法院适用法律不当,依据《民诉法解释》第247条,二审法院认为李某某起诉陈某某要求不再支付扶养费,是重复起诉,故裁定驳回上诉人李某某的上诉。[1]

在案例一中,原告与一审法院、二审法院对于"新情况、新理由"的范围出现了较大的分歧。原告李某某认为原夫妻双方已经解除了夫妻关系,属于新情况、新理由,原告再提起诉讼应属于新案的范围。一审法院认为"新情况、新理由"仅限于"物价上涨、消费支出增加、收入下降、遭灾遇难及其他原因"。而二审法院认为李某某以陈某某为被告提起诉讼,请求判令其不再给陈某某支付扶养费,该诉请系重复起诉。法院因为缺乏变更判决之诉规则的指引,导致对"新情况、新理由"的认识不一,甚至回避"新情况、新理由"之认定而选择以"重复起诉"为由驳回当事人的起诉或上诉,这势必会对当事人权益的保障造成了很大影响。

另外需要注意的是,对于"新情况、新理由"发生的时间点,法院尚未形成一致的裁判意见。有些法院对原审时既已发生的事实也允许作为"新情况"提起另诉,有些法院则要求"新情况"必须是判决之后发生的情况。具体可参考以下案例:

案例二:上诉人闫某某与被上诉人胡某某赡养纠纷一案,闫某某(胡某某之子)不服内蒙古自治区宁城县人民法院(2015)宁民初字第00169号民事判决,提出上诉。一审法院认为胡某某现年87岁,年事已高,生活不能自理,在宁城县天义镇老来福托老院托老,需要子女承担托管费及生活费,故胡某某要求给付赡养费的诉讼请求,应予以支持。闫某某称2014年12月5日胡某某与闫某某经法院调解达成了调解协议并由法院调解结案,但被上

[1] 李某某与陈某某扶养纠纷民事案,银川市西夏区人民法院民事判决书(2009)西民初字第2499号、银川市西夏区人民法院民事裁定书(2018)宁0105民初5589号、银川市中级人民法院民事裁定书(2019)宁01民终1282号。

诉人仅隔三天就同一问题再行起诉，一审法院判决闫某某败诉系违法裁判，本案系重复起诉，应裁定不予受理。二审法院认为根据《民诉法解释》第 214 条（笔者注：2022 年施行《民诉法解释》第 218 条）的规定，费用实际发生，案件出现了新情况，故胡某某再行起诉，原审法院依法处理，符合上述规定。[1]

在案例二中，在胡某某和闫某某已经就赡养费问题达成了调解协议，经法院调解结案后，一审法院依旧受理了胡某某的起诉，这无疑是对法院调解书效力的破坏，也不利于法的安定性和当事人的信赖利益。而且，一审法院和二审法院也并未对“新情况”做出合理的解释。《民诉法解释》第 218 条规定的是裁判发生效力后产生了“新情况、新理由”，但案例二中法院认定在法院调解书发生法律效力后三天之内即产生了“新情况”，在这么短的时间内产生了“新情况”难免让人感到疑惑。

（三）变更判决之诉与前诉的关系未能厘清

当前法院未能厘清变更判决之诉的受案范围、制度目的以及其与前诉之间的关系，致使实践中对定期金赔偿判决提起变更判决之诉的争议较大。从程序法的角度来看，应当通过什么样的程序来对定期金赔偿判决进行调整？基于与前诉既判力的关系，哪些构成后诉的争议对象，哪些事项不能再争执并需按照前诉判决来做出裁判？这种调整权属于法院司法权行使对象还是属于强制执行权的范畴？变更判决之诉如何收取诉讼费用？当前我国并未对这些问题做出司法回应。在实践中，有法院以双方当事人有权提起变更判决之诉为由，提出“事后对调解的赡养费不满意，还可再诉”，督促当事人尽快就定期金赔偿达成一致。[2]这偏离了变更判决之诉修正前诉判决，维护当事人程序与实体利益的目的，致使该项制度未能发挥其应有作用。变更判决之诉适用范围“新情况、新理由”，如何判断在取得确定判决后发生的“新情况”“新理由”？在伤残损害赔偿诉讼中，法院判决定期给付赔偿金，但在履行过程中，当时所预想的后遗症障碍程度明显好转或者消失，如果继续按照原判决履行，则显然不妥。此时，损害赔偿人该如何进行权利救济？[3] 另行起诉模式并未认识到定期金赔偿制度的特殊性，模糊地将“新情况、新理由”想当然理解为新发生事实，而忽视了原判决法官做出的预判事实与全新事实发生的区别，在裁判结果上更是难以找出前诉和后诉之间的关

---

〔1〕 闫某某与胡某某赡养费纠纷民事案，赤峰市中级人民法院民事判决书（2015）赤民一终字第 1382 号。

〔2〕 周某与刘某甲、刘某乙等赡养费纠纷民事案，重庆市第五中级人民法院二审民事判决书（2016）渝 05 民终 2224 号。法院在判决书中提到：“对于周某今后的赡养费，作为周某的子女，可以根据新情况和新事实协商处理，无法协商达成一致的可另诉解决。”

〔3〕 在人身损害赔偿案件中，《人身损害赔偿解释》第 21 条第 1 款后段规定：“执行期间有关统计数据发生变化的，给付金额应当适时进行相应调整。”该规定不仅规定可变更条件单一，且并未对具体如何进行相应调整做出明确规定。该条款将进行相应调整限定在“统计数据发生变化”，这意味着排除了受害人伤残情况变好或者变坏的情形。

联性。[1]《民诉法解释》第248条的出台也仅仅只是为变更判决之诉提供了理论上的依据，但是却并未能给司法实践提供明晰、统一的规则。《民诉法解释》第218条针对“三费”调整的规定尚未涵盖变更判决之诉的全部类型，而《人身损害赔偿解释》第21条对“人身损害给付金额”调整的规定，也体现出我国未能将人身损害赔偿的定期金调整完整地纳入变更判决之诉的制度范围内。当前，我国的司法实务界对于变更判决之诉的适用还处在“集体无意识”的氛围中，这也在侧面显示了我国的立法并未能为司法实务界提供制度供给。这对于当事人合法程序权益的保障是不利的，同时也不利于发挥实体法上定期金给付制度的优势。

三、变更判决之诉适用条件设置的四维思考

(一)原裁判中应包含法官的主观预测

在诉不同的情况下，自然也不应该认定变更判决之诉系一事不再理意义上的重复起诉。但是在变更判决之诉中，因为主体或是客体方面发生了变化而导致前诉与后诉存在差别，前诉判决中的已经产生既判力的事项将会在后诉中成为重要前提。根据本文的观点，前诉的诉讼标的与变更判决之诉的诉讼标的具有高度的关联性。倘若根据既判力的一般理论，终局判决确定后，当事人和法院均须受到判决内容之拘束：对于当事人而言，当事人不得就同一法律关系更行起诉，或于其他诉讼中，为与确定判决内容相反之主张；而于法院方面，法院为后诉讼之裁判时，不得与该确定判决之内容相抵触。[2] 变更判决之诉，属于《民诉法解释》第248条确定的既判力时间范围制度适用中的一种基本形态。在既判力时间范围理论中，由于产生了在基准时后发生新情况的特殊情形，故允许权利人提起变更判决之诉并提出与前诉确定判决相矛盾的主张。但在司法实践中，由于法院更多地是将《民诉法解释》第248条视为“一事不再理”的例外情形，造成了在具体案件的审判中法院难以对变更判决之诉进行识别。《民诉法解释》第248条规定的发生“新的事实”而提起的后诉，是因为“新的事实”的发生，致使了前诉中双方当事人的权利义务发生了变化。故第248条立法所设定的适用情形，应为以维持前诉判决正确(基于口头辩论终结时的状况)为前提，就前诉判决的执行力或既判力而启动的特殊化权利救济程序，也即只能提起立足于特殊立法目的的特定类型诉讼。[3]《民诉法解释》第248条定位的混乱，势必会造成司法实践中的困惑。

《民诉法解释》第218条的规定在一定程度上弥补了“赡养费、扶养费、抚育

---

〔1〕 毋爱斌：《变更判决之诉的立法论——兼论定期金给付制度的适用》，《法律科学》2019年第6期，第162页。

〔2〕 陈荣宗、林庆苗：《民事诉讼法》(中)，三民书局2009年版，第626页。

〔3〕 林剑锋：《既判力视角下定期金判决变更判决之诉的解释论展开》，《现代法学》2017年第6期，第138页。

费”案件将来给付之诉中定期金支付判决的制度供给不足的缺陷。但遗憾的是，该条文的适用范围仅局限于追索赡养费、抚育费、扶养费等案件，且在条文上存在逻辑理解的歧义，即该条文一方面规定可以要求“增加或减少费用”似乎是在原判决基础上进行的相应调整，另一方面却又规定“作为新案受理”又似乎认为将原判决基准时后发生的新情况、新事实作为与原判决无关的新事实。[1] 有学者认为：“在涉及人身关系的民事纠纷中，鉴于身份关系的特殊性，因而例外地允许此类纠纷在一定条件下可以重复起诉。”[2]笔者认为，此系对于变更判决之诉的误解。起诉对赡养费、扶养费、抚育费请求增加或减少费用的，并非是基于身份案件特殊性的重复起诉，而是对于不可预测的情况做出调整，为维护当事人的合法权益，赋予其提起变更判决之诉以部分打破原判决的既判力的权利。笔者认为，对于可能含有对将来事实的预测性的案件中，如人身损害赔偿案件中对于被害人余命的预估。如果被害人已经是植物人状态或者是重伤状态，此时法院会对将来的需求进行一定程度上的预测，来做出损害赔偿数额的认定。但是如果后来被害人的身体状况急剧变好或变坏，那么原判决将会显失公平，这就让变更判决之诉有了适用的空间。在我国，由于定期金判决的适用率并不是特别高，当前仍是“一次性给付为主、定期金给付为辅”的赔偿模式，故将变更判决之诉的对象限定于定期给付判决也不符合当前我国的司法实践，易造成变更判决之诉的适用要件过分严苛。因此，变更判决之诉中要变更的原判决并不应仅限于将来到期的定期金判决，结合我国的司法实践，要求原判决中包含有对将来的预测因素较为符合变更判决之诉的制度目的。此与日本《民事诉讼法》第 117 条之变更判决之诉将其适用对象限于言词辩论终结时点前所生之损害，且须系判命以定期金赔偿之确定判决，以及德国《民事诉讼法》第 323 条限于将来到期之定期给付判决不同。[3] 德国《民事诉讼法》第 323 条对变更判决之诉的范围、要件、对象等做出了相应规范，允许对前诉判决中确定的将来反复义务的履行做出修正，

---

〔1〕 古强：《变更判决之诉研究》，西南政法大学 2018 年博士学位论文，第 87 页。

〔2〕 夏璇：《论民事重复起诉的识别及规制——对〈关于适用《中华人民共和国民事诉讼法》的解释〉第 247 条的解析》，《法律科学》2016 年第 2 期，第 168 页。

〔3〕 根据日本《民事诉讼法》于 1996 年新增第 117 条之规定，明确法院对于言词辩论终结前已生损害命依定期金赔偿之确定判决，若于言词辩论终结后，该损害额算定之基础情事发生重大显著变更，当事人得提起本诉讼，请求变更原判决内容。根据日本《民事诉讼法》第 117 条的规定，后诉被称为是“判决の变更を求める訴”，即“变更判决之诉”。[日本《民事诉讼法》第 117 条称之为：定期金による賠償を命じた確定判決の変更を求める訴え。段文波：《日本〈民事诉讼法〉》，载《比较民事诉讼法(2006 年卷)》，中国法制出版社 2007 年版，第 315 页。可将其译为：请求变更已做出的命令定期赔偿金额的确定判决之诉。]要变更的是定期金赔偿的确定判决，同确定判决一样有效的和解书、调解书等也是变更对象。

并取消前诉判决的部分执行力。[1]

(二)前诉确定裁判内容尚未完全实现

如果前诉的判决内容已经完全实现,为了维护当事人的信赖利益、法院裁判的权威性以及不过分破坏法安定性,应当不赋予当事人提起变更判决之诉的权利。在判决已经完全履行完毕的情况下,变更判决之诉的提起将会失去“诉的利益”,也即失去了提起变更判决之诉的必要性。但是对于判决一次性给付中,尚有部分未予给付的情况下,应允许当事人在基准时后发生情事变更的情况下提起变更判决之诉。当事人只有在申请执行期限内,尚未申请执行,或者开始执行尚未终结,原判决计算定期金给付金额的基础事实发生重大变更,始得提起变更判决之诉。[2]

1. 因发生情事变化引发的定期给付判决尚未履行完成

在德国法上处理两种类型案件时,将会适用变更判决之诉:一是将来定期给付之扶养费请求权的变更判决之诉;二是损害赔偿定期给付请求权的变更判决之诉。德国学说强调,变更判决之诉并不适用于一次性给付判决。[3]变更判决之诉可以准用或者类推适用的,也必须是基于对将来有预测之判决,包括确认判决。如果是确认将来定期给付之权利存在,则可准用变更判决之诉,但如果单纯确认给付义务存在之判决,则无此诉适用之余地,另外对于形成判决亦无准用余地。[4] 此外,因妨害扩大请求变更的情形下,请求变更的原判决的内容不仅包括

---

〔1〕 德国《民事诉讼法》第 323 条规定了对判决的修正(Abänderung von Urteilen)。该条规定原文为:“(1)[1]Enthält ein Urteil eine Verpflichtung zu künftig fällig werdenden wiederkehrenden Leistungen, kann jeder Teil die Abänderung beantragen. [2]Die Klage ist nur zulässig, wenn der Kläger Tatsachen vorträgt, aus denen sich eine wesentliche Veränderung der der Entscheidung zugrunde liegenden tatsächlichen oder rechtlichen Verhältnisse ergibt. (2)Die Klage kann nur auf Gründe gestützt werden, die nach Schluss der Tatsachenverhandlung des vorausgegangenen Verfahrens entstanden sind und deren Geltendmachung durch Einspruch nicht möglich ist oder war. (3)Die Abänderung ist zulässig für die Zeit ab Rechtshängigkeit der Klage. (4)Liegt eine wesentliche Veränderung der tatsächlichen oder rechtlichen Verhältnisse vor, ist die Entscheidung unter Wahrung ihrer Grundlagen anzupassen.”2009 年 9 月 1 日德国新《民事诉讼法》第 323 条规定:“(一)判决中包含有将来到期应定期给付之义务者,该判决中之任何一部分均得诉请法院变更。提起该诉讼时,原告应陈述作为判决基础之事实或法律关系,发生情事重大变更。(二)前项起诉限于基于前诉讼程序事实审言词辩论终结后发生之事由,且该事由无法以异议主张者为限。(三)前项起诉限于诉讼系属后之时期始得加以变更。(四)倘作为判决基础之事实或法律关系确有情事重大变更,法院应在维持原判决之基础上调整其判决。”另新增第 323—1 条规定:“(一)依第 794 条第 1 项第 1 款作为执行名义之和解笔录可强制执行之文书,内容包含有将来定期给付义务者,其中位何一部分均得诉请法院变更。提起该诉讼之原口应陈述有变更之事实,起诉始合法。(二)其他要件及变更之范围,依民法之规定订之。关于德国《民事诉讼法》第 323 条之译文,参见吴从周:《变更判决之诉——著重观察民诉法第 397 条与民法第 227 条之 2 在性质上之对应》,载民事诉讼法研究会:《民事诉讼法之研讨》(二十二),元照出版有限公司 2017 年版,第 172—173 页。

〔2〕 王甲乙等:《民事诉讼法新论》,三民书局 2010 年版,第 544 页。

〔3〕 Stien/ jonas/ leipold, ZPO, 22. Aufl, 2008, 323RN. 12.

〔4〕 吴从周:《变更判决之诉——着重观察民诉法第 397 条与民法第 227 条之 2 在性质上之对应》,载民事诉讼法研究会:《民事诉讼法之研讨》(二十二),元照出版有限公司 2017 年版,第 132 页。

原确定判决中的定期金给付，同样也可以适用于定期行为的给付或是其他效果。变更判决之诉应允许请求变更行为给付，同时也包括变更物的种类。如果因为原给付物情事变更而陷入了给付不能，此时提起变更判决之诉请求变更给付物的种类，也未尝不可。具体可参见案例三：

> 案例三：原告曹某与被告刘某原系夫妻，2013 年 6 月 9 日，双方经法院调解离婚，婚生子刘某某由被告刘某直接抚育，原告曹某对婚生子享有探视权，每月节假日可探视二次或者接回居住一日。现原告曹某请求增加探视婚生子刘某某的次数、时间及方式。一审法院判决原告曹某自 2015 年 3 月起每月第一周、第三周周六早 9 时至周日 17 时期间将婚生子刘某某接回居住；第二周、第四周周末期间可探视共二次；五一、元旦假期接回居住 48 小时。刘某提起上诉，认为不应再增加看望次数，希望二审法院作出贴合当前实际情况的决定，维持 2013 年离婚时的探望次数。二审法院认为 2013 年调解书规定的探望次数过少，不利于维系被上诉人与孩子之间的母子感情，使孩子感受不到母爱。但同时，2015 年原审判决的探望次数又过于频繁，不利于上诉人对孩子的监护，也不利于孩子稳定的生活和学习。故二审法院对被上诉人的探望次数做适当调整，以每月第一、三周周六接回居住两天，十一、春节假期接回居住两天为宜。[1]

2. 因情事变化引发的一次性确定判决尚未实现的案件

在给付之诉中，不是判决定期金给付，而是一次性即时给付全部金额，此时可否提起变更判决之诉？笔者认为，判决债务人一次性即时给付全部金额，可以区分全部给付和尚有部分未予给付两种情形。如果前诉判决中含有将来要素，判决尚未履行完毕，应赋予当事人权利以提起变更判决之诉。但是如果一次性赔偿判决已经履行完毕，此时为维护当事人的信赖利益与法安定性，当事人应不可再就基准时后的情事变更提起变更判决之诉。

如果在言词辩论终结前，客观上已经存在的事实，而当事人由于懈怠却未提出主张，以至于该事实未能成为原判决认定给付额的基础。由于已经被原判决的既判力所遮断，故纵使该事实于基准时后被提出，亦不属于言词辩论终结后发生的情事变更。但值得注意的是，于既判力基准时点前已存在之事由，并非全然为既判力所遮断，事实虽已存在于基准时点前当事人却未提出，于例外情形承认有不生遮断效之可能。[2] 例如，在人身损害赔偿诉讼中，原告已经在前诉中获得了胜诉确定判决。但是如果之后发生了后遗症的损害后果，在前诉的判决程序中法院与当事人均未能预料，原告也只能基于既判力基准时前的损害事实和后果提出诉讼请求取得确定判决。在这种情况下，一方当事人期待着完全按照诉讼标的的范围产生遮断效，但是如果按照这种期待对其进行保护，那么对方当事

---

〔1〕 曹某与刘某抚养权纠纷民事案，辽宁省锦州市太和区人民法院民事判决书（2015）太松民初字第 00031 号、锦州市中级人民法院民事判决书（2015）锦民终字第 00214 号。

〔2〕 丁宝同：《民事判决既判力研究》，法律出版社 2012 年版，第 263 页。

人将因后诉被遮断而遭受很大的损害。还有一些可能的情况是，在人身损害赔偿中，如果当事人在前诉中已经主张过有可能会出现后遗症但是法院却未能采纳该意见，此时如果仍限制后续变更判决之诉的适用，不赋予当事人变更判决之诉的诉权，将造成当事人民事实体利益的损害。

在我国，当前学界主流观点系针对前诉中的一次性给付判决不可再提起变更判决之诉，因为如果允许对该类情况变更原判决，将严重破坏司法裁判的安定性。[1] 但笔者认为，如果仅将变更判决之诉的范围限定于将来给付之诉或现在给付之诉中的定期金判决，将使得我国变更判决之诉的适用范围大大减少。而结合司法实践中的情况来看，原判决中包含的预测性是很好区分的，与其过分维护判决安定性，不如合理限定变更判决之诉的提起要件，以更好地完善民事救济程序。另外，有学者提出选择一次性赔偿方式系“自我责任”的体现，当事人选择了一次性赔偿之后，就视为对将来要求变更权利的放弃。[2] 但当前我国的定期金赔偿制度并不完善，受侵害人选择了一次性赔偿方式，这可能是在现行制度下的一种无奈选择。但这并不意味着法院在原判决中没有出现预测上的偏差，也不意味着这种预测上的偏差不能被纠正。

另外，在生活妨害纠纷案件中，在言词辩论终结后，如果对于生活的妨碍继续发生（如噪声、环境污染等），损害继续扩大，此时的诉讼标的并不因其在基准时点之后或者之前而有所不同。如果受害人随着侵害之持续发生而继续不断起诉，以致难获迅速、经济的权利救济之保障，故依据变更判决之诉的制度和法理来解决该类问题也是一种有效的途径。具体可参照以下案例：

> 案例四：再审申请人张某某因起诉黑龙江农垦爱邦实业有限公司（以下简称爱邦公司）环境污染责任纠纷一案，不服黑龙江省农垦中级法院（2018）黑 81 民终 838 号民事裁定，向黑龙江省高级人民法院申请再审。2018 年 5 月 23 日，张某某起诉至黑龙江省牡丹江农垦人民法院称，因爱邦公司产生的污染导致其商店无法经营，故诉至法院，请求判令爱邦公司停止污染并赔偿张某某损失 70 万元及利息；一审法院以张某某重复诉讼为由裁定不予受理。张某某不服一审裁定，向黑龙江省农垦中级法院上诉称，爱邦公司自 2000 年加工大米以来，给张某某生活环境造成了严重的污染，导致其开办的商店无法经营，同时造成了巨大的经济损失。二审法院以张某某重复诉讼为由裁定驳回上诉。
>
> 黑龙江省高级法院经再审认为，前诉的诉讼请求是基于爱邦公司 2000 年至 2002 年的污染行为提出的，本案诉讼请求是基于爱邦公司 2000 年至 2018 年污染行为提出的，张某某要求爱邦公司赔偿其房屋维修费、商店倒闭

---

[1] 林剑锋：《既判力视角下定期金判决变更判决之诉的解释论展开》，《现代法学》2017 年第 6 期，第 139 页；毋爱斌：《变更判决之诉的立法论——兼论定期金给付制度的适用》，《法律科学》2019 年第 6 期，第 158 页。

[2] 毋爱斌：《变更判决之诉的立法论——兼论定期金给付制度的适用》，《法律科学》2019 年第 6 期，第 163 页。

损失及上访费用等。综上，张某某的此次起诉不构成重复起诉，一审、二审法院以张某某重复起诉为由不予立案错误，法院依法予以纠正，撤销黑龙江省农垦中级法院(2018)黑81民终838号民事裁定和黑龙江省牡丹江农垦法院(2018)黑8108民初621号民事裁定。[1]

在上述继续性侵权案件中，被害人因某种理由不能请求排除或防止加害行为。而以将来之损害视为具有确定性的损害，并就过去及将来之全部损害为对象加以判决，如就该确定判决之损害另行提起诉讼，后诉应当为前诉确定判决之既判力所及。继续性侵权行为诉讼，除请求过去之损害外，对加害行为本身之排除或防止，以及其后将来之损害(如侵害身体健康就劳动能力损失所做之损害赔偿，按照《人身损害赔偿司法解释》来申请支付定期金，请求者颇多)。这种情形在笔者收集的案例等实务资料上有所体现。具体可参见案例五：

案例五：1978年2月24日，被告海东地区平安县小峡人民公社司机郭某某驾驶2 612 155号青海湖牌汽车行驶至三十里铺时将原告撞伤，并于同年11月达成被告每年给付400元的赔偿协议，后于2004年原告起诉至法院双方重新达成被告每年12月30日前给付原告肇事经济补偿费1000元至原告死亡为止的调解协议，2009年原告被平安县残联评定为智力一级残疾，现原告提出增加经济补偿金。法院认为：原、被告之间已达成的每年1000元的经济补偿协议，是双方的真实意思表示，并实际履行多年，是以定期金方式给付经济补偿的协议，定期金在执行期间有关统计数据发生变化的，给付金额应当适时进行调整。现原告以原有的1000元经济补偿金过低，要求增加的诉讼请求，结合上年度农村最低生活保障标准、上年度农村居民人均纯收入标准以及双方达成的经济补偿协议综合评定，原告的诉讼请求合理部分应予以支持，即对经济补偿标准予以适当调整，每年度给付经济补偿金3000元为宜。[2]

(三)基准时后发生“新的事实”

1.“新的事实”的内涵

依据《民诉法解释》第248条之规定，“裁判发生法律效力后发生新的事实”，当事人即可不受前诉既判力事项之拘束。确定判决的遮断效划定了新事实的出现阶段以及界定的标准，但是由于我国尚未引进既判力制度，对于既判力时间范围的规定也浮于表面。我国对于判决效力的立法预设并未能够依从于大陆法系成熟的既判力理论体系脉络。对于何为“新的事实”，我国的法律与司法解释尚

---

[1] 张某某与黑龙江农垦爱邦实业有限公司环境污染责任纠纷民事案，黑龙江省高级人民法院民事再审裁定书(2019)黑民再438号。

[2] 王某邦与海东市平安区小峡镇人民政府侵权责任纠纷民事案，青海省海东市平安区人民法院民事判决书(2019)青0221民初28号。

无规定，这也造成了司法实践中的混乱。“新的事实”出现，足以挑战确定判决的既判力，但是“新的事实”并非是对于前诉判决既判力的“纠错”，而是对法院在前诉判决中的预测出现偏差的一种调整。

在日本，变更判决之诉的对象系言词辩论终结前所生的损害，也就是说，只能已经发生的损害才可以。继续性的不法行为不可适用变更判决之诉。在日本的变更判决之诉中，口头辩论结束后发生的损害不是定期金赔偿的将来给付判决中的对象。从此等条文修正之角度，一方面可看作是“不须透过再审程序即得修正确定判决”之手段，另一方面是明文承认既判力可于事后加以修正。日本通说认为，基于此类判决之损害赔偿请求权须待时间经过始能具体化，为特定其具体评价额度，法院必须于原判决时点预测将来发生之事物，惟若嗣后发生与预测结果不一致之情形，自应允许修正该判决，始符合实体公平之要求。通常事例包括后遗症治疗费、看护费用等。在我国台湾地区，即使原判决系命一次性即时给付金额，若原判决之基础事实含有对将来要素之预估，其于原裁判基准时点后发生变化，如侵权行为之被害人死亡时期早于法院之预测等，均得中国台湾地区所谓的“民事诉讼法”第 397 条之规定。〔1〕

在大陆法系的德国、日本等国，裁判生效后的新事实一般被称为“既判力基准时之后的新事由”。从这一表达来看，新事由与既判力相关，即新事由不受既判力约束，进而由其所引发的后诉也不受既判力约束。〔2〕德国法上认为，只有在前诉最后一次事实审理结束之后出现的，通过异议不能再主张的变化，才可继续提起变更判决之诉。最后一次事实审理，如果没有提起控诉或者提起的控诉作为不合法而被拒绝或者驳回的，就是一审的最后一次言词辩论。作为一般的解释论，不受前诉既判力事项拘束的前提是原告必须证明“后遗症”“收入水平”“物价水平”或其他作为损害额计算基础状况中的一项发生显著变化，以说明前诉判决基准时后发生了新事由。此时的新事由也即原确定判决中据以做出原判决的基础事实根基仍未被动摇。〔3〕具体到变更判决之诉而言，关于“裁判生效后，发生新的事实”，在前诉判决做出后，通货膨胀、后遗症程度重大变化等因素，无疑都属于前诉口头辩论时无法预知的重大客观因素变化。〔4〕具体而言，在前诉言词辩论终结时，法院依据当时所存在的国家法令与政策、社会情况与秩序、经济现状与期待、契约标的物之情况等的基础、背景或环境，结合当事人提出的证据、言词辩论等做出确定判决。例如，不动产租赁契约之订定，以该不动产之继续存在为基础事实，亦以物价稳定为其环境事实；金钱之消费借贷，以该类金钱之为

〔1〕 许士宦：《变更判决之诉》，《月旦法学教室》2014 年总第 228 期，第 12—14 页。

〔2〕 曹云吉：《论裁判生效后的新事实》，《甘肃政法学院学报》2016 年第 3 期，第 107 页。

〔3〕 《民诉法解释》第 248 条之“发生新的事实”，最高人民法院将其解释为“不包括原生效裁判未查明或涉及的事实，也不包括当事人在前诉中未提及的事实。未查明的事实，涉及的事实、未提及的事实都不是新的事实。”林剑锋：《既判力视角下定期金判决变更判决之诉的解释论展开》，《现代法学》2017 年第 6 期，第 137 页。

〔4〕 林剑锋：《既判力视角下定期金判决变更判决之诉的解释论展开》，《现代法学》2017 年第 6 期，第 137 页。

流通货币为基础事实，亦以币值及汇率无巨变为其环境事实等。[1] 双方当事人言词辩论终结后发生的事实，系属客观的事实。它可能是经济性因素(如币值变动、通货膨胀、物价上涨、能源危机)，也可能是非经济性因素(如天灾、地变、第三人的妨碍行为、法令变更、罢工、战争、暴动或政治行政组织的变更或流行病的蔓延)。[2] 值得注意的是，言词辩论终结前所生损害命为一次性给付金额，其判决之性质并无解除既判力之可能；又言词辩论终结后所生损害命为定期金给付之情况，因其可借由另诉或适用一部请求之理论救济，抑或提出请求异议之诉等缓和原判决之既判力，故均不适用或类推适用变更判决之诉。[3] 唯近来学说认为，"现在给付之诉之定期金赔偿"与"将来给付之诉之定期金赔偿"均须将来时点始能具体化其定期金数额，且其均可能因言词辩论终结后发生情事变更，导致原认定金额不相当，含有将来要素之将来给付诉讼似乎更有变更其判决内容之需求，故主张"将来给付之诉之定期金赔偿"应得类推适用变更判决之诉。[4] 定期金赔偿和损害赔偿额的一并赔偿是并行的关系，故在日本定期金变更判决之诉的本质为现在给付之诉。也就是说，日本《民事诉讼法》第 117 条是在现在给付之诉情况下直接适用的规定。日本《民事诉讼法》第 117 条规定"口头辩论终结前产生的损害"，系现在给付之诉的问题，但是在将来的赔偿金额的计算标准发生变化时，在口头辩论结束后根据情况变更全额不相当的情况下，定期金请求权适用相关的日本《民事诉讼法》第 117 条的情况和接近性认可作为类推适用，应该是肯定的。

2."新的事实"之诉讼法性质

新的事实的诉讼法性质为何？其为诉讼要件还是实体审理问题？在不认可原告提起的变更判决之诉时，是采用判决驳回还是裁定驳回？从最高人民法院对于《民诉法解释》第 248 条的解读材料来看，最高人民法院认为"人民法院对于新事实的审查仅为形式审查，即仅审查'新的事实'是否有证据，至于该'新的事实'是否属实，在起诉的受理阶段无须审查，而有待于受理后进行审查处理。在当事人主张的新的事实不成立的，人民法院应该裁定驳回起诉。"[5]

值得注意的是，并非所有的裁判生效后出现的新事实所引发的诉讼均可以被法院重新受理并审判。在执行中发生的"新的事实"，从表面上看也是司法解释所规定的"新的事实"。但是由于与执行程序在空间上出现重合，那么新事实

---

[1] 林诚二:《情事变更原则之理论与实际一债法之比较研究》，载林诚二《民法债编总论》，中国人民大学出版社 2007 年版，第 13 页。

[2] 史尚宽:《债法总论》，中国政法大学出版社 2000 年版，第 432—433 页。

[3] 日本法务省民事局参事官室编:《一问一答新民事诉讼法》，1996 年版，第 130—133 页；秋山干男、伊藤真、加藤新太郎、高田裕成、福田刚久、山本和彦:《コンメンタール民事诉讼法》Ⅱ，2002 年版，第 434—438 页，转引自许士宦:《变更判决之诉》，《月旦法学教室》第 228 期(2014 年)，第 12—13 页。

[4] 三木浩一、笠井正俊、坦内秀介、菱田雄鄉:《民事诉讼法》，2013 年版，第 420—425 页。转引自许士宦:《变更判决之诉》，《月旦法学教室》第 228 期(2014 年)。

[5] 最高人民法院编写组:《最高人民法院民事诉讼法司法解释理解与适用(上)》，人民法院出版社 2015 年版，第 638 页。

所引发的新诉是否能够被法院受理并裁判也就出现了争议。[1] 有些法院将定期金判决变更判决之诉视为与前诉无直接关联的新诉，并将《民诉法解释》第218条规定的“新情况、新理由”视为新诉讼请求的成立要件。如果当事人主张的“新的事实”成立，则予以支持，否则即判决驳回诉讼请求。有些法院则认定定期金判决变更判决之诉为推翻前诉判决的后诉，并以“新情况、新理由”为该诉的受理要件，如果不成立则裁定不予受理。[2] 具体可参照以下两个案例：

案例六：在原告谢某1诉被告谢某2、谢某3、谢某4、谢某5、谢某6赡养费纠纷一案中，被告谢某2辩称：原告曾于2013年7月提起过关于赡养费、医疗费的诉讼，黔江区法院也作出判决，该判决已发生法律效力，原告本次起诉属一案二讼，请求法院裁定驳回原告的起诉。一审法院认为根据《民诉法解释》第214条（笔者注：2022年施行《民诉法解释》第218条）之规定，赡养费案件，裁判发生效力后，因新情况、新理由，一方当事人再行起诉要求增加或者减少费用的，人民法院应作为新案受理。本案中原告享有再次起诉的权利。但是原判决确定的赡养费足以保证谢某1的生活，对于原告请求五被告增加赡养费的诉讼请求，法院难以支持。关于医疗费的问题，法院作出的生效判决确定由五被告平均分担（凭医疗发票中的实际数额），原告可凭生效判决申请执行，而不应再行起诉。故判决驳回原告谢某1诉讼请求。[3]

案例七：雁江区人民法院2017年9月11日受理杨某如诉李某华扶养费纠纷一案[（2017）川2002民初3420号]，该案已于2017年10月20日作出判决：驳回原告杨茂如的诉讼请求。杨某如再次起诉李某华要求其给付已结算垫支的医疗费和结算并支付正在住院、以后住院及在国家医院诊断、治疗等产生的费用，雁江区人民法院认为没有新情况、新理由，不符合起诉条件，故于（2018）川2002民初79号民事裁定中裁定对杨某如的起诉不予受理。上诉人杨某如不服四川省资阳市雁江区人民法院（2018）川2002民初79号民事裁定，向资阳市中级人民法院提起上诉。资阳市中级人民法院认为杨某如的起诉虽然当事人相同、诉讼标的相同，但出现了新情况，诉讼请求也发生了变化（其诉请已由给付具体的某一笔医疗费变成了要求对今后整体治疗费用的分担），因此杨某如的起诉，不属于重复起诉。资阳市人民法院裁定撤销了雁江区人民法院（2018）川2002民初79号民事裁定书。[4]

---

[1] 曹云吉：《论裁判生效后的新事实》，《甘肃政法学院学报》2016年第3期，第106页。

[2] 孟醒：《定期金变更判决之诉的建构：以德、日两国变更判决之诉为借鉴》，《中南大学学报》2017年第2期。

[3] 谢某1与谢某2、谢某3、谢某4、谢某5、谢某6赡养费纠纷民事案，重庆市黔江区人民法院民事判决书（2016）渝0114民初7506号。

[4] 杨某如诉李某华扶养费纠纷民事案，资阳市中级人民法院民事裁定书（2018）川20民终123号。

在案例六中，法院肯定了在裁判发生法律效力后出现“新情况、新理由”，当事人享有起诉的权利，但是对是否是“新情况、新理由”的判断仍应由法院进行实体审理后方可得出结论。在案例七中，一审法院将“新情况、新理由”视为起诉要件，故裁定驳回了原告的起诉。但二审法院认为出现了“新情况”致使一审的原告并未构成“重复起诉”，此时的二审法院也将“新情况、新理由”作为起诉要件来判断是否应该受理当事人的再次起诉。

笔者认为，由于变更判决之诉会产生对前诉判决效力予以撤销的效果，为谨慎打破判决终局性，应将《民诉法解释》第 248 条要求的“新的事实”视为变更判决之诉的受理要件，不符合者视为重复起诉不予受理。因为当事人提起变更判决之诉，就应该出现符合变更判决之诉的“新的事实”。在当前立案登记制的司法现状下，法院在进行立案登记后应主要审查是否出现了形式上的“新的事实”。在不认可原告提起的变更判决之诉时，应裁定不予受理或是驳回起诉。而法院对于原告要请求变更前确定判决内容支持与否，需要法院在具体审理过程中对“新的事实”的发生是否造成了依原判决结果将“显失公平”做出自己的判断。故就变更判决之诉的立案审查而言，虽然有其特殊性，但依旧应当遵循立案登记制原则，仅对“新的事实”是否存在的形式要件进行审查即可。

（四）依原确定判决结果将显失公平

德国《民事诉讼法》第 323 条规定，必须达到显著性之变更，当事人始得向法院提出变更请求。[1] 日本法因限于“定期金赔偿”之适用，故明文以“损害额算定基础”发生情事变更为对象，即口头辩论终结后，后遗障害的程度、工资水平和其他的损害额的算定的基础的情况发生了显著的变化。在日本，认定超出原判决的情事变更的比例较之德国有所提升，日本学说有的以“偏差”达到 20％以上、或达到 30％以上、或达到 40％以上、或达到 50％以上的情况，才视为“显著”之情事变更。[2]

美国法在类似的情况，系通过修改程序，就是类似的所谓变更判决，通常是用在家事事件法中关于未成年子女监护或者是扶养的案件。未成年子女会长大，当时的监护内容随着小孩年级的增长，或者是父母的情况有所改变，会产生变更原判决的需求。故修改程序在家事事件甚为常见。至于可以请求变更的条件，在美国各个州的规定是不一的，但主要可以归为两大要件，第一个是“重大情事变更”，第二个就是“子女的最佳利益”。有见解甚至认为，如果是为了子女的最佳利益，是否有重大情事变更，甚非最为重要的考量因素，而得直接做变更判决的申请。故由美国的实务观之，系以基准时后的新事实的情况作为主要的判

---

〔1〕 根据德国《民事诉讼法》第 323 条第 1 款的规定：“判决中包含有将来到期应定期给付之义务人，该判决中任意一部分均得诉请法院变更。提起该诉讼时，原告应陈述作为判决基础之事实或法律关系，发生重大情事变更。”

〔2〕 村上康二郎：《確定判決の変更を求める訴と著しい変更の要件》，《法学政治学論究》2000 年总第 46 号，第 183 页。

断，这在学理上比较接近德国“追认说”。[1] 另若以透过变更判决以获得最大效益的角度，以及达到变更的目的观之，可以扩大适用范围，或者是依照案件的性质来决定是否适用。

合同签订后发生当事人无法预料的情况，使当初的契约内容发生显著变化，在继续遵守原合同将导致显著不当的情况下，基于情事变更的法理可以对合同进行解除或对合同内容进行变更。2009 年《最高人民法院关于适用〈中华人民共和国公司法〉若干问题的规定（二）》在我国合同法领域引入情事变更原则，规定严苛的适用条件，即以订立合同时无法预见、非不可抗力造成的不属于商业风险的重大变化。在私法领域限定较为严苛的适用条件，主要是维护民商事交易的稳定性，同时也考量私权自治带来的可能商业风险。[2]

民事实体法中的所谓的“变更”乃指法律关系存在基础之情事发生异动，而此变动系指客观之事实而言。德国学理上认为，并非所有之关系改变即有情事变更原则之适用，而是基础关系改变须是一个重大变更，或称为明显变更。[3] 此时的变更应该是法律行为成立后所发生的某种社会环境事实的大幅变动，且为当事人所不可预见。如果仅是小幅变动，仍不适用实体法上的情事变更原则。我国的情事变更原则对变更有明显或重大变更之限制，鉴于情事变更仅具补充性质，且为避免该原则遭到滥用，此种情事变更程度的限制，在我国的实体法上非常有必要。为维持当事人之间法律地位安定性，情事变更必须使原判决内容显失公平，始有变更确定判决内容之必要。为使变更判决之诉获得认可，要求变更判决之诉的原告必须就如下事项提出主张并举证，即后遗症的障碍程度、收入水平及其他作为损害额计算基础的状况，在前诉基准时后发生显著的变化。关于身体伤害之损害赔偿诉讼，于伤害造成后之病情，潜在后遗症之有无、程度，以及将来是否需要治疗、看护，并且此不法行为之后果是否存有继续性等，以及不法行为本身之情事，当事人薪资状况、当时物价水准等均成为损害额算定基础。此等损害额算定基础实际上仅为将来之预测，事实上亦不得不以该预测作为判断基础而决定赔偿额，因此性质上难以避免判决确定后所发生之事实有违原判决做出时的预测，如将来之后发性后遗症损害或被害人于执行赔偿前已恢复健康等，故有必要对于此等确定判决，重新修正赔偿额。具体可参见下列两个案例：

> 案例八：在王某莲（母）、谢某静（女）赡养费纠纷一案中，一审中王某莲请求谢某静每月支付赡养费 2000 元。一审法院在充分考虑王某莲赡养需求和谢某静负担能力的情况下，判决谢某静每月支付王某莲赡养费 600 元。

---

〔1〕 吴从周：《变更判决之诉——着重观察民诉法第 397 条与民法第 227 条之 2 在性质上之对应》，民事诉讼法研究会：《民事诉讼法之研讨》（二十二），元照出版有限公司 2017 年版，第 198 页。

〔2〕 毋爱斌：《变更判决之诉的立法论——兼论定期金给付制度的适用》，《法律科学》2019 年第 6 期，第 164 页。

〔3〕 姚志明：《一般情事变更原则于给付工程款条例之适用——兼评最高法院九十四年台上字第八九八号判决》，《月旦法学杂志》2008 年总第 156 期，第 263 页。

王某莲主张一审认定的赡养费数额过低，没有事实与法律依据，提起上诉。二审法院认为一审法院判决并无不当，并提出在情况发生变化，一审判决认定的赡养费数额不能满足王某莲的生活需要时，王某莲有另案起诉要求增加赡养费的权利。[1]

案例九：在文某湘与曹某晖赡养纠纷一案中，2014 年 6 月 26 日，原告向法院起诉要求被告支付赡养费，资兴市人民法院作出(2014)资民一初字第 343 号民事判决书，判决被告每月支付原告赡养费 350 元。2019 年 1 月 28 日，原告向法院起诉要求被告增加赡养费及承担原告购药、住院等费用 16 040.54 元，后经法院主持调解，双方自愿达成如下协议：1. 被告曹某晖继续每月支付原告文某湘赡养费 350 元，按季支付；2. 被告支付原告医疗费 10 000 元等。法院作出(2019)湘 1081 民初 228 号民事调解书，对上述协议予以确认。2019 年原告再次向法院起诉，要求被告每月增加生活费 350 元及承担原告住院、购药等费用。法院认为赡养费给付应结合原告的基本生活需要、被告的实际履行能力等予以综合考虑。原告亦未提交充分证据证明其有需要增加赡养费的新情况、新理由，且被告实际履行能力有限。故法院不支持原告增加赡养费的请求，判决被告支付原告住院及购药费用。[2]

在案例八中，法官提出在情况发生变化致使判决给付的赡养费无法满足原告的需要时，原告有另案起诉的权利。而案例九中，法院从原告的基本生活需要和被告的实际履行能力等方面进行考虑，对原判决结果是否显失公平作出合理裁量。但在变更判决之诉中，如何把握变更的标准仍有待进一步的探讨。但在将来给付的定期金给付判决中，其体现的是国家意志，在损害赔偿数额算定上也并非双方当事人所主导，也有法官裁量认定的强制因素。从诉讼阶段来看，损害的认定包括被害人所主张的其所遭受的不利益的事实和法院判决认定的、转化为金钱来赔偿的“损害”。前者属于事实认定问题，后者属于法律判断问题。[3] 对于变更判决之诉的情事变更程度的判断，不能照搬私法领域的情事变更。在我国，无论是定期金给付还是一次性给付，将来损失数额都以当前给付标准为依据。《人身损害赔偿解释》规定的残疾赔偿金系“按照受诉法院所在地上一年度城镇居民人均可支配收入或者农村居民人均纯收入标准”。之所以确定以现有标准给付，在于定期金给付判决可以根据后期实际发生情况予以变更。但如何平衡当事人权益保护和维护判决效力的稳定性，则需要法院把握“显失公平”的标准。所谓“显失公平”，是指如果维持原先确定的定期赔偿金额，将明显损害当事人之间的公平。[4] 但是对于当事人之间公平受到损害的具体法律状态，应该由法院做出判断，对于“重大变化”的程度把握，应该在具体案件中做出具体分

---

[1] 王某莲与谢某静赡养费纠纷民事案，东营市中级人民法院民事判决书(2019)鲁 05 民终 1149 号。

[2] 文某湘与曹某晖赡养费纠纷民事案，资兴市人民法院民事判决书(2019)湘 1081 民初 1817 号。

[3] 毋爱斌：《损害额认定制度研究》，《清华法学》2012 年第 2 期，第 119 页。

[4] 新堂幸司：《新民事诉讼法》，林剑锋译，法律出版社 2008 年版，第 482 页。

析。显失公平要件是一个不确定的法律概念，与实体法相关请求权之一般规范要件不同，其必须由法院依据当事人的主张内容及提出的相关证据进行法律评价。法院在审理时必须比较当事人之间的利害关系变化，对于双方当事人之权利义务法律关系的内容变动及其范围，具有相当的裁量权限。[1]

四、结论

在变更判决之诉的适用范围上，我国台湾地区赋予当事人之事后程序权保障范围，较德、日《民事诉讼法》规定而言更为宽泛。在中国台湾地区内所提起的民事变更判决之诉并不仅仅以“继续性的给付为对象”，而且还包含一次性的给付。但这种一次性的给付中也可能含有对于将来事实的预测，像植物人或者是重伤的损害赔偿案件，预测将来的需求而为损害赔偿数额总额做出一次性给付的认定。如果被害人后来的身体状况变好或变坏时，也会涉及变更判决之诉的运用。假如在言词辩论终结后，被侵权人在法院的预估时间之前死亡或是被侵权人病情完全好转，而此时侵权人已经履行了判决中的给付内容，那么势必会出现侵权人应赔偿金额与法院预测金额相差过大的情形。故我国立法中应对实践中的情况有所策应，并且设定一些可以发挥变更判决之诉机能的要件。如果法院对于前诉裁判中的基础法律关系判断做出了预测，那么在基准时后如果发生重大情事变更致使履行原判决造成实质上不公平，出于维护当事人程序利益和实体利益的考虑，应赋予权利人以提起部分变更原判决的变更判决之诉的权利。而我国台湾地区以不得依其他法定程序请求救济者为限。如果当事人可以提起债务人异议之诉或依照其他的程序进行权利救济，就没有允许当事人提起变更判决之诉的必要。如此表明变更起诉之诉系为解除确定判决之既判力拘束而变更该判决内容，故如非以打破判决既判力为对象，即无利用情事变更判决之诉之必要及利益。

对变更判决之诉的构成要件及解释应采取严格态度。判决之基础事实若含有继续性之将来要素，该判决基础事实即不具有封闭性。由于其生活事实可能依随时间经过发生情事变更，应赋予当事人就该变更情事提出攻击防御方法及陈述意见机会。从而，法院所为之预测性裁判之既判力本质上具有脆弱性，相较于现在给付请求事件之既判力，其更有被破除之必要，以谋求实体正义及程序权之保障。然而，以情事变更为由突破原判决既判力涉及当事人之法律地位安定性及对法院判决结果之信赖利益保护，其规范要件及解释应采严格之态度。在我国，变更判决之诉需要设定法定化的特别要件，而且由于我国现行司法资源紧缺，故应在一定范围内对当事人提起变更判决之诉进行规制。尤其是对言词辩论终结后发生重大变更的判断，更需要法官进行认真审查。

---

〔1〕 邱联恭:《程序利益保护论》，元照出版公司 2005 年版，第 307 页。

老年人数字资源使用特别照顾权益保障：困局与破局[1]

刘为勇*

摘　要　为满足老年人对数字资源使用的特殊需求，国家应确认其享有数字资源使用特别照顾权益。老年人数字资源使用特别照顾权益，有其特殊内涵及生成逻辑与基础。为使老年人获得平衡与对等权益，老年人数字资源使用特别照顾权益至少应包含数字资源使用接入、直接使用及使用能力提升等方面的特别照顾权益内容。当前，我国老年人数字使用特别照顾权益及其保障规范虽有不少，但亦存在诸多问题，致使老年人在数字资源使用上的个体差异与个性需求难以得到尊重与满足。为强化对老年人数字资源使用特别照顾权益的保障，应在信守缺陷补足与能力提升相统一的理念基础上，建立健全法律体系、照顾体制，并加大财政投入力度，以满足老年人在数字化社会中的生存与发展之需。

关键词　老年人；数字资源使用；特别照顾权益；保障

目　次

---

* 刘为勇（1979—），江西师范大学地方法治研究所所长，江西师范大学政法学院法学系主任、副教授，硕士研究生导师，法学博士，主要研究方向：老年法学。

〔1〕本文系江西省社会科学基金项目“养老服务体系建设法治化保障的江西实践与路径创新研究”（22FX02）成果。

一、问题的提出

第七次全国人口普查数据显示：我国 60 岁及以上人口占总人口数的 18.70%。其中，65 岁及以上人口占比高达 13.50%。[1] 这说明我国已完全进入老龄化社会并呈现出加速趋势。同时，以人工智能、区块链、云计算、大数据、5G 等数字技术驱动的数字化社会在我国已然形成。据此，老龄化叠加数字化已成为我国当前社会的一个重要特征。有论者指出，在数字化时代，一边是人们对数字化时代来临的欢欣雀跃，“一边却是老年人疏离网络承受着信息稀缺、信息失衡的落寞——这是一条年龄构筑的银色数字鸿沟”。[2] “我变老并不意味着我想消逝……”[3]实际上，我国老年人融入数字化社会生活的意愿并不低。据不完全统计，2018 年我国就有大约 0.54 亿老年人使用智能手机上网，[4]我国 60 岁以上的老年网民人数现已超过 1.1 亿人。毋庸置疑，数字技术不断迭代升级，加之因受身心功能衰退的影响及客观的外在环境障碍，这些都加大了老年人融入数字化社会生活的难度。新冠肺炎疫情期间，健康码、人脸识别、支付宝、微信支付等因为疫情而成为人们日常生活一部分的“数字资源”（即包括但不限于数字设备和数字服务等，下同），却变成了老年人无法跨越的一道“鸿沟”。诸如“老人用纸质菜单点餐被拒”“老人不会扫码被赶下车”[5]等侵害老年人数字权益的新闻更是屡见媒端。延伸指出的是，在衣食住行医等关涉生存与发展方面的数字资源之使用上，老年人现在明显处于不利境遇中。譬如，在线挂号、移动支付、扫码点餐、网约车出行等数字资源的使用设计上，多未考虑到老年人身心的特殊性。同时，由于数字资源使用上的“专业化”趋势愈发明显，线下服务日渐收窄，老年人在数字资源使用上的处境变得“愈加艰难”。

为切实解决老年人运用智能技术困难的问题，国务院办公厅于 2020 年 11 月印发了《关于切实解决老年人运用智能技术困难实施方案》。随后，国务院有关部委及相关省市亦先后印发了类似的通知或方案（以下统称《方案》）。[6] 宏观

---

[1] 国家统计局：《第七次全国人口普查公报（第五号）》，http://www.stats.gov.cn/ztjc/zdtjgz/zgrkpc/dqcrkpc/ggl/202105/t20210519_1817698.html，访问日期：2021 年 5 月 11 日。

[2] Peter Millward, The Grey Digital Divide: Perception, Exclusion and Barriers of Access to the Internet for Older People, *in First Monday*, Volume 8, Number 7, July 2003.

[3] Blood, I. (2013). A better life: Valuing our later years. York, UK: Joseph Rowntree Foundation, p. 16.

[4] 中国互联网络信息中心：《第 43 次〈中国互联网络发展状况统计报告〉》，http://www.cnnic.cn/hlwfzyj/hlwxzbg/hlwtjbg/201902/t20190228_70645.htm，访问日期：2020 年 12 月 26 日。

[5] 贾晨：《老人用纸质菜单点餐被拒，为难老人就是为难明天的自己》，https://m.gmw.cn/baijia/2021-02/03/1302090569.html，访问日期：2021 年 2 月 10 日；新浪网：《老人乘车不会扫码登记被众人赶下车》，http://k.sina.com.cn/article_1893892941_m70e2834d05600wsl6.html，访问日期：2021 年 1 月 10 日。

[6] 国务院有关部委制定的《方案》，譬如，《民政部办公厅关于落实〈关于切实解决老年人运用智能技术困难的实施方案〉的通知》《交通运输部等 7 部门关于切实解决老年人运用智能技术困难便利老年人日常交通出行的通知》《工业和信息化部关于切实解决老年人运用智能技术困难便利老年人使用智能化产品和服务的通知等》。有关省、市制定的《方案》，譬如，《江苏省切实解决老年人运用智能技术困难重点任务清单》《浙江省切实解决老年人运用智能技术困难实施方案》《广州市切实解决老年人运用智能技术困难的工作方案》等。

上看,这些《方案》聚焦了老年人所遭遇的智能技术运用难题并提出了相应的问题解决措施,值得称道。然而,《方案》所提“技术提升”抑或“服务改善”等举措在本质上属于一种“政策式”的回应,加之我国老人人口基数大、数字资源使用服务水平较为落后、使用权益保障环境较为粗疏,这会滞碍《方案》在实践中应有实效之完全实现。具象上看,《方案》还存在数字资源配置失衡、服务水平设定较低等问题,这亦致使老年人在数字资源使用上的特殊需求无法得到充分满足。限于论述需要,关于《方案》的有关具体问题待下文详述。由于便捷的数字化社会生活会对老年人身心健康产生积极影响,[1]因此在一定程度上看,融入数字化社会生活亦是老年人在数字化时代生存与发展的一种前提性要件。基于一种道德直觉,为老年人提供数字资源使用上的特别照顾,应是任何人无任何理由加以拒绝的“善”。

习近平总书记强调:“保障和改善民生是一项长期工作,没有终点站,只有连续不断的新起点。”[2]毫无疑问,帮助老年人熟练地使用数字资源以顺畅地融入数字化社会生活中,是一项利国利民的民生工作。基于民生建设需要,及消解老年人数字资源使用特别照顾保障水平低下所带来的负面效应,国家(政府)应根据老年人的身心特征强化保障措施与力度。否则,由于欠缺有力的保障,老年人的数字资源使用特别照顾权益亦会变得“虚弱无力”。鉴于此,为了更好地保障老年人数字资源使用特别照顾权益的实现,本文试图探讨老年人数字资源使用特别照顾权益及其实现之道,并求教方家。

二、老年人数字资源使用特别照顾权益的证成

数字化时代,每一“个体”都是生活在数字生活空间中的“生活者”。[3] 根据通常法理可知,一项权益的塑造需要满足权益的正当性、保障实现的可能性等诸多要求。[4] 确认作为生活在数字生活空间中的“生活者”之一员的老年人在数字资源使用上享有特别照顾权益,首先必须证成这一权益的生成必须具有正当性。然而,论证老年人数字资源使用特别照顾权益的“正当性”,并不能囿于规范本身,而应紧密结合法的一般性价值范畴乃至社会常识予以展开。[5]

(一)老年人数字资源使用特别照顾权益的基本内涵

所谓“老年人数字资源使用特别照顾权益”,是指由国家确认的并保障老年人个体充分享有的关涉数字资源使用上的特别照顾权益。从本质上看,老年人数字资源使用特别照顾权益,是国家确认并保障老年人应享有的一项单向性的

〔1〕 王宇:《智能手机使用对老年人主观健康的影响研究》,《人口与发展》2020年第6期。

〔2〕 习近平:《在纪念毛泽东同志诞辰120周年座谈会上的讲话》,http://theory.people.com.cn/n/2013/1227/c40531-23954508.html,访问日期:2020年12月26日。

〔3〕 陈刚、高腾飞:《数字服务化:回顾与展望》,《北京大学学报(哲学社会科学版)》2021年第1期。

〔4〕 雷磊:《新兴(新型)权利的证成标准》,《法学论坛》2019第3期。

〔5〕 季卫东:《法治秩序的建构》,商务印书馆2014年版,第419页。

受益性权益。国家对该项权益的确认与保障,亦关涉国家自身存在的正当性之证成。任何对基本权益的保障最终都要“落实或者表现在国家义务及其履行上”。[1] 因此,老年人数字资源使用特别照顾权益的基本义务主体是国家,这也是老年人数字资源使用特别照顾权益的内在逻辑之反映。

当前,国内外均未对老年人数字资源使用特别照顾权益做出明文规定,更未对其内涵做出具体阐释。为此,笔者拟根据老年人照顾理论,来进一步说明老年人数字资源使用特别照顾权益的基本内涵。在现实社会中,作为个体的“人”由于天赋、环境及能力的不同,若用同一尺度去衡量人的活动则会产生权利不平等。[2] 据此,根据老年人照顾理论,由于具有异于其他人群的身心特征,老年人数字资源使用特别照顾权益的内涵应至少包含以下 3 个层次的内容:

第一层次,直接获得数字资源使用上的特别照顾权益,即对于老年人,尤其是那些文化水平低、经济能力弱、高龄等老年人,妥当的方法就是由国家直接为老年人提供数字资源使用上的特别照顾,进而以此表明国家对老年人的关爱与责任;第二层次,融入数字化社会生活的权益,为老年人提供数字资源使用上的特别照顾,就是要让其生活在便捷的数字化社会生活环境中以安度晚年,这也是对老年人享有数字资源使用特别照顾权益的直接肯定与确认。第三层次,增强老年人使用数字资源能力的权益,即在数字资源使用上不仅要视老年人为“弱势群体”,强调对他们的特别照顾,还要重视他们在数字资源使用上所具有的需求与潜能,即老年人应享有在数字资源使用能力上的开发与提升的权益。这三个层次的内容在宏观上共同构成了老年人数字资源使用特别照顾权益的基础、方法与目标追求。

(二)老年人数字资源使用特别照顾权益的法哲学基础

证成个人权益生成的正当性,离不开法哲学理论的支撑。老年人身心功能逐渐衰退,因而需要在数字资源使用上对其予以特别照顾,这显然是确认老年人享有特别照顾权益的正当理由,但这种理由过于“浅表”。确认老年人享有特别照顾权益,应有更深层次的个人法哲学基础,那就是老年人生存与发展所需的“尊严与平等”。

老年人是在社会性资源分配上具有“经济利益的贫困性、生活质量的低层次性和承受力的脆弱性”[3]等特性的“社会弱者”。在数字资源使用上,由于身心功能的逐渐衰退,老年人一般无法依靠自身力量予以自我补足,其属于典型的“法律上的弱者”。[4] 维护人的尊严是文明社会的基本共识,保护弱者并让其活得有

---

[1] 龚向和:《国家义务是公民权利的根本保障——国家与公民关系新视角》,《法律科学》2010 年第 4 期。

[2] Titmuss M. Richanrd, Commitment to Welfare, London: Allen and Unwin, 1968, p. 128.

[3] 陈成文:《社会弱者论——体制转换时期社会弱者的生活状况与社会支持》,时事出版社 2000 年版,第 21 页。

[4] 有研究指出,“弱者”可分为心理上的弱者、生理上的弱者、能力上的弱者、机会上的弱者、境遇上的弱者等几大类型,但只有类似于“无法依靠自身力量来自我补足”的“法律上的弱者”,才能获得国家的帮助(救助)。对此,笔者深表赞同。具体可参见胡玉鸿:《“弱者”之类型:一项法社会学的考察》,《江苏行政学院学报》2008 年第 3 期。

尊严,亦是维护人的尊严题中应有之义。在马克思主义的语境中,人的尊严不仅内含了传统的道德维度,亦包含了物质生活与经济生活的维度。[1] 因此,在数字资源使用上,对老年人提供特别照顾,不仅是弘扬传统孝道文化中合理成分及社会主义核心价值观的需要,亦是维持老年人在数字化社会中生存与发展的需要,亦是让老年人在数字化社会生活中有尊严地安享晚年的一种保障,更是习近平总书记关于"人类命运共同体"思想下的人民美好生活权的本质要求。[2]

为老年人提供数字资源使用上的特别照顾,亦是对其平等地获取数字资源并予以使用的肯定,且是使其平等地获得其他社会群体尊重与承认的一种"背书"。否则,老年人的尊严无从谈起。于老年人而言,关涉数字资源使用方面的平等至少应包括数字资源获取上的资源平等及数字资源使用上的能力平等。补充自然劣势是资源平等理论的内在要求,[3]但无论如何补偿,人们也不可能实现完全平等的功能发挥。因此,保证数字资源使用上的能力平等就显得更为重要。据此,在数字资源使用上,将数字资源获取上的平等转化为使用能力上的平等是老年人数字资源使用特别照顾权益的核心要义。因此,老年人数字资源使用特别照顾权益保障的实现,离不开国家(政府)的积极作为。

概而述之,老年人数字资源使用特别照顾权益,是以维护老年人的尊严与平等为核心的权益,其对于实现老年人的价值而言不可或缺。为了保障老年人过上有尊严的晚年生活,不仅要保障老年人平等地获得数字资源,更要保障其在数字资源使用上的能力得到平等地提升与发挥。

(三)代际反哺理论与积极老龄化

除了法哲学基础外,代际反哺理论与积极老龄化也要求老年人在数字资源使用上获得特别照顾。"代际"是一个多维度的概念。代际关系主要是指老年人与年轻世代之间的关系,而"代际反哺"主要是指自下而上的年轻世代为老年人使用数字资源提供帮助,使其顺利地融入数字化社会生活中。老年人已为经济社会发展贡献了自己的"青春",其理应得到年轻世代的尊重与关爱。相较年轻世代,由于主客观原因的存在,老年人在数字资源获取及使用能力上明显落后。其中,年轻世代对数字资源的掌握能力与熟悉程度使其具有优于老年人的显著优势。[4] 譬如,新冠肺炎疫情期间,部分老年人尤其是农村地区老年人由于无法辨别信息的科学性和合理性,产生了疫情恐惧症,甚至还产生了一种"习得性无助"的数字资源使用排斥心理。[5] 为帮助老年人融入数字化社会生活,防止银色数字鸿沟进一步扩大,年轻世代应该主动承担起数字资源使用上的"反哺"责任,

---

[1] 胡玉鸿:《人的尊严的法律属性辨析》,《中国社会科学》2016 年第 5 期。

[2] 关于"美好生活权"的论证,可参见范进学:《习近平"人类命运共同体"思想下的美好生活权论》,《法学》2021 年第 5 期。

[3] 罗纳德·德沃金:《至上的美德:平等的理论与实践》,冯克利译,江苏人民出版社 2003 版,第 341 页。

[4] 李静:《代际互助:"成功老化"的模式创新》,《东岳论丛》2018 年第 5 期。

[5] 张大伟、谢兴政:《代际反哺:农村中老年人信息寻求行为形成机制探索》,《图书情报工作》2020 年第 15 期。

这一“反哺”实质上也是年轻世代对代际之间存在的数字鸿沟和数字不平等的主动弥合。

有论者指出，受到老年人自身学习意愿等多方面因素的影响，“代际反哺”式的技术赋权作用有限。[1] 关于这一论断，笔者并不完全赞同。代际支持作用程度的实现，除需要年轻世代积极作为外，还需要有整体性的国家制度安排。年轻世代在数字资源使用上反哺老年人，并不单是年轻世代个体的义务，还需要国家（政府）在代际反哺过程中积极发挥引导与支持作用。否则，代际支持会演变成一种无序的道义行为。因此，单就代际支持来论“代际支持”而不涉及国家（政府）的制度性安排，这显然不利于代际支持的整体性作用之发挥。

从根本上看，鼓励并支持年轻世代在数字资源使用上积极实施代际反哺行为，让老年人顺利地融入数字化社会生活中，有助于国家积极推动人口老龄化战略的深入实施。积极老龄化的战略取向，是通向健康老龄化、尊严老龄化、幸福老龄化、效益老龄化和成功老龄化的必由之路。[2] 为老年人提供数字资源使用上的代际支持，虽不能产生直接的经济效益，但可为社会和老年人个体带来巨大的社会效益和个人效益。譬如，为老年人提供数字资源使用上的代际支持，有助于老年人积极融入数字化社会生活中，以保有其适当的健康，也有助于增强老年人数字资源使用能力的开发与提升，更有助于降低与老年人相关的社会成本支出与财政负担，从而实现社会资源的“节流”。这比单纯获得经济效益本身显得更为重要。因此，给予老年人在数字资源使用上的代际支持，是实施积极老龄化战略的必然要求。

三、老年人数字资源使用特别照顾权益的主要内容

我国已基本建立起老年人权益保障的基本制度。不过，这些制度保障内容多集中在权益的家庭保障、社会照料、社会优待、社会救助等[3]传统的物质生活保障上，缺乏对老年人数字生活的型塑与保障。综前所述，当前老年人在数字资源使用上面临以下双重困境：一是在数字资源的使用上，存在“接入”难题；二是在数字资源的使用上，面临“使用”困境。在老年人数字资源使用特别照顾权益主要内容的确定上，需聚焦诸等困境并将“使用”概念做广义上的阐释。为使老年人获得与其他群体平衡与对等的权益，老年人数字资源使用特别照顾权益在内容上至少应包含以下 3 大方面：[4]

（一）数字资源使用接入上的特别照顾权益

言及老年人对数字资源的使用，肯定离不开老年人如何“接入”数字资源的

---

〔1〕 李思思：《数字反哺：老年人微信使用中的数字鸿沟与代际支持》，《中国社会科学报》2019 年 8 月 1 日第 3 版。

〔2〕 穆光宗：《老年发展论——21 世纪成功老龄化战略的基本框架》，《人口研究》2002 年第 6 期。

〔3〕 肖金明主编：《老年人权益保障立法研究》，山东大学出版社 2013 年版，第 166 页。

〔4〕 关于本部分内容中的有关观点与论述，参见刘为勇：《民生视角下的老年人数字享益权及其法治化保障》，《理论月刊》2021 年第 10 期。

问题。换言之,接入数字资源是老年人使用数字资源的前提,亦是老年人使用数字资源的潜在"硬环境"。当前老年人在数字资源接入上面临的主要难题有二:一是受限于经济能力,老年人接入数字资源的客观可能性大为降低,尤其是在农村地区,这一情况表现得更为明显;二是现行数字资源供给未能与老年人的实际需求与使用习惯相契合,甚至存在"数字歧视"现象。譬如,适合老年人使用的数字设备不多,手机应用程序等多以年轻世代为当然使用对象,缺少对老年人的关注。故此,老年人在数字资源使用接入上的特别照顾权益应包括但不限于以下内容:

第一,在数字资源使用接入上有获得帮助的权益。收入贫困是老年人面临的最主要的经济问题。在我国,老年人的生活来源主要是退休金或家庭其他成员的供养。[1] 在数字资源使用接入上,除了国家(政府)直接提供的普适性资源外,老年人意欲接入数字资源亦需承担相应的经济负担。譬如,购买智能手机、电脑、平板电脑等数字资源需要承担相应支出。另外,数字技术迭代升级明显,也在无形中增加了老年人数字资源接入上的经济负担。据此,在数字资源使用接入上,国家(政府)应通过多种途径或形式给予老年人帮助:一是国家和地方政府直接给予老年人经济补助;二是支持手机和其他移动终端制造商设计和生产适合老年人的价廉物美的数字资源,对老年人实行价格优惠,并鼓励全社会为老年人提供捐赠;三是鼓励支持家庭成员积极帮助老年人购买手机及其他移动终端产品等数字资源。

第二,在数字资源使用供给上有获得平等对待的权益。如前所述,当前数字资源使用设计上多未考虑到老年人的身心特殊性。在数字资源使用供给上平等对待老年人是基于平等主义立场的必然要求。强调数字资源供给上的平等,并不是要否定基于老年人身心特征的差异性来进行资源配置。在数字资源供给上平等对待老年人,以下两点尤需值得强调:一是在数字基础设施等基本资源的配置上,应基于老年人的身心特征对其予以适当的倾斜照顾。其中,面向全体老年人,国家(政府)所提供的数字基础设施必须具有适老化特质。相较于城市老年人而言,农村地区老年人在数字资源获取上处于更加劣势的地位上,国家(政府)更应对其予以适当的倾斜照顾。譬如,国家(政府)对农村的养老机构、卫生院等公共基础设施的建设上,必须优先布局适合农村老年人特点的适老化改造;二是在数字资源使用设计上,必须考虑老年人的实际需求与使用习惯。有研究指出,数字设备上的"小按钮、精细控制和不必要的复杂界面,让那些没有伴随科技成长或手的灵巧程度不如从前的人望而生畏"。[2] 因此,在关涉老年人的数字资源供给上,不能完全交由市场配置,国家(政府)应予以适当干预。这是老年人在数字资源供给上获得平等对待的内在要求,亦是反对"技术权威"的本质要求。

---

〔1〕 邬沧萍、姜向群:《老年学概论》,中国政法大学出版社 2015 年版,第 112—116 页。

〔2〕 Cisco, Older people, technology and community. Independent Age. Retrieved from. http://www.cisco.com/web/about/ac79/docs/wp/ps/Report.pdf, last visited: 2020/11/7.

(二)数字资源直接使用上的特别照顾权益

正如前述,当前数字资源多以年轻世代为使用目标,加之当代老年人并不是在数字化环境中成长起来的“数字人”,在诸多负面因素的合力作用下,老年人在数字资源的直接使用上更加“举步维艰”。因此,确认老年人在数字资源直接使用上的特别照顾权益,以帮助其积极融入数字化社会生活中就显得必不可少。结合现实需要,老年人在数字资源直接使用上获得特别照顾权益的内容,应包括但不限于以下几点:

第一,数字资源直接使用上的教育服务权益。数字资源直接使用上的知识不足,制约了老年人对数字资源的直接使用。如前所述,现行数字资源及其使用上的“专业化”趋势愈发明显。譬如,数字资源使用流程烦琐、使用说明复杂等。即使老年人能接触相关数字资源,由于直接使用上的知识欠缺,亦会导致其对有关数字资源“望而却步”。因此,为老年人提供数字资源直接使用上的教育服务就显得“刻不容缓”。

第二,数字资源直接使用上的帮助服务权益。当前,医院、金融、餐饮、商超、交通及政务服务等与老年人日常生活直接相关的主体,为了业务发展抑或更好地开展政务服务,多引进了形式多样的数字资源,譬如,智慧化自助设备、小程序和应用程序等。为了使老年人能顺利地使用诸等数字资源,国家(政府)应要求这些主体为老年人提供帮助服务。老年人数字资源直接使用上的帮助服务权益内容至少应包含以下两点:一是直接的人工帮助服务,即当老年人无法使用有关数字资源时,有关主体必须为其提供人工服务。目前我国很多地方亦在实践中大力推行这项服务,这值得赞许。[1] 二是国家(政府)大力引导有关主体创新帮助服务方式,以为老年人提供优质服务。譬如,为老年人提供一键转接、呼叫人工或老年人专属菜单等服务方式,从而为老年人提供数字资源直接使用上的特别照顾。

第三,线下传统服务权益。确认老年人享有数字资源使用特别照顾权益,并不意味着以放弃线下传统服务权益为代价,也不意味着有关主体可以不履行为老年人提供线下传统服务的义务。新冠肺炎疫情暴发后,有关主体收窄甚至停止了线下传统服务,这给老年人的生存带来了直接影响。这种情况直到《方案》印行后才有实质性改变。数字化时代的线下传统服务,是线上服务的重要组成部分,是对线上服务存在的缺陷之补足。在老年人数字资源直接使用上的特别照顾权益内容中,强调并固化线下传统服务权益内容就显得尤为必要。在最有利于老年人的基础上,相关主体可依法依规灵活确定线下服务的形式与内容。譬如,可设置为老年人办事的“绿色通道”“老年人优先办理”专窗等。前述《方

〔1〕 佳木斯日报:《佳木斯市公安局“家人式”牵手服务纾解老年人“智能”之困》,http://hlj.people.com.cn/n2/2021/0624/c220075-34792072.html,访问日期:2021年6月8日。

案》亦作明确要求,相关地方已有实践,[1]本文在此不再赘述。

(三)数字资源使用能力提升上的特别照顾权益

当前,部分老年人在直接使用数字资源的过程中屡遭骗局。[2] 遭受骗局后的老年人往往对数字资源产生了一种可怕的绝望与抵触,且这种负面情绪有加速扩散的趋势。老年人在数字资源直接使用过程中遭受骗局的原因有多种,自身在数字资源使用上的意识与素养不足则是主因。客观上讲,老年人在选择寻求数字化的过程中,无意间形成了过滤信息泡沫的意识,这种互联网习惯只会让老年人更容易上当受骗。[3] 据此,帮助老年人在数字资源使用能力的提升上享有特别照顾权益就显得重要且急迫。

提升老年人数字资源使用能力的方式与途径,显然不能是"单一"的。相较而言,为提升老年人数字资源使用能力,最为有效的方法就是由国家(政府)为老年人提供数字技术教育。国家(政府)提供的数字技术教育,与前述在数字资源直接使用上为老年人提供的教育服务,在功能与目的上存在较大差异。为老年人提供数字资源直接使用上的教育服务,承载的是如何提升老年人数字资源直接使用技能之重任,而为老年人提供数字技术教育则是为了提升老年人使用数字资源的意识与素养,进而使其自主自觉地融入数字化社会生活中。这也是数字资源使用能力提升上的特别照顾权益与数字资源直接使用上的特别照顾权益相区别的重要之处。

在数字技术教育开展上,国家(政府)应在借鉴、吸收既有的老年人教育开展之形式或模式的经验教训之基础上,在顶层上设计出符合老年人身心特征的教育目标与方案。与既有老年人教育相比,老年人数字技术教育更需强调学习的个人本位,而不需要过分关注学习的社会功能。因此,强化老年人获取及传递数字资源信息的能力及提升数字资源使用能力、素养与意识等,是国家(政府)开展老年人数字技术教育的根本追求。[4] 在学习场域上,国家(政府)可通过现有的村社、老年大学、养老机构、公共图书馆等场所为老年人免费提供数字技术教育;在教育内容范围上,与老年人使用数字资源能力提升相关的内容皆可提供。另外,结合数字化时代特征,国家(政府)应建立并拓展老年人数字技术教育在线平

[1] 譬如,新疆人社厅梳理了人社系统涉及老年人的高频服务事项,逐项完善服务政策,改进服务措施,优化服务方式,按照传统服务方式与智能化服务"两条腿"走路的工作思路,通过传统服务方式为老年人提供兜底服务保障,推动智能技术在老年人中的普及应用。佚名:《人社便民服务缓解老年人"智能"之困》,https://baijiahao.baidu.com/s?id=1692672180085359255&wfr=spider&for=pc,访问日期:2021年5月5日。

[2] 杨江华:《警惕赚钱App成老年人数字陷阱》,https://m.gmw.cn/baijia/2021-06/10/34915301.html,访问日期:2021年6月10日;刘艳:《手机清理软件诱老人入骗局,App监管任重道远》,https://m.gmw.cn/baijia/2021-03/19/1302174740.html,访问日期:2021年5月30日;人民日报:《个人信息泄露招来"花式"骗局,266名老年人中招》,https://m.gmw.cn/baijia/2021-02/25/34640325.html,访问日期:2021年5月8日。

[3] 刘海明、马晓晴:《断裂与弥合:"银发数字鸿沟"与人本主义伦理建构》,《新闻爱好者》2021年第3期。

[4] 王吉、潘彬:《跨越银色数字鸿沟:老年人信息技术教育初探》,《江苏广播电视大学学报》2013年第2期。

台，为老年人提供在线教育。囿于论述需要，关于与老年人数字技术教育相关的其他内容，待下文详述。

四、强化老年人数字资源使用特别照顾权益保障的思考与建议

（一）现行老年人数字资源使用特别照顾权益保障规范的检视

诚如前述，自2020年11月国务院办公厅印发《关于切实解决老年人运用智能技术困难实施方案》以来，国务院有关涉及医疗、养老、金融、交通等事权的部委亦出台了细化方案，具体如下（见表1）。为便利老年人使用智能化产品，工业和信息化部还专门发布了《移动终端适老化技术要求》《移动终端适老化测试方法》《智能电视适老化设计技术要求》3项团体标准。[1]

表1 涉及老年人数字资源使用特别照顾权益保障规范的部分中央部委文件简表[2]

文件名称	文号或成文日期
《民政部办公厅关于落实〈关于切实解决老年人运用智能技术困难的实施方案〉的通知》（以下简称民政部文件）	2020年12月29日
《交通运输部等7部门关于切实解决老年人运用智能技术困难便利老年人日常交通出行的通知》（以下简称交通运输部文件）	交运发〔2020〕131号
《工业和信息化部关于切实解决老年人运用智能技术困难便利老年人使用智能化产品和服务的通知》（以下简称工信部文件）	工信部信管函〔2021〕18号
《人力资源社会保障部印发关于进一步优化人社公共服务切实解决老年人运用智能技术困难实施方案的通知》（以下简称人社部文件）	人社部发〔2020〕94号
《中国银保监会办公厅关于银行保险机构切实解决老年人运用智能技术困难的通知》（以下简称银保监会文件）	银保监办发〔2021〕40号
《国家卫生健康委、全国老龄办关于做好2021年“智慧助老”有关工作的通知》（以下简称卫健委文件）	国卫老龄函〔2021〕117号
《文化和旅游部办公厅、国家文物局办公室关于落实〈关于切实解决老年人运用智能技术困难的实施方案〉的通知》	2020年12月22日

通过梳理、研究涉及老年人数字资源使用特别照顾权益保障规范的文件发现，发现其主要呈现以下特征：一是文件数量较为庞大。从国务院的《关于切实解决老年人运用智能技术困难实施方案》到有关中央部委的相关文件，及至有关地方印发的地方性方案，皆对老年人数字资源使用特别照顾做出了相应规定，文件数量不可谓不多。二是文件层级体系较为完整。涉及老年人数字资源使用特别照顾的文件，上至国务院及其部委，下至省市等地方不同层级、不同区域皆有

---

〔1〕 新华网：《智能终端适老化团体标准发布 工信部：让老人共享信息化成果》，https://baijiahao.baidu.com/s?id=1703886895331552165&wfr=spider&for=pc，访问日期：2021年6月29日。

〔2〕 需要说明的是，鉴于有关地方印发的地方性方案，多是对上级方案的进一步细化，限于篇幅原因，本“简表”未将其列入其中。

印行，文件层级不可谓不完整。三是文件内容较为全面。无论是综合性抑或单项性文件，对涉及老年人在衣食住行医等方面的数字资源使用照顾上，皆做出了一定程度的规定。

从较为庞大的文件数量，到较为完整的层级体系及至较为全面的文件内容，似乎老年人数字资源使用特别照顾权益已被置于全方位的保障之中，但事实并非完全如此。譬如，《方案》印行后，有些餐饮企业、药店仍然要求老年人线上点单消费，否则拒绝提供服务。[1] 这些案例的出现可能只是个案，但笔者认为形成这一困局的主因在于当前保障规范内容存在以下“偏差”：一是所提问题解决的规范措施尚未完全成熟。据《方案》内容可知，即时性与试行性是其根本特征。这说明《方案》所提问题解决的规范措施有待进一步完善。二是缺乏立法形式的强制性规范。从本质上看，以“通知”形式出现的《方案》，属于典型的社会政策范畴内的“软法”，其虽带有命令或要求执行以及有关要求与建议等规范性，但终究缺乏法律规范的强制性。这些终将导致《方案》的效能无法充分发挥。三是规范中的义务规定尚未完全明晰。诸等《方案》主要是从行政管理的视角出发，要求所属“下级”履行解决老年人运用智能技术困难之职责，且未规定主体的义务内容。这种职责上的要求与法律规范上的义务内容存在较大差异。这就导致当老年人的数字资源使用特别顾照权益受到侵害时，老年人不能直接寻求行政或司法上的救济（见表 2）。

表 2　部分中央部委文件中涉及老年人数字资源使用特别照顾权益保障内容简表

文件名称	与老年人数字资源使用特别照顾权益保障相关的政策要义	关键词
民政部文件	提供上门服务；提升信息无障碍水平；开通亲友代办功能；加强老年人智能技术设备应用培训；加强服务设施适老化改造；扩大终端智能产品供给。	上门服务；亲友代办；应用培训；适老化改造，扩大智能终端产品供给。
工信部文件	保留线下传统服务渠道；互联网适老化及无障碍改造；扩大适老化智能终端产品供给。	线下服务；适老化改造；扩大智能产品供给。
卫健委文件	聚焦老年人日常生活涉及的高频事项和服务场景，对老年人使用智能手机进行培训。	高频事项；服务场景；应用培训。
银保监会文件	保留和改进传统服务方式；优化使用流程、打造适老手机银行 App、丰富适老产品和服务）；推进互联网应用适老化改造；加强教育宣传和培训。	保留和改进传统服务；提升便利化水平；适老化改造；教育宣传与培训。
交通运输部文件	改进“健康码”查验服务；便利老年人乘坐公共交通；优化老年人打车出行服务；提高客运场站人工服务质量。	改进查验服务；保留及优化传统服务；提高人工服务质量。
人社部文件	发展代办服务、开展上门服务；完善传统服务，确保全面兜底；优化智能化服务，打造适老平台；为老年人操作智能终端提供协助。	代办服务；上门服务；完善传统服务；打造适老化平台；终端使用协助。

[1] 虹口检察：《跨越“数字鸿沟”，公益诉讼守护老年人的“慢车道”》，https://m.thepaper.cn/baijiahao_13164809，访问日期：2021 年 6 月 16 日。

概而述之，这些部委文件在性质上属于典型的“软法”。“软法”在当下中国的社会治理中仍占据重要地位。从长远来看，具备软法性质的相关文件，由于存在非稳定性、非持续性及非强制性等潜在风险，可能导致“下级”行为演变成对“上级”确定的任务之被动应付。因此，意欲强化老年人数字资源使用特别照顾权益的保障需要在转变观念的基础上，实现从软法性治理向硬法性法律型治理过渡。[1]

（二）转变特别照顾权益保障的观念：缺陷补足与能力提升相统一

强化对老年人数字资源使用特别照顾权益的保障，根本目的在于补足老年人由于身心功能逐渐衰退所形成的能力缺陷及提升老年人使用数字资源的潜在能力。据表 2 内容可知，我国当前对老年人数字资源使用特别照顾秉持的是一种“重缺陷补足、轻能力提升”的理念，这难以满足老年人对数字资源使用的个体差异与个性需求。

从客观上来看，在老年人数字资源使用特别照顾上，暗含“同情”式的缺陷补足措施是现有保障规范内容的主流。部分文件内虽提到了使用能力提升上的“培训”等教育内容。譬如，人社部文件规定，要加强对智能化服务运用知识的宣传……探索在职业技能培训中适当增加智能技术运用培训内容，使养老服务人员……能够为老年人操作智能终端提供协助。然而，经仔细分析可知，这些教育内容基本指向为老年人数字资源直接使用上的“教育服务”，与老年人数字资源使用能力提升的“数字技术教育”存在较大差距，其本质仍是“缺陷补足”。老年人拥有与年轻世代同样的法律需求与合法的权益，需要的不仅仅只是“同情”，更需要平等地参与到数字化社会生活中去的权益。因此，强化老年人数字资源使用特别照顾权益的保障，应信守“缺陷补足与能力提升相统一”的理念，并在此基础上坚持以能力提升为主。

概而述之，老年人数字资源使用特别照顾权益保障的追求目标，应该兼顾老年人数字资源使用能力的提升，确保其在缺陷补足的基础上有能力自主自觉地融入数字化社会生活中。这也符合“老年人数字资源使用特别照顾权益”概念之内涵的本质要求。据此，国家（政府）为老年人提供数字技术教育就成了其中的“关键”。除前述所提老年人数字技术教育开展路径外，以下两点亦需值得重视：一是实施“数字扫盲运动”，即在全国范围内开展全纳式老年人数字技术教育，[2]确保每个老年人在数字资源使用上的意识得到基本养成与夯实；二是在日常的老年教育中融入数字技术教育，即以老年人为特定对象，以日常的老年教育为载

[1] 宁立标：《论数字贫困的法律治理》，《南京社会科学》2020 年第 12 期。

[2] 全纳教育作为一种教育思潮，是 1994 年 6 月 10 日在西班牙萨拉曼卡召开的《世界特殊需要教育大会》上通过的一项宣言中提出的。全纳教育倡导容纳所有学生，反对歧视排斥，促进积极参与，注重集体合作，满足不同需求，是一种没有排斥、没有歧视、没有分类的教育，https://baike.baidu.com/item/%E5%85%A8%E7%BA%B3%E6%95%99%E8%82%B2/1354121?fr=aladdin，访问日期：2021 年 6 月 29 日。

体,将数字技术教育融入其中,以全面提升和夯实老年人数字资源使用能力。这也是落实转变权益保障观念的有力之道。

(三)强化老年人数字资源使用特别照顾权益保障的具体路径建议

1. 立法路径:建立健全老年人数字资源使用特别照顾法律体系

"法律具有保障和指引作用,它是系统化社会管理必不可少的条件和手段。"[1]然而,我国老年人数字资源使用特别照顾方面的法律体系建设尚处起步阶段,这亦是导致现行权益保障规范与老年人权利主体地位相抵牾的主因。正如前述,上述《方案》虽有规范性质,但并不具有法律规范属性。法律是最为规范化的制度载体。针对我国老年人数字资源使用特别照顾法制化"起步"现状,加快探索构建并健全老年人数字资源使用特别照顾法律体系的步伐就显得意义重大。

立法路径亦有多途,既可以"另起炉灶"单独立法,亦可对现行法律规范进行修订或整合。具体到老年人数字资源使用特别照顾权益保障上来,"另起炉灶"式的单独立法在现阶段应无现实可能性。结合实际,笔者认为,对现行法律规范进行修订或整合或是最为有效的现实路径。为此,笔者提出如下建议:一方面,全国人民代表大会常务委员会应适时启动《中华人民共和国老年人权益保障法》的修订,将老年人数字资源使用特别照顾权益及其保障内容纳入该部法律中。具体可在《中华人民共和国老年人权益保障法》中设置专章,将涉及老年人数字资源使用接入、直接使用、使用能力提升等方面的特别照顾权益及其保障予以细化规定,使老年人的这一权益能切实得到法律的保障。另一方面,整合现有法律规范。譬如,在数字资源使用能力提升教育上,可充分整合《中华人民共和国职业教育法》《中华人民共和国民办教育促进法》《中华人民共和国老年人权益保障法》《中华人民共和国妇女权益保障法》《中华人民共和国残疾人保障法》等法律规范,先由国务院制定《老年人数字资源使用教育条例》,待时机成熟后,再由全国人民代表大会常务委员会制定相应法律规范。另外,结合工业和信息化部在全国范围内开展的"互联网应用适老化及无障碍改造专项行动",整合并拓展《无障碍环境建设条例》的保护范围,以改善老年人数字资源使用环境。

建立健全老年人数字资源使用特别照顾权益保障的法律体系,根本目的是为了畅通老年人在权益受损时的司法救济之道。"政府以一纸公文宣布……应有权利的存在,并非难事。最难之事是如何能见诸实行,倘若不能实行,此类宣布所得无几。"[2]因此,在法律上对老年人数字资源使用特别照顾权益予以确认并不难,关键是要使老年人这一权益能够"落地"。确认老年人这一权益具有可诉性则是解决问题的"王道"。确认老年人这一权益具有可诉性是否可行,答案显然是肯定的。因为决定救济可行性的条件,与最终责任的承担并不是完全等

---

〔1〕 张文显:《法理学》,法律出版社2007年版,第296—297页。

〔2〕 戴雪:《英宪精义》,雷宾南译,中国法制出版社2001年版,第262页。

同,救济过程中还会掺入自由裁量和政治性等其他相关因素。[1] 确认老年人数字资源使用特别照顾权益具有可诉性,并不表示其毫无边界限制。譬如,应由赡养义务人履行的保障义务,就不能无条件地转嫁给国家(政府)。关于老年人这一权益具有可诉性的其他相关问题,限于篇幅原因,待另文详述。

2. 制度路径:建立健全老年人数字资源使用特别照顾体制

在老年人数字资源使用特别照顾责任的履行上,国家(政府)应是"主角",但亦离不开全社会的通力合作。据此,强调为老年人数字资源使用提供特别照顾,不仅需要国家(政府)履行好义务,更需要国家(政府)、社会与家庭的齐心协力,以最大程度保障老年人在数字化社会中的生存与发展。

第一,要明确国家(政府)负有保障老年人数字资源使用特别照顾的职责。正如前述,目前我国已对老年人在数字资源使用上提供了特别照顾,但该等职责非为正式的法定职责。在老年人数字资源使用照顾上,必须明确国家(政府)的法定照顾责任,并以此为基础建立起相应的保障机制。因此,在老年人数字资源使用特别照顾法制化过程中,应重申国家及代表国家的各级政府及其职能部门的法定责任。譬如,在老年人数字资源使用接入上,国家(政府)应承担为所有老年人提供具有普惠性的经济补助的责任,并对无收入来源的老年人予以适当倾斜;地方政府亦需根据本地实际情况承担相应职责。又譬如,在老年人数字资源直接使用教育上,国家(政府)应组织各种力量对老年人日常生活中经常使用到的数字资源开展经常性的教育服务。结合当下实际,国家(政府)可委托村社、养老机构、老年大学等相关主体来组织实施。目前,国内部分社区已经开展了这项服务,这值得肯定。[2] 关于国家(政府)的其它职责内容,本文它处已有涉及,故此处不再赘述。

第二,强化国家(政府)对其他老年人数字资源使用照顾主体法律或政策上的引导与支持,实现全社会的通力合作。国家(政府)直接向老年人提供特别照顾有其必要性,但通过法律或政策上的支持,吸纳其他主体参与其中,更能提高特别照顾的效率与质量。为此,国家(政府)可在以下方面"发力":一是对直接提供数字资源的主体,国家(政府)要引导其在为老年人提供数字资源使用上予以特别照顾,并视情况对其进行适当的税费减免或财政支持;二是对于积极实施数字资源适老化改造的主体,国家(政府)亦应对其给予税费减免或财政上的支持;三是要通过税费上优惠机制,鼓励支持社会力量积极提供照顾服务;四是要建立家庭照顾支持机制,对家庭场域内的子代照顾行为应予肯定,或为其提供适当的经济补助,或将其作为个人所得税减免的一项事由。

3. 配套路径:加大老年人数字资源使用特别照顾财政投入力度

国家(政府)作为最重要的公共服务提供者与资源配置方,有责任也有能力

---

[1] K. Cooper-Stephenson, Principle and Pragmatism in the Law of Remedies. J. Berryman, Remedies: Issues and Perspectives. Carswell Legal Pubns, 1991. p. 21.

[2] 新浪网:《这个社区超暖心,开课教老年人刷二维码买菜挂号,出示健康码》,http://k.sina.com.cn/article_6004281123_m165e20f23020011v6k.html,访问日期:2021年6月22日。

通过增加财政投入为老年人提供数字资源使用上的特别照顾。老年人数字资源使用特别照顾事项多属公共服务产品范畴。因此,在老年人数字资源使用特别照顾上,要反对资本中心主义倾向,妥善处理国家(政府)与市场的关系。笔者认为,为老年人提供数字资源使用特别照顾,在配套路径上国家(政府)加大财政投入应是关键。

首先,建立并完善老年人数字资源使用特别照顾财政投入机制。一是整合当前财政经费使用的"碎片化"困局。当前我国在老年人数字资源使用特别照顾投入上呈现出由行政系统内分掌不同事权的职能部门以各自经费独立为之的特点,"碎片化"明显。为应对困局,较为妥适的方法是要将特别照顾经费纳入国民经济发展规划中去,并在老年人福利经费预算项下专门分列出特别照顾经费预算项目,以确保经费的法定性与稳定性。二是根据老年人口不断增加的趋势,逐步提高特别照顾经费在社会总福利预算中的比重,中央和地方政府还应设立专项基金,以确保经费的可持续性。三是兼顾城乡与区域发展不平衡的实际,中央政府要通过转移支付或统筹的方法,尽可能地给予中西部地区、农村地区的老年人更多的照顾资源,缩小差距。

其次,破除老年人数字资源使用能力提升的障碍,强化老年人数字技术教育和社会工作人才的培育,实现老年人数字资源使用特别照顾的专业化与职业化。一是国家(政府)应支持高等院校、职业学校积极助力老年人数字技术教育的开展,并给予财政上的支持。同时,支持前述院校大力培养能为老年人数字资源使用提供专业服务的综合性高级人才。二是国家(政府)要通过人社部门或民政部门积极开展特别照顾服务的职业化水平考试与普及性评价工作,健全人才准入资格、等级评价等相关制度。三是结合特别照顾工作的特殊性,国家(政府)可探索建立行业津贴制度,防止人才流失。

最后,在数字资源适老化改造上加大财政投入。适老化数字资源,是老年人摆脱依赖及自主自觉融入数字化社会生活的重要支撑。由于老年群体并非完全趋同,在数字资源适老化改造上,国家(政府)要针对不同年龄段的老年人之实际需求,通过财政资金有针对性地引导数字资源的适老化改造。另外,国家(政府)要通过财政资金投入措施进一步引导企业或个人等不同主体,开发出新的符合实际需求的适老化数字资源。

五、结语

老年人数字资源使用特别照顾权益是"人口老龄化"及"银色数字鸿沟"两种社会现象在数字化社会中交互影响的产物。对老年人在数字资源使用上予以特别照顾,不仅彰显了国家(政府)的责任,亦在相当程度上决定了国家与社会的良性循环发展。为强化对老年人数字资源使用特别照顾权益的保障,应在尊重和保障老年人权益的基础上找寻出具体的法治路径。由是观之,为了充分保障老年人的尊严并确保其平等地融入数字化社会生活中,就必须在法律上确认并保障其数字资源使用特别照顾权益。"带领人民创造美好生活,是我们党始终不渝的奋斗目标。”[1]因此，为给老年人创造美好的数字化社会生活，国家(政府)和全社会必须持续更新观念，承认老年人在数字资源使用上的法律主体地位，探寻并完善老年人数字资源使用特别照顾权益保障之道，以满足其在数字化社会中的生存与发展之需。

〔1〕 习近平：《决胜全面建成小康社会，夺取新时代中国特色社会主义伟大胜利——在中国共产党第十九次全国代表大会上的报告》，载习近平：《习近平谈治国理政》(第三卷)，外文出版社 2020 年版，第 35 页。

编后记

2022年8月17日日志

2022年8月17日　星期三　阴(北京)

早上七点不到,被为先吵醒。他还不错,正常情况下都是六点四十至七点醒来。醒来后,他又叫唤姐姐琬珺起床,被琬珺大声呵斥;之后,琬珺又睡下了。于是,为先探头探脑地推开我房间的门。我让他过来,跟我在床上玩耍了一会儿。不过,琬珺到底是被吵醒了,很难再入睡,还是很快起床,也过来跟一起玩。七点半,娟子送他们上学,我才睡下。但是,躺下后也睡不着。于是,翻看浙江卫视"中国好声音"。听了两首情歌,突然有了一点诗兴。草就一首小诗,也是表达了某种情绪吧。

不晚不早
不大不小
平行走来
年轮雕刻
惟光阴不巧

曾许我千卷万里
江山多娇
又说云卷云舒
岁月静好
无限期许 无限恩宠
没有争吵
碎了心 散了身子
供你驰骋逍游

明白了 读懂了
没有答案
依然深爱
走不出的俊俏
竟是有聊

岁月不多
一生不少
世界那么大
有你就好
（晨起而作，深夜改订；2022 年 8 月 17 日 · 北京）

娟子送孩子回来，将早餐送至卧室，让我起床早餐。觉得不妥，还是起床出“闺房”，至餐厅用餐。看看时间，九点多，就早中餐一起吃了。用餐时，娟子已外出练瑜伽，我跟孩子姥姥聊了聊孩子姥爷的情况。姥爷前天回武汉，姥姥称姥爷他今天从武汉驱车回新沟去了。餐毕，我收拾一下行装，转赴学校。到陈明楼办公室，收拾一下，再睡个回笼觉。下午一点半起床，洗个澡，收拾屋子，再收检和整理过去的一些研究资料，装了三纸箱子。微信张宁，让她三点过来接我，帮我搬搬东西。等候期间，中国移动研究院贾晓辉电话，邀请我担任他们“5G 产权中心”技术咨询委员会主席，我答应了。看了看，他们还拟邀李文宇担任副主席，成员有崔国斌、冯晓青、郭禾、黄勇、孟雁北、秦元明、宋河发。他说，如果我接受主席职务，对成员可以提建议。如此，我建议他们还邀请朱理法官担任委员，因为他在这方面审判经验丰富。

张宁过来，帮助搬运两趟，再一起驱车到中心。到理科五号楼前卸下物件，让时杨洁过来一起搬运至中心办公室，我则驱车入地库。

转入中心四一三室，见张宁已简单收拾好，感觉还不错。待我刚落座，冯思邈、时杨洁过来，有些文件签字和十九号会议事项进行了沟通。约四点二十分，傅彤到。简单参观，再一起到外阳台喝茶。约五点半，饭菜过来。我做了“小西红柿＋海参”，一起进屋吃饭。她不喝酒，我喝了几杯白酒。边吃边聊，至八点许，她告辞离去。期间，谈得很开心，还给她展示了早上诗作草稿。傅彤看后问，是写给老婆的？我说当然不是；否则，怎么会有“光阴不巧”的话呢！

送傅彤下楼，挥手道别。回来之后，翻看微信，发现一篇有趣的文章，趁“陈春花事件”的热点，借黄文艺一讲座，批评了近来法治之不昌，遂留存之。原创作者署名“法新”，自由撰稿人，不知何许人也，他/她认为“学历与学位造假是形式上造假，学术浮夸造假是本质上造假”，让黄文艺“躺枪”了。

冯思邈他们过来，说排了排十九号会议的“座次”，让我看看，是否有何不妥。我稍微调整了一下，觉得大体还行。回头，冯又告知，蒋安杰原定线下参会的，现在确定线上参会了。吴铭奂想了解检察机关介入整治知识产权侵害现状，我告知正好我周三下午给市检察系统讲两小时课程，课后会与刘丽娜检察官等吃顿饭，一起聊一下。我去年参与北京“两区”知识产权建设政策研究，关于知识产权检察综合业务展开，还主要是我的意见；他们检察院也有落实的政策措施，正好我可以调研一下。我称，待我调研清晰之后，我们再约见面沟通。另外，他称，最近最高院在收集不正当竞争方面的典型案例，他也想进一步了解情况。总体上，他从法院出来之后，任职“拼多多”法务总监，也是在了解政策走向及其企业合规、因应等，算是尽职尽责地工作吧。

九点三十五，娟子微信视频过来，称两娃不睡觉，让我督促他们睡下。我看了看，为先都穿着睡衣了，还在兴奋，让我回家跟他玩一会儿再睡。我称这两天有会议，事情多，今天不回家，就跟他们聊几句吧。娟子称，为先都会唱“天之大”了，我便让他唱，他说让我唱“我爱你中国”。如此，我先唱了唱，随后两娃兴致勃勃，竞相表演唱歌。特别是琬珺，“天之大”“虫儿飞”等，不停地要唱。为先唱了“天之大”，还唱了“我在马路边捡了一分钱”的“马路歌”，很不错。当然，他想唱更多，但熟悉又能背下歌词的，可能就这两首。我说，我跟他一起唱“可爱的一朵玫瑰花”，他不唱。姐姐争先恐后，跟妈妈一起唱了首歌。怕为先积极性受挫，让他又唱了唱“马路歌”；他说好，称这一次快快唱（节奏快），随机就表演唱了。看着他们兴奋劲，觉得不能这样下去了，随后我宣布今晚演唱会到此结束，大家开始睡下。于是，跟他们分别挥手“拜拜”，让娟子催他们睡觉了。

修改了一下早上诗作草稿，如前所存。想起傅彤问该诗为谁而作，便微信给她，并称“赠你！”她发了一组表情，我不全明白。于是，粘贴下来，显示：“偷笑”“愉快”“憨笑”“呲牙”。哎，都是过来人，大家高兴高兴，捧场做戏而已。不过，她倒是一个有文艺范的清爽女子，值得相交。想起喝茶时，跟她聊起我娃姐弟俩“弟弟欺负姐姐”的事儿，她说按照她自己的体会，要想根本性改变弟弟的态度，姐姐就应该趁父母不在场的时候，狠狠地揍弟弟一顿。她说她比她弟弟大三岁，但弟弟就是那么调皮，还常欺负她，她就这样干过，之后弟弟就老实了。我说你比弟弟大二岁，能够压制住弟弟，但我观察，我们家姐姐只大弟弟一岁半，体能上就压制不住弟弟。我心里琢磨，姐姐确实表现得比较弱，我得找机会让她加强锻炼，包括进行那种自卫性质的训练。

近十二点，有些困乏，转入中心北侧里间，睡觉了。